Terapia Regresiva Reconstructiva: una luz en el laberinto

Terapia Regresiva Reconstructiva: una luz en el laberinto

Un método para reparar el alma

Volumen II

Luis Antonio Martínez Pérez Ph.D.

libros
en red

www.librosenred.com

Dirección General: Marcelo Perazolo
Dirección de Contenidos: Ivana Basset
Diseño de cubierta: Daniela Ferrán
Diagramación de interiores: Federico de Giacomi

Primera edición en español - Impresión bajo demanda

© LibrosEnRed, 2009
Una marca registrada de Amertown International S.A.

ISBN: 978-1-59754-456-6

Para encargar más copias de este libro o conocer otros libros
de esta colección visite www.librosenred.com

Capítulo VII
La enfermedad

"Toda enfermedad es una crisis de sanación que nos enseña algo."

Taita Lucho Flores

Teoría y tratamiento desde la Terapia Regresiva Reconstructiva

La enfermedad no solamente es la ausencia de salud, sino que también se expresa a través de diferentes manifestaciones físicas, mentales y energéticas donde radican nuestros problemas no resueltos. Cuando nos sentimos débiles, sin movilidad, con dolores y carentes de energía, es cuando más valoramos el estado de salud que, asimismo, no sólo es la ausencia de enfermedad sino también reconocer que es necesario ser conscientes de la nutrición que requieren los planos físico, mental, espiritual y energético. Todos ellos configuran nuestro Ser y por tanto requieren toda nuestra atención si queremos no perder ese estado de salud integral tan necesario para el equilibrio interno.

Estos planos están íntimamente relacionados, los textos antiguos y los grandes sabios de la humanidad, hablan permanentemente de esa conexión; sin embargo, en pleno siglo XXI a menudo olvidamos esa sinergia. La biología científica avanza a grandes pasos y en pleno despegue de la ingeniería genética, la investigación del genoma humano y la clonación de células madre junto con las sofisticadas tecnologías de la información, no son suficientes para paliar ese gran requerimiento del ser humano que es satisfacer la necesidad de amor innata a lo que es humano en sí: la capacidad para querer y ser querido.

Es una paradoja que en los tiempos que corren, donde a nivel tecnológico podemos comunicarnos instantáneamente con el otro extremo del mundo, estemos donde estemos, la soledad se instale –en mayor medida– en las grandes urbes, a modo de *alien,* dentro de la ciudadanía sin importarle edad, género o clase social. Los que tratamos con personas, viajando por los recovecos de esos conductos que configuran su modo de sentir ante las experiencias de la vida, sabemos que esto es así.

Para sentirse bien, no basta con no tener una enfermedad diagnosticada, pues cuando se confirma un diagnóstico, la persona ya llevaba su propio mal dentro por un periodo determinado de tiempo –generalmente largo–. Sin embargo seguimos adelante, a menudo haciendo caso omiso a lo que nuestro cuerpo y mente nos dicen en forma de síntomas que preferimos acallar porque nos recuerdan que algo dentro de nosotros no está bien, y entonces mejor no saber pues si sabemos, hemos de enfrentar y eso no nos gusta, nos da miedo, nos atemoriza el sólo hecho de pensar en ello.

Desde el enfoque de la Terapia Regresiva Reconstructiva, estos son precisamente los síntomas de la enfermedad, aquellos que nos avisan incesantemente para que pasemos a la acción y enfrentemos lo que reprimimos en su momento. Los síntomas no nos permiten que olvidemos por una sencilla razón: el cuerpo no olvida, como tampoco engaña. Como su memoria es permanente y está presente en todas y cada una de nuestras membranas celulares, no hay modo de escaparse, por lo que es más conveniente integrarnos en lo que somos con la mayor conciencia posible.

La memoria almacenada en nuestra especie proviene de nuestra propia fisiología que es la capacidad de los distintos órganos para llevar a cabo sus funciones corporales, como por ejemplo: el crecimiento y desarrollo, la digestión de alimentos, el funcionamiento del sistema inmunitario, la reproducción, etcétera. La información de lo que tiene que hacer cada uno de los microelementos que constituyen nuestro cuerpo está grabada en el ADN; este recuerdo se expresa desde el momento de la fecundación de un nuevo Ser y continúa su trabajo hasta que éste deja de existir sin que tengamos que hacer otra cosa que nutrirnos.

Además, poseemos una memoria heredada de nuestros antecesores en ese mismo ADN. Esta herencia nos permite aprender a hablar, caminar erguidos, responder instintivamente ante peligros y amenazas, experimentar sensaciones sexuales... en fin, todo lo relacionado con lo que nos diferencia como especie humana y nuestra supervivencia como tal.

Existe una tercera fuente de memoria que es la que se almacena gracias a lo que aprendemos desde que nacemos. Nuestra memoria es selectiva porque recordamos aquello que nos motiva e interesa y lo que no, se dispersa rápidamente por la corteza cerebral pero no se pierde; por eso es posible rescatarlo con técnicas regresivas. Esto que quedó fragmentado en algún lugar de nuestro sistema nervioso, puede ser estimulado para poder acceder a ello; en ocasiones, alguien nos puede decir que no recuerda nada de determinada época de su vida, de su infancia o adolescencia, pero en realidad lo que no recuerda son los hilos de ciertas asociaciones, pero sí que podemos rescatar todo eso a través de hilos diferentes. Pensemos en lo que hicimos ayer, seguramente tendremos dificultad en recordar intervalos de tiempo como si no hubieran existido; sin embargo, sí nos resultará sencillo recordar con facilidad detalles que hemos vinculado a otras experiencias ya vividas con anterioridad o que siendo nuevas para nosotros, nos han producido placer.

Podemos constatar que todo está almacenado dentro y en ese gran banco de datos puede haber conexiones deficientes, bloqueos energéticos, cortocircuitos, amasijos confusos, un sinfín de circunstancias que impiden el flujo de la comunicación entre sus diferentes sistemas.

El proceso que genera la enfermedad comienza cuando, por exceso o por defecto, se interfieren esos circuitos internos que hacen que esa inteligente creación que es el cuerpo humano, funcione sinérgicamente. Lo físico va unido a lo emocional inevitablemente, y su interacción hará que funcionemos mejor o peor; dependerá de nosotros y lo que nos rodea. Recibimos constantemente estímulos internos y externos, y los segundos afectan especialmente a los primeros; lo de afuera, si es amenazante, puede ocasionarnos alteraciones en nuestros ciclos vitales.

Hay diferentes tipos de toxinas exógenas perjudiciales para la salud: alimentarias, microorganismos, polución, traumatismos y accidentes, pero hay una gama especialmente tóxica que no es verificable en laboratorio y son las toxinas emocionales, aquéllas que nos hacen mella y permanecen en nuestro interior, dañando nuestra mente y nuestro cuerpo.

Estas son las que nos interesan en la Terapia Regresiva Reconstructiva, y a ellas nos dirigimos cuando acude un consultante que ha pasado por todo tipo de médicos especialistas, y su enfermedad no sólo no remite sino que es como una bola de nieve que va engrosando con los diferentes tratamientos y píldoras que ha de tomar diariamente: píldoras para tranquilizarse, para dormir, para el dolor, para la inflamación, píldoras para su estómago y para frenar la depresión. Se van creando enfermedades añadidas a la que ya existía, y ahora no tiene un síntoma sino muchos, todo su Ser le está reclamando porque ése no parece ser el camino de la curación.

Efectivamente, es frecuente este tipo de personas polimedicamentadas que acude a la Terapia Regresiva Reconstructiva diciendo que ya han probado de todo y acceden a nosotros porque han leído algo que les ha hecho pensar que tal vez el mejor médico esté dentro de ellos mismos, y en estos casos, lo primero que hay que rescatar es la esperanza, esa palabra tan fácil de decir y tan complicado que surja de nuevo en el interior de tanto sufrimiento acumulado durante años.

En ese punto comienza nuestra labor, porque realmente subyace en las profundidades de lo que somos, ese sabio interior: Dios, "yo" superior, supraconciencia o como queramos llamarle, la denominación da igual, pero ahí está asentado, esperando que lo llamemos para acudir en nuestra ayuda. Tenemos que hacer que emerja y que la persona lo experimente, ya que es el mejor consejero; sus indicaciones no son tecnicismos incomprensibles ni tratamientos complicados, sino por el contrario, son mensajes sencillos pero sabios. Los pacientes que estén leyendo estas líneas y lo hayan experimentado, pueden constatarlo.

Cuando Víctor llegó a la consulta se le veía fatigado, cansado... sus palabras fueron: "Sólo quiero estar en paz, que no me afecten las cosas". Había tenido un paro cardiaco y conocía muy bien las razones de sus problemas físicos, ya que era médico cirujano y llevaba 40 años ejerciendo su profesión.

La tos que tenía resultaba bastante fea y amenazante, y en su cara se distinguían las heridas y cicatrices que le había dejado marcada una vida durísima que parecía salida de una película de terror y desastres. Afortunadamente había conseguido rehacer su camino junto a una esposa maravillosa que en ese momento tenía a su lado apoyándole y dándole ese amor que nunca tuvo antes, pero las heridas pasadas eran demasiado profundas para no verse resentido por ellas. En varias ocasiones esto lo había llevado a intentar suicidarse y a refugiarse en la bebida para poder sobrellevarlo. Sentía un gran miedo a quedarse paralizado y una gran fatiga mental con sólo pensar en moverse. Sentía el dolor en lo más profundo de su corazón "como un cuchillo que me clavan para morir lentamente", según sus propias palabras.

A lo largo de varias sesiones fuimos recorriendo diferentes episodios de su vida donde veía cómo su exmujer lo maltrataba, se prostituía, lo engañaba y hasta intentó hundirlo en su profesión con falsas denuncias y él mientras tanto sentía que si hablaba se destruía. Revisamos momentos importantes de su infancia, de su nacimiento y de las dificultades que tuvo en su vida intrauterina. Por esa razón callaba y aguantaba día tras día y año tras año. Al localizar el daño en una parte de su cuerpo –lo sentía en el plexo solar, en el pecho, en el corazón, negro, viscoso, putrefacto e infecto, según lo relataba–, y en esas primeras sesiones conseguí que abriera su pecho y limpiara todo ese dolor que estaba corrompido, compactado y bloqueado dentro de él; que no mirara más al pasado y pudiera avanzar hacia el futuro.

Aprendió a subir al Hospital Astral para trabajar con sus amigos médicos en ese otro plano de vibración en donde ayudó a realizar operaciones de todo tipo. Recuerdo la primera que fue una intervención a una mujer que tenía un quiste de ovarios y de donde sacaron 16 litros de líquido del mismo. Extrajo el quiste y la matriz, y el médico del Astral dejó que él terminara la operación, haciéndolo sentir feliz, querido y útil para los demás. Allí le recomendaron que tuviera cuidado con las cosas que hablaban cuando estaban en un quirófano, porque los pacientes lo escuchaban todo: "Puede ser causa de muerte si no se tiene cuidado con lo que se habla".

A él mismo, en ese Hospital Astral, le hicieron *electros,* pruebas respiratorias y le dijeron que todo lo que tenía se había convertido en orgánico con el tiempo por no cuidar sus emociones, su genio. Le dijeron que su temperamento lo estaba envenenando poco a poco. No había que darle tanto valor a las cosas insignificantes, hacer montañas de la nada, no crear problemas.

En el mismo Hospital Astral lo proyectaban dentro de él para que visualizara cómo estaba en su interior y trabajara en lo que considerara necesario. He aquí una parte de la transcripción de una de sus sesiones en la que entró como si fuera una molécula por su nariz, y bajó hasta los pulmones:

Paciente: Hay muchos alvéolos que están rotos. Es como si fueran sacos que no tienen fondo, que están reventados. Se forma mucha mucosidad. Sin embargo, me doy cuenta de que cuando estoy contento, esto no pasa porque se pegan los mocos y no salen.

Terapeuta: ¿Y cómo crees que se sienten tus pulmones?

Paciente: Creo que no deben estar bien.

Terapeuta: Pues habla con ellos y pregúntales qué les pasa.

Paciente: Me dicen que quieren funcionar bien pero yo no los dejo. Es mi ansiedad. Eso hace que se paralicen. Les entra fatiga, angustia, miedo, sufrimiento. Me quedo paralizado y sólo siento palpitaciones muy fuertes.

Terapeuta: Ahora vamos a retroceder al primer momento de tu vida cuando todo esto empezó a funcionar de mala manera y a hacer que te paralizaras. Cuento tres, dos, uno... ¡ahora!

Paciente: Tengo unos treinta años, estoy viéndome en el restaurante; estoy con mi mujer, tengo muchos problemas, ella me engaña, me odia y me quiere quitar todo lo que tengo. Todos me hablan de ella, de cómo está con muchos hombres, y esto se repite así uno y otro día; siempre es lo mismo, yo no puedo hacer nada, sólo sentir dolor y paralizarme.

Terapeuta: Ahora quiero que subas a tu cerebro y mires qué está pasando allí.

Paciente: Hay desincronización, me veo en medio del cerebro atado con cadenas muy pesadas y una gran puerta que se cierra completamente y que cierra el paso entre hemisferios...

Terapeuta: Y esto, ¿cómo te hace sentir?

Paciente: Yo mismo me encerré. Me confinó el odio y los sentimientos de culpa, conflictos entre comportamientos, la religión y la libertad. Lo manda Dios y lo que Dios manda, el hombre no lo puede desunir *(se refiere aquí a tratar de separarse de su esposa)*. No tengo más remedio que asumirlo y asimilarlo; ahora veo que he odiado mucho por tanto daño que me hicieron. Todo este lugar dentro de mi cerebro es como una fábrica. Hay muchas máquinas viejas, sucias, desengrasadas, con hollín. Los operarios no trabajan, unos fuman, otros charlan, nadie tiene interés por hacer nada. Están hastiados.

Terapeuta: ¿Y por qué crees que todo esto está ocurriendo?

Paciente: Porque yo me quedo paralizado y por eso ellos hacen lo mismo que yo.

Terapeuta: ¿Y quieres que todo esto siga así?, ¿que continúe esta forma de vida?

Paciente: No.

Terapeuta: ¿Y qué piensas hacer para que esta fábrica empiece a funcionar como debe ser?

Paciente: Voy a levantar la cabeza, voy a empezar a mirar hacia arriba. Llega el Sol, energía, la luz atraviesa el cráneo y entra en el cerebro, baja por la columna y baña mi cuerpo. Ahora me siento fuerte y las cadenas se rompen y me quedo libre; la puerta se abre, los operarios se sorprenden... soy libre como los pájaros; aire fresco, ahora hay más amplitud... voy a cambiar la forma de trabajar en esta fábrica, voy a cambiar las máquinas, poner jefes que sepan motivar y que tengan constancia. Necesito dar para ser feliz. Uno de los operarios desconfía un poco y a éste le voy a dar más que a nadie. La fábrica empieza a cambiar, están contentos, cantan...

Terapeuta: Cuando la fábrica va bien, ¿qué ocurre abajo en las otras partes de tu cuerpo?

Paciente: Parece todo de cristal, limpio, transparente, entra aire... me gusta esto... sé que la fábrica ya es vieja y no va a durar mucho tiempo porque pronto la derribarán, pero estaré contento y los operarios se acordarán de mí, de haber tenido un buen Jefe. La vida es más sencilla de lo que parece, hay que saborearla día a día. Pongo un letrero grande a la entrada de la fábrica que dice: "No te compliques la vida, disfruta el presente". Me siento protegido y seguro. Me quedo relajado, calmado, placentero, todo está perfectamente en paz. Ahora me siento a gusto conmigo mismo y con los míos. Acabo de dar un salto y ya estoy afuera del cuerpo, ahora estoy junto a un río. Veo a un niño, juego con él y disfruto. Es increíble. El niño está contento, somos el mismo... soy yo.

Víctor modificó y dio un giro a su vida increíble que le permitió vivir dos años más de felicidad junto a su nueva familia, y morir en los brazos de su querida esposa e hijos en paz y con tranquilidad.

Las emociones bloqueadas y reprimidas, inevitablemente dañan nuestro cuerpo a modo de energía que el organismo expulsa como un reflejo de nuestro espíritu; todos estos sufrimientos se encuentran en el comienzo de cuando acontecieron y en la salida del proceso al revivenciarlos, pero no puede haber resolución mientras no se sientan y se integren estos sufrimientos tempranos; es decir, mientras no se experimenten conscientemente. En la infancia del sujeto, ¿no le está permitido expresar lo que siente y entonces ¿a dónde va a parar todo esto? Su modo de expresión es representado simbólicamente en nuestro cuerpo a través de la enfermedad.

En el caso de Víctor, su afección era una oportunidad para sentirse querido y no desplazado de su entorno familiar. Aprendió a reaccionar de esta forma ante cualquier evento que llevase implícito situaciones de abandono, teniendo que encadenarle al dolor.

Para recobrar la propia identidad, es necesario sentir, reconocer las escisiones en nuestra vida de modo que cuanto más intensamente se revivencien estas fragmentaciones, más intensa será la experiencia de integridad. Si posteriormente conseguimos que nuestro paciente experimente con sus propias creaciones mentales la armonía en esa triada de sensaciones físicas, pensamientos y emociones, habremos logrado esa reconstrucción tan anhelada.

El 'Intrabody':

UN VIAJE AL INTERIOR DEL CUERPO

Un viaje alucinante era el título de una película que allá por finales de los años 60's vi en el cine, y aunque no recuerdo bien los detalles de la misma, el guión era que un grupo de médicos y científicos entraban dentro del cuerpo de una persona para proceder desde allí a realizar una intervención quirúrgica que resultaba imposible desde el exterior. Para ello, este grupo de especialistas era reducido hasta convertirse en un tamaño microscópico y así se iniciaba la aventura, inyectándolos dentro del "gigante". Quizás el guionista de este filme leyó con mucha más antelación que yo, cómo en la antigüedad, ya los sumerios, egipcios, griegos y más tarde los *sufíes* y los chinos, utilizaban los estados ampliados de conciencia para –a través de ellos– encontrar los diagnósticos de enfermedades realizados por los propios pacientes al vivenciar sus dolencias dentro de sus cuerpos.

A partir de ahí aparece en mí la idea de construir un escenario específico para tratar de ayudar en cualquier trastorno o patología somatizada; es decir, enfermedades que ya han llegado al plano físico y están tratando de hablar a gritos a su portador para que llegue a entender que tiene un problema emocional que aún no ha podido resolver.

Este escenario lo vamos a utilizar en varias ocasiones a lo largo de la terapia, pudiéndolo compaginar con otros de los que ya hemos visto a lo largo del libro en capítulos anteriores. A través de él podremos realizar diferentes recorridos por las áreas internas del cuerpo e ir *testeando* y evaluando los cambios que se puedan producir a lo largo de las diferentes intervenciones.

Para dar paso al escenario y una vez que su paciente está ya relajado, deberá situarlo cerca del mar, en unos acantilados donde desde arriba se puede divisar una playa. Coméntele que hay unas escaleras de bajada que van bordeando el acantilado y lo llevan hasta la arena de la misma. Deberá iniciar el descenso al tiempo que usted comienza una cuenta atrás que servirá para profundizar más el estado de relajación de su paciente.

Una vez situado en la playa, haga que se quite los zapatos para que sienta el contacto con la arena, que se acerque a la orilla del mar y que note cómo el contacto con la arena cambia, se hace más húmedo y más prensado. A partir de aquí es interesante que usted pueda ir abriéndole los diferentes canales sensoriales utilizando para ello frases que permitan al paciente tomar contacto con el sonido de las olas del mar –canal auditivo–, la brisa de la playa, el calor del Sol, el contacto de los pies con la arena –canal sensorial–, y que describa lo que va viendo –canal visual–, el olor del salitre –canal olfativo–, y de esa forma tan sutil, estará usted consiguiendo que el estado de relajación siga profundizando aún más. Por último, dígale que comience a caminar por la playa y que al fondo de la misma va a observar que hay un gran gigante acostado –dependiendo del género del paciente será un hombre o mujer–. A medida que la persona se va acercando al gigante, su tamaño va decreciendo hasta convertirse en algo muy diminuto, minúsculo… entonces se le pide que vea al gigante como *a vista de pájaro* –desde arriba– y que observe que ese gigante es él mismo. Con esta maniobra provocamos una disociación para conseguir que el paciente pase al plano de observador objetivo de su interior.

En el escenario del "Intrabody" nos interesan sobre todo las representaciones simbólicas de lo que se vive dentro de él, allí donde hay lesión, donde está alojado el dolor o donde el síntoma ha decidido instalarse; por esa razón, el "Intrabody" es un auténtico "viaje alucinante" al interior del cuerpo, tal como lo bautizaron en la película mencionada anteriormente.

Continuando con el guión y una vez que el paciente observa al gigante desde arriba, es cuando usted debe comentarle que se va a hacer de un tamaño ínfimo, como una molécula, y que busque un orificio por dónde entrar en el coloso hasta llegar al órgano que nos interese inspeccionar.

Una vez dentro de su cuerpo, lo más común es que las personas empiecen a describir las diferentes partes del mismo a nivel simbólico, y no tal como son anatómicamente; en este sentido podrá observar cómo los pacientes más difíciles son normalmente aquellos que conocen más a profundidad el cuerpo humano, su anatomía –los médicos–, que lo describirán tal como es en realidad, perdiendo con ello mucho valor simbólico y efectivo de este trabajo.

A su paciente, una vez dentro del gigante, debe comentarle que a partir de ese momento él es un supervisor de calidad y su trabajo es revisar todo este lugar por donde está paseando y detectar cualquier anomalía que intuya se esté dando y que impide el buen funcionamiento de su organismo. Verá cómo las personas le describen con todo detalle pero a nivel totalmente simbólico, una úlcera viendo por ejemplo una pared con un agujero en su centro donde le faltan algunos bloques de ladrillo, o describen un intestino como si fuera un túnel de un metro pero que va avanzando de izquierda a derecha, o bien le están hablando del corazón comentándole sobre un volcán en plena convulsión y a punto de entrar en erupción; un problema de varices viendo un problema circulatorio en una gran ciudad, unos pulmones con los cilios llenos de mugre producida por los residuos del tabaco viéndolo como una mina de carbón donde los mineros no cesan de trabajar para sacar de los suelos esos bloques adheridos al mismo; un cáncer como ejércitos invasores que están apoderándose de diferentes ciudades o raíces de árboles selváticos que crecen por encima de la tierra y lo arrasan todo a su paso...

Muchos de mis alumnos, siendo médicos de diferentes especialidades y con muchos años de práctica clínica, se han quedado totalmente asombrados viendo cómo algunos pacientes, a pesar de no conocer absolutamente nada de anatomía, les describían con total exactitud y a través de simbología el buen o mal funcionamiento de algunos de sus órganos internos, e incluso han llegado a localizar algún tipo de disfunción sin que haya aún, sido detectada por la tecnología hospitalaria.

La actitud del paciente debe ser siempre de un supervisor meticuloso y comprometido con su trabajo, atento a todo lo que ve y siente en cada lugar que va inspeccionando.

Una vez dentro comienza el diálogo terapéutico evitando cualquier tipo de inducción, utilizando un lenguaje sencillo y lo más abierto posible por nuestra parte, dejando que el paciente se exprese y estando atentos a los gestos y movimientos –a veces imperceptibles– de sus facciones, pues tras cada uno de ellos siempre hay algo que es conveniente compartir con nuestro consultante.

Cuando el paciente llega a un lugar concreto donde hay algo extraño, usted deberá detenerse en ese punto para trabajar ese material. No basta con saber que algo está mal e intentar repararlo, ya que en ese caso estaría usted actuando, al igual que la medicina alopática o la Terapia Congnitivo Conductual, sobre el síntoma. En Terapia Regresiva Reconstructiva nos interesa llegar al origen, a la causa que hizo que esto estuviera mal, y para ello usted debe tratar de *pescar* las emociones de su paciente que le causan el ver esta situación dentro de su cuerpo, y una vez que se ha localizado la emoción, al igual que con el resto de los trabajos de la terapia, deberá tirar de ese hilo conductor hasta llegar al momento de su vida en el que se produjo este trastorno para darse cuenta dónde está el conflicto que generó este daño que hoy está padeciendo. A partir de aquí se continuará con los siguientes pasos de la terapia, tal como ya se han descrito en su momento (entender, aceptar, hilar con la vida actual, reconstrucción y nuevos planteamientos y pautas de conducta para el futuro).

Pero creo que nada mejor que ilustrar este apartado con algún caso real para comprender con mayor claridad lo que trato de mostrarle acerca de la increíble capacidad que tiene nuestra mente de sanar o crear la enfermedad en el cuerpo físico:

Quiero aquí volver a poner una sesión de Fausto, la persona que puse en el ejemplo del "Tren de la Vida", aunque esta sesión de "Intrabody", como dije en las páginas anteriores, fue previa a la del Tren. Cuando Fausto llegó a mí por primera vez, vino referenciado por la doctora María Lucía Ordóñez, compañera de la Asociación y Delegada de una de las ciudades en las que estamos presentes como AETRA. Su inquietud era saber si su problema de asma podría ser algo totalmente psicosomático, puesto que mi compañera le había hablado de ello. Fausto me contó que utilizaba el broncodilatador tres veces al día y una más por las noches desde hacía ya tantos años, que apenas podía recordarlo. Después de un largo periodo de años en tratamientos diversos y viendo a diferentes psicólogos, Fausto decidió iniciar la experiencia con la Terapia Regresiva Reconstructiva. He aquí la sesión en la que descubrió el origen de su padecimiento:

Terapeuta: Y ese gigante, cada vez lo ves más grande, grande, muy grande... eso es, te estás acercando, estás llegando, lo puedes tocar; ahora con tu mano lo tocas y te elevas para ver su cara, como en un globo. Desde arriba lo ves y descubres que eres tú mismo, y desde allá todo es muy pequeño, más pequeño... te dejas caer para introducirte dentro de ese gigante. ¡Ahora! Bien, siente que estás ahí; ubícate en la zona que tú quieras y vas a entrar por algún lugar dentro del mismo... por donde quieras... observa cómo comienzas a moverte, a moverte. Vas dentro de él, ¿qué ves? Cuéntame.

Paciente: Entro por la boca. Veo la campana.

Terapeuta: Habla un poquito más fuerte.

Paciente: La campana.

Terapeuta: La campana, ¿cómo es la campana?

Paciente: Está…

Terapeuta: Quiero que hables más fuerte por favor.

Paciente: En la entrada de la garganta…

Terapeuta: ¿Estás tú en la entrada de la garganta? Bien, ¿qué sientes ahí?

Paciente: Pasa el aire.

Terapeuta: ¿Cómo pasa el aire?

Paciente: Tibio.

Terapeuta: ¿Y es una sensación agradable o desagradable?

Paciente: Agradable.

Terapeuta: Bien, sigue moviéndote en tu cuerpo, ¿qué más ves?

Paciente: Un túnel.

Terapeuta: Habla más fuerte.

Paciente: Un túnel.

Terapeuta: Quiero que recuerdes ahora que tu mente es más poderosa, tienes la capacidad de ver y ordenar todo; captar con mayor claridad la información que recibes y que puede ser útil para encontrar las respuestas que tú necesitas. Sigue por la garganta. Vas por la garganta, ¿qué ves?

Paciente: Otro túnel.

Terapeuta: Otro túnel… bien, quiero que comiences a moverte por ese túnel, que sientas cómo te mueves por ahí.

Paciente: Se achica.

Terapeuta: Se achica, sigue avanzando, ¿qué más ves?, ¿de qué color es ese lugar?

Paciente: Negro.

Terapeuta: Bien, sigue avanzado, sigue moviéndote ya que tú tienes ahora el poder de ver más allá y encontrar mucha información valiosa. Sigue avanzando por ese canal oscuro, ¿qué más ves? Ilumínalo entonces, dale un poco de luz a ver qué ves.

Paciente: Está muy estrecho.

Terapeuta: Está muy estrecho, ¿y qué sientes?, ¿puedes intentar pasar?

Paciente: Sí.

Terapeuta: ¿Lo lograste?

Paciente: Sí.

Terapeuta: ¿Qué encuentras? ¿Ahora qué ves? ¿Dónde estás?

Paciente: Como dentro de un globo.

Terapeuta: ¿Y cómo es ese globo?, ¿cómo te sientes?

Paciente: Bien.

Terapeuta: Bien, ¿te sientes mejor que antes?

Paciente: Sí.

Terapeuta: *Ok*, sigue avanzando. Cómo ves ese globo, ¿funciona bien?

Paciente: Sí.

Terapeuta: Bueno, sigue moviéndote, deja fluir, sigue fluyendo con la corriente natural, fluye… ¿a dónde has llegado ahora?

Paciente: Sólo hay una salida, está estrecha.

Terapeuta: ¿Está estrecha la salida? Vamos, quiero que te acerques más a esa salida y la toques y me digas lo que sientes.

Paciente: Está caliente, está inflamada.

Terapeuta: Recuerda Fausto que tú eres un supervisor de calidad, eres el que más sabe de esta zona por donde vas avanzando, tú puedes percibir si eso es correcto, si no está bien, si está mal. ¿A ti qué te parece todo esto? Eres el que más conoce de todos. ¿Qué pasa con esa zona que está más estrecha y está caliente?, ¿qué ocurre?

Paciente: Está bien, pero…

Terapeuta: ¿Pero?

Paciente: Pero como que lo aprietan y lo cierran.

Terapeuta: ¿Lo aprientan? ¿Que aprietan qué?, ¿qué es lo que aprietan? ¡Venga!

Paciente: Son como muñequitos que aprietan un tubo.

Terapeuta: ¿Hay muñequitos ahí que aprietan? ¿Dónde aprietan los muñequitos? ¿Dónde?

Paciente: De afuera.

Terapeuta: ¿De afuera?, ¿en el tubo ese?, ¿en la zona esa?

Paciente: Sí.

Terapeuta: ¿Y aprietan hacia el tubo para que se haga más pequeño?

Paciente: Sí.

Terapeuta: Ajá, y cómo ves eso, ¿te parece a ti normal que estén ahí unos muñequitos apretando?

Paciente: No.

Terapeuta: ¿No? Ah, entonces vamos a hacer una cosa: Mira, yo quiero que te acerques ahí al tubo donde está tan estrecho, donde los muñequitos lo están apretando y tú vas a poner las manos en el tubo y vas a poder sentir lo que él está sintiendo, porque el tubo tiene vida, todo lo que hay dentro de nosotros tiene vida independiente; toca y capta las sensaciones que tiene ese tubo. Qué está sintiendo cuando esos muñequitos lo aprietan y hacen que se quede estrecho. Vamos…

Paciente: Se pone rojo.

Terapeuta: Se pone rojo, ah… ¿pero cómo se siente el tubo?

Paciente: Caliente.

Terapeuta: Ajá, y cuando se siente el tubo caliente y rojo, ¿cómo le hace sentir a él?, ¿qué emoción tiene el tubo ese?, ¿qué está sintiendo él?, ¿le gusta eso o no le gusta?

Paciente: No.

Terapeuta: ¿No le gusta? Ah, oye… y pregúntale al tubo cuánto tiempo lleva sintiendo eso, cuánto hace que esos *enanitos* ahí le aprietan; desde hace cuánto, pregúntale si llevan mucho o poco.

Paciente: Mucho.

Terapeuta: ¿Llevan mucho? Ajá, ¿y qué te parece a ti cuando lo ves así?, ¿cómo te hace sentir ver que el tubo está ahí, tan fastidiado con los *enanitos* esos apretándole?

Paciente: Triste.

Terapeuta: ¿Cómo?

Paciente: Triste.

Terapeuta: Te hace sentir triste, muy bien. Pero fíjate ahora porque tú acabas de llegar aquí para poder ayudarle, ¿tú le quieres ayudar?

Paciente: Sí.

Terapeuta: Ajá, oye… mira a los *enanitos,* descríbeme cómo son esos seres que están ahí apretando el tubo.

Paciente: Son… sólo reciben órdenes.

Terapeuta: Sólo reciben órdenes… pero, ¿cómo son ellos?, ¿cómo los ves?

Paciente: Son morados.

Terapeuta: Ajá. ¿Tienen forma?, ¿tienen cuerpo?

Paciente: Sí, tienen la cabeza grande.

Terapeuta: Cabeza grande, ah… y mírales la cabeza, ¿cómo los ves?, ¿son amigables o son feos?

Paciente: Son amigables.

Terapeuta: ¿Son amigables? Ajá, ¿y ellos reciben órdenes?

Paciente: Sí.

Terapeuta: ¿Y ellos eso es lo que hacen?, ¿es su trabajo?, ¿alguien les da la orden de que hagan eso?

Paciente: Sí.

Terapeuta: Oye, pues acércate a ellos y pregúntales a los *enanos* quién les ordena que hagan eso, pregúntales quién les ordena que hagan eso a ver qué te dicen.

Paciente: El jefe.

Terapeuta: ¿El jefe?, ¿y dónde está el jefe que les dice que hagan eso?

Paciente: Arriba.

Terapeuta: ¿Arriba? Ajá. Oye, y pregúntales a ellos si saben para qué hacen eso de apretar a ese tubo o simplemente reciben las órdenes del jefe y ya está.

Paciente: Para protegerme.

Terapeuta: ¿Para protegerte?

Paciente: Sí.

Terapeuta: Ah, ¿y de qué te tienen que proteger, a ver?, ¿qué es lo que quieren hacer cuando cierran el tubo?, ¿protegerte de qué?

Paciente: Ellos no saben.

Terapeuta: ¿Ellos no saben?, ¿y quién sabe?

Paciente: El jefe.

Terapeuta: ¿El jefe es el que sabe de qué quiere protegerte? Ajá. Oye pero, cuando ellos aprietan ahí el tubo, ¿al tubo le duele, no?

Paciente: Sí, mucho.

Terapeuta: Pregúntales a ellos, diles que el tubo te ha dicho que lleva mucho tiempo ahí sufriendo, pregúntales a los *enanos* si ellos llevan mucho tiempo ahí apretando también. ¿Qué pasa? ¡Vamos! ¿Qué sientes? ¿Qué estás sintiendo ahora? ¿Qué ocurre? ¡Venga! Ellos están haciendo eso porque creen que así te protegen, ¿qué estás sintiendo? ¡Vamos!

Paciente: Tristeza.

Terapeuta: ¿Qué?

Paciente: Mucha tristeza.

Terapeuta: Mucha tristeza. Ajá, ¿qué es lo que te causa tristeza?, ¿ver el tubo tan mal? ¿a los *enanos*? ¿o todo? ¿qué es lo que te causa tristeza?

Paciente: Los *enanos* trabajan sin saber.

Terapeuta: Están haciendo eso sin saber por qué lo hacen. Pues ahora tú vas a hacer una cosa: ahora tú te vas a acercar a uno de los *enanos* y le vas a sujetar la mano, y en el momento que le toques las manos, tu mente va a retroceder hacia atrás en el tiempo al primer día que aparecieron los *enanos* ahí dentro; el primer día que llegaron. Mira, cuento: 3, 2 y 1… ahí estás, ¡vamos! Mira, ahí estás dentro observando el día que aparecen los *enanos*, tú sigues ahí adentro, fíjate cómo está el cuello, el tubo, ¿está grande, está ancho?

Paciente: Está bien.

Terapeuta: Muy bien, pues fíjate porque en algún momento, no sé… tú me lo cuentas, van a llegar los *enanos,* obsérvalos, tú estás ahí de observador viendo qué pasa con ese tubo, ¡vamos!

Paciente: Sí. Vienen muchos *enanos* ahora.

Terapeuta: ¿Muchos *enanos*? Ajá. Observa qué hacen los *enanos*, ¡vamos!

Paciente: Lo aprietan.

Terapeuta: ¿Y cómo se siente el tubo cuando empiezan los *enanos* a apretarle?

Paciente: Se cierra.

Terapeuta: ¿Cómo se siente el tubo cerrado? ¿Qué pasa? ¡Vamos!

Paciente: No puede respirar.

Terapeuta: Y cuando no puede respirar, ¿qué más siente?, ¿qué más? Todas esas zonas de ahí, ¿cómo se están sintiendo por dentro?, ¿qué está pasando ahí dentro?

Paciente: Se ahoga, se ahoga el gigante…

Terapeuta: ¿Y le gusta ahogarse?

Paciente: No.

Terapeuta: ¡Claro! Cuando eso se cierra, el gigante no puede respirar.

Paciente: No puede…

Terapeuta: ¿Y tú quieres seguir viendo cómo lo siguen apretando?

Paciente: No.

Terapeuta: Vamos a hacer una cosa, atento porque ahora tú vas a seguir ahí adentro pero a la vez, vas a poder salir y vas a ver en qué momento atrás de tu vida, está pasando esto que te acaba de cerrar el tubo. Cuento: 3, 2 y 1… ¡Ahora! Estás fuera, qué está sucediendo en tu vida que ha hecho que eso se cierre y que lleguen los *enanos*. Mira, ¿dónde estás? Cuéntame qué pasa. ¿Qué pasa ahí afuera? ¿Más o menos, qué edad tienes?

Paciente: No sé… tres.

Terapeuta: ¿Cuánto?, ¿como tres?

Paciente: No. Diez.

Terapeuta: ¿Diez? Ajá. Y, ¿dónde estás?, ¿en qué sitio estás?, ¿estás en la calle?, ¿estás en casa?, ¿dónde estás?

Paciente: Estoy en casa.

Terapeuta: Estás en casa, ¡Venga! ¿Qué pasa ahí en casa?, ¿qué está ocurriendo?, ¿en qué lugar de casa estás?, y… ¿qué acaba de pasar para que tu cuerpo reaccione de esta forma, ¿qué sucede?

Paciente: Mi mamá…

Terapeuta: ¿Cómo?, ¿qué has dicho?

Paciente: Mi mamá…

Terapeuta: Dilo más fuerte, no te oigo, ¿qué pasa con mamá?

Paciente: No me quiere.

Terapeuta: ¿No te quiere mamá?, ¿qué ha pasado para que mamá no te quiera?, ¿qué pasa? ¡Vamos! ¿Qué está pasando?, ¿qué está pasando con mamá para que tú sientas que no te quiere?, ¿qué ocurre?

Paciente: Que abraza a mi hermanita.

Terapeuta: Y tu hermanita, más o menos... ¿qué edad tiene?

Paciente: Chiquita.

Terapeuta: Es chiquita y tú tienes diez años; tú también eres chiquito aunque seas más grande que tu hermana y qué pasa, mamá abraza a tu hermanita y a ti, ¿cómo te hace sentir?

Paciente: Me rechaza.

Terapeuta: Y si mamá te rechaza, ¿qué va a pasar entonces contigo?, ¿qué va a ocurrir?

Paciente: Me da mucha tristeza.

Terapeuta: Dímelo más fuerte, ¿qué va a pasar?

Paciente: Que me da tristeza.

Terapeuta: Pero, ¿qué va a pasar contigo si mamá sólo quiere a tu hermana?, ¿qué va a ocurrir contigo entonces?

Paciente: Me quedo solo.

Terapeuta: Dímelo más fuerte, ¿qué va a pasar?

Paciente: Me quedo solo.

Terapeuta: Y si te quedas solo, ¿qué vas a sentir?

Paciente: Mucha tristeza.

Terapeuta: Muy triste, muy triste. Oye, tú estás ahí observando, mamá está con todos los mimos, todos los cariños a tu hermana y tú estás ahí, tú también necesitas mimos, ¿no? Y, ¿qué haces? Estás triste pero, ¿haces algo?

Paciente: Me voy solo.

Terapeuta: Según te vas yendo solo, mira lo que empieza a pasar dentro de tu cuerpo, qué sientes. Mira, ¿es ahí donde están llegando todos esos *enanitos*?

Paciente: Sí. Ahora es cuando ellos llegan.

Terapeuta: Ahí es donde llegan, ¿verdad? Y te empiezan a apretar esa "cosa", ese tubo. Y cuando aprietan el tubo los *enanos*, ¿qué hacen?, ¿qué pasa?

Paciente: No puedo respirar.

Terapeuta: Y cuando no puedes respirar, ¿qué ocurre? ¿Qué sigue pasando ahí? ¿Qué pasa en casa? Observa qué hace mamá o qué ocurre ahí. Tú empiezas a no poder respirar, ¿qué más pasa? ¡Vamos! ¿Qué está pasando? ¡Vamos, vamos, vamos! ¡Venga, venga, venga! Saca eso, ¡Sácalo! ¿Qué pasa? ¡Venga! Saca eso, ¡Venga!

Paciente: No le importo.

Terapeuta: ¿No le importas a mamá?

Paciente: No.

Terapeuta: Y entonces, ¿cómo te sientes? ¿Qué sientes cuando ves que a mamá no le importa?, ¿mamá sigue con tu hermana o qué?, ¿qué pasa? Porque tú sí que sientes esas cosas dentro, ¿estás sintiendo?

Paciente: No puedo repirar.

Terapeuta: ¿Y qué te hace sentir el no poder respirar?, ¿cómo te sientes?, ¿cómo te sientes por dentro?

Paciente: Me quiero morir.

Terapeuta: ¡Claro! Porque si te mueres, ¿qué consigues?

Paciente: Si me muero ya no sufro.

Terapeuta: ¿Qué más pasa? Tú empiezas a sentirte así y… ¿qué haces? ¡Vamos! Sigue avanzando, ¿qué pasa?

Paciente: Le digo a mi mamá.

Terapeuta: A ver, a ver… ¿qué le dices? ¡Venga!

Paciente: Qué me quiero matar…

Terapeuta: Te quieres matar, ¿le dices a mamá?, ¿y qué hace mamá? A ver… ¿qué hace mamá?

Paciente: No le importa.

Terapeuta: ¿No le importa?, ¿no te dice nada?, ¿no te hace nada? A ver, sigue… sigue avanzando las imágenes, ¿que más pasa contigo y con mamá? Tú sigues teniendo esa sensación que te tiene cerrado ese tubo con los *enanitos* que están ahí y tú sigues sintiendo esa opresión ahí adentro, ¿qué pasa?

Paciente: No puedo respirar.

Terapeuta: No puedes respirar. Sigue avanzando, ¿qué más ocurre? Mira cómo se siente tu cuerpo, ¡vamos!

Paciente: El pecho está caliente.

Terapeuta: ¿Y qué más pasa? Sigue avanzando a ver qué hace mamá.

Paciente: Sigue con mi hermana.

Terapeuta: Sigue avanzando las imágenes, ella sigue con tu hermana y tú cada vez sientes eso más apretado.

Paciente: Sí.

Terapeuta: ¡Venga! Sigue avanzando, ¡vamos, vamos! ¡Venga! Sigue porque puedes observar desde adentro y desde afuera, ¡vamos, vamos! Saca esas emociones, ¿qué más ocurre? ¡Venga! Saca eso, dime todo lo que tienes dentro que no puedes sacar porque el tubo está apretado, ¡venga! ¿Qué hay dentro que quiere salir? ¡Vamos!

Paciente: Estoy muy solo, muy solo.

Terapeuta: Y cuando te sientes solo, ¿qué hace el tubo?

Paciente: Se cierra. Los *enanos* cierran el tubo.

Terapeuta: ¿Y en qué te ayudan los *enanos*?, ¿de qué te sirve todo eso que hacen los *enanos* ahí cerrando el tubo?

Paciente: Para llamar la atención…

Terapeuta: ¿Para llamar la atención?

Paciente: Sí.

Terapeuta: Y cuánto más se cierra eso más llamas la atención, ¿consigues algo de mamá?

Paciente: Se preocupa.

Terapeuta: ¿Y qué pasa con mamá cuando se preocupa?, ¿qué hace mamá contigo?

Paciente: Me lleva con el médico.

Terapeuta: ¿Y cómo te sientes cuando mamá te lleva con el médico?

Paciente: Me da tiempo a mí.

Terapeuta: Y cuando te da tiempo, ¿qué pasa en tu garganta, ahí en el tubo ese?, ¿qué hacen los *enanos*?, ¿cuando mamá está contigo, los *enanos* siguen apretando o no?

Paciente: No.

Terapeuta: ¿No aprietan los *enanos*?

Paciente: No. El tubo se abre más.

Terapeuta: ¿Y puedes respirar?

Paciente: Sí.

Terapeuta: Ya acabas de saber lo que hacen los *enanos*…

Paciente: Sí.

Terapeuta: Muy bueno, pues ahora métete otra vez; estás otra vez ahí en el tubo donde están los *enanos,* y el tubo ese que se aprieta y se afloja en función de lo que hacen ellos. Fíjate porque ahora acabas de saber por qué estaban ahí los *enanos,* te querían ayudar como tú has dicho antes, para cerrar. Porque cuando los *enanos* aprietan, ¿qué es lo que consigue el gigante afuera?

Paciente: A mamá.

Terapeuta: A ver, dímelo otra vez, ¿qué consigue el gigante?

Paciente: A mamá. Que le haga caso.

Terapeuta: Entonces, ¿qué hay que hacer para que mamá te haga caso siempre?, ¿qué hay que hacer? Cada vez que tú necesites algo de mamá y no quieras sentirte solo, ¿qué tendrás que hacer?

Paciente: El tubo debe apretarse. Hay que ordenar a los enanos que aprieten el tubo.

Terapeuta: Muy bien, pues vamos a hacer una cosa ahora…

Paciente: Pero no me gusta…

Terapeuta: ¡Claro! Antes tú me dijiste que a los *enanos* los había mandado alguien, su jefe…

Paciente: Sí.

Terapeuta: Pues ahora, dile a uno de los *enanos* que te acerque a donde vive el jefe allá arriba, para que hables con él y le digas que cambie de estrategia. Si no te gusta habrá que cambiar eso.

Paciente: Sí.

Terapeuta: Haz que te suba, ¡venga! Que te lleve donde vive su jefe; cuando llegues ahí, me lo cuentas. ¿Qué pasa? ¿Estás?

Paciente: Sí.

Terapeuta: Cuéntame qué hay, ¿cómo es el jefe? A ver cómo ves todo eso.

Paciente: Es grande, tiene barba blanca.

Terapeuta: ¿Y dónde vive?, ¿cómo es ese sitio?

Paciente: Arriba. Hermoso, hay luz…

Terapeuta: ¿Arriba donde da la luz?

Paciente: Es como… como un sabio.

Terapeuta: ¿Y el sabio manda eso?, ¿porque tú lo ordenabas? Pregúntale al sabio para qué mandó a los *enanos* allí para ayudarte y qué conseguía con todo eso. ¡Venga! Pregúntale. ¿Qué te cuenta el sabio?

Paciente: El amor de mamá.

Terapeuta: A ver, háblame más fuerte que no te oigo.

Paciente: El amor de mamá.

Terapeuta: Y eso qué es; a ver, ¿qué es eso del amor de mamá? Explícamelo porque yo no lo entiendo, yo soy muy burro, ya sabes...

Paciente: Que me abrace, que me quiera... manda a los *enanos* para conseguir que me abrace y me quiera mamá cuando ellos aprietan.

Terapeuta: *Ok*, ¿y tú quieres seguir dejando que te hagan eso los *enanos*?

Paciente: No.

Terapeuta: Entonces que bueno, porque hasta ahora te ayudaron un montón los *enanos* que te mandó este hombre, este sabio... pero ahora ya no quieres que sigan ahí, ¿qué puedes hacer entonces? Los *enanos* han aprendido algo y es un acto reflejo; cada vez que tú te sientes de una manera, los *enanos* hacen otra cosa de otra forma.

Paciente: Yo ya no quiero.

Terapeuta: Ya no quieres, pues entonces, ¿qué puedes hacer?

Paciente: Voy a negociar con el Jefe.

Terapeuta: A ver, qué le vas a decir al Jefe y qué vas a hacer tú o qué quieres que hagan los *enanos* o les cambien el trabajo, no lo sé... para que cuando tú estés solo, se haga otra cosa, a ver...

Paciente: Que los mande donde realmente se necesiten.

Terapeuta: Ajá, y cuando tú estés solo y te sientas así con soledad, ¿qué va a pasar entonces?, ¿qué hacer para que se quiten los *enanos* de ahí? Le tienes que ofrecer otra cosa al Jefe, otra cosa diferente para que el tubo no se cierre; a ver qué se te ocurre, ¡venga! Recuerda que eres un jefe de supervisores de calidad y tú sabes lo que se puede hacer allí donde están los tubos para que eso no se cierre y sea algo saludable para ti.

Paciente: Que… que se fortalezcan los tubos.

Terapeuta: ¿Y cómo se va a hacer eso? ¿Cómo se van a fortalecer esos tubos? ¿Qué tendrá que hacer el gigante afuera cada vez que sienta que está solo y necesita el amor… que necesita que lo atiendan? ¿Qué tendrá que hacer para que los tubos, en lugar de pedirle ayuda a los *enanos*, se fortalezcan?

Paciente: Poner las manos y darles luz.

Terapeuta: ¿Poner qué?

Paciente: Las manos, y sale luz ahí…

Terapeuta: ¿Dónde?, ¿dónde es ahí?

Paciente: Al tubo…

Terapeuta: Si le pones las manos ahí, ¿se llena de luz?

Paciente: Sí, sí…

Terapeuta: *Ok,* ¿y qué va a pasar entonces cuando le pongas las manos de luz al tubo?

Paciente: Se vuelve grande.

Terapeuta: Se vuelve grande, *ok.* Y cuando se vuelva grande, ¿el gigante va a estar necesitando el cariño de mamá?

Paciente: No, respira bien.

Terapeuta: Respira bien, *ok.* ¿Y qué hay que hacer entonces con el cariño?, ¿se te ocurre algo o no, o no importa?

Paciente: Sí, yo me abrazo.

Terapeuta: Tú te vas a abrazar, ¿y cuando tú te abraces qué va a pasar?

Paciente: Me voy a empezar a querer a mí mismo.

Terapeuta: ¡Qué bueno! ¿Te parece bien la idea?

Paciente: Sí.

Terapeuta: Pues dile al Jefe a ver qué le parece, si le gusta o no le gusta la idea.

Paciente: Sí, sí.

Terapeuta: ¿Le gusta la idea que le has propuesto?

Paciente: Sí, se ríe…

Terapeuta: ¡Estupendo! Oye, pues entonces tienes que cambiar el contrato que ya hiciste, y ahora van a firmar uno nuevo los dos; quiero que saques ahí los papeles y firmen el contrato de lo que vas a hacer y qué van a hacer con los *enanos*. A ver, que yo te oiga bien: ¿Qué va a pasar con los *enanos*? ¿Qué va a pasar con el tubo? ¿Qué va a pasar con el gigante?

Paciente: Los enanos se van para otro lado a sanar. El tubo se vuelve grande y luminoso.

Terapeuta: ¿Qué va a hacer el gigante para que todo eso suceda cada vez que pase algo?

Paciente: Pone sus manos y manda luz, luz… y sonríe.

Terapeuta: ¿Sonríe? ¿Y el gigante va a empezar a quererse a sí mismo?

Paciente: Sí, abraza y se ama.

Terapeuta: Pues vas a practicarlo. A ver, enséñale al Jefe cómo el gigante hace eso, y ahora lo vemos desde afuera. Al gigante lo vemos en una situación donde pasa algo, se siente solo y la gente no le hace caso; mira lo que pasa, ¿qué está haciendo el gigante? Y mira automáticamente qué pasa allí adentro. Mira… mira dentro del gigante, dónde estaba aquel tubo. Mira qué ocurre con los enanos.

Paciente: Se ríen los enanos.

Terapeuta: ¿Y los enanos aprietan el tubo o no?

Paciente: No.

Terapeuta: ¡Qué bueno!

Paciente: Se empiezan a ir y me dicen adiós. Me dicen adiós con la mano y se van.

Terapeuta: Cómo te sientes, cómo te sientes sabiendo que los enanos ya han terminado su trabajo, ¿te gusta?

Paciente: Sí, me siento feliz.

Terapeuta: ¡Qué bueno! ¡Estupendo! ¿Y ellos también son felices porque ya no tienen que seguir ahí?

Paciente: Ríen, ríen…

Terapeuta: ¡Estupendo! Pues diles adiós, dales un abrazo a todos ellos y agradéceles el tiempo que han estado ahí viviendo junto a ese tubo, haciendo su trabajo; diles que han sido trabajadores modélicos, que siempre han hecho lo que tenían que hacer, pero que ahora ya no necesitan seguir; ya se van a ir a hacer otro trabajo a partir de ahora, porque tú ya sabes lo que va a pasar con ese tubo. Ahora quiero que toques el tubo… vive las sensaciones que tiene sabiendo que ya no está apretado y pregúntale cómo se siente.

Paciente: Bien, bien… está contento.

Terapeuta: Dile al tubo que ya no tiene que cerrarse más para que así pueda pasar toda la energía y no se sienta apretado el gigante, oprimido… A ver qué te pide a ti el tubo a cambio. ¿Qué quiere que tú hagas para que él ya no se tenga que cerrar más ni tengan que venir los enanos?, ¿qué vas a hacer tú?

Paciente: Abrazarme. Quererme mucho.

Terapeuta: Tú te vas a abrazar cada vez que necesites esa sensación, ¿verdad? Y el tubo se va a quedar bien abierto. ¡Perfecto! Pues entonces también dale las gracias a ese tubo, agradécele todo su trabajo y fíjate qué bueno porque ahora está liberado, ya no tiene que sentirse apretado nunca más. Y ahora, antes de que te vayas, como tú eres el supervisor de calidad de todo esto, sencillamente quiero que hagas algo para que el tubo se fortalezca todavía más de esa energía con esas manos tuyas. Vas a poner allí un cartel para que si vienen algunos trabajadores nuevos, sepan lo que hay que hacer siempre con ese tubo. Ponlo ahí y que se queden bien claritas las instrucciones del manejo del tubo, ¡Vamos! Ponlo ahí y me lees cuáles son esas instrucciones.

Paciente: No apretar.

Terapeuta: Ponles ahí qué puede pasar si se aprieta.

Paciente: Si se aprieta se hace daño.

Terapeuta: Y cuando se hace daño, ¿qué hace el tubo?

Paciente: Se cierra.

Terapeuta: Ajá, y el gigante que hay fuera, ¿cómo se siente entonces?

Paciente: Mal.

Terapeuta: Muy bien, pues lo escribes todo ahí para que tengan todos las instrucciones y sobre todo lo de no apretar, que esté bien gordo, bien clarito, con grandes letras para que todo el mundo lo vea.

Paciente: Sí. Ya está.

Terapeuta: Perfecto, pues entonces vamos a regresar por el camino por donde entraste, sintiendo que has hecho una buena labor, que has detectado dónde estaban las averías de este lugar, y por eso eres el supervisor de calidad, porque tú eres el que lo controlas, el que sabes mantener todas esas piezas del gigante perfectas. Y ya de nuevo, quiero que sientas cómo vas saliendo de ahí; vas regresando a la zona donde viste aquella campana, aquella cosa que colgaba y cuando llegues hacia el orificio aquél de salida, pegues un salto del gigante y te vuelvas a situar otra vez en la playa. Cuando estés ahí, me lo dices.

Paciente: Ya.

Terapeuta: Muy bien, ahora de nuevo vas a ver al gigante con vista de pájaro, desde arriba pero ya fuera de él, y míralo... mírale la cara, ¿cómo se siente ese gigante?

Paciente: Bien. Me gusta, está contento.

Terapeuta: Perfecto, pues entonces ya nos vamos a ir alejando por la playa, y a medida que te vas caminando, tú vas a ir volviendo a recuperar tu tamaño natural con cada paso que vayas dando y con cada número que yo voy a ir contando del 1 al 10; vas a ir creciendo, creciendo, creciendo... y a medida que vas creciendo, vas a ver cómo tu cuerpo está completamente fortalecido, y sobre todo tu garganta, tu pecho, todo eso va a estar perfectamente abierto; todos los canales, todos esos tubos perfectamente expandidos para que pueda circular todo sin problemas, sin obstáculos. Y según te vas alejando cuento: 1, 2... ya vas subiendo... hacia arriba; 3, 4... subiendo, 5... pudiendo sentir cómo circula el aire por tu cuerpo perfectamente... 6... cómo tu pecho está completamente liberado, abierto, expandido... 7... y cómo regeneras toda la energía... 8... y vuelves de nuevo a sentir el diván... 9... sintiendo ya todo tu cuerpo y 10, abre los ojos tranquilamente. Respira profundo.

A lo largo de esta sesión, podemos ver la capacidad tan maravillosa que tiene el ser humano para reconocer su organismo interiormente y buscar la vía de sanación. En el caso concreto de Fausto, nos habla de los *enanos* que son las sustancias vasoconstrictoras que hacen que los bronquios se cierren. Fíjese que si usted mira con un microscopio un alveolo, verá que tiene la forma de una bolita y cuando el paciente entró, dentro de él mismo, comentó que estaba bien. Piense que en el asma, el alvéolo no tiene ningún problema; el daño está en la pared bronquial que es el tubo que nos menciona Fausto en su experiencia. Las primeras células que llegan son unas células cabezonas que cuando se pintan con dioxina, son moradas y fue así como el paciente las vió. Él no tenía por qué saber esto, sin embargo lo estaba describiendo perfectamente.

En esta sesión, podemos ver cómo Fausto desarrolla el mecanismo de ayuda de los *enanitos* como "Patrón de Supervivencia" para conseguir la atención de mamá, pero que de manera paradójica, este Patrón le generará con el tiempo más daños que beneficios, creando un modelo automático que se dispara cada vez que vive alguna situación analógica a aquella primera en la que aprendió a dar esta respuesta.

Mi exalumno y buen amigo, el sacerdote y psicólogo Alfredo Pedraza, comenta al respecto de este trabajo: "Durante todo el proceso de la sesión, es importante en el terapeuta el parafraseo permanente, ya que es la clave de conducción para realizar un trabajo completo. En la Terapia Regresiva Reconstructiva, el paciente es quien lleva todo el trabajo mientras que el terapeuta sólo atiza la leña para que salga el fuego y está ahí acompañando a su *Cliente* para que note su presencia y en algunos momentos le pueda poner una mano en el hombro o en su brazo cuando lo considere necesario para que el interesado sienta que están con él. Este *rapport* que se hace entre terapeuta y paciente, es básico para el éxito terapéutico".

Solamente con esa sesión, Fausto estuvo más de tres semanas sin usar el inhalador, teniendo en cuenta que hasta ese momento lo utilizaba tres veces al día y otra más en la madrugada. Al poco tiempo de esta experiencia, escribió estas lineas para mí: "Estoy feliz y ratificando en vida propia y en mi misma experiencia la efectividad de la Terapia Regresiva Reconstructiva. Uno lo vive muy real. Me dieron muchas ganas de llorar cuando los *enanitos* se despedían y me decían adios. Esta experiencia es muy liberadora. Ahora respiro tranquilo y ENTIENDO, COMPRENDO. Mil gracias por esta oportunidad. No hay quien convenza más que un convencido. Empiecen todos a trabajar en esta maravilla. Cada día aprendo algo nuevo con ella. Le agradezco a Dios que me haya dado la oportunidad de darme cuenta del origen de mi enfermedad. Amo a todos".

Usted como terapeuta tendrá muchas gratificaciones en su trabajo, puesto que es muy bonito ver cómo nuestros pacientes van avanzando por su propio pie y al finalizar la terapia son capaces de afrontar cualquier reto que se les ponga por delante. La Terapia Regresiva Reconstructiva le brindará muchos regalos a usted cuando empiece a ponerla en práctica. No los desaproveche.

Ahora le invito a que nuevamente regrese al capítulo que hablaba del escenario del "Tren de la Vida" y vuelva a leer la experiencia de Fausto. Ya verá cómo entiende muchas cosas de esa sesión, teniendo la información de este trabajo previo.

El Sida

Todo apunta a que el origen del Síndrome de Inmunodeficiencia Adquirida provenga del mono africano y se sabe que es causado por un virus llamado VIH que se transmite a través del contagio por sangre, el esperma y los fluidos vaginales. El primer caso que se detectó en el mundo fue en octubre de 1980 en el hospital de la Universidad de California en Los Ángeles, y fue etiquetado como "el enigma de la habitación 516", ya que era una enfermedad desconocida que padecía un hombre llamado Ted Peters que murió poco más tarde. Desde entonces hasta finales del año 2007 han muerto más de 25 millones de personas en el mundo..

El virus empezó a propagarse principalmente por el uso común de agujas entre toxicómanos, en algunas transfusiones de sangre contaminada, por el contacto sexual sin protección entre algunos homosexuales y los llamados "grupos de alto riesgo" como son los trabajadores/as sexuales, aunque más tarde la enfermedad también se extendió entre los heterosexuales y hoy en día el grupo de personas dedicados a la prostitución, sólo representa el cinco por ciento de los portadores de la enfermedad, habiendo aumentado en proporciones muy preocupantes entre los adolescentes.

La enfermedad llamada hoy en día "El mal del siglo XXI" que ha matado y contagiado a millones de personas en todo el mundo, aún sigue haciendo estragos a diario sin que las investigaciones científicas, al día de hoy, sean capaces de encontrar un remedio efectivo y total para frenar tan terrible mal. Según cifras de las Naciones Unidas, en el año 2007 más de 33 millones de personas vivían con el VIH en el mundo y sólo en este año provocó más de dos millones de muertes.

Es una enfermedad que ha llegado a todos los rincones del planeta y afectado a todo tipo de personajes públicos y privados. Conocemos el caso de actores como Rock Hundson, Anthony Perkins o Robert Reed; cantantes como Freddi Mercury, bailarines como Rudolph Nureyev o Peter Allen, o escritores como Harold Brodkey, por citar sólo algunos a quienes atrapó entre sus garras el VIH (Sida), y fueron vencidos por esta enfermedad tan devastadora. Pero lamentablemente día a día se sigue llevando a miles de personas, principalmente en el Continente Africano donde por desgracia no se dispone de los medios suficientes para el control de la enfermedad ni los medicamentos necesarios para el tratamiento de los enfermos. Un cálculo estimativo nos habla de que en el Africa subsahariana hay más de 22 millones de personas afectadas al día de hoy.

El riesgo sigue siendo mayor entre los grupos de homosexuales, puesto que es frecuente entre ellos la práctica del sexo vía anal, produciéndose con frecuencia pequeñas heridas en la mucosa del recto que permiten al esperma que contiene el virus, trasladarlo a la sangre del compañero sexual y con ello la transmisión viral con mayor facilidad. La incidencia es por tanto más alta en homosexuales por esta razón, ya que la mucosa vaginal es más resistente a las heridas. Pero como antes mencionaba, todos podemos estar expuestos al VIH, y por esa razón es imprescindible incrementar más las campañas de comunicación y las políticas públicas en materia de prevención; y para reducir el riesgo de contraer la enfermedad, se hace necesario que absolutamente toda la población, siempre que vaya a tener algún contacto sexual, sobre todo cuando éste es de forma esporádica y sin la pareja habitual, utilice el preservativo como medida de protección para evitar este contagio.

El sistema inmunológico es el que produce los glóbulos blancos encargados de luchar contra los agresores externos –los linfocitos 'T' que atacan a los invasores y los linfocitos 'B' que producen anticuerpos específicos para cada microbio–, se ve atacado por este retrovirus que provoca la destrucción de sus defensas ante cualquier agente externo; por esa razón, las personas afectadas por el Sida (VIH) son muy sensibles ante infecciones oportunistas que en el caso de aquellos cuyas defensas están intactas, no resultan amenazantes. Actualmente la vía más frecuente de contagio es la sexual, ya que por vía intravenosa es fácil evitarla y por eso este síndrome es catalogado ya de ETS (Enfermedad de Transmisión Sexual).

Subyace en este proceso una connotación fuertemente sexual, la sexualidad como posesión y goce corporal: a mayor promiscuidad de parejas sexuales, mayor probabilidad de que se produzca el contagio.

Cuando hay una búsqueda incesante de cubrir necesidades sexuales, de nuevo podemos interpretar conflictos en la expresión del amor, cuyo habitáculo es el espíritu. El sexo radica en la materia; la exageración en todo lo exterior y el goce meramente sexual en diferentes y múltiples parejas, busca el placer egoísta, satisfacerlo mediante estímulos sexuales cada vez más sofisticados y variados, dejando reprimido lo interior, los sentimientos, el amor. Nos encontramos ante un *ego* permanentemente insatisfecho y con una sensación de culpa sexual. Además, se trata de una enfermedad que se contagia de uno a otro, recordándonos así que la búsqueda del placer individual es una creación del *ego* y que los demás existen, que formamos parte del todo y somos responsables ante él.

En los tiempos que vivimos hay tendencias cada vez más marcadas hacia el individualismo y la búsqueda del placer sexual a través de Internet, el teléfono y los anuncios en prensa, de modo que cualquiera puede obtener sexo a la carta y un placer propio donde tiene una escasa relevancia el otro, salvo como mero instrumento corporal. Los medios de comunicación no cesan de sugerirnos estos aspectos en la publicidad y los mensajes subliminales permanentes en los programas de televisión. De este modo las relaciones se vuelven efímeras, egoístas, frustrantes, demasiado teñidas de sexo y carentes de amor. Se trata de encubrir y camuflar esa incapacidad para amar, saltando simultáneamente entre una persona y otra buscando la variedad para escapar del aburrimiento. Nuestra esencia se pierde en esas redes y traslada esa capacidad innata –la de amar– a la sombra, y de ahí a nuestro cuerpo.

El amor es encontrarse con la otra persona, no huye ni busca sustitutos; pero amar entraña otras dificultades, responsabilidades e implicaciones, y pone en peligro ese egocentrismo, siendo necesario un compromiso para compartir una apertura y una entrega. No es casualidad que la incidencia de casos de VIH (Sida) vaya en aumento, y si antes el grupo de riesgo era más en la población homosexual, actualmente sube a pesar de las campañas de prevención, en la población heterosexual y como dato preocupante, entre jóvenes y adolescentes.

Es frecuente en personas con cierta promiscuidad sexual contagiadas del virus del Sida, un sentimiento muy arraigado de no ser merecedores de recibir amor; se percibe en ellos una predisposición autodestructiva que es menester indagar de dónde procede. A través de la Terapia Regresiva Reconstructiva, en ocasiones lo encontraremos en el claustro materno o el nacimiento. También es adecuado poder trabajar en paralelo con el Hospital Astral, ya que a veces se producen reacciones asombrosas quedándonos perplejos al observar cómo en algunos casos, las células 'T' del afectado han comenzado a reproducirse de manera mágica después de verse sometido su cuerpo a ciertas manipulaciones y energías introducidas por estos Médicos del Astral, que han permitido al sujeto enfrentarse a esos ejércitos invasores que amenazaban con la destrucción total de su sistema inmunitario. El paciente que vive esta enfermedad debe aprender a comprometerse en sus relaciones y permitirse hablar abiertamente sin reservas de ningún tipo, incluyendo en su comunicación toda la parte oscura que vive en su interior y que no ha podido ser escuchada ni entendida.

Veamos las dos últimas sesiones de Daniel –paciente de Sida–, que transcurren en el Hospital Astral donde ya en otras ocasiones había venido a trabajar con su Médico y Guía.

Penúltima sesión

Paciente: Esta vez el médico se ha metido dentro de mí. Siento cómo enciende luces de distintos colores en la zona del corazón. Son como una rueda que gira y manda luz a todas las células, envía un rayo azul y verde al pulmón; al cerebro manda un color fusia y violeta. Me dice que hay que dar luz al hipotálamo y luego me conducirá a través de las neuronas hasta mi memoria celular. Ahora estamos en el cerebro, las partes están separadas pero unidas, las unen venas, venitas... todo está conectado. Nos metemos por un agujero muy pequeñito que está abierto a la inmensidad. Hay charcas donde la información se pudre, desiertos resquebrajados y secos, todo parece muerto... hay zonas más allá, montañas... nos hacemos más pequeños y entramos en la charca, aquí hay información milenaria de muertes, asesinatos, engaños, farsa... es inmensa, es como una información de toda la humanidad. Detrás de mí hay como un triángulo, yo estoy en el vértice, la base no la puedo ver, siento cómo se va abriendo, dentro hay millones y millones de eventos que han dado consecuencia a quien soy yo. Siento que tengo que superar una prueba para liberarme de todo eso, si quiero alcanzar la libertad. La libertad es entrega, es la gran paradoja, entrega al SER, tengo que tomar contacto con las charcas, la comprensión no es intelectual, tengo que bañarme en las charcas, en esos fermentos y dejar que el cuerpo absorba toda la información, Soy ínfimo y el resto es enorme, ya me metí dentro, todo está lleno de fermento. Tengo sensaciones muy extrañas, todo me pertenece y yo pertenezco a todo. Es consecuencia de toda esta locura, es una locura inevitable porque es lo que te permite NO SER. Me siento toda la charca, soy charca y siento la síntesis de la misma. Cuando soy el ínfimo PERTENEZCO, estoy estancado; cuando soy enorme TODO ME PERTENECE. Hay una correspondencia entre Yo y el ínfimo. La única forma de neutralizar los efectos de estas corrientes infinitas, es manteniendo una atención equiparable. La tensión no es un esfuerzo, es algo que no podemos provocar por la voluntad, es la única manera de que sea equiparable a la dimensión de la charca. Atención al SER no es un esfuerzo. El SER y NO SER, forman parte de una misma "cosa"; esa "cosa" es la atención equiparable, cualquier esfuerzo te aleja de la comprensión. Lo único que uno puede hacer es ponerse en condiciones de que le suceda, ponerse en situación meditativa y observar. El esfuerzo aleja, no hay que abandonarse, hay que entregarse. El que se abandona no tiene ninguna posibilidad. Para generar una atención equiparable hay que ponerse en el ínfimo. El médico me dice que no me olvide de la tensión equiparable, es igual a la meditación, no hay otro camino para nadie que quiera experimentar la UNIDAD.

Última sesión

Paciente: El médico me dice que no progreso, que hay mucha resistencia, que no estoy poniendo esfuerzo y no me entrego al Ser, pero no sé cómo hacerlo. Me dice que entregarse al Ser es olvidarse de si mismo, dejar de estar aferrado a la idea de mí mismo, que debo soltarlo. Va a intentar ayudarme para que me dé cuenta, ya que estoy en una situación muy difícil. Me dice que tengo una supraconciencia de inmortalidad que me impide relacionarme con la temporalidad y mientras no adquiera sentido de temporalidad, no puede hacer nada por mí. Me comenta que el Sida es Daniel y se está haciendo daño constantemente. El camino para salir es la meditación, tengo que dejar correr, largar, significar y conectar con ese silencio que es y largar. Si no hago ese esfuerzo, no hay posibilidad. Me transporta a un lago. Él viene conmigo aunque no tiene cuerpo, sólo energía. Me muestra un palo y me dice que sirve para pescar. Hay dos mundos: el de los peces y el del palo –arriba y abajo–. Me da miedo el mundo de arriba y decido entrar en el de abajo. Meto la cabeza en el agua, me hundo, está lleno de depredadores. Me lanzo al interior, hay insectos, serpientes, es como una jungla. Cada cual tiene su territorio. Veo la boca grande de un pez y escapo. Me meto en una gruta pero no me gusta, es espeluznante, me siento solo. Veo que tengo como la forma de un *crooasan*. Soy como un gusano o anguila. Siento miedo porque me van a comer, no tengo estrategias para sobrevivir. Hay demasiados depredadores. Me escondo porque soy pequeño. Tengo que cazar animales más pequeños para comer, como seres parecidos a mí, pero más pequeños. Me siento feroz. Me alimento de los pequeños, pero prefería la condición anterior. Hay que comer o ser comido. Ahora soy más adulto. Soy una serpiente grande con mucho poder. Los demás animales y peces me temen. No tengo casi depredadores y puedo luchar contra ellos y vencerlos, soy veloz moviéndome, puedo comer seres más grandes, vivo solo pero es inevitable. No me gusta. Estoy muy en el fondo del agua, muy profundo y sólo veo un pequeño reflejo del mundo de arriba. Ya me hice mayor, estoy agotado, escondido en las grutas para que no me vean los depredadores. Me estoy debilitando cada vez más porque ya no puedo cazar. Me siento aturdido. No soy capaz de darme cuenta de lo que he vivido. Estoy estupidizado. Una mierda de vida de comer y esconderme para que no me coman. Vuelvo a esconderme como al inicio: antes en la arena, ahora en las grutas. Tengo miedo de los depredadores, miro hacia arriba, al otro mundo, algo que me hubiera gustado ser. Veo pájaros revoloteando, aves grandes que vuelan en el cielo; me atraen las águilas, el poder volar me atrae mucho. Me encanta verlos seguros de sí mismos, ver cómo abren sus alas y vuelan de esa forma tan elegante.

Terapeuta: ¿Te gustaría transformarte en uno?

Paciente: Me encantaría.

Terapeuta: Pues tú puedes hacerlo simplemente con tu deseo de transformación, pero lo primero es salir del lago *(se arrastra a la orilla y sale a la hierba)*.

Paciente: Pero tengo las alas mojadas y eso me impide volar.

Terapeuta: Pues vas a quedarte un rato afuera secándote con el Sol, porque el Sol te da vida.

Paciente: Ahora siento cómo las alas se fortalecen, me invade la fuerza, mucho poder, comienzo a volar, puedo volar alto. A medida que voy elevándome me doy cuenta de que lo de abajo es intrascendente. Estoy muy alto. Veo la Tierra paciente y al Universo enorme. Me siento seguro, empiezo a perder el cuerpo. Me voy fundiendo con el Todo, soy UNO, ESTOY, siento que SOY, ya no soy nada y TODO a la vez, no soy gusano ni pájaro, simplemente SOY.

Terapeuta: ¿Qué piensas ahora de la serpiente feroz?

Paciente: Ahora comprendo mi miedo y mi ferocidad.

Terapeuta: ¿Tenía sentido?

Paciente: Es un proceso inevitable, pero ya no quiero volver.

Terapeuta: ¿Desde aquí le darías un consejo a la serpiente?

Paciente: Que no se identifique con lo que está viviendo, que ella no es eso, lo que está viviendo la engaña y la atrapa, le hace creer que es una serpiente pero realmente es otra cosa en otro lugar; tiene que agrandar el mundo, salir de las grutas a riesgo de que se la coman, no creerse lo que está viviendo.

Terapeuta: Pues ahora quiero que vuelvas a entrar en el cuerpo de la serpiente pero que te traigas el conocimiento que tienes de la Unidad.

Paciente: Empiezo a descubrir nuevas cosas en el espacio que desconocía. Estoy muy sorprendido, la grieta donde me escondía ya no me sirve, no me reconozco, ahora dudo de las cosas que creía, ya no creo; todavía soy serpiente pero necesito más espacio; me atrae el Sol que veo en la superficie, arriba hay un mundo mucho más grande. Empiezo a sentir una transformación interior, una metaformosis. Duele, siento cómo se estira mi piel y se empieza a hinchar la cabeza, me están saliendo piernas y brazos. Soy Daniel de nuevo. Debo salir a la superficie, tengo necesidad de tener alas, abrirme, abrirme…

Físicamente se estira con todo su cuerpo en el diván de la consulta y permanece un rato en silencio. Luego, al salir a la superficie, no ve a su Guía/médico, sólo hay dos ojos que lo miran y cuando éstos se cierran, aparece en otro lugar.

Paciente: Hay un niño que me está mirando con perplejidad. Tiene unos 8 ó 9 años. Soy yo de niño y siento que lo defraudé, pero no se podía hacer otra cosa. El niño quería ser poeta, era sensible, débil, temeroso; era un niño triste, se ha escondido todos estos años dentro de mí y me manda al frente. Siento que todo es injusto, no supo hacer bien las cosas, ha vivido todos estos años en una burbuja creada por la mirada, pero esto es una ilusión que hay que romper, hay que tomar una actitud y actuar; la pompa de jabón donde vive se rompe con la acción. Vuelve a estar fuera de mí y me mira con miedo. Le digo que no puede seguir encerrado, que debe andar su camino, que siga adelante; le grito para que se ponga a caminar de una vez, que avance de frente y no siga dependiente del adulto, que no mire atrás. Veo cómo se va alejando por un camino muy bonito donde hay mucha libertad. Desaparece por fin de mi vista y yo me quedo tranquilo, meditando.

Terapeuta: Cuéntame, ¿qué ocurre ahora?

Paciente: Me estoy escuchando, es un sonido enorme que no cesa. La muerte es quedarte con lo que eres; la vida te da lo que no eres y vives en lo que no eres. Sólo la muerte te da lo que eres, hay que morir para ser, vivir es estar engañado por ti mismo. La muerte te deja con lo que eres, esto es lo más cercano que he podido comprender en mi vida, todo lo demás sobra, nos creemos lo que no somos, todo es simplemente una ilusión *(lo afirma con una certeza absoluta)*. No sé lo que soy, pero ahora sé muy bien lo que no soy; me equivocaba con respecto a quién era. Pensé que era un hombre, una lombriz o una serpiente en un lago, pero realmente soy Energía en el Universo. YO SOY.

Daniel siente una mano en su hombro y se da cuenta de que se encuentra nuevamente en el Hospital Astral junto a su médico y guía; éste le pregunta si entendió y contesta que sí, que todo está bien y en paz.

Dos días después de esta sesión, Daniel me llamó por teléfono para decirme que había decidido no continuar con la terapia porque ya se encontraba tranquilo, en paz y entendiendo todo lo que necesitaba entender. Me agradeció mucho el trabajo que hicimos juntos y siempre recuerdo sus últimas dos palabras: "Sé feliz". La siguiente semana su compañera La Muerte lo invitó a un largo viaje... ¿o tal vez deberíamos decir su compañera VIDA?

El cáncer

Las células de nuestro organismo están continuamente envejeciendo, muriendo y reproduciéndose para mantener la cohesión y un correcto funcionamiento de los órganos.

Cuando una de nuestras células se daña por cualquier motivo, ya sea por una agresión externa o desgaste, se autodestruye generando simultáneamente a ese proceso una división celular. Para que esta división se produzca con normalidad, existen unos mecanismos de control que avisan a la célula cuándo tiene que dividirse y cuándo debe quedarse quieta. Si estos mecanismos se alteran y fallan, la célula y sus "hijas" se dividen descontroladamente, dando paso a la formación de un tumor. Todos tenemos células cancerosas que proliferan en nuestro cuerpo en algún momento. La razón de no desarrollar un cáncer es gracias a que tenemos un sistema inmunológico que se encarga continuamente de revisar las células y destruir las que son malignas. Por lo tanto, la aparición del cáncer representa un fallo en el sistema sanador.

La palabra tumor nos asusta, ya que es muy frecuente asociarla equivocadamente al cáncer; esto es un error ya que todos tenemos tumores. Por ejemplo, un nódulo subseroso —o bulto de grasa— es un tumor, si las células constitutivas de ese tumor no son invasivas, estaremos ante un tumor benigno, y por el contrario, si estas células sin control sufren más alteraciones invadiendo los tejidos y luego órganos, y viajando por los vasos sanguíneos y linfáticos para posicionarse en lugares anatómicos alejados de donde se inició el tumor –*metástasis*–, estaremos entonces ante un tumor maligno o cáncer.

Para que el cáncer sea tratado con éxito, no sólo debe tratarse el tumor original, sino que es necesario detener la propagación del tumor –metástasis–. Todos los esfuerzos de la medicina, hoy en día, están dirigidos a impedir el crecimiento tumoral y su extensión por todo el organismo. Actualmente hay tres tratamientos principales desde la visión de la medicina científica en la lucha contra el cáncer: la cirugía, la radioterapia y la quimioterapia.

Cuando el tumor está localizado en un sitio accesible, se puede operar pero esto sólo ocurre en un pequeño porcentaje. La enfermedad se atrinchera y se resiste, entonces es cuando entra en acción la radioterapia y la quimioterapia, que destruyen no sólo las células malignas sino también las normales, aunque es cierto que en la actualidad, en el área de radiología se están desarrollando máquinas inteligentes mucho más precisas que permiten atacar el área donde se encuentra focalizado el tumor, sin dañar los tejidos sanos de sus alrededores. El tratamiento mediante la emisión de protones es uno de los avances más revolucionarios sobre la actual radioterapia, permitiendo una mayor profundización en la destrucción de las células cancerosas evitando dañar estructuras vitales muy sensibles, aunque lamentablemente al día de hoy tiene un astronómico coste su tratamiento, contando con esta tecnología poco más de una docena de hospitales en todo el mundo.

La actual línea de investigación médica está focalizando sus esfuerzos en el desarrollo de fármacos centrados en la inhibición de la angiogénesis, que es un proceso necesario para la formación y extensión del cáncer en el organismo. Si se frena este proceso, a su vez se frena el paso de nutrientes y oxígeno a las células tumorales, y por tanto a su crecimiento. De esta manera, la quimioterapia puede llegar y actuar de forma más eficaz contra el tumor. Estos estudios y ensayos han demostrado el aumento de supervivencia en pacientes con cáncer de colon.

La biología molecular también está investigando y estudiando el diseño de nuevos fármacos que puedan dirijirse a las proteínas genéticas del tumor e impedir que se vuelva a reproducir. Estos primeros pasos, tal como afirma la investigadora Anne Tsao, de la Universidad de Texas, especialista en cáncer de pulmón, permitirán en un primer paso controlar el tumor y hacer que el cáncer se convierta en una enfermedad crónica.

Según afirma el doctor Carlos Cordón-Cardó, es posible que el origen de la mayoría de los tumores sea originado por las células "madre" adultas que se ha descubierto que en muchos tejidos pueden regenerarse. El Director de Patología Experimental del Memorial Sloan-Kettering Cancer Center de Nueva York, comenta que esta célula que tiene una función reparadora, inesperadamente comienza a actuar indebidamente y en lugar de frenar la proliferación de células cancerígenas, se multiplica produciendo el tumor y por esa razón, no sólo hay que tratar el cáncer sino también erradicar la célula "madre" puesto que en caso contrario se puede volver a reproducir el tumor pasado un tiempo.

El futuro del tratamiento del cáncer, tal como dice el doctor Andrew Weil, será "una inmunoterapia capaz de despertar al sistema inmunitario adormecido y ponerlo a trabajar en su propio beneficio".

A nivel analógico podemos decir que con el cáncer se produce un alzamiento, "un golpe de estado" en el interior de nuestro cuerpo a modo de rebelión que se propaga y va extendiéndose como si de una guerrilla se tratase, implantando bases en diferentes partes y teniendo un sólo objetivo claro: la invasión y control de todo el territorio. Las células no mueren sino que en su reproducción se descontrolan como si persiguieran la inmortalidad a través de la colonización. Paradójicamente es una rebelión a favor de la libertad y en contra de la muerte; sólo cometen un error y es que con la muerte del invadido llega su propia muerte. Las células rebeldes pueden ser más o menos agresivas y eso determinará el grado de malignidad y por tanto la rapidez en invadir.

Existe un intervalo de tiempo antes de la manifestación somatizada de una enfermedad, cuya duración depende de cada caso donde, a causa de las diferentes situaciones que nos presenta la vida, se produce una tensión emocional sostenida y no exteriorizada; ese cúmulo tensional es generador de energías que debido a su bloqueo, afectan no sólo a nuestra psique sino también a nuestro cuerpo –soma–, ya que basta con observarse atentamente para reconocer que todo impacto emocional se somatiza en una zona determinada de nuestro mapa corporal. Esta somatización que implica procesos psicobiológicos, se muestra en un amplio abanico de posibilidades, tantas como enfermos.

Debemos tratar de entender las emociones reprimidas e implicadas con anterioridad a la aparición del tumor; para ello, tenemos que pormenorizar el proceso analógico de la enfermedad para comprender lo que el síntoma quiere decirnos.

El cáncer es una enfermedad autoinmune; nuestro organismo se comporta contra él mismo, contra sus mismos componentes. La célula cancerosa no es un virus o agente patógeno que viene del exterior, sino que es un microorganismo interno que nos pertenece y que realizaba su función de acuerdo con lo necesario para que nuestro cuerpo sobreviviera; de repente deja de identificarse con su misión y cambia de parecer, estableciendo sus propios objetivos que consisten en un afán incesante por multiplicarse, pasando de ser una parte obediente a una parte disidente de nuestro cuerpo. La célula cancerosa decide por ella misma, no se reconoce dentro la de unidad o entorno, y entonces se aísla, se amotina y comienza a reproducirse a modo de guerrilla invasora.

El individuo puede que durante mucho tiempo se haya preguntado: ¿Los demás o yo? Si llegamos a comprender esta ansia de diferenciación y logramos integrarnos como parte del "todo", tal vez la célula comprenda que ella también forma parte del organismo –o todo–. Como decía Hermes Trimegisto en la Tabla Esmeralda: "Lo que está abajo es como lo que está arriba, y lo que está arriba es como lo que está abajo".

Las personas con un proceso canceroso han podido vivir durante mucho tiempo con ese conflicto interno entre los otros y su yo, conflicto que no ha sido exteriorizado sino fagocitado; son individuos que han sentido su voluntad sometida al bienestar de los otros, y en esa polaridad sus sentimientos lo conducen a la esclavitud, situando al amor en un lugar equivocado. Imaginemos un león por dentro con aspecto de cebra por fuera. Esta imagen puede representar el conflicto en el que se encuentran. Ante cualquier situación asienten para que los demás no se ofendan o no salgan perjudicados, y por dentro sienten ese león rugir que recuerda esa diferenciación tan notoria: los demás y yo.

En líneas generales vemos que se repiten con frecuencia ciertos patrones de conducta en personas que se ven afectadas por esta enfermedad: sentimientos de fracaso a lo largo de su vida aunque hayan alcanzado posiciones de alto nivel, estabilidad económica, prestigio o fama, dificultad para expresar sus emociones, el evitar nuevas experiencias, algún impacto traumático sin resolver en la infancia o el periodo intrauterino, no saben decir "no", ausencia del vínculo afectivo –madre y/o padre– y sometimiento a las reglas establecidas por los demás.

También se observa que como alrededor de dos años antes de que se haya detectado el cáncer, suele producirse en su entorno personal, familiar, laboral o social, algún acontecimiento o impacto emocional fuerte que, actuando a modo de espoleta, ha activado por analogía la mina del núcleo emocional dañado que llevaba años esperando enterrada bajo tierra sin ser vista por los demás, materializando así lo que debió haberse realizado psíquicamente en el área de la conciencia.

Quiero señalar que la Terapia Regresiva Reconstructiva, en estos casos, debe usarse como una terapia complementaria y en ningún caso como algo sustitutivo de los tratamientos convencionales de los que dispone en cada momento la medicina científica. Desde este apoyo con la TRR a cualquier tratamiento para personas que están viviendo un proceso canceroso, es muy importante ser consciente de estas actitudes, con el fin de que el paciente pueda modificarlas en su vida cotidiana y ante todo mantener siempre la esperanza. Como dice el doctor Carl Simonton: "Si la desesperación puede matarme, la esperanza puede curarme". A partir de ese momento es necesario situar al amor donde le corresponde, en el plano adecuado cambiando las emociones de temor a la muerte por amor a la vida y las de división de opuestos por unión e integración de polaridades. Es necesario conseguir la implicación total del paciente para hacer que sus células blancas puedan luchar contra su enfermedad.

Las experiencias vividas concernientes al pasado durante las sesiones regresivas, tras ser comprendidas, aceptadas y reconstruidas, tenemos que hacer que mediante representaciones simbólicas se trasladen a la vida real, al día a día.

Como actividades en paralelo, es necesario que la persona reconozca su propia manera de ser, que sea capaz de romper el marco de las estructuras de convivencia que le han definido y encuadrado a nivel social, erradicar las normas que impiden su autorrealización y que sepa decir "no" cuando realmente lo desea, saltar barreras, no autolimitarse y que pueda dar una respuesta a la pregunta: ¿Para qué seguir viviendo? que le permitirá anclar en su mente un prerrequisito implicado por el cual poder seguir luchando.

También debe comenzar a conocer personas que hayan podido superar una enfermedad como la suya y leer cualquiera de los cientos de libros que actualmente hay en el mercado hablando de sanación y recuperación de este tipo de enfermos, en lugar de escuchar comentarios negativos y destructivos de aquellos que han conocido a personas que no pudieron vencer a la enfermedad. Recordar los sueños y quimeras que se tuvieron en la vida, desearlos interna y profundamente y hacer que se transformen en realidad.

Hay que someter al cerebro a un bombardeo constante de mensajes y afirmaciones positivas, creando mantras y repeticiones monótonas como hacía el doctor Coue con sus pacientes, que ponen la mente en reposo y permite al sujeto ser más receptivo a estas sugestiones y actuar en base a ellas. Mientras hay vida hay esperanza, y por esa razón no debemos "tirar nunca la toalla" sino pasar a la acción ("hacer" en lugar de "desear" de manera frustrante). El doctor Simonton mostraba a sus pacientes imágenes y fotografías del antes y el después de personas que habían vencido al cáncer. De esta manera los motivaba e involucraba en su autocuración. Recuerde que el pensamiento positivo es la base para la recuperación del paciente.

Nuestro enfoque de trabajo habrá que hacerlo en dos vías al mismo tiempo:

Intrabody

Para localizar dentro del cuerpo los órganos que están afectados e intentar fortalecer al sistema inmunológico para poder hacer frente al avance de las células cancerígenas. Se sabe que nuestro cerebro es capaz de segregar todas las hormonas necesarias para poder luchar contra este invasor, por eso hay que intentar que el paciente active esta parte de sí mismo para enfrentarse a esa lucha. Ya se ha comprobado que la visualización de imágenes positivas produce aumento de linfocitos 'T' que son los principales componentes del sistema inmunitario y los agentes encargados de destruir las células cancerígenas. Debemos enseñar a nuestro paciente el modo de trabajar en esta línea para que él, en su casa, pueda relajarse y visualizar todo este proceso varias veces al día. Debe ser capaz de crear sustancias en su cerebro que puedan destruir las células cancerígenas sin dañar las células buenas. Además, a las imágenes deberá añadirle la fuerza de la palabra con frases asertivas. Recuerde que trabajando con los dos hemisferios cerebrales a la vez –derecho imágenes e izquierdo con palabras–, se conseguirán muchos mejores resultados.

Sistema tradicional con la TRR

Localizando diferentes momentos en la vida del interesado donde se le lleve a vivir las situaciones descritas en los párrafos anteriores para que llegue a tomar conciencia de ellas, de los mecanismos que generó para seguir "sobreviviendo" y por último, reconstrucción de la forma idílica en que le hubiera gustado haber vivido esas experiencias.

En muchas ocasiones, a través del "Intrabody", podemos acceder directamente a sucesos del pasado utilizando como hilo conductor la emoción que experimenta el paciente cuando está en algún lugar concreto de su cuerpo. Ahora veamos un ejemplo de cómo se trabaja con esta técnica:

Un año antes de que Manuel acudiera a mi consulta, le comenzaron unos fuertes dolores de cabeza y al hacerle una serie de pruebas, le diagnosticaron un tumor cerebral que hubo que operar de inmediato, dado el avanzado estado en el que se encontraba. Después de aquello había estado recibiendo 30 sesiones de radioterapia y quimioterapia oral, pero en una nueva revisión –un año más tarde–, observaron una mancha en el cerebro que indicaba que el tumor había vuelto a reproducirse. Le habían entonces dado de nuevo otras 20 sesiones de quimioterapia, pero se encontraba en un estado de debilidad física, pero sobre todo emocional, que necesitaba un apoyo desde el punto de vista psicológico para intentar afrontar la situación con dignidad y no derrumbarse, fundamentalmente por la imagen que diera a sus tres hijos y esposa.

Según él mismo describía en la primera entrevista de toma de contacto, de niño no tenía iniciativa, "simplemente estaba a lo que me decían". La adolescencia la definía como una etapa gris, despistado en todos los sentidos y siempre se vio como un Ser que necesita ayuda y no la encuentra. De hecho, de bebé casi muere por un problema respiratorio y estuvieron a punto de hacerle una traqueotomía. Toda esta experiencia también se vivió en alguna sesión regresiva donde pudimos sacar patrones de conducta en los que se apreciaba claramente la necesidad de pedir ayuda para poder vivir, quedándose anclados estos comportamientos en su psiquis. "Si ellos no me ayudan, yo me muero; por lo tanto, debo pedir siempre ayuda para poder seguir viviendo".

En Manuel se daban casi todos los puntos que mencionaba al principio de este capítulo: Durante cuatro años, anterior a la detección de su cáncer, había tenido que soportar las humillaciones constantes de un nuevo director que se incorporó en su empresa, y que él mismo definía como impresentable, tirano, ruin, mala persona, inhumano, cruel... viviendo con especial intensidad y mucha presión interna los últimos 24 meses donde sabía que este hombre estaba tratando de ponerlo en la calle. Además, siempre se sintió fracasado y sometido al resto de las personas, empezando por sus propios familiares.

Lo triste de este caso es que Manuel afirmaba que ahora, después de diagnosticarle el cáncer, se sentía más mimado, atendido por todos, protegido; ya no tenía que soportar la tensión del director, puesto que lógicamente estaba de baja en la empresa; su mujer había sufrido una transformación psicológica para bien, y él ahora se podía permitir algún tipo de caprichos que siempre quiso pero que por unas circunstancias u otras, siempre habían pasado a un segundo plano y nunca se habían materializado. Desgraciadamente, esto en el fondo no era nada bueno para Manuel, puesto que sin darse cuenta era como agradecerle al cáncer su existencia, ya que éste le permitía tener unos privilegios de los que antes no gozaba.

Hay que prestar especial atención a la gran trampa que existe en esta enfermedad, ya que es el verdadero enemigo con el que se enfrenta su paciente. Hay que ver todo lo que el cáncer concede de beneficios porque, o se desprende de ello lo más rápido posible sabiendo que no es nada bueno, o lamentablemente perderá más de lo que puede ganar: no sólo la batalla sino la guerra. Es como el pacto de Fausto con el Diablo: Le dio la eterna juventud a cambio de su alma, y eso fue pagar un precio muy alto por conseguir este patrón de supervivencia. Usted tendrá que darse cuenta de esta situación y conseguir que su paciente lo entienda con carácter de urgencia, puesto que esta es la piedra angular donde se apoyará el cáncer para iniciar su invasión. Veamos ahora una de las sesiones de Manuel en el "Intrabody":

Ya dentro de su cabeza.

Terapeuta: Cuéntame por dónde vas.

Paciente: Hay muchos surcos por aquí, pero todo lo veo bastante ordenado. Ahora me meto por una cueva, se abre en dos. Sigo por la ruta de la izquierda. Tengo que encender una linterna porque no veo. Sigo andando. Ahora estoy subiendo, llego a una sala después de pasar por un pasillo. Hay paredes de diversos tonos. Voy a tratar de entrar por otro lugar, más al interior. Echo una cuerda para subir. Ahora estoy como en un piso superior y puedo seguir por más recovecos de estos. Ahora he llegado a la zona de la cicatriz de la operación, parece que desinfectaron porque la zona la veo limpia. Sin embargo, veo como una bola que tiene vida y que está creciendo.

Terapeuta: ¿Qué sientes al verla ahí?

Paciente: Tengo la sensación de que se me echa encima y me va a aplastar. La veo que se acerca, se acerca y siento opresión; siento que me va a aplastar pero no llega a hacerlo, es angustioso.

Terapeuta: ¿Qué color te genera cuando aparece esa angustia en ti?

Paciente: Marrón, es un marrón oscuro.

Terapeuta: Pues ahora quiero que te dejes llevar por esa angustia, no huyas de ella, todo lo contrario: deja que se amplíe la sensación e invada todo tu cuerpo, siente ese color marrón por todas partes y con la misma sensación retrocedemos en el tiempo a otro momento de tu vida donde has sentido lo mismo que ahora.

Retrocede a una experiencia cuando tenía siete años. Está en el patio del colegio, los demás niños juegan pero él está solo.

Paciente: Prefiero estar solo antes del temor a ser rechazado. Tengo la sensación personal de que a lo mejor no voy a dar la talla. No quiero que me dejen de lado.

Terapeuta: Ahora vamos más hacia atrás. A otra experiencia anterior a ésta en la que sentiste las mismas emociones que ahora tienes.

Paciente: Ahora tengo unos 4 ó 5 años. Estoy en la calle, junto a la puerta de la casa. Me siento inferior y obedezco a los otros niños para agradarles, pero ellos se ríen y me rechazan. Me meto dentro de mí mismo y no hablo, así no soy repudiado. Me siento solo, no tengo a nadie que me acompañe. Tengo pena y tristeza.

Terapeuta: ¿Y qué haces?

Paciente: Nada, aguantarme.

Terapeuta: Quiero que conectes todas estas emociones y busques si en tu vida actual de adulto, has tenido las mismas sensaciones que están viviendo ahora.

Paciente: Estoy viendo imágenes de mi trabajo. Es una reunión tensa que dirige el director y nos habla con tono humillante y agresivo a todos. Me pone en ridículo y se ríe de mí. ¡Tierra, trágame! ¡Es la misma sensación que cuando era niño!

Terapeuta: Vuelve a ese niño y mira qué hace esa pena y tristeza en tu cerebro. Tú sigues ahí pero van pasando los años… observa…

Paciente: Está haciendo una maraña desorganizando cosas y creando el caos. Veo cómo se enquista parte de esa maraña en el cerebro y con el tiempo empieza a doler y aumenta el tamaño de la bola.

Terapeuta: ¿Qué quiere conseguir esa bola?

Paciente: Seguir creciendo y destruirme; está ahí para seguir aumentando de tamaño.

Terapeuta: ¿Y qué conseguirá si te destruye?
Paciente: No sé... ¿ganar?
Terapeuta: Y si ella gana, ¿qué ocurre contigo?
Paciente: Yo muero.
Terapeuta: Repíteme eso.
Paciente: Yo muero.
Terapeuta: Más fuerte.
Paciente: YO MUERO.
Terapeuta: Ahora vamos a ir a algún momento de tu vida donde has tenido esta misma sensación que estás notando ahora al decirme todo esto.

Desde aquí, Manuel se trasladó al momento de su nacimiento donde hubo muchas complicaciones y sentimientos de poder morir. Estas son sus propias palabras:

Paciente: Al final me sacaron por cesárea, tuvieron que sacarme para poder vivir. Necesité de otros para poder vivir. Debo estar protegido de otros para seguir viviendo, depender de otros y agradarles para que me sigan protegiendo.
Terapeuta: ¿Pero eso a su vez te pasa alguna factura en tu vida?
Paciente: Sí. Me causa pena y tristeza interior. A la enfermedad la mantiene viva esta pena. La enfermedad está ahí para darme cuenta de que voy por un camino erróneo; que tengo que tomar otro camino más auténtico, más real, enfocado fundamentalmente a mí, a que yo haga lo que me dicta de verdad mi conciencia. Hay que cambiar la mentalidad y las actitudes totalmente; cambiar de actitud y mirar al mundo con otros ojos.
Terapeuta: ¿Y qué pasa con la enfermedad si cambias de actitud?
Paciente: Entonces no está. Desaparece. Sólo es un aviso.
Terapeuta: ¿Y qué vas a empezar a hacer desde hoy mismo?
Paciente: Estar alegre y con ilusión.
Terapeuta: ¿Y cuál es el color de la alegría?
Paciente: El amarillo. Lo voy a pintar todo de amarillo, así no podrá seguir creciendo la bola. Extiendo un brebaje por toda la herida. Se expande por todo el cuerpo. Es como si

regenerara mi organismo por dentro. Son como descargas eléctricas pero sin daño, como energía. Hace que me levante del suelo. Es una sensación de placidez. Estoy como flotando, voy notando calor, e incluso la sensación de que el pelo se eriza. Tengo una sensación de pesadez agradable. Hay pequeños rayos continuos en la cabeza.

A partir de ese día, Manuel aprendió a entrar en su cabeza y a trabajar allí impregnando todo de esa energía de color amarillo que irradiaba por todas partes. También comenzó en diferentes sesiones de trabajo a tener experiencias de tipo transpersonal donde conectó con un Guía muy especial que le hablaba de la vida y de que simplemente nuestro paso por la Tierra es una etapa más en la evolución, y que nuestro cuerpo material no es más que un coche de alquiler. Se usa para un fin concreto y después se deja.

Pese a todos los pronósticos de sus oncólogos, que no entendían cómo el proceso se había relentizado tanto, Manuel vivió casi tres años más pero tranquilo y preparando su nueva etapa. El último día que fui a verlo a su casa nos quedamos solos en el salón, me tomó la mano, me miró profundo a los ojos y me dijo: "Gracias por todo, estoy bien y tranquilo. Ya estoy listo para dar el paso. Voy a hacer el gran viaje". Unos días más tarde moría en paz.

A continuación, también he creído interesante transcribir los comentarios de uno de mis pacientes con cáncer de vejiga:

"En el año 1995 me diagnosticaron un cáncer de vejiga. Me practicaron cirugía y el Departamento de Anatomía Patológica, después de analizar las pruebas que les enviaron los cirujanos de las resecciones realizadas en quirófano, diagnosticaron que la malignidad del cáncer era de grado III. Consecuentemente me pusieron un tratamiento de quimioterapia local.

En el año 1996 se me volvió a reproducir el cáncer en el mismo órgano y con el mismo grado de malignidad; es decir, grado III. Me volvieron a practicar cirugía y me pusieron un nuevo tratamiento de quimioterapia con unos productos químicos, al parecer más modernos.

Un año después, es decir en 1997, se me vuelve a reproducir el tumor y los urólogos me informaron que había que volver a practicar cirugía para realizar la resección del tumor y que esta operación se efectuaría dos meses después como consecuencia de programación de los servicios de urología y quirófano.

En este tiempo de espera, para que me practicaran la tercera cirugía, un amigo me habló de la Terapia Regresiva Reconstructiva y cómo le había ayudado a él, y me dio el contacto de un Experto en la materia.

Yo desconocía este tipo de terapia, pero dentro de mi confusión y desesperación, decidí acudir a la consulta de Luis Antonio, quien me explicó con todo tipo de detalle en qué consistían estas técnicas regresivas. Aunque éste era un mundo totalmente nuevo para mí, me animé a iniciar esta terapia hasta en tanto me llamaran del hospital para hacerme la operación pendiente. Mantuve aproximadamente dos meses de sesiones con Luis Antonio hasta que me citaron en el hospital para practicar la operación.

Me practicaron nuevamente la cirugía y el Departamento de Anatomía Patológica, después de analizar las pruebas que les enviaron los cirujanos de las resecciones realizadas en quirófano, diagnosticaron que, a pesar de no saber qué había pasado, el cáncer no era maligno. Consecuentemente no me volvieron a poner ningún tratamiento de quimioterapia y así sigo hasta hoy.

Los médicos no encontraron ningún tipo de explicación de esta evolución, y lo primero que hice fue quedar con Luis para darle la noticia. Él y yo sí entendimos todo y seguimos un tiempo la terapia como refuerzo.

Hoy sé que ese cáncer de vejiga me lo creé yo mismo como consecuencia de las situaciones de estrés que tenía constantemente. Este estrés se generaba por no saber afrontar ni solucionar problemas de relaciones personales con mi pareja y otras personas. Hoy, esto ha desaparecido gracias a la Terapia Regresiva porque he conseguido superar aquellas situaciones que me causaban malestar.

Para mí ya han desaparecido los sentimientos de culpabilidad ante ciertas situaciones que antes me desbordaban. Hoy me siento feliz porque sé que somatizamos muchas enfermedades como consecuencia del estrés, la inseguridad, la falta de autoestima, los bloqueos, los sentimientos de culpa, etcétera. Sé que esto nos mata y hay que superarlo.

Yo lo he superado y se lo agradezco en el alma a la persona que me ayudó.

Las fobias: su abordaje
desde la Terapia Regresiva

Una fobia es un temor irracional, obsesivo y angustioso ante determinado objeto o situación específica; esta angustia hace que el individuo fóbico sufra trastornos por anticipación evitando a toda costa aquello que teme. Esta conducta condiciona su vida de tal manera que puede ocasionarle verdaderos inconvenientes.

El motivo que desencadena una fobia es muy dispar:

- **A animales:** arañas, ratas, perros, culebras, insectos, etcétera...
- **De tipo social:** temor a las situaciones sociales, a hablar en público, miedo ante sujetos determinados, temor a las mujeres, a los hombres, a que los vean desnudos, etcétera.
- **De situaciones específicas:** a los espacios cerrados, a los espacios abiertos, a viajar en avión, a las alturas, a ir al dentista, a la visión de sangre, etcétera...

Para distinguir una verdadera fobia de un malestar, se deben dar las siguientes situaciones:

- Miedo persistente e irracional y deseo impulsivo de evitar todo aquello que es la causa del temor (espacios cerrados, alturas, animales, etcétera).
- Existe un malestar significativo producido por esta alteración, y además la persona reconoce que su miedo es excesivo o irracional.
- No es debido a ninguna alteración mental del tipo de la esquizofrenia o de los trastornos obsesivos-compulsivos.

Luis Antonio Martínez Pérez Ph.D.

En algún momento de la vida de la persona, o tal vez en épocas donde aún estaba en desarrollo su sistema nervioso, quedó almacenado en su inconsciente un contenido emocional demasiado intenso, en forma de un miedo paralizante que su mente asoció a alguna representación que formaba parte del suceso. A partir de ese momento la respuesta emocional –temor irracional, angustia y sensación de pánico– queda condicionada a ese estímulo y guardada en algún recóndito lugar de la mente, lista para disparar esa respuesta de crisis de angustia en cualquier momento de su vida. En las fobias, la persona puede presentar crisis de angustia cuando se ve expuesta al estímulo fóbico.

Las crisis de angustia puede presentar varios síntomas de los que detallo a continuación y que deben al menos darse cuatro de ellos para considerarlo y encuadrarlo dentro de esta enfermedad:

- Disnea (dificultad respiratoria)
- Palpitaciones
- Dolor o malestar precordial
- Sensaciones de ahogo
- Mareo, vértigos, sensación de inestabilidad
- Sentimiento de irrealidad
- Cosquilleo en manos o pies (parestesias)
- Oleadas de calor y de frío
- Sudoración
- Debilidad
- Temblor o estremecimientos
- Miedo a morir, a volverse loco o a realizar cualquier cosa descontrolada durante la crisis o ataque.

El tratamiento de las fobias con Terapia Regresiva Reconstructiva es muy eficaz y rápido en comparación con otras disciplinas psicológicas como la Cognitiva Conductual o el Psicoanálisis, si bien las técnicas regresivas engloban también procedimientos cognitivo-conductuales, como por ejemplo la desensibilización sistemática –exposición gradual de la persona ante la situación u objeto que le produce la crisis de angustia– que se puede aplicar con un porcentaje muy elevado de éxito en estado regresivo, como parte integral de la sesión de trabajo en estado de ondas Theta, pero en sus fases finales.

Recuerde que en estados ampliados de conciencia el cerebro cree lo que ve y siente sin cuestionarse si es verdad o mentira, simplemente lo vivencia experimentando que es posible no sentir esa angustia.

Mi consejo es que no se olvide revisar la historia clínica de su paciente, extraiga frases textuales relacionadas con la fobia y cuando salgan en regresión, utilícelas de eco.

Francisco José tenía 40 años cuando realizamos esta sesión de trabajo con él en una práctica de un curso y su problema era una ofidiofobia –fobia a las serpientes– desde hacía aproximadamente unos 20 años. Este hecho le producía mucha extrañeza, ya que siendo niño jugaba con culebras y serpientes en su pueblo y estaba muy familiarizado con ellas, pero actualmente no soportaba verlas ni en fotografía.

La sesión comenzó dirigida por uno de los alumnos del grupo que estaba en formación. Tras la relajación, se procedió a llevarlo al escenario "El Edificio" conduciéndolo al segundo ascensor de la izquierda (vida actual).

Terapeuta: Tienes delante de ti un edificio, ¿es el mismo de otras ocasiones, o es otro?

Paciente: Es diferente, todo de cristal como un espejo, muy ancho y alto con una puerta giratoria.

Terapeuta: Quiero que busques el cartel del edificio.

Paciente: Tiene letras doradas. Pone José.

Terapeuta: Métete en esa puerta giratoria, entra al vestíbulo y a tu izquierda hay dos ascensores; entra en el segundo, es únicamente de bajada. Desciende y dime cuando se haya parado y salgas, qué es lo que ves.

Paciente: Ya estoy, hay una sala grande con estantería de metal gris a la izquierda y a la derecha.

Terapeuta: ¿Qué hay en las estanterías?

Paciente: Libros.

Terapeuta: Fíjate dónde están las mesas porque ahí hay un álbum de fotos que contiene los recuerdos más agradables de tu vida.

Paciente: Sí, es un álbum con tapas azules de cuero, tiene las páginas de cartón negro para meter las fotos, trae muchas hojas.

Terapeuta: Vas a abrir al azar donde hay una foto que te va a decir algo.

Paciente: No veo ninguna foto, están las hojas negras.

Terapeuta: Te voy a contar 3... 2... 1... y llegarán imágenes.

Paciente: No hay fotos, las hojas siguen siendo negras.

Terapeuta: Están aún sin colocar.

Paciente: No las veo.

Terapeuta: Mira en la estantería de al lado... hay una caja.

Paciente: Sí, está llena de fotos.

Terapeuta: Toma una al azar.

Paciente: La foto de mi Primera Comunión con traje blanco, estoy solo.

Terapeuta: Vas a ir a ese momento.

Paciente: Estamos todos por ahí: el cura, los niños...

Terapeuta: Vete al fondo del archivo, por el final tiene que haber otra caja con fotos.

Paciente: Sí, una al fondo, la última…

Terapeuta: ¿Alguna foto tiene que ver con la aversión a las serpientes? Tócalas pensando en ello.

Paciente: Es un perro solo, como si me hablara: grande, blanco y canela, es perra…

Terapeuta: Vas a entrar dentro de esa foto, ¿qué ves?

Paciente: Me está acompañando, tengo 6-7 años, me está llevando al colegio, es mi perra. Luego me lleva y va a buscarme; ella siempre cuidaba de mí. Voy por una vereda y la perra viene conmigo.

Terapeuta: Recuerda que esta foto la has escogido porque está asociada a la aversión con las serpientes. ¿Qué más ocurre?

Paciente: La perra va acompañándome por la vereda.

Terapeuta: ¿Tú sabes lo que significan para ti las serpientes?

Paciente: Sí, jugamos con ellas, se las tiramos a las chicas para asustarlas.

Terapeuta: Vamos a dejar a tu mente que vaya hacia adelante; vamos justo a ese momento donde ya no puedes ver a las serpientes.

Paciente: Tengo 20 años, están en un libro de naturaleza.

Terapeuta: Cuento: 3... 2... 1... y la serpiente cobra vida. ¿Qué sientes?

Paciente: Estamos los dos quietos.

Terapeuta: ¿Qué sensación provoca en tu cuerpo?

Paciente: Poder sobre ella.

Terapeuta: ¿Dónde se pone esta sensación en tu cuerpo?

Paciente: En la frente.

Terapeuta: Deja que tu mente te lleve...

Paciente: Sigo ahí viendo a ésa y nos estamos mirando, no quiero hacerle daño.

Terapeuta: ¿Qué vas a hacer?

Paciente: No puedo darle la espalda, me atacaría; piensa que estoy invadiendo su terreno.

Terapeuta: ¿En qué momento has tenido esa sensación de que algo te pueda dañar y matar aunque no tenga nada que ver?

Paciente: No veo nada, estoy frente a la serpiente; es como si me hubiera transmitido que si yo me iba, ella no haría nada.

Se empieza un recorrido buscando la edad donde aparece el acontecimiento que "dispara" la fobia.

Terapeuta: Ahora tienes unos 15 años. Dime, ¿dónde estás?

Paciente: Cazando pájaros, con un primo, con escopetillas.

Terapeuta: Con esa edad, ¿cómo llevas el tema de las serpientes?

Paciente: No me gusta verlas.

Terapeuta: 3... 2... 1... tienes 10 años, piensa en las serpientes.

Paciente: Se las echaría a las niñas.

Terapeuta: Ahora tienes 12 años, qué pasa con las serpientes.

Paciente: No pasa nada.

Terapeuta: 14 años.

Paciente: Estoy en mi casa, es mi cumpleaños.

Terapeuta: Hay serpientes.

Paciente: Nada.

Terapeuta: Vamos a los 15 años, algo pasa…

Paciente: Es un sótano de una tienda, estoy trabajando; vendo zapatos, busco unos zapatos para vendérselos a una mujer.

Terapeuta: Deja que llegue ese momento donde algo ocurre.

Paciente: Nada.

Terapeuta: Fíjate bien…

Paciente: Hay un cable por la pared, me asusto. Creo que es una serpiente.

Terapeuta: Vas a otro momento donde sientes ese mismo miedo.

Paciente: Estoy frente a la serpiente mirándonos fíjamente *(hizo la analogía del movimiento del cable de la pared con el movimiento de la serpiente y se disparó el daño guardado).*

Terapeuta: Dime qué pasa por tu mente cuando miras a la serpiente.

Paciente: Mi perra agarró una serpiente y la muerde, me quedo fijo mirándola.

Aquí aparece el patrón y el origen de la fobia.

Paciente: Si miro a la serpiente, me quedo solo.

Terapeuta: Repítelo… otra vez… *(hago que lo repita tres veces más).*

Paciente: Si miro a la serpiente, me quedo solo.

Terapeuta: ¿Y qué pasa si miras a la serpiente a sus ojos?

Paciente: Si miro a la serpiente, veo la soledad en sus ojos.

Terapeuta: Repítelo otra vez *(tres veces).*

Paciente: Si miro a la serpiente, veo la soledad en sus ojos.

Se insiste sobre esta fijación, concretándola aún más.

Terapeuta: Y entonces, ¿qué pasa con la soledad, qué pasa… dime?

Paciente: Que eso me recuerda mi soledad.

Terapeuta: Repítelo *(varias veces).*

Paciente: Eso me recuerda mi soledad…

Terapeuta: Vas andando con la perra por la vereda y fíjate bien porque va a aparecer una serpiente *(inducido para iniciar la reconstrucción).* Ahora vas a cambiar tus esquemas, **ya que la serpiente no tiene nada que ver con la soledad** y dime qué haces.

Paciente: Ahora sujeto a mi perra y tiro una piedra a la serpiente para que se vaya, cruzamos y seguimos el camino.

Terapeuta: Ahora tienes 10 años y aparece otra serpiente, ¿qué haces?

Paciente: Nada, la dejo vivir.

Terapeuta: Tienes 20 años, ¿dónde estás?

Paciente: En mi casa.

Terapeuta: Entre los árboles del exterior hay una serpiente. La miras, ¿qué ocurre?

Paciente: Nada, la serpiente no tiene nada que ver con mi soledad.

Terapeuta: Y entonces, ¿qué pasa si ves una serpiente?

Paciente: Nada, puedo ver una serpiente porque no me produce soledad.

Terapeuta: Repítelo *(varias veces).*

En este último paso se hace un recorrido por diferentes edades para comprobar la reacción emocional ante la imagen de la serpiente y anclar el nuevo esquema.

El suceso que lo paralizó ocurrió por esa vereda en la lucha de su perra con la serpiente a la edad de 6-7 años. Aunque la perra no sufrió daño alguno, él guardó esa imagen en su mente como una amenaza que le podía arrebatar a su amiga protectora y compañera de juegos, no pudiendo actuar y quedándose inmovilizado. Continuó con su vida normal sin mostrar aversión a las serpientes, y es a la edad de 15, al ver el cable por la pared de ese sótano donde hace la asociación, dando como respuesta la fobia, aunque ésta no se destapa hasta su juventud.

Para hacer un tratamiento completo y exhaustivo, tendríamos que ir también a analizar qué pasó alrededor de los 20 años en la vida de esta persona, ya que es a partir de ese momento cuando se le crea la aversión hacia las serpientes. Seguramente en esa etapa de su vida estaría atravesando algún momento difícil donde existieron sentimientos de soledad que fueron los que reavivaron la llama. El hilo conductor de las siguientes sesiones fue trabajar el sentimiento de soledad.

Veamos ahora los pasos terapéuticos en el caso de las fobias:

- **Rescatar una imagen mental relacionada con el origen de la fobia**. Este ejemplo se ha hecho a través de una foto, aunque se pueden utilizar otros métodos. Para ello debemos estudiar qué tipo de memoria funciona mejor en cada caso concreto y cuál es su sentido sensorial predominante (visual, olfativo, gusto, oído, tacto).
- **A partir de esta imagen, hay que revivir la escena concreta**. Regresar al momento del pasado donde se produjo el acontecimiento.
- **Ir rastreando en el tiempo hasta dar con el momento en el que aparece la aversión**. Y en ese preciso momento, hacer la asociación con la emoción surgida del acontecimiento origen.
- **Sacar el patrón de supervivencia**. Mediante preguntas, hasta que la persona construya una frase que exprese la emoción y su consecuencia.
- **Que la repita varias veces**. Hasta que tome conciencia del patrón que creó en su día.
- **Reconstrucción de la historia**. Estableciendo un diálogo donde reconozca la idea irracional que concibió para seguir avanzando en este caso y el nuevo patrón de conducta que quiere crear a partir de este momento. Ejemplo: "Ahora vas a cambiar tus esquemas, ya que la serpiente no tiene nada que ver con la soledad y dime, ¿qué haces?".
- **La persona cambia el guión del suceso**. Tomando una actitud más activa, NO PARALIZANTE.

- **Queda grabado y se hace un sondeo por diferentes edades.** Para comprobar la respuesta emotiva ante la imagen de la serpiente. La respuesta es positiva y la frase de refuerzo queda fijada: ¿Qué pasa si ves una serpiente? Nada, puedo ver una serpiente porque no me produce soledad.

- **Se *testea* en Beta.** Al salir de la relajación y abrir los ojos para comprobar que los nuevos patrones son admitidos como válidos.

- **Reforzar el nuevo patrón en sesiones posteriores.** Para comprobar la validez y duración en el tiempo del mismo.

La depresión

Muy poca gente es consciente del dolor que implica vivir en la depresión, salvo quien la padece; sólo así, uno puede tomar conciencia de lo que es esa herida tan profunda que desgarra el alma. Quiero iniciar este apartado con esta reflexión, porque las personas que padecen una depresión no lo hacen por gusto ni deciden tomar esta postura únicamente para molestar a los demás, como muchas personas de su entorno piensan, sino que lamentablemente es un mal demasiado frecuente en nuestros días, ya que la gran mayoría de nuestra población se ha deprimido alguna vez en momentos de su vida, sintiéndose completamente incomprendida por la gente que tiene a su alrededor. Se produce en el paciente un trastorno del estado de ánimo; la persona pierde la alegría y las ganas de vivir y no tiene motivación, no hace nada por moverse ni combatir su enfermedad. Esta actitud produce irritación y reproche en los familiares, puesto que no son capaces de entender el por qué de esa forma de reaccionar y la increpan, provocando así mayor distanciamiento, sensaciones de incomprensión y desesperanza, que hacen que el enfermo se encierre más en sí mismo y la depresión se incremente.

Esta dolencia, en la actualidad afecta a más de un cinco por ciento de la población mundial, y es la segunda causa de discapacidad en los países desarrollados, teniendo las mujeres casi el doble de probabilidades de padecerla que los hombres. En concreto, en el Reino Unido se están diagnosticando más de dos millones de casos al año, y en Estados Unidos más del 9.5 por ciento de los mayores de 18 años padecen alguna enfermedad depresiva. En México están afectados 10 millones de personas, siendo esta la causa directa del 50 por ciento de los suicidios del país.

Quizás uno de los motores que hacen que esta enfermedad sea uno de los grandes males de nuestro siglo, sea el hecho de que cada vez más, vivimos inmersos en una sociedad demasiado acelerada acostumbrada a altos niveles de exigencia y preparación para todo, con prisas y tiempos establecidos para realizar nuestro quehacer diario y donde el estrés, como consecuencia de todo esto, se asienta con mayor facilidad en la población. Podemos observar cómo en los niños el índice depresivo va en aumento en las últimas décadas –10 por ciento–, tal vez debido a que todo este entramado social consumista haga que los padres tengan que pasar mucho tiempo fuera de casa para atender las demandas económicas familiares, estar más horas en sus trabajos mientras sus hijos se ven privados de la atención familiar necesaria y tiendan, por esta razón, a un mayor aislamiento con sentimientos de abandono y fustración que tratarán de compensar por otras vías como la televisión, el Internet o la creación de sus mundos mágicos donde dejen enterradas sus verdaderas necesidades emocionales, que a la larga podrán somatizarse convirtiéndose en depresiones que pasarán su factura solicitando la comprensión y el acercamiento de sus seres queridos.

La depresión puede ser reactiva o endógena, dependiendo de dónde provenga su origen. A veces estamos envueltos en una tristeza producida por alguna situación concreta justificada, como puede ser la pérdida de un Ser querido, la salida acelerada de un trabajo, el cambio de ciudad, la sepación de una pareja, la jubilación… A esto le llamaríamos depresión reactiva, producida por una situación que proviene del exterior y suele ser recuperable en el tiempo, simplemente con nuestra propia fuerza de voluntad. Sin embargo, las personas que sufren de depresión en donde no hay ninguna razón aparente –es la que llamamos endógena, ya que el desencadenante no viene de una situación concreta externa sino que proviene del interior del sujeto–, se sienten incapacitadas para disfrutar de la vida y de sus relaciones, y esto puede durar meses o años, y en los peores casos toda una vida, e incluso llegar en ocasiones al suicidio. Este tipo de depresión es la más peligrosa de las dos.

La persona que alguna vez ha tenido una depresión tiene el 50 por ciento de posibilidades de caer en un segundo episodio; los que son reincidentes tienen el 70 por ciento y los que han recaído en una tercera ocasión, sus probabilidades de hundirse en estos estados emocionales son del 90 por ciento, pudiendo generar todos estos trastornos más graves como bipolaridad, esquizofrenia, adicciones...

Dependiendo de su duración, podemos clasificarla en Leve, Moderada o Mayor.

Los primeros signos que vemos aparecer en los trastornos depresivos son:

a. A nivel físico: el abatimiento, la fatiga y el cansancio, la falta de apetito, mucha ansiedad, o también el efecto contrario; el estreñimiento, la acidez de estómago, el mal aliento, dolor de cabeza.

b. A nivel emocional: irritabilidad, rechazo a sí mismo sintiéndose despersonalizado, tristeza, soledad, desmotivación y falta de interés por las cosas y escasa fuerza vital para emprender cualquier actividad por fácil que esta sea, tendiendo al aislamiento y en ocasiones al llanto.

Todas estas reacciones hacen que el sistema nervioso se vea afectado alterando su bioquímica cerebral que incidirá directamente en problemas con el sueño, el apetito, los pensamientos, los sentimientos y las creencias, que lógicamente repercutirán en la relación con los demás. A los pacientes reactivos les cuesta dormir pero cuando lo consiguen, lo hacen seguido hasta el día siguiente.

Sin embargo en la depresión endógena les cuesta mucho dormirse y se despiertan constantemente a lo largo de la noche.

Origen

Se ha investigado mucho acerca del origen de esta enfermedad sin llegar —al día de hoy— a conocer con precisión y exactitud el por qué de la misma. Está aceptado que la herencia predispone biológicamente y afecta a la génesis de la depresión; sin embargo, no todas las personas que han tenido familiares con depresión tienen qué padecerla. Por lo tanto, podemos decir que puede existir una predisposición genética pero no es un factor determinante.

Dentro del Sistema Nervioso Central, a nivel bioquímico se puede relacionar esta enfermedad con alteraciones e insuficiencia en los niveles de neurotransmisores —serotonina, noradrenalina y dopamina—. La serotonina ya se produce durante la etapa de desarrollo fetal, antes de que se disponga de células nerviosas, y contribuye a diferenciar y coordinar las vías nerviosas, por lo que influye directamente en la formación del cerebro e incide en el estado anímico de las personas.

El doctor Lukas Pezawas, psiquiatra del Hospital General de Viena, ha descubierto en el metabolismo de serotonina un circuito cerebral que es influido por factores genéticos.

Para el estado de ánimo desempeña un papel clave un *gen* transbordador de serotonina que existe en dos variantes: una larga, más resistente al estrés, y otra anormalmente corta y más sensible, en cuyo caso el cerebro llega a ser vulnerable. Este *gen* disminuye los niveles de serotonina —elemento químico cerebral que participa en la regulación del estado de ánimo— y hace que se incrementen las emociones negativas y las angustias, produciéndose depresiones a consecuencia de cualquier experiencia traumatizante.

El trastorno depresivo severo está a menudo asociado con cambios en las estructuras o funciones cerebrales, dándose una disminución del metabolismo del área prefrontal izquierda del cerebro.

También se sabe que las glándulas suprarrenales producen elevados niveles de cortisol, al igual que el hipotálamo y la hipófesis producen elevados niveles de hormonas.

En algunos casos una mala regulación de la tiroides se ha relacionado con los estados depresivos.

Por otro lado, también afectan factores ambientales puesto que podemos observar cómo en las épocas de otoño hay mayor número de depresiones que en otras estaciones del año. Del mismo modo, en los países más fríos se da mayor incidencia de depresiones que en países cálidos.

A nivel laboral y social, el estrés y las sobrecargas de trabajo y actividades en personas que se abruman fácilmente, predispone a esta enfermedad.

Puesto que estamos acostumbrados a vivir agrupados y con unas normas sociales que nos enseñan a convivir con los demás, el hecho de que nos aislen y nos hagan de lado del grupo, nos puede potenciar la depresión. Recuerdo que a finales de los años 70's y principios de los 80's se puso muy de moda en ciertas compañías multinacionales, entre las cuales en alguna yo trabajé, el aislamiento como medida de presión cuando la dirección de la empresa quería desprenderse de un empleado que no era del agrado de la Corporación. La estrategia que se seguía era retirar al sujeto de sus actividades diarias y simplemente colocarlo en un despacho aislado de los demás, donde no tenía absolutamente nada que hacer durante sus ocho horas de trabajo reglamentario, aunque al final del mes se le pagara íntegro su salario. Después de transcurridas una o dos semanas, la inmensa mayoría de los afectados entraban en una crisis depresiva y al final decidían someterse a las negociaciones que la empresa les había establecido; era una maniobra realmente cruel que humillaba y despersonalizaba al profesional y que afortunadamente los juzgados de asuntos laborales, enseguida corrigieron penalizando a las empresas que realizaban estas acciones degradantes. Realmente conocí un par de casos que fueron muy duros, ya que en uno de ellos, esta situación se mantuvo por más de un año hasta que al final el afectado pudo conseguir vencer en los tribunales; eso sí, a costa de vivir inmerso en una gran depresión que costó después mucho tiempo para hacer que esta persona recuperara su autoestima, su seguridad, credibilidad y valía personal.

Prevención, medicación y abordaje psicoterapéutico

Muchas personas sufren trastornos depresivos mantenidos durante mucho tiempo sin ni siquiera saber que existen tratamientos eficaces para ellos, sobre todo si se tratan en su fase de inicio o como prevención.

No quiero cansar al lector con la clasificación y profundización de los diferentes tipos de depresión, pues no es objeto de la Terapia Regresiva Reconstructiva ni diagnosticar ni clasificar la enfermedad de los pacientes, sino facilitar la superación de todo ese sufrimiento al consultante y a los familiares que le rodean; comprender esa actitud paralizante en su vida y transformar esos pensamientos negativos cargados de autorreproches tan característicos de esos estados. Se trata de buscar el origen del dolor emocional, entender los trastornos de aprendizaje y patrones de supervivencia, pensamientos y conductas adoptados para poder de este modo hacer que el paciente tome conciencia de ello y repare esas estructuras mentales incorporando nuevos cambios de patrones que resulten saludables para él.

A nivel biológico se sabe que en el depresivo hay una disminución de serotonina en el cerebro, al igual que otras sustancias semejantes al opio que producen caídas importantes en los niveles vitamínicos A, B y C; por lo tanto, será importante que tome suplementos –recetados siempre por su médico– que contengan este complejo vitamínico.

Hacer deporte, cuidar su aseo personal y llevar una dieta sana equilibrada, siempre le ayudará a mantener una mejor condición física, liberar adrenalina de las glándulas suprarrenales y mejorar su imagen corporal.

Sólo cuando hay mucha ansiedad se deberían utilizar los psicofármacos. En estos casos los antidepresivos tricíclicos bloquean la inserción de la noradrenalina en las terminales nerviosas; los sedantes se utilizan para la ansiedad y los compuestos hipnóticos como inductores del sueño.

La terapia electro-convulsiva se maneja sólo en los casos muy graves y cuando el paciente no ha respondido con otros sistemas. Lo normal es que se den entre tres y diez sesiones, aunque no se saben con exactitud los efectos secundarios que esto conlleva para el cerebro. El propio inventor del *electroshock*, Ugo Cerletti, cuando vio las reacciones de los pacientes sometidos a su invento, comentó que debería abolirse ese procedimiento.

El depresivo se deprime porque la agresividad reprimida la dirige contra sí mismo –el caso extremo sería el suicida–. Recuerdo una paciente que llevaba varios años con parte de su casa empaquetada porque no soportaba más la idea de seguir en ella. Como no le gustaba estar allí, un buen día decidió empaquetar prácticamente todo y dejar de mantener la limpieza de la misma; pero como no tenía suficientes recursos para cambiar de apartamento, a diario seguía pernoctando en el mismo y esto le causaba más desolación al mirar a su alrededor y ver todo despersonalizado, metido en cajas y sucio. Como consecuencia de todo esto, no invitaba a nadie a su casa y al final, todo ello provocaba en su persona sentirse atrapada en un callejón sin salida y la desolación e impotencia la llevaban a hundirse cada vez más en una depresión severa. Se odiaba por no ser capaz de buscar vías alternativas a su situación real, y esto la llevaba a tener constantemente ideas suicidas, tratando en varias ocasiones de quitarse la vida.

En estas personas también se manifiesta el miedo a afrontar responsabilidades, y una manera de rehuirlas es deprimiéndose. El abandono y el miedo a la muerte son otros de sus temores y lo proyectan con esa negación a la vida, como es la apatía, la inactividad, los lamentos, pensamientos obsesivos sobre la muerte y evitando la vida social.

El no asumir su responsabilidad ante la vida y los demás, lleva al depresivo a no enfrentar su propia soledad. Este es otro de sus miedos, siendo otra característica de los individuos depresivos que han de tener a quién aferrarse. Por esa razón, es muy importante realizar un buen historial personal y conocer las diferentes etapas de su vida a lo largo de las cuales fue adquiriendo esos aprendizajes inadecuados; que pueda ver cuáles fueron los desencadenantes psicosociales y familiares que lo llevaron a adoptar esos modelos de vida y prepararlo contra la frustación de las cosas, sabiendo que no siempre se puede tener todo lo que se quiere.

Piense usted que el depresivo no quiere que le digan ni hagan nada, su actitud es encerrarse como queriendo volver al útero materno. En muchas ocasiones he podido comprobar que el conflicto original que inició el cúmulo traumático emocional, se originó precisamente cuando estaba allí, en la panza de su madre, por algo amenazante que venía del exterior. Por esa razón, su patrón de conducta es tratar de encerrarse y volver al lugar donde se sentía protegido y seguro.

También la estimulación brusca en el momento del nacimiento, puede producir una tendencia a la enfermedad neurótica en la vida del adulto. Por esa razón, deberemos regresar a nuestro paciente a esa etapas tan fundamentales de su vida intrauterina, y ver si realmente hubo en ese periodo algunos momentos que hayan podido ser los desencadenantes de su depresión actual.

Este es el caso de Matilde, que cuando acudió a mi consulta era ya toda una experta en haber recorrido los pasillos de hospitales y las consultas de infinidad de médicos y psicólogos, buscando ayuda para salir de su dolor. Ella no recordaba ningún momento feliz en su vida. Su madre había intentado abortarla de varias formas a lo largo de su proceso de embarazo, y tanto su infancia como su adolescencia, habían estado envueltas en situaciones dramáticas y rodeadas de mucho dolor. Sus comentarios sobre su persona eran los siguientes: "Mi vida siempre ha sido muy dura y con mucha soledad. Me duelen mis manos, mis piernas, la cadera, no puedo dormir bien. Llevo tratamientos farmacológicos desde hace muchos años; tomo pastillas para el dolor y también antidepresivos, pero nada funciona y siempre tengo deseos de suicidarme. De hecho, lo he intentado en varias ocasiones pero lamentablemente he seguido viva; es muy duro vivir así, hay demasiado dolor acumulado en todo mi cuerpo. Para qué vivir así".

En su búsqueda desesperada, una vía de escape por la que había optado, había sido la de sentirse "elegida de Dios" y con dones especiales para ayudar a los que padecen sufrimiento en la vida –que paradójico–. Nada más verme, el primer día me comentó que ya me conocía de otra vida y que yo era un ángel salvador que había venido a la Tierra para ayudar a vencer la esclavitud y el dolor. Personalmente, el caso de Matilde despertó en mí mucha compasión, ya que podía apreciar en su mirada un gran vacío, un gran dolor que venía de lo más profundo de su alma, con una herida emocional abierta muy grande aún sin cicatrizar que la mantenía encerrada en su propio dolor. Desde el punto de vista de la bioenergética, su complexión anatómica –psicopática– así lo expresaba, ya que era una mujer en la que toda la carga energética se había quedado estancada en su tronco, teniéndola como presionada hacia abajo con una sobrecarga muy grande sobre unas piernas que eran desproporcionadamente delgadas comparadas con el resto del cuerpo (piense que las piernas son la base de contención de la persona y le permiten asentarse en la realidad y la acción, pero al tenerlas tan delgadas, la energía no llega de la manera adecuada y hace que todo esto se quede anulado, paralizado... y sienta que va pisando sobre barro). Su espalda también era muy ancha y pegada prácticamente a su cabeza con unos brazos y manos muy delgados (las extremidades superiores permiten el contacto con los demás y demuestran las habilidades manuales, y en el caso de Matilde, al ser éstas muy pequeñas, nos están mostrando a alguien con miedo al acercamiento y con dificultades por desenvolverse por sí sola en la vida). Sentí cómo su alma, a través de esos ojos, me pedía ayuda para liberarla de ese encerramiento en el que se había metido desde hacía tanto tiempo para poder sobrevivir a la agresión externa.

Personalmente, yo estaba convencido de que su forma de actuar, inmersa en el papel de "bienhechora" y dotada de cualidades especiales para salvar a los humanos que sufrieran en este mundo, había sido una huida hacia adelante como en otras muchas ocasiones ya había visto en mi práctica terapéutica; lo malo era que Matilde no había comprendido, al igual que mucha gente que actúa de su mismo modo, que para salvar al mundo, antes tenemos que salvarnos a nosotros mismos. Quizás esta pregunta le clarifique más lo que quiero decir: ¿Podría usted venderme un *ferritacu* de malta niquelado de grado y textura ocho? ¿Que no sabe usted lo que es? Pues yo tampoco. Por esa razón, difícil sería para usted vender algo que desconoce, ya sea un objeto, una comida o un coche. A eso me refiero con no tratar de salvar al mundo si no nos reconocemos a nosotros mismos. Tendremos que comprender nuestros daños, miedos, conflictos, y tratar de enfrentarnos a ellos para que la emoción y reacción que nos generó el bloqueo se diluya, y una vez realizado esto, entonces podremos comenzar a ayudar a los demás.

En las primeras sesiones de trabajo con Matilde ya se externalizaba un gran dolor a lo largo de su vida, viéndose en el escenario de la caja dentro del baúl de un mago y observando cómo éste atravesaba el mismo de lado a lado con espadas muy afiladas tratando de dañarla. Más tarde, en otra sesión que trabajamos el escenario arquetípico del paseo por el campo, no podía concretizar un camino. Decía verse pisando por encima de cabezas, terrenos pantanosos por lo cuales no podía caminar fácilmente y con sangre a su alrededor. La llegada a la casa fue entrar en la guarida de la bruja del bosque y sus comentarios eran que esta mujer era cruel, mala, y que a todos los que pasaban por allí les hacía ingerir unas pócimas para apoderarse de su voluntad. Más tarde les arrancaba el corazón y los lanzaba al pozo donde se encontraban amontonados los cadáveres de esos inocentes. Según sus palabras: "Quien entra en la casa, nunca más sale de ella".

Como podrá usted darse cuenta, en todos sus símbolos está proyectando una gran angustia, sufrimiento y un caminar sin rumbo fijo y perdida, además de mostrar claros signos amenazantes de conflicto con la figura materna y en una atmósfera donde se respira la sensación de muerte por todas partes.

A continuación, quiero transcribir unos pequeños fragmentos de la sesión que realizamos en el escenario de la "Montaña Sagrada":

Paciente: Estoy sentada en lo alto de una gran montaña, encima de una piedra. Hacia abajo hay un precipicio. Soy como un espectador que mira todo desde allá. Sólo estoy yo ahí. Si me muevo, me puedo caer por uno de los lados. Todo es piedra.

Terapeuta: O sea que tienes que estarte quieta.

Paciente: Debo estar quieta para no caerme; siento miedo porque si me muevo, caigo y entonces me puedo partir alguna parte del cuerpo.

Terapeuta: ¿Y tú te quieres quedar mucho tiempo ahí, inmovilizada?

Paciente: No es que me quiera quedar ahí, pero no veo forma de moverme. Si me deslizo, como es piedra lisa, me rompo. Sobre todo al deslizar los pies. Yo miro a los lados pero sigo ahí sentada. La piedra es como una mesa, yo estoy sentada encima pero si mueves algo, cae rodando.

Terapeuta: ¿Puedes tocar para ver si hay alguna parte de la piedra a la que te puedas agarrar para ir deslizándote?

Paciente: Solamente cabe mi *culo* y los pies totalmente juntos, pegados. Es que parece que la piedra tuviera el tamaño de un plato y si me muevo lo más mínimo, caigo al precipicio… con que saque un pie. Es como una mesa redonda diminuta.

Terapeuta: ¿Hay algo alrededor que pudieras agarrar o tocar?

Paciente: No hay absolutamente nada de dónde poder agarrarme, sólo los lados de la piedra que están calientes y si pongo la mano, me quemo.

Terapeuta: Quiero que observes cómo te encuentras en estos momentos, sabiendo que abajo hay un vacío, un cortante y que te muevas por donde te muevas, te puedes caer.

Paciente: Siento que caigo al vacío y me puedo morir. Me siento como un aguilucho mirando hacia abajo. Si pudiera convertir mis brazos en alas y recoger las patas por debajo, a lo mejor podría salir de aquí, pero eso es estúpido de pensar porque realmente no hay salida, no hay escapatoria.

En estas líneas podemos observar cómo está proyectando la situación de su vida actual, donde todo es inmovilización, sentimientos de amenaza y poder caer al vacío –tal vez una clara alegoría al suicidio–. Su decisión de quedarse sin hacer nada, paralizada y dejar que la vida siga pasando así, es algo que la ha acompañado a lo largo de su vida.

En la sexta sesión de trabajo, Matilde trabajó el escenario del Laberinto de donde, por fin, saldría el origen y desencadenante de su dolor actual y daría sentido a ese sentimiento amenazante de muerte en el que vivía permanentemente. Así es como se desarrolló:

En el almacén de suministros tomó una taza de madera, un cuchillo y una cuerda. Desde el inicio le costaba mucho trabajo avanzar. Las paredes las veía como un tubo ancho y no podía caminar derecha, y por esa razón tenía que agacharse y deslizarse haciendo un gran esfuerzo (analogía del claustro).

Paciente: Es muy largo. Hay una extensión de tierra inmensa. Es como pararse en la copa de un árbol y ver tierra y cerros, pero al infinito. Voy a seguir caminando. Hay pinos inmensos, árboles pero muy, muy, muy grandes, envejecidos; sigo caminando y sigo viendo que es infinito. Ya me estoy cansando de tanto andar.

Terapeuta: Recuerda que tu objetivo es encontrar el castillo como primer punto de partida.

Paciente: Yo me voy a sentar porque ya los pies me duelen. Me duelen las piernas. Me acostaría y no haría nada más.

Terapeuta: Pero si no haces nada más entonces no podrás liberar a la niña, ¿quieres dejarla encerrada en ese castillo?

Paciente: No. Tengo que seguir pero es que no hay ni un alma por aquí. El cansancio es grande, es como cuando has trotado durante todo el día y al llegar la noche, por más que hago un esfuerzo, quiero arrancar y siento que no puedo, como que no he conseguido nada. Voy a hacer lo del perro, dar tres vueltas y luego me voy a echar. ¡Que feo! Ahora no me siento como un perro, soy como una serpiente enrollada; si me miro desde lejos, no me gusta nada como estoy.

Terapeuta: ¿Cómo te sientes ahora viéndote enrollada como una serpiente?

Paciente: Feo, es feo porque es una rueda sin salida. Un círculo vicioso que no tiene fin.

Terapeuta: ¿Y qué vas a hacer?, ¿vas a seguir ahí enrollada como la serpiente?

Paciente: No. Me voy a levantar y salir corriendo, pero es que tengo las piernas cansadas. Voy a tratar de saltar hacia arriba, estirarme. Me tengo que sentar en forma de loto para tomar energía de la tierra y darle una orden al cerebro, y decirle que se acabó el cansancio y la pereza.

Terapeuta: ¡Pues venga! ¡Rápido! Que hay que seguir para encontrar el castillo. Trata de romper ese círculo donde estás metida y sigue caminando.

Paciente: El prado ahora es muy seco, hay piedras. Ahora me duele el pie por debajo cada vez que doy un paso. Tengo que encontrar otro camino por donde no haya tanta piedra.

Terapeuta: Eso está muy bien, seguro que por otro sitio hay algún nuevo camino por el cual es más fácil avanzar sin tanta piedra.

Paciente: Encuentro otro pero está feo. Éste tiene barro, no me gusta caminar por aquí, parece *popó* –excremento–, me da mucho asco pisarlo. Me quedo bloqueada…

Terapeuta: ¿Y qué vas a hacer en medio de la *popó* y bloqueada?, ¿te vas a quedar ahí?

Paciente: No sé. Es que cuanto más me paro, eso está blandito y me hundo.

Terapeuta: ¿Y hasta cuándo vas a seguir inmovilizada y hundiéndote en la mierda?

Paciente: Voy a salir. Trato por este otro lado; es como un tipo de arena pero no hay de dónde agarrarse. Trato de sujetarme pero eso se desmorona para atrás y ahora ya no es plano, es árido y en semipendiente, la arena es movediza pero tengo que seguir trepando.

Terapeuta: Muy bien, pues sigue adelante. ¿Qué más ocurre?

Paciente: ¡Ayy! Se me enterró una astilla en la mano, duele pero no me importa. Sigo avanzando. Ahora hay una gran bajada y tengo que hacer piruetas para descender. Ya veo el castillo más cerca. Se ve blanco, tiene como puntas hacia arriba, es como una muralla pintada de blanco. Me produce una sensación misteriosa. La puerta es demasiado alta, no sé cómo entrar.

Terapeuta: ¿Y qué vas a hacer?

Paciente: Me voy a encaramar, trepar la pared y bajar por ahí porque no veo otra opción de entrar. Me duelen las manos, las rejillas son muy pequeñas y no tengo por dónde meter mis dedos para sujetarme.

Terapeuta: ¿Y cómo te hace sentir esto?

Paciente: No me gusta pero quiero saber qué hay dentro. Los barrotes están fríos, está helado, tengo como ganas de salir corriendo; es que no veo. Antes veía un huequecito y ahora se está volviendo como una lámina, y ahora sí que es peor, es como una lámina de hierro. No sé por qué se volvió así. Me estoy quedando fuera. El hierro se ve negro, negro, negro. Eso ya no tiene cara de castillo, es como una cárcel de esas de Estados Unidos donde te dicen aquello de: "Aquí ya no sales jamás", es que los meten aquí y les dicen: "Ya no hay salida".

Terapeuta: ¿Y cómo te hace sentir saber que la niña está dentro de esta cárcel en la que dicen que ya no hay salida?

Paciente: La chinita está ahí pero no soy yo, no siento que tenga que salvarla.

Terapeuta: Bueno pues como tú estás fuera, estás libre, en el otro lado del muro. ¿Por qué no dejas ahí a la chinita –la niña– y te vas? Oye, eso no es tu problema, no tienes por qué salvarla, que lo haga otra persona que pase por aquí, ¿no? *(Decido hacerle este comentario y confrontarla para hacerla reaccionar y que adquiera el compromiso con esa niña).*

Paciente: Ahora estoy sintiendo como cuando la mamá abandona a su hijo y dice: "Ya no hago nada más".

Terapeuta: ¿Y tú sabes cómo se siente uno cuando es abandonado?

Paciente: Es triste y... *(comienza a llorar por haber tocado algo importante de su vida; el sentimiento que siempre ha tenido de sentirse abandonada).*

Terapcuta: ¡Vamos! ¿Qué pasa cuando las niñas son abandonadas, cómo se sienten? Tú lo sabes muy bien, tú conoces ese dolor; dime, qué sensaciones tienen cuando las han dejado encerradas y están solas en lugares con muros gordos, macizos, con rejas de hierro negro; cuando al mundo exterior, el de fuera, no le importa nada lo que sucede con ellas; tú sabes cómo se sienten, ¿verdad?

Paciente: Ganas de morirse *(rompe de nuevo a llorar).*

Terapeuta: ¿Y tú quieres que esa niña se muera? ¿Cuántas niñas más en el mundo van a tener que morir hasta que esas paredes se rompan? ¿Cuántos tendrán que pasar por delante de este muro hasta que alguien quiera ayudar a romperlo? ¿Tú quieres que esa cárcel siga siendo cada vez más grande y encerrando a niñas? *(Sigue llorando).*

Paciente: No sé, quiero coger el cuchillo y abrir un hueco.

Terapeuta: Ahí está, tú tienes un cuchillo y vas a poder hacer eso, abrir un hueco en donde sea; vas a poder ayudar a esa niña de adentro y sacarla para que nunca más la vuelvan a dejar encerrada. ¡Vamos! Utiliza el cuchillo y abre un hueco bien grande, tú puedes hacerlo, eres la única que puede ayudar a esa niña.

Paciente: *(Continúa llorando mucho y realiza grandes movimientos con su cuerpo).* Ya se está abriendo. El cuchillo es muy pequeño.

Terapeuta: El cuchillo es pequeño pero tus fuerzas y tus ganas son grandes. ¡Venga! Yo sé que vas a poder hacerlo, sé que cuesta pero lo vas a conseguir.

Paciente: Acabo de hacer una fisura.

Terapeuta: ¡Qué bueno! Hasta ahora nunca se había podido hacer una fisura en estas paredes, y eso es el principio del fin de todo esto. ¿Qué más puedes hacer? Deja que llegue a tu mente una idea genial.

Paciente: Voy a tratar de abrirlas con las manos.

Terapeuta: Tú ya sabes lo que es tener dolor en las manos, tú ya lo has tenido pero has seguido; tú vas a poder abrirlo, lo vas a conseguir porque ahora hay algo más importante que tú y es esa niña a la que vas a ayudar. Saca las fuerzas desde lo más profundo de tu corazón y encuentra esa energía en el fondo de tu alma.

Paciente: La pared es muy gruesa, me voy a convertir en Sansón para poder derribar la puerta.

Terapeuta: Eso es, saca la fuerza de Sansón para derribar la puerta o los muros.

Paciente: Voy a empujarla *(comienza a hacer mucha fuerza física como tratando de derribar el muro que existe en su interior).* Nadie me ayuda.

Terapeuta: Pero tú vas a poder sola, ¡vamos! Yo lo sé. ¡Venga! Tú vas a ayudar a la niña, saca la fuerza.

Paciente: Ya se está moviendo *(continúa empujando y descargando toda su fuerza contra el muro).* ¡Cayó!

Terapeuta: Bien, ¡estupendo! ¿Cómo te hace sentir saber que has sido la primera persona que ha conseguido tirar la puerta?

Paciente: Voy a caminar por encima de la puerta, a pasar por encima de ella. Ya estoy dentro *(se le nota muy cansada físicamente después del esfuerzo).*

Terapeuta: Ahora hay que encontrar a la niña.

Paciente: Al tirar la puerta ya no hay castillo. Sólo hay un lago.

Terapeuta: ¿Y dónde puede estar la niña?

Paciente: Lo único que se me ocurre es buscar en el lago. No sé si es una niña o un niño, pero veo a alguien por este lado del lago, me mira así como cuando uno asoma la cabeza pero que no quiere que le vean, tiene como cara de una muñeca fea.

Terapeuta: Acércate a ella a ver qué pasa.

Paciente: Se agarra de los arbustos que hay alrededor del lago y me mira; noto como que empieza a meterse en el lago. Creo que quiere que la siga. ¿Por qué corres si yo te quiero ayudar? Me dice que no quiere que la ayude y da vueltas y se mete dentro del lago.

Terapeuta: Quizás quiera decirte algo. Algo que quiere que sepas de ese lago. Una clave que se esconde en sus profundidades. ¿Qué ha pasado con ella y con ese lago? Déjate llevar y síguela.

Paciente: Ahora veo a una campesina sucia, huele mal, como cuando se está en una cocina; huele a cebolla. Ahora la veo metida en una cocina. Tiene un delantal tieso de sucio, huele a cebolla, debe tener unos 30 años; está peinada con el cabello partido a la mitad y con una trenza a cada lado, pero no le veo bien la cara.

Terapeuta: ¿Y qué te parece a ti cuando la ves?

Paciente: No sé, no me gusta verle esa suciedad.

Terapeuta: Pues ahora, cuando yo te diga, te vas a acercar a ella y vas a tirar de su cara porque lleva una careta y vamos a saber quién es esa persona que se esconde ahí detrás.

Paciente: ¡Es mi mamá!

Terapeuta: Dile que vienes para liberar a la niña.

Paciente: Mamá, dime dónde está la bebé. Me dice que la tiene ahí *(señala su panza)*, pero está muy sucia, no me gusta.

Terapeuta: ¿Y qué vas a hacer?

Paciente: Se me ocurre algo muy feo. Algo muy macabro pero yo no soy capaz. Tengo el cuchillo en la mano, le quiero abrir el estómago y liberar a la niña.

Terapeuta: Como en el cuento de Caperucita y el lobo. ¿Tú quieres que la niña siga atrapada? Tú lo puedes hacer pero sin necesidad de dañar a mamá porque la puedes operar y después con tus manos, darle energía para que sane esa herida sin que le pase nada. Es importante sacar al bebé.

Paciente: Pero es que me da terror abrirle la barriga, sería como la película de *Alien*.

Terapeuta: Pero hay mucha gente que en nuestra sociedad se pasa la vida abriendo barrigas, los médicos cada vez que hacen cesáreas abren a las mamás y ayudan; no es malo, ayudan al adulto y sobre todo a quien más ayudan es al bebé que hay dentro, porque si no le abren la panza a lo mejor puede morir.

Paciente: Bueno.

Terapeuta: Voy a contar hasta tres: 1, 2, 3.

Paciente: Lo voy a sacar, pero si lo saco se muere.

Terapeuta: Pero tú puedes hacer que crezca.

Paciente: Ya está todo abierto, veo a la bebé. ¡Ahí va! ¡Soy yo! Le pregunto a mamá por qué me hace daño.

Terapeuta: ¿Dónde sientes ese daño?

Paciente: En todo el cuerpo, lo siento paralizado, envenenado…

Terapeuta: Saca todo eso fuera *(comienza a tener convulsiones y a retorcerse y vomitar)*. Muy bien porque según vas sacando todo eso, va saliendo toda la rabia y todo el dolor que había dentro de ti. Dime qué estás sacando, ponle nombre a todo.

Paciente: Es todo lo que mamá estaba tomando cuando estaba embarazada de mí. No sé lo que es pero está amargo y me produce vómitos *(sigue teniendo convulsiones y vómitos)*. Es todo lo que se tomaba porque quería abortarme *(nuestra memoria celular recuerda todo, incluyendo los procesos bioquímicos que se producen en el organismo)*.

Terapeuta: Tú has abierto la tripa para que pueda entrar el aire, limpiar y liberar todo eso que había ahí dentro. Deja que el oxígeno limpio diluya todo ese dolor y sensación de muerte que había ahí dentro.

Paciente: Ya no siento que me ahogo.

Terapeuta: Ahora quiero que saques a la niña para que no tenga esa sensación de ahogo y pueda vivir en libertad.

Paciente: Ahora me siento mejor, estoy fuera. Ahora siento que me salvé *(en estos momentos está viviendo en primera persona la reconstrucción con esa nueva experiencia de vida en lugar de muerte).*

Terapeuta: Ahora quiero que mires a mamá y le digas todo lo que has hecho para salir.

Paciente: Mamá, ¿por qué tomaste tantas cosas? Te había agradecido por la vida, por verme nacer, pero ahora estoy arrepentida de eso; sentía miedo, ahogo. Siempre en mi vida tuve esa sensación de ahogarme y creer que si se vive en un piso bajo, es como estar realmente muerto, sentir que estás muerto; ahora entiendo por qué siempre me quise morir; ahora entiendo mis bloqueos, mis ganas de morir, mis miedos…

Terapeuta: Pero tú has podido ser una mujer fuerte que ha salido de todo eso, a pesar de los pesares. Tú saliste de ahí y estás viva, y lo importante es que ahora has podido entender de dónde venía todo y que no han podido contigo; tú estás viva, pero ahora tú vas a saber por qué mamá tuvo que hacer todo eso, la vas a entender. Ahora quiero que tomes la cabeza de mamá y te la vas a poner encima de tus hombros y vas a empezar a sentir por mamá, a entender qué pasó con mamá para tener que hacer todo eso. Mira desde ella, ¿qué pasaba con mamá?

Paciente: Me siento en una cabeza negra, en este momento le estoy viendo la cara, no con la edad que tiene ahora sino de joven, como de treinta años, con esas trenzas por la mitad; hay dos mil problemas en ella, hace muy poco murió el papá y los hermanos, y vive con un señor que la maltrata y una tía que le pega.

Terapeuta: ¿Y cómo se siente al saber que va a tener otro bebé?

Paciente: Reniega y dice que mi papá es un cabrón. La puedo entender pero ella ya tenía dos hijos y no sé por qué hace semejante cosa. En estos momentos la estoy viendo que se sienta y agarra una aguja; está así, abierta de las piernas. Coge una aguja y se *pincha*, se *pincha*... ahora también me siento dentro de ella y veo cómo me quedo a un lado, me defiendo y me engancho para no salir; lucho, siento miedo, no quiero morir, me paralizo.

Terapeuta: Pero tú, a pesar de todo, has venido a este mundo para hacer muchas cosas, quiera o no quiera mamá.

Paciente: Veo a mi tía que está hablando con mamá y le dice: No la mates, no vivas el infierno que tú viviste, esa niña a lo mejor es un milagro de la vida. Claro, a mamá también trataron de abortarla. Mi abuelo le dice que Dios quiera que cuando la niña crezca no la vaya a odiar.

Terapeuta: Muy bien, ahora quiero que veas de nuevo todo esto desde dos visiones: una es el bebé que acabas de sacar, que acabas de liberar y está ahí afuera. Por otro lado, tú lo estás viviendo como la adulta que vino a rescatarle y ahí lo tienes, al bebé que has conseguido liberar y darle vida; ése tan especial que va a hacer muchas cosas en esta vida. Quiero que le tomes porque lo vas a sacar de este laberinto para llevarlo a donde está la luz, fuera de estas paredes, donde hay caminos sin piedras, resulta fácil caminar y disfrutar de la vida. Quiero que lo enseñes a amar, que vea el Sol, que aprenda donde está la verdad, ese lugar en el que no hay odios ni miedos y solo hay deseos de vivir.

Paciente: Ahora es peor *(comienza de nuevo a llorar desconsoladamente).*

Terapeuta: ¿Tú quieres que se quede ahí dentro?

Paciente: No, estoy fuera pero estoy en un sitio muy solo; hay caballos, vacas, de todo... acabo de ver a mi supuesto papá y siento espantoso, horrible... también está mi abuela y huele asqueroso.

Terapeuta: Matilde, la mujer adulta que está conmigo, tiene que ir a sacar a esa niña de ahí; sácala de la granja, de todos los sitios feos, para eso viniste aquí, para liberarla de todo ese dolor. Abrázala y ponla junto a tu corazón y mira qué hace la niña.

Paciente: No la quiero soltar.

Terapeuta: No tienes por qué soltarla porque a partir de hoy, ya nunca más va a estar sola y tú te vas a comprometer con ella a cuidarla, a amarla y a protegerla. Y ahora quiero que salgas con la niña de ese laberinto y busques un lugar hermoso donde tú puedas crecer con la niña.

Paciente: Tengo que meterla en una cunita pero en un lugar muy bonito. La voy a meter en una cunita con muñecos y quiero que esté en sábanas blancas; una cobijita para que tenga calorcito, que esté calentita; la estoy apretando mucho y me da miedo, a ver si la voy a asfixiar. Debo cuidarla y quererla mucho.

Terapeuta: Y ahora, de nuevo eres esa bebé, en esa cuna, con calor, con una buena cobija que te protege; siente todo el amor de la adulta que vino a sacarte de todo ese laberinto feo y te dio la vida, y ya nunca más te van a hacer daño. A partir de ahora vas a estar en un nuevo mundo lleno de felicidad, desaparecen de tu vida los caminos de piedra, de arenas movedizas, todo eso se va y en su lugar crece un valle precioso lleno de luz, donde van los niños alegres y felices a jugar y disfrutar de la vida igual que tú, y ya simplemente te quedas aquí sintiendo esta energía, el calor, la felicidad, y van pasando los días, los meses, y van pasando años en los que vas creciendo en un mundo lleno de amor y alegría, donde no hay cosas feas ni nadie que te haga daño, y te vas haciendo una mujer adulta con 20, 25, 30, 38 años llenos de energía, de luz, de amor, con muchas ganas de vivir, y poco a poco, a medida que yo vaya contando del 1 al 10, irás volviendo a recuperar tus niveles de conciencia en vigilia y al llegar al 10 abrirás los ojos y estarás completamente despierta y recordando toda esta experiencia que va a ser muy positiva y terapéutica para ti.

Como habrá podido observar a lo largo de toda la sesión, Matilde trabajando a través de los símbolos, estaba proyectando los conflictos de su vida y su estado anímico en cada momento. Los caminos con piedras, el excremento o esas arenas movedizas que la tenían atrapada, eran sin duda su situación actual ante esa depresión tan devastadora que la tenía amordazada en su vida; las astillas en sus manos representaban el dolor tan profundo que sale del alma de la persona que convive con esta enfermedad, y el laberinto no era más que la proyección directa de su etapa intrauterina y la cárcel en la que se sintió durante esos nueve meses de su vida con esa amenaza externa que podría privarla de ver la luz de la vida. La necesidad de *rajar* con el cuchillo para abrir las paredes del laberinto, nos hace de nuevo una analogía directa de lo que aquella niña necesitaba en su momento: tratar de salir de la panza de mamá para poder vivir. Pasar al otro lado.

Como puede observar, al principio Matilde no quería comprometerse a salvar a la niña –caso típico en el depresivo que no quiere y/o no puede actuar contra su enfermedad–. Sin embargo, al final se aferra fuertemente a la niña para protegerla y cuidarla. En ese momento se consigue que la paciente comience a tomar un compromiso consigo misma para poder hacer frente a su enfermedad y ver el principio de su recuperación.

La esquizofrenia

*"Cada músico de la orquesta tocando
por su lado sin un director que los
dirija."*

La denominación de esta palabra, que proviene del latín *es-quizo-frenia* y que significa "mente dividida o escindida", la asigna Eugen Bleuler en 1911, aunque anteriormente, en 1896, Kraepelin la había llamado "demencia precoz", por darse la misma en enfermos muy jóvenes, en edades comprendidas entre los 15 y 25 años. Kasanin, en 1933, introdujo el término esquizoafectivo para designar un grupo de esquizofrenias en las que además del trastorno formal de pensamiento, se presentaban alteraciones afectivas importantes, tanto en el sentido de la manía como en el de la depresión.

Hoy en día las personas que padecen esta enfermedad siguen siendo consideradas un gran estigma social, y cuando alguien nos habla de un tercero utilizando el término "esquizofrénico", lo tildamos enseguida de persona peligrosa y agresiva, y tratamos de mantenerlo al margen, excluyéndolo y menospreciándolo. Seguimos actuando como los griegos que marcaban a fuego a los esclavos y criminales para que pudieran ser reconocibles fácilmente por el resto de la sociedad. Sin embargo, la mayoría de las personas que sufren de esquizofrenia no son violentas y prefieren estar solas y aisladas; cuando hay agresión suele ser hacia ellos mismos

–autoagresión–, llegando en ocasiones a su grado máximo –el suicidio–. Es por esta razón que es importante vigilarlos pero sin llegar a resultarles agobiantes.

Realmente la sociedad tiene muy poca información de lo que es esta enfermedad, confundiéndola con otros trastornos como son personalidades múltiples, trastornos maniaco-depresivos –bipolar– o depresión mayor, pensando mucha gente que la esquizofrenia no se cura; sin embargo lo que no todo el mundo sabe, es que solamente un 25 por ciento de las personas que sufren esta enfermedad, necesitarán de cuidados especiales y permanentes, ya que hay más de un 50 por ciento que tiene una crisis y no se vuelve a repetir nunca, y el otro 25 por ciento de esta población, podrá desenvolverse y tener una aceptable calidad de vida, siempre que no deje de lado la medicación que se le indique. Lo aconsejable es que desde el momento en que aparece la primera crisis se le pueda empezar a medicar, ya que esto permitirá una recuperación más rápida.

Su tratamiento a lo largo de la historia

En la Edad Media las personas que tenían este caos y brecha entre mente y espíritu, eran juzgados y condenados por la Inquisición y sentenciados a la hoguera, pensando que las voces que oían y personas que les perseguían, eran enviados de Satanás; más tarde y hasta la llegada de Philipp Pinel al hospital de Salpetriere en París, en el siglo XIX, se desplazaron estos marcos interpretativos pseudo-esotéricos y se toma la decisión de encerrarlos en mazmorras y encadenarlos para que no sean un peligro social. A principios del siglo XX se les encerraba en manicomios y se les daban sesiones de *electroshock*, baños fríos con soluciones de mostaza y la "*malarioterapia*" que era crear de manera artificial una fiebre elevada en el enfermo para hacerlo salir así de su estado; detrás de esto llegaron los tranquilizantes y opiáceos, además de inyecciones de insulina –cura de Sackel- que provocaban un *coma* artificial.

A partir de 1935 se comienzan a realizar operaciones quirúrgicas para la separación de los lóbulos frontales del cerebro y la destrucción de las vías nerviosas –lobotomía–. Y aunque Egas Moniz y Almeida Lima fueron los primeros investigadores en este campo, la persona que popularizó este tipo de intervenciones bárbaras fue Walter Freeman con un "picahielo" y un mazo de caucho con los que golpeaba al paciente en el cráneo junto al conducto lacrimal.

Afortunadamente en los años 50's aparecen los antipsicóticos que mejoran significativamente la calidad de vida de los pacientes, y terminan con el uso de estas prácticas tan crueles –la última lobotomía que se realizó fue en el año 1967–. En la actualidad, son este tipo de medicamentos los que se utilizan para ayudar al enfermo. Son una valiosa ayuda para el esquizofrénico pero no es la panacea ni debemos esperar de ellos más de lo que pueden dar. Sobre los mismos, se puede decir que comienzan a hacer su efecto a las 3 ó 4 semanas de iniciar su ingesta, pero lamentablemente, sólo sirven para frenar el síntoma continuando sin saber de dónde proviene el origen para tratar de erradicarlo para siempre.

Lo cierto, es que hoy en día más de 20 millones de personas sufren esquizofrenia. De cada 10 mil personas hay entre 2 a 4 que la padecen. La investigación no cesa y espero de manera positiva que en las próximas décadas, todas las investigaciones que actualmente se están llevando a cabo desde la genética molecular, la psicobioneuroinmunología y los diferentes estudios epidemiológicos de gran escala, nos aporten nueva información para conseguir tratamientos más eficaces y por qué no, erradicar esta enfermedad del planeta.

Como prevención, quiero de manera muy clara comentarle que si es usted un clínico novato y se encuentra en su consulta con uno de estos casos, por favor no se ponga a trabajar con él y canalícelo a algún compañero de la TRR mucho más experimentado, y de ser posible que tenga una buena formación psiquiátrica y psicológica.

No estamos jugando, se encuentra frente a usted un ser humano con una enfermedad muy compleja, que sólo es oportuno trabajarla desde la seguridad que le dan los años de experiencia y práctica clínica y la preparación académica adecuada.

Origen

Aún no se sabe exactamente el origen de esta enfermedad, ya que afecta a cualquier tipo de personas, aunque hay una predisposición genética y las personas que tienen un familiar cercano con esta problemática, tienen una probabilidad mayor de desarrollarla que las personas que no tienen a ningún pariente enfermo. También, generalmente se inicia en la adolescencia y en muchos casos asociado a los cambios hormonales de la pubertad. Se han investigado las complicaciones en el embarazo y el parto, los posibles daños cerebrales, el estrés, infecciones virales durante la gestación, malnutrición intrauterina, factores externos familiares como la violencia doméstica, la pobreza, etcétera, pero ninguno de ellos, de manera aislada lo produce.

Neurobiólogos patrocinados por el Instituto Nacional de Enfermedades Mentales de Estados Unidos –NIMH–, han descubierto que la esquizofrenia se produce cuando las neuronas forman conexiones incorrectas durante el desarrollo del feto, aunque no se manifiestan hasta la pubertad, cuando los cambios cerebrales que ocurren durante esa etapa interfieren adversamente con las conexiones defectuosas. Por esa razón, se está incidiendo mucho para poder identificar los factores prenatales que producen esas anormalidades en el desarrollo cerebral.

A través de los diagnósticos por imágenes de resonancias magnéticas, se ha visto que ciertas regiones del córtex y el sistema límbico se ven afectados, así como también existe un desequilibrio hormonal. El cerebro, sin razón aparente, genera una cantidad desmesurada de dopamina y serotonina, los ventrículos se dilatan y se producen cambios bioquímicos en la estructura y fisiología del cerebro que provocan una alteración de las funciones mentales, dando pie a una desorganización en la forma de pensar y de comportarse del sujeto, viéndose el paciente imposibilitado para juzgar el estado de ánimo de otras personas.

Algunos signos de reconocimiento en los pacientes

- *Las pupilas suelen estar muy dilatadas*, piel muy pálida y realizan gesticulaciones y movimientos espasmódicos de su cuerpo.
- *Presencia de movimientos en espejo:* Consisten en que cuando uno ordena a un paciente que mueva una extremidad -una mano, un dedo o un pie-, se produce un movimiento opuesto en la misma parte del lado contralateral del cuerpo.
- *Dificultad para decir trabalenguas:* Que se explora diciéndole al paciente que repita dos trabalenguas usados con frecuencia.
- *Confusión derecha-izquierda:* El examinador, con sus manos cruzadas en el tórax, le indica al paciente que con su mano izquierda toque la mano izquierda del explorador. Si hay dificultad para lograr esto, se considera que está presente este fenómeno.
- *Movimientos musculares anormales en reposo:* Se le pide al paciente que junte sus pies, mantenga la cabeza erguida con los ojos cerrados, las extremidades superiores a la altura de los hombros y los dedos de ambas manos

abiertos durante un minuto. Si aparecen movimientos involuntarios e impredecibles en las extremidades superiores: cabeza, cuello o tronco, se consideran signos positivos.

- *Dificultad para coordinar el golpear las palmas de las manos repetitivamente:* Se le pide al paciente que golpee varias veces la palma de su mano derecha con la palma de la mano izquierda y que luego le dé vuelta a la mano izquierda y golpee con el dorso de esa mano, la palma de la mano derecha varias veces. Luego se hace lo mismo sobre la palma de la mano izquierda.

ALTERACIONES DE LAS FUNCIONES MENTALES

Se encuadran en síntomas positivos y síntomas negativos.

Síntomas Positivos

- *Alucinaciones.* A través de cualquier canal sensorial, aunque el más frecuente es el auditivo en el que escuchan voces que les hablan y les dicen cosas. En ocasiones son comentarios de los actos que la persona realiza a cada momento. Por ejemplo, ahora me voy a levantar, ahora voy a tomar el desayuno, me estoy comiendo una tostada y voy a decirle a mi madre que voy a ir al Instituto, ahora llamo a mi hermano y salgo de casa, etcétera.
- *Delirios.* Aparecen en su mente grandes ideas o convicciones trascendentes de tipo paranoide sobre algunos temas de la vida relacionados con lo místico, lo religioso, lo político…
- *Persecución y control mental.* Piensan que todo el mundo confabula contra ellos, que les están absorbiendo la energía, que una raza especial o los extraterrestres se están adueñando del mundo, que hay grandes conspiraciones,

que les han puesto micrófonos, que los espían, que han sido abducidos por extraterrestres y les han colocado un *chip* en su interior para controlarlos y manipularlos genéticamente para crear otra raza...

- *Lenguaje incoherente.* No tienen un lenguaje ordenado sobre sus ideas y saltan de un tema a otro sin sentido. Además, en su diálogo se detectan muchas incongruencias, les llegan decenas de imágenes y sensaciones, bloquean las ideas, se quedan callados y abandonan un tema de conversación para posteriormente iniciar un monólogo totalmente fuera de lugar. En ocasiones resulta muy difícil seguir un tema de conversación ya que crean una "tormenta de frases" utilizando neologismos -palabras inventadas por ellos- que solo son comprensibles para ellos.

- *Comportamientos físicos y mentales desorganizados.* Reírse, gesticular o llorar sin motivo, chillar, formas extravagantes de vestir, desnudarse en plena calle, ponerse la ropa al revés, hablar por señas, insomnio, palpitaciones, sudores, mareos, trastornos gastrointestinales, problemas respiratorios, explosiones de agresividad.

Síntomas Negativos

Se caracterizan por ausencia de sensaciones.

- *Pobreza afectiva.* Pierden la espontaneidad, mantienen la mirada perdida, evitan el contacto visual, largas pausas en su diálogo, no utilizan las manos para expresarse, inmovilización, monotonía en su tono de voz.

- *Lenguaje empobrecido.* Poca capacidad de juicio crítico objetivo de la realidad.

- *Apatía.* Pierden el interés por las cosas, descuidos en su aseo personal, falta de interés en el trabajo, los amigos o la familia, sensación de cansancio y agotamiento físico.

- *Dificultad para concentrarse.* Les resulta muy difícil mantener la atención continuada en algo, no se concentran en el estudio, en la lectura de un libro, en seguir el hilo de una película, tienen dificultad para responder con prontitud a una pregunta.

FASES DE LA ENFERMEDAD

La enfermedad aparece en tres fases:
- *Prodrómica*: Se van dando pequeños cambios en la conducta de la persona (nervios, agresividad, dificultad para conciliar el sueño).
- *Activa o Aguda*. Es cuando la persona entra en crisis y aparecen los síntomas positivos.
- *Continuación*. Abarca de entre 6 a 8 meses desde que se produjo el brote y a lo largo de ella va disminuyendo la intensidad de los síntomas.
- *Residual*. Los síntomas desaparecen o son mucho más leves. Aquí es muy importante prevenir la recaída porque el deterioro cada vez es mayor.

TIPOS DE ESQUIZOFRENIA

Para poder clasificar a alguien en alguno de estos grupos, los síntomas deben mantenerse en el paciente como mínimo seis meses. En el DSM IV se recogen cinco categorías:
- *Paranoide*: Alucinaciones auditivas de personas hablando y delirios relacionados con estas alucinaciones, que pueden ser de persecución, misticismo, sexuales, religiosos, etcétera. Si tienen tendencias agresivas e ideas de que alguien o algo les persigue, pueden llegar a agredir a otros o intentar suicidarse. Es el tipo de esquizofrenia que mejor evoluciona.
- *Desorganizada o hebefrénica*: Hay inhibición emocional, falta de interés y participación y desorden en sus ideas

al hablar. Son muy descuidados en su aseo personal y tienen conductas infantiles desinhibidas y desajustadas a la situación, como comenzar a reír sin motivo.

- *Catatónica*: Se da rigidez y retraimiento. En ocasiones adoptan posturas muy extrañas y pueden mantenerse en la misma durante horas sin moverse ni decir una sola palabra. Repetición compulsiva de las palabras que oyen. El enfermo no reacciona a los intentos de entrar en contacto con él, pero por dentro puede estar viviendo todo un mundo de emociones tormentosas. Creen que están siendo abducidos por extraños seres o que existe un *complot* del mundo contra ellos. El pronóstico de recuperación suele ser de los peores.
- *Indiferenciada*: Se da como una mezcla de los diferentes tipos de esquizofrenia. No hay ningún síntoma que sobresalga más que los demás. Hay pensamiento ilógico, alucinaciones y delirios, desorden en sus actos e introversión afectiva.
- *Residual*: En estos casos debe haber habido, por lo menos, un episodio de esquizofrenia anteriormente, pero en el momento actual no hay síntomas psicóticos importantes. Es la fase en la que los síntomas negativos son más evidentes. No se manifiesta en todos los enfermos.

Para poder hacer un diagnóstico apropiado, hay que tener siempre en cuenta que no estén influyendo otras causas externas como puede ser el consumo de drogas.

ABORDAJE TERAPÉUTICO

A los enfermos de este tipo hay que tratarlos desde cuatro vías simultáneamente: fármaco, hospitalización, psicoterapia e integración social. De esta manera, con un buen trabajo conjunto se disminuye mucho el sufrimiento de estas personas.

1) Fármacos

- *Antipsicóticos tradicionales o neurolépticos.* Que inciden sobre la dopamina bloqueando el efecto excesivo de la misma y restableciendo el equilibrio en el metabolismo cerebral. Tienen efectos secundarios como sequedad de boca, vértigo, pérdida de expresión facial, somnolencia, movimientos incontrolados de la cara –diskinesia–, y a veces en brazos y piernas; estreñimiento, disminución del deseo sexual, temblores, mareos, aumento de peso, calambres, rigidez, acidez de estómago…

- *Nueva generación.* Desde principios de los años 90's aparecieron los antipsicóticos atípicos o llamados de "nueva generación", que han demostrado ser más eficaces que los anteriores y que producen, en general, menos efectos colaterales que los anteriormente descritos, sobre todo porque inciden mejor en aspectos como la apatía, los problemas de pensamiento y la falta de energía que los antipsicóticos tradicionales no mejoraban. El primero de ellos, la clozapina –clozaril–, sin embargo se ha visto que tiene posibilidades de producir a su vez la pérdida de glóbulos blancos que combaten las infecciones.

La administración de estos fármacos se da tanto en los momentos de plena crisis como también a nivel preventivo de posibles recaídas. Cuando se ha tenido una crisis, el tratamiento mínimo debe durar dos años y si hay recaída entonces se deberá alargar hasta cinco años. Si de nuevo se producen más recaídas, entonces hay que mantener el tratamiento permanentemente.

Los neurolépticos de acción prolongada aseguran una eficacia durante varias semanas. De esa forma, se pone una sola inyección al mes y así se limita el riesgo de que el paciente no tome sus medicamentos.

Otro de los problemas con los que se encuentra el familiar de este tipo de pacientes y el equipo médico que le asiste, es que hay muchas personas que interrumpen bruscamente el tratamiento porque el paciente se encuentra mejor al tomar los neurolépticos y esto puede provocarle una recaída y empeorar; por esa razón, la retirada del medicamento sólo puede hacerla el psiquiatra que lo está tratando y sólo de forma gradual.

Además de los antipsicóticos, también suelen administrarse otros dos tipos de medicamentos: ansiolíticos y *antiparkinsonianos* para mitigar los efectos secundarios.

Hay que saber que la ingesta de alcohol inhibe los efectos de los medicamentos y algunas otras drogas pueden desencadenar un brote (recaída).

2) Hospitalización

Cuando se produce un estado de crisis aguda puede ser necesario un tratamiento intensivo y hospitalizar a la persona para poder controlar sus delirios y/o ideas suicidas, además de la incapacidad con la que cuenta para poderse cuidar por sí solo. También cuando ha habido una mala administración en la toma de medicamentos y se necesita estabilizar la dosis de neurolépticos, o han habido efectos colaterales muy graves de los mismos y cuando hay conductas de mucha agresividad.

3) Apoyo psicológico

Que se desarrollan en dos vertientes:

a. Darle la información necesaria y la debida preparación a los familiares para saber cómo convivir con el paciente; que aprendan a reconocer los síntomas y la importancia de la rigurosa administración de los fármacos. Es fundamental que acepten la enfermedad y sepan convivir con ella, siendo recomendable que exista una buena armonía en la casa y no haya ni sobreprotección ni exceso de crítica hacia el paciente. También es bueno que puedan juntarse con otros grupos de autoayuda donde pueden compartir sus vivencias y unirse a familias que están atravesando la misma situación.

b. Desde el aspecto de la TRR, el trabajo que tenemos que ir realizando con el paciente es conseguir que sea capaz de distinguir entre lo que es real y lo imaginario; por esa razón, ante un delirio que nos cuenta hay que mostrar respeto y comentarle que no estamos de acuerdo con lo que nos dice. Hay que enseñarle técnicas de adaptación y resolución de problemas, y como escenarios de trabajo, podremos utilizar los *test* arquetípicos y el trabajo en el edificio, pero sin utilizar o bien manejar con mucho cuidado las técnicas de disociación, ya que esto podría empeorar la situación del enfermo. Hay que poder acceder y entrar en su mundo para desde allí conseguir traerlo al nuestro y que aprenda a adaptarse al mismo. No hay que olvidar que la psicoterapia no es un sustituto del fármaco, y cuando el paciente está en un momento delicado atravesando una crisis, no podemos trabajar en la TRR hasta que esta situación se haya estabilizado.

4) Entrenamiento en habilidades

En primer lugar, hay que escuchar al paciente y dejar que pueda expresar sus inquietudes, sin miedo a ser juzgado por ello. Piense que en el mundo en el que está viviendo, su comportamiento está justificado aunque no sea así desde nuestra realidad. Nuestro trabajo debe tratar de comprender y no juzgar.

Hay que enseñarle a reconocer los síntomas de recaída y que sea capaz de aprender a asumir la responsabilidad del control de sus medicamentos, hacerle ver la importancia de su aseo personal y que vuelva a recuperar su autoimagen y autoestima.

Hay que saber orientarlo vocacionalmente y prepararlo para que reciba la formación laboral adecuada, además de instruirlo en cómo presentarse a una entrevista de personal, a una reunión o algún acontecimiento social al que deba acudir y que adquiera la motivación necesaria para buscar proyectos de futuro que sean realistas, medibles y alcanzables para él.

Enseñarle diferentes técnicas para que sepa responder a las conductas sociales, desenvolverse en sociedad, recuperar las aptitudes que perdió y resolver problemas en su día a día; saber administrar el dinero, usar el transporte público y potenciar habilidades para la integración en los grupos sociales, trabajando con otros como parte de un equipo, sabiendo aceptar la crítica y enseñándole a verla como algo constructivo, ya que puede ser una persona productiva como las demás. Lo primordial es que su vida tenga sentido para él.

Hay que mantener un tratamiento profiláctico –preventivo– para evitar recaída. Esto es muy importante porque hay un porcentaje de entre el 50 y el 75 por ciento de los pacientes que abandonan el tratamiento antes de trascurrido el primer año, en cuanto sienten que empiezan a recuperarse.

Es bueno mantenerse en un estado físico saludable; por esta razón, usted deberá animar a su paciente a que se motive para realizar algún tipo de deporte.

Nuevamente le insisto en que si usted no tiene la debida preparación académica y una dilatada experiencia profesional, no inicie ningún trabajo terapéutico con este tipo de enfermos y canalícelo a algún profesional que cumpla con estos requisitos. Piense que la vida de una persona es lo más importante que hay en el mundo y no podemos jugar con ella por nuestra insensatez, ignorancia y falta de preparación. Si usted actúa con la 'P' de la Prudencia, estas personas se lo agradecerán más que si trata de activar la 'I' de la Incompetencia y de la Imprudencia que podrá tener consecuencias nefastas.

En una tarde de otoño del año 2002, irrumpió en mi despacho una de mis compañeras de trabajo del Centro Terapéutico donde acudía diariamente, para de manera alterada solicitar mi ayuda puesto que tenía en su despacho a un señor que, sin previa cita, se había presentado allí y quería hacer una sesión de Terapia Regresiva fuera como fuera. Mi compañera me comentó que a ella le daba miedo puesto que observaba que tanto su diálogo como su manera de actuar, no eran muy normales y por esa razón me pidió por favor si yo podía atenderle, a lo cual accedí diciendo que lo pasaran a mi consulta para tratar de averiguar a quién tenía frente a mí.

Rafael comentaba que era detective privado y que había trabajado anteriormente en la Interpol, pero que como ahora había descubierto una conspiración a escala planetaria, tanto la CIA como otras agencias de espionaje mundial, estaban tras él. No pude conseguir que me dijera de qué se trataba esa conspiración. Según él, no le interesaba saber nada del futuro puesto que ya lo conocía; un "ángel" se lo había revelado y tenía muy claro que una mujer muy especial, hija del cielo, lo estaba esperando. Habría cambios muy importantes a partir del año 2012, él se podría transformar, migrar y estar en los cielos; entonces llegarían las razas nuevas y puras. Al preguntarle si anteriormente había estado con algún profesional del mundo de la salud, Rafael contestó que hacía cinco años había descubierto un complot alienígena y que entonces se puso a gritar y blasfemar en contra de Dios, y por orden de su madre llegaron unos soldados especiales en helicópteros, enviados por el príncipe Carlos y la Reina de Inglaterra, y se lo llevaron. "Me atiborraron a medicamentos y me trajeron a Barcelona". Le habían diagnosticado "trastorno bipolar" y depresión endógena motivada por los medicamentos, y en la actualidad –según me comentó– estaba siendo tratado con Plenur, que es un antimaniaco y antidepresivo adecuado para la prevención y tratamiento de la psicosis maniacodepresiva y Trileptal, que es una droga antiepiléptica –AED– muy similar en estructura química y actividad al Tegretol, eficaz para la depresión y el desorden bipolar, y otros dos o tres medicamentos más que ahora no recuerdo exactamente cuáles eran. El objetivo de asistir a sesiones de TRR, era conocer el pasado como medio de transformación del presente y poder así modificar su futuro. La paradoja es que momentos antes, junto a mi compañera de trabajo, había comentado que quería dejar muy claro que ya conocía su futuro y que era perfecto para él.

Esta es una frase literal que tuve tiempo de anotar con exactitud de este señor: "A lo largo de mi vida hubo muchas situaciones que me generaron malestar pero conseguí modificar mi conducta, me volví irónico y logré poner a cada uno en su sitio y romper con toda la razón del mundo".

Como estaba muy alterado e insistía en que no quería irse de allí sin que le hiciéramos una sesión de TRR, traté de calmarlo y acceder a ello con el propósito de saber qué se escondía realmente detrás de todo eso. A continuación le expongo el diálogo mantenido en esa sesión para que observe la forma de expresarse y la dificultad en poder llevar una hilaridad en el trabajo que se estaba realizando en ese momento:

Paciente: Sí, sí. Veo un edificio enfrente de mí, es una cruz. Se va haciendo amarilla, es como el corazón de Jesús. Las personas que veo están quietas, inmóviles. Veo una serpiente que sale de una tinaja. No siento temor. Ahora se convierte en un dibujo animado.

Terapeuta: Muy bien, cuéntame, ¿qué más ocurre en ese edificio?

Paciente: Ahora ya no estoy allí, me encuentro en una playa, el color es un azul muy bonito, precioso, se pone niebla. Veo gente andaluza en un caballo, son una pareja. Ahora me estoy transformando en chica y chico. Ya soy un dibujo animado. Se ha subido un orangután. Yo soy un sapo verde. Ahora veo luz blanca en mi corazón.

Terapeuta: Y ver esa luz blanca, ¿cómo te hace sentir?

Paciente: Ya no está. Ahora hay hermanos marcianos. Procedían de la Tierra. Cuando fueron más hostiles emigraron a otros sitios pero vienen aquí porque les gusta saber de sus orígenes.

Terapeuta: Pregúntales qué les hizo huir de aquí a ver qué te dicen.

Paciente: Ya no están. Estoy en el túnel de la risa y tengo una lengua enorme. Ahora mi chica está en un caballo blanco. Hay un Sol maravilloso, impresionante y líneas de distintos colores que surgen delante de mí. Me integro, soy todo corazón, soy la creación, algo único.

Terapeuta: ¿Y de qué te sirve y cómo te hace sentir eso de ser algo único?

Paciente: Ahora soy un marino inglés. Estoy dando las órdenes. Todos son muy marciales. Los pantalones llevan rayas perfectas. Yo soy pequeño y llevo gorra escocesa con gorla. Llegamos a donde vive un pirata gigante. Veo el color rojo.

Terapeuta: ¿Y qué representa ese rojo para ti?

Paciente: El afecto, el sentimiento. Veo un cuchillo, un caballo muy negro, muy delgado, unos indios. Ahora hay una motocicleta, todo es de oro, estoy en el Nilo. Ahora vuelvo a Jesús en la Crucifixión. Ahora salto a China. Veo un francés chiquito con bigotazo y gorra muy grande. Yo estoy en un avión azul y aparece una luz amarilla, son como ondas de hipnosis. Los aparatos del futuro volverán a ser como los antiguos de élice.

Terapeuta: ¿Y cuál será la razón de todo eso?

Paciente: Cuando venga la nueva raza. Ahora soy como un "Supermán". Cada vez que los humanos somos mejores, todo cambia, nuestra coraza es distinta. Todo esto es una broma que nos gasta Dios; yo lo he hablado con Él y es Él quien nos da los dones. A mí me sirven para escribir cosas especiales y revolucionar el campo de la psicología, para poder explicar adecuadamente lo que son las conductas humanas.

Terapeuta: ¿Y tú me las puedes explicar?

Paciente: Sí pero aún no es el momento. No estás preparado para ello. Veo un foco amarillo, voy a entrar en el foco de atracción. Aparecen niñas con coletas y detrás vienen también niños. Ellos como yo, no somos nadie, sabemos que ahí está Dios y nos da un mensaje para difundir.

Terapeuta: ¿Y cuál es el mensaje que tienes que difundir?

Paciente: Ayudar al mundo. Me veo como un caballero, soy el Quijote, fiel escudero de Dios y he venido para amparar a los seres humanos y llevar el mensaje de vivir en positivo, esta es la clave para que el mundo cambie y seamos mejores.

Si analiza detenidamente los diferentes párrafos de esta sesión, observará en los mismos un lenguaje incoherente, los delirios en su mente convencido de ser el escudero de Dios con el que hablaba a diario y esa fijación con la persecución implacable a la que era sometido por parte de esos militares que querían tapar su boca para que no revelara los misterios que había descubierto. Añadido a todo esto se daban formas explosivas de reír sin sentido en algunos momentos, tanto en el transcurso de la sesión como en la toma de contacto primero y unas pupilas enormemente dilatadas con una obsesiva fijación en todos los libros y la decoración que yo tenía en mi despacho.

Todas estas reacciones, encuadradas en lo que serían clínicamente "síntomas positivos", probablemente nos puede hacer pensar que estuviera frente a un esquizofrénico de tipo paranoide en su fase más activa y en la cual resulta imposible mantener un diálogo con el sujeto. Aquí simplemente debemos tratar de contener al paciente.

Yo le solicité el nombre y teléfono de su psiquiatra puesto que estaba interesado en ponerme en contacto con él y poder volver a canalizarlo, pero resultaron falsos los datos que me había dado. Tampoco conseguí conectar con el supuesto número de teléfono que me había pasado de su casa puesto que me pareció que este hombre necesitaba ayuda médica psiquiátrica con carácter inmediato. Aunque él se fue muy contento con la sesión que experimentó y me dijo que volvería la semana siguiente porque me quería contar muchas cosas, lamentablemente esta sería la primera y última vez que vería a Rafael en mi consulta.

Adicciones. Drogodependencias

> *"Somos lo que repetidamente hacemos.*
> *La excelencia luego no es un acto, sino*
> *un hábito."*
>
> Aristóteles

Cuando la ansiedad permanece y no encontramos modo de darle salida, una adicción puede ofrecernos una vía de escape a la que compulsivamente nos aferramos, otorgándole un poder que nos atrapa ocasionándonos siempre daño.

Los seres humanos repetimos acciones que nos producen re-compensa, nuestro cerebro genera entonces sustancias quími-cas como la dopamina o la serotonina, cuyo beneficio a nivel emocional es sentirse feliz. El problema es que la adicción es un proceso de recompensa descontrolado. Deduciremos que hay dependencia adictiva en una persona, si la misma no vaci-la en aceptar una recompensa inmediata de poco valor frente a algo mucho mejor pero que se le vaya a entregar más tarde. El adicto tomará siempre la primera opción.

La gama de adicciones es cada vez mayor; así, permanecen las conocidos por todos como la adicción al alcohol, a las dro-gas, al tabaco, al juego, a los dulces, a la comida, junto con otras catalogadas más recientemente como la adicción a las relaciones afectivo-dependientes —en aumento dada la esca-sa estabilidad de las parejas hoy en día— al sexo en todas sus variantes, culto al cuerpo o vigorexia, compras compulsivas,

115

coleccionismo, Internet, etcétera. La lista va creciendo según van apareciendo nuevos productos de consumo en esta sociedad tan materialista y depredadora donde priva el tener por encima del Ser. El ciudadano se pierde como consumidor pasivo de productos, mientras su ansiedad va en aumento y sus necesidades son cada vez mayores; por tanto, el grado de satisfacción es difícil de alcanzar. De este modo esa ansiedad crece y crece como una hiedra perniciosa, tapando todo a su paso y apoderándose de la voluntad del individuo; le arrebata de su capacidad de liberarse de esa dominación donde los bienes materiales, el *status quo* y las apariencias sociales, son vividas como prioritarias; su afán se centra ahora en cómo sustentar las necesidades generadas por esta sociedad "del bienestar" hacia un consumo cada vez mayor, siempre insaciable; no conseguir este listón significa posibles sentimientos de fracaso.

La ansiedad se manifiesta y cada uno la lidia como puede; en esa batalla pueden experimentarse momentos más o menos duraderos de vacío existencial, donde a falta de otros recursos aparecen las conductas adictivas.

Pero, ¿cómo se produce la adicción? El hipotálamo es una pequeñísima región anatómica de nuestro cerebro que regula importantes funciones como el hambre, la sed, la actividad sexual, los ciclos del sueño, la termorregulación, etcétera. También reúne sustancias químicas; esas sustancias son pequeñas secuencias encadenadas de aminoácidos que se agrupan en determinados neuropéptidos o neurohormonas que configuran los estados emocionales que vivimos diariamente. A cada estado emocional le corresponde una determinada sustancia química: así, existen para el enfado, la tristeza, la victimización, la lujuria, la gula, el deseo, el dolor, el rechazo, el amor, etcétera.

Al experimentar una emoción concreta en nuestro cuerpo o en nuestro cerebro, el hipotálamo se encarga de reunir el péptido que libera a través de la pituitaria y por el torrente sanguíneo llega a todo el cuerpo y a cada una de las células; éstas tienen miles de receptores abriéndose al exterior y cuando un péptido se encaja en uno de estos receptores, es como una llave que encaja perfectamente en su cerradura, activando así toda una cascada de acontecimientos bioquímicos, y algunos hasta pueden producir cambios en el núcleo de la célula.

La adicción es el reclamo bioquímico de nuestras células que nos piden más "nutrientes" y no podemos hacer nada, salvo producirlos para saciar ese apetito voraz. El adicto necesita calmar esa ansia bioquímica procedente de las células de su cuerpo, y siempre necesitará un poquito más para alcanzar ese frenesí, esa euforia, ese dolor que sus células buscan químicamente. La adicción se vive como algo que no puedes detener. Y, ¿cómo reconocerla? Si no puedes controlar un determinado estado emocional, posiblemente eres adicto al mismo.

La Terapia Regresiva Reconstructiva trasciende el motivo de consulta principal: la adicción concreta –una o varias que coexisten simultáneamente– para actuar desde la trastienda emocional removiendo y haciendo consciente todo lo que se encuentra a su paso.

Podemos reforzar este trabajo con técnicas de sensibilización al imaginar el paciente que tiene una reacción muy negativa a todo aquello que le tiene enganchado en su adicción. Normalmente lo recreamos por medio del gusto y/o el olfato, de manera que se asocie todo aquello que ansía a alguna sensación desagradable que llegue a través de estos canales sensoriales. Cuanto más específico y concreto sea usted en las instrucciones, mayor será el anclaje en su paciente.

Para utilizar un ejemplo en este apartado, he preferido alejarme de las adicciones más corrientes y centrarme en una que si bien no es tan común –alrededor de un seis por ciento de la población la padecen–, podemos observar cómo en los últimos años está aumentando en todos los países más desarrollados. Se trata de la hipersexualidad o adicción al sexo, antiguamente llamado "ninfomanía o furor uterino" en el caso de mujeres, o bien "satiriasis" en el caso de los hombres. Se caracteriza por un trastorno obsesivo compulsivo e incontrolable de sexo a todas horas –mantener relaciones sexuales, masturbación, pornografía, videos, teléfonos eróticos, Internet, lecturas–, que genera en la persona que lo practica mucha ansiedad, angustia y sentimientos de insatisfacción y culpa. Por este motivo es por el que recurre una y otra vez a la búsqueda de sexo desenfrenado manteniendo muchas relaciones puramente fisiológicas con diferentes personas para saciar el instinto, volviéndose adicta a los cambios neuroquímicos que se producen en su cuerpo y en su cerebro durante el acto sexual y que sirven de sedante momentáneo para bajar sus estados de ansiedad.

Aunque es una enfermedad que se da tanto en hombres como en mujeres, es más común conocer casos en los primeros puesto que hay mayor permisividad social; la mujer tiende a ocultarlo por el miedo a la crítica, el pudor, la censura y el estigma que supone a nivel social este tipo de acciones.

A pesar de no ser un factor determinante, la sociedad en la que estamos inmersos potencia la aparición de esta adicción, viendo constantemente en programas de televisión o en el cine imágenes de personas promiscuas, escenas de cama con actores conocidos, etcétera, que va creando en las mentes la idea de que no está mal visto realizar estas acciones, debilitando nuestra conciencia; pero por otro lado, también tenemos una doble moral que nos sentencia, nos juzga y nos hace sentir sucios y en pecado ante esas situaciones. Esto es lo que genera esa angustia, ansiedad y sentimiento de culpa que provoca la herida emocional.

Un caso muy conocido en la Historia sobre una ninfómana es el de Mesalina, esposa del emperador Claudio, que se acostó con cientos de esclavos, soldados, actores, gladiadores… llegando a proponer una apuesta a las prostitutas de la ciudad de quién podría acostarse con más hombres seguidos y ganando el premio a todas ellas. Etimológicamente su nombre tiene el mismo significado que prostituta o meretriz.

El primer día que Jennifer llegó a mi consulta, pude captar en sus ojos que había mucha frustración oculta tras esa máscara de acero inexpresiva y seductora, y ese esfuerzo por tratar de ser una actriz que convierte la mentira en el juego de su vida, pero en el fondo y por más que lo intentara, no podía esconder a esa niña que se encontraba asustada y esclavizada de su pasado como si fuera un fantasma vagando en pena y anhelando una quimera que nunca llegaría a materializarse. Había llegado hasta mí a través de una prima suya que se formó conmigo en los seminarios que imparto. Según las palabras de ese familiar, Jennifer no conseguía terminar nunca una psicoterapia porque siempre acababa llevándose a la cama a sus terapeutas. Recientemente acababa de añadir el octavo a su lista como si fueran trofeos que hay que tener en exibición. Mi alumna sabía con certeza que yo jamás iba a entrar en su juego de seducción y por esta razón decidió confiar y ponerla en mis manos. Después de media hora de entrevista del primer día, aquella bonita mujer de ojos azules, bien formada y ropa bastante llamativa, me propuso tomar una copa al terminar la sesión, a lo que respondí: "No creo que a mi mujer le guste que vaya a tomar con mis pacientes unos tragos. Además, a mí tampoco me gusta si no está mi esposa conmigo". Siento que esta frase dejó a mi paciente noqueada en el primer asalto, y desde entonces fue todo más fácil para llegar a nuestro objetivo.

A medida que avanzábamos en las primeras sesiones, Jennifer pudo darse cuenta de cómo toda su vida se había construido sobre el lodo y la desesperanza, sobre una imagen falsa recreando una y otra vez el dolor hasta hacer que el odio la invadiera y los deseos de venganza se apoderaran de su alma y le arrebataran el control de sus actos. Revivió los momentos en que a los siete años de edad fue violada por su padre y pudo sentir el dolor de la incredulidad, el rechazo y la indiferencia de la madre ante esta situación; reconoció momentos de frustración en el colegio de monjas donde fue educada bajo una fuerte represión y la fijación del pecado en todo lo referente a la sexualidad, y también pudo recuperar la primera experiencia sexual que mantuvo a los 13 años con un novio que sólo buscaba abusar nuevamente de ella, contárselo a todos los amigos en el baile para hacer que la noticia fuera de boca en boca en todo el barrio y provocar en ella una gran desilusión y desconfianza que hizo que sus sueños se quebraran y la esperanza se perdiera para siempre. Todas estas experiencias marcaron a sangre y fuego a Jennifer, que un buen día ya no pudo más y decidió enterrar su esencia, olvidar a su Ser y dar vida al personaje que emergió para poder vengarse de todo aquello que la había dañado. Su alma estaba demasiado herida pero escondida detrás de sus máscaras.

Cuando en el escenario del Laberinto llegó a la sala donde se encontraba encerrada la niña, se sorprendió al ver que vivía en una habitación maravillosa y llena de comodidades y amigos de ficción. Allí se encontraba Peter Pan, Campanilla, el ratón Mikey, Blancanieves, el Gato con Botas, el dragón Eliot y un sinfín de personajes de la factoría de Disney que vivían todos felices. Había un gran león guardián a la entrada que sólo permitía el paso a quien supiera decirle la contraseña correcta y esto garantizaba que en su mundo estaba segura. En esta sesión, Jennifer me estaba proyectando sus sentimientos de vacío y desencanto y daba las claves de cómo había tenido que buscar una vía de evasión para sobrevivir al dolor pero perdiendo su esencia propia. Ella era otra figura de ficción y cuento como eran sus amigos del laberinto, que había recreado para poder huir de la cruda realidad pretendiendo que el mundo aceptara su máscara como un personaje real.

Era imprescindible defenderse del agresor, del invasor que encadenó y enredó su alma. Y, ¿qué mejor solución que enfrentarse a él con sus propias armas? Todas sus frustraciones, angustias y dolor del pasado, salían a flote cada vez que realizaba un acto sexual con alguien, produciendo así como una cadena de añoranzas que por analogía la mantenían activa y podía vigilar atenta, sacando inmediatamente al exterior su irritabilidad, ansiedad, náuseas por la acción realizada y dolores muy fuertes de cabeza. Para paliar todo esto, necesitaba compulsivamente volver a tener sexo una y otra vez, día tras día en una eterna búsqueda de hombres para devorar y vengarse, de manera inconsciente, del daño sufrido.

Al igual que en otros casos, me encontraba frente a una persona impulsiva e insegura, con un gran "vacío existencial". Su necesidad de practicar sexo de forma impulsiva y repetitiva a través de breves encuentros con personas anónimas, hacían mantener en ella la esperanza de que quizás algún día pudiera encontrar la paz tan anhelada de sus sueños y recuperar la esperanza perdida. Para ello abandonaba sus compromisos laborales, familiares y sociales, y simplemente se dedicaba a "vivir" en una orgía permanente abusando del alcohol y de la cocaína, ya que produce una función deshinibidora que le facilitaba la "no" censura de sus comportamientos sexuales, acciones que después la conducían a caer en la depresión e incluso en varias ocasiones en el intento de suicidio.

En algunos casos y cuando la ansiedad es demasiado grande, puede ser necesario que un psiquiatra, en los inicios del tratamiento y como complemento a la psicoterapia, recete algún inhibidor de la serotonina, ya que ciertos fármacos, administrándolos en dosis bajas, tienen un efecto en el cerebro sobre el deseo sexual. Así fue como se actuó en paralelo en el caso de mi paciente.

Jennifer trató en varias ocasiones de tentarme y que olvidara mi condición de terapeuta para sacar al exterior la parte puramente instintiva del hombre salvaje. Evidentemente no cometí el error que cometieron los otros terapeutas que con anterioridad a mí, la habían tratado. Esto nos puede dar una imagen de qué tipo de terapeutas estaban supuestamente trabajando con ella, y cada vez que lanzaba una propuesta directa, yo la confrontaba para que pudiera trabajar en ello. Afortunadamente respondió muy bien a la psicoterapia, consiguió limpiar ese pozo tan oscuro que tenía repleto de fango por todas partes, abandonar el odio y los deseos de venganza, aprendió a utilizar nuevas habilidades de autocontrol emocional y consiguió reiniciar una nueva vida con un buen hombre al que conoció en el trabajo y con el que pudo ser feliz.

Como reflexión final sobre este tema y como prevención a la adicción al sexo, sería bueno tener un tipo de sociedad no represiva pero tampoco permisiva ni de libertinaje, y para ello sería necesario una buena educación y enseñanza desde edades tempranas, asumiendo cada uno de nosotros en el rol de padres o formadores, la responsabilidad de una educación no represiva, hablando abiertamente con nuestros hijos y en los colegios sobre la educación sexual, dejando plena libertad a los niños para que puedan expresar sus emociones. El sexo es bueno pero si no se entiende su finalidad y no se sabe utilizar adecuadamente, puede convertirse en algo enfermizo y perjudicial para la salud, no sólo de la persona afectada directamente sino también de todo el conjunto de la sociedad en la que vive.

El conocernos profundamente es la mejor herramienta que podemos tener. En ese conocimiento colisionamos con nuestros miedos y debilidades, pero también con la manera de superarlos y hacernos crecer en la vida.

La Terapia Regresiva Reconstructiva logra ese cambio bioquímico celular del que hablaba en los párrafos anteriores, rescatando las emociones asociadas a esas adicciones. El cerebro no distingue entre lo que ve en su medio ambiente y lo que guardan sus redes neuronales; cada lugar donde se conectan incluyen pensamientos, vivencias, sensaciones y recuerdos emocionales asociados a la experiencia, de modo que esas conexiones son inevitables y, por ejemplo, alguien puede pensar en una reunión social y experimentar dolor o frustración;

entonces, automáticamente, sus células reclamarán cocaína para enfrentarse a ello. A través de las técnicas de regresión accederemos al pasado de la persona en diferentes estados del Ser y desbrozaremos las sensaciones físicas, emocionales y cognitivas. Es posible en estados ampliados de conciencia –EAC– estar en varios planos superpuestos de modo que se accede al pasado y simultáneamente estamos entendiendo nuestro presente, modificando así nuestra fisiología.

El malestar, la pena, la ira y todo aquello que se conecta con el dolor, se expresa junto con la respuesta adictiva de nuestro organismo; a continuación, desde el interior del paciente, guiado por el terapeuta, surgen los remedios para todo ello. Realmente la mejor botica la tenemos dentro de nosotros mismos.

La superación de la adicción es posible, las personalidades adictivas deberían acceder a esta información, los modelos de respuesta se pueden afinar transmutando esas conductas tan dañinas y autolesivas. No permitamos que nos ocurra como a Freddie Mercury –cantante del grupo Queen–, quien escribió estas líneas poco antes de morir:

"Cuando la conocí tenía 16 años.

Fuimos presentados en una fiesta por un chico que decía ser mi amigo.

Fue amor a primera vista.

Ella me enloquecía.

Nuestro amor llegó a un punto que ya no conseguía vivir sin ella.

Pero era un amor prohibido.

Mis padres no la aceptaron.

Fui expulsado del colegio y empezamos a encontrarnos a escondidas.

Pero ahí no aguanté más, me volví loco.

Yo la quería, pero no la tenía.

Yo no podía permitir que me apartaran de ella.

Yo la amaba: destrocé mi coche, rompí todo

dentro de casa y casi maté a mi
hermana.
Estaba loco, la necesitaba.
Hoy tengo 39 años; estoy internado en un
hospital,
soy un inútil y voy a morir abandonado por
mis padres,
por mis amigos y por ella.
¿Su nombre? Se llama Cocaína.
A ella le debo mi amor, mi vida, mi
destrucción y mi muerte".

Capítulo VIII
Las enfermedades del culto al cuerpo

"Tu cuerpo es templo de la naturaleza y del espíritu divino. Consérvalo sano; respétalo; estúdialo; concédele sus derechos, pero no te obsesiones con él."

Henry Amiel

Introducción

Son enfermedades y alteraciones puramente emocionales, propias de los países desarrollados y que no se dan en las zonas del planeta donde hay pobreza extrema y las necesidades más básicas están insatisfechas.

Han comenzado a expandirse como una epidemia a partir de mediados del siglo pasado, donde las personas viven con una idea obsesiva por cultivar la perfección de su cuerpo según los patrones inculcados, principalmente por la mercadotecnia.

En una encuesta realizada en Estados Unidos, el 93 por ciento de las mujeres y un 82 por ciento de los varones interrogados, están preocupados por su apariencia física y trabajan para mejorarla; como consecuencia de ello, podemos ver cómo prosperan los negocios relacionados con la imagen y el cuidado personal, así como gimnasios, venta de productos dietéticos, ropa ajustada con tallas mínimas, clínicas de cirugía estética en donde –en algunos países– incluso se hacen obsequios de operaciones de agrandamiento de busto o liposucciones como regalo de fiesta al cumplir los 15 años, todo ello provocado por el deseo de poseer una imagen corporal perfecta sin querer aceptar la realidad de quienes somos. Los nuevos modelos sociales impuestos en los países más desarrollados, inciden directamente en el aspecto físico como señal de éxito, aceptación social, dinero, amistades, poder y vida sana, creando por debajo de todo esto una amalgama de afecciones que al final pasan su factura, tanto a nivel físico como mental. La gravedad del tema es que el afectado no tiene conciencia de su propia enfermedad.

Todo este tipo de problemáticas las podemos clasificar en cuatro apartados: anorexia nerviosa, bulimia, vigorexia y dismorfia corporal. Veamos por separado cada una de ellas.

La Anorexia Nerviosa

Aunque literalmente la palabra anorexia signifique "pérdida de apetito", el uso de esta palabra no es el más correcto ya que esta enfermedad es un trastorno nervioso y desorden de la alimentación con privación de la comida que se provoca el propio paciente porque se ve gordo y quiere disminuir de peso aunque pase hambre por ello, pero no porque no tenga ganas de comer.

Médicamente, una persona es considerada anoréxica cuando su peso corporal está por debajo del 15 por ciento de su peso normal, pudiendo llegar a afectarle a sus ciclos menstruales y producirle serios trastornos de salud física, además de ir deteriorando su mente e incorporando otro tipo de problemas psicológicos como son: ataques de pánico, tratornos obsesivos compulsivos o depresiones, llegando como grado extremo inclusive a provocarle la muerte.

Estadísticamente se da más en personas de niveles de vida tipo medio/alto y es una enfermedad típica de mujeres. Se estima que cerca del uno por ciento de las adolescentes lo presentan, aunque ya también se están dando casos entre hombres –la proporción actual es un hombre por cada 10 mujeres–, y en los últimos años estamos viendo cómo se empieza a dar en edades cada vez más tempranas, comprendiendo en la actualidad un abanico de mujeres entre los 12 y 25 años.

Tanto el adolescente bulímico como el anoréxico, son emocionalmente inmaduros, con sentimientos de incompetencia, baja autoestima, desajustes de personalidad y muy dependientes del núcleo familiar, ya que les da pánico asumir que están convirtiéndose en adultos y tienen miedo a crecer. De hecho, se encuentran en una época de crisis donde se dan en ellos los replanteamientos de sus escalas de valores, tanto sociales como personales

Síntomas que aparecen

1. Pérdida continuada de peso a lo largo de varias semanas.
2. Dietas constantes a pesar de estar delgado o con el peso muy bajo.
3. Insomnio.
4. Rechazo a la sexualidad.
5. Obsesionarse con el control de las calorías que contienen los diferentes alimentos y cambios de rutina en los hábitos de comida, creando ciertos rituales a la hora de comer.
6. Inducción a producirse el vómito después de las comidas.
7. Obsesión por el deporte con una gran rigidez y exceso de entrenamiento físico.
8. Fijación por adelgazar en ciertas partes del cuerpo como abdomen, muslos y cadera.
9. Periodos menstruales irregulares con retrasos o cese de los mismos.
10. Uso de laxantes, diuréticos o píldoras para dieta.
11. Usar ropa suelta para que no se den cuenta de su pérdida de peso.

Esa pérdida tan grande de peso puede afectar al paciente directamente en la deshidratación, amenorrea, osteoporosis, insomnio, caída del cabello, quebramiento de las uñas, estreñimiento, problemas gastrointestinales, daños hepáticos y renales, infertilidad, caída en la presión sanguínea, riesgo de infartos, problemas respiratorios y hasta la muerte por complicaciones cardiacas o por suicidio en alrededor de un siete por ciento de los casos. Si la enfermedad dura varios años, esta tasa se eleva al 15 por ciento.

A nivel emocional se produce mucha ansiedad, irritabilidad, baja autoestima, aislamiento y depresión.

Origen

La causa exacta de la Anorexia Nerviosa no es conocida, pero las investigaciones sugieren que es fruto de una combinación de factores biológicos, ambientales y ciertos patrones emocionales y de pensamientos.

Hasta finales del siglo XIX estaba relacionada directamente con temas religiosos, ya que era en los conventos de monjas donde se producía este tipo de experiencias, producto –en muchos casos– de los ayunos como penitencia y promesas impuestos por ellas mismas para luchar contra los deseos sexuales de la carne y llegar a Dios, o también como pago autoimpuesto para conseguir alguna petición realizada al Creador. Algunos casos que se sepan, relacionados con la anorexia, fueron los de sor Catalina de Siena, santa Liberata y sor Juana Inés de la Cruz.

A finales del siglo XIX, Freud –desde su enfoque psicoanalista– afirmó que era una enfermedad generada por la ausencia de impulsos sexuales básicos y la envidia del pene.

En un estudio reciente realizado por los doctores Marco Procopio, de la Universidad de Sussex –Reino Unido– y Paul Marrito, de la Universidad de Waterloo –Canadá–, una explicación posible para este fenómeno, es que en los embarazos que portan un feto femenino, se genera una sustancia, probablemente hormonal, que incrementa el riesgo de tener Anorexia Nerviosa en la etapa adulta. Los investigadores concluyen que el "estudio es compatible con la hipótesis de que la exposición intrauterina a hormonas sexuales esteroides podrían influenciar la evolución del sistema nervioso e incidir en el riesgo de desarrollar Anorexia Nerviosa siendo adultos".

El hipotálamo regula los centros del hambre y la saciedad, pero es a través de la corteza cerebral donde se establecen mecanismos mucho más complejos relacionados con la alimentación, que están vinculados a experiencias previas. Podría haber una causa neurobiológica que ayudara a aclarar este problema. Las conclusiones de un estudio realizado por medio de un escáner cerebral llamado imagenología por resonancia magnética funcional desarrollado por investigadores de la Universidad de Pittsburg, apuntan a una región del cerebro vinculada a la ansiedad y al perfeccionismo que son los responsables de la anorexia. Al someter a los pacientes a las diferentes pruebas de laboratorio, se observó que el área del cerebro dedicada a las respuestas emocionales, no mostró grandes alteraciones entre el éxito o la pérdida de diferentes pruebas a las que lo sujetos eran sometidos, por lo que se concluyó que para las personas anoréxicas, es difícil apreciar placer inmediato y tal vez esta sea la razón por la que no disfruten de los alimentos como el resto de las personas. También se pudo observar una tendencia a preocuparse obsesivamente por las cosas, entrar demasiado en detalles y la búsqueda de reglas y normativas para actuar en cada momento.

En el siglo XX se le asocia directamente con el miedo a engordar y sobre todo desde los años 60's se convierte en una enfermedad social, ya que la paciente se ve afectada principalmente por el prototipo impuesto por la sociedad de las modas y modelos extremadamente delgadas que se ven en las pasarelas. En los años 60's el éxito de la modelo inglesa "Twiggy", que era extremadamente delgada, crea un nuevo patrón a seguir y a partir de ahí, las medidas de las top models que salen en revistas, cada vez van disminuyendo más hasta crear un tipo de diseños de moda diminutos que millones de jovencitas en el mundo quieren portar. También en el diseño de las muñecas para las niñas se pone de moda una llamada "Barbie", con una figura demasiado estilizada y delgada que hace que ya desde la infancia, las niñas admiren este tipo de "mujer perfecta" y quieran ser como ella. En los últimos años la sociedad, alarmada y consciente de este problema, ha comenzado a actuar y tomar algunas medidas al respecto. La "Pasarela Cibeles" de España fue la pionera, realizando el 1er. Desfile Internacional de la Moda, en el que asesorados por expertos nutricionales, han decidido establecer unas normativas que respondan a parámetros saludables y al no existir tallas homologadas para todos los países, han establecido como requisito para poder desfilar en sus eventos, que todas las modelos deberán superar el 18 por ciento del Índice de Masa Corporal, transmitiendo así una imagen de "Belleza y Salud" diferente a la que se tenía hasta estos momentos.

Este es un paso muy importante al hacerse eco de la inquietud de las Asociaciones de Afectados por la Anorexia y la Bulimia, que vienen advirtiendo de ello en todo el mundo.

Pero no sólo la moda es responsable de esta enfermedad; estadísticamente podemos observar que hay predisposición en personas que han tenido familiares con trastornos de este tipo, aunque no es determinante y por lo tanto tampoco podemos afirmar que sea una enfermedad genética heredada. Otro factor que puede influir en la misma es haber vivido un estilo de educación sobreprotectora y exceso de control por parte de los padres –normalmente suele darse el binomio "madre dominante/padre distante"– y vivir en un entorno familiar donde se bloquean los sentimientos y se aparenta que la familia está por encima de todo, incluso de las propias inquietudes e iniciativas de cada uno de sus miembros, reforzando todo esto el hecho de que hayan sido niños que en su infancia han sufrido acoso y/o burla por parte de otros niños por su físico. Quizáss la anorexia sea un intento de recuperar ese control perdido y romper con los esquemas establecidos familiares a través del control de la comida, pero siempre es importante tener claro que detrás del trastorno alimenticio, el origen está en una desestructuración emocional. Piense que la enfermedad afecta a un trastorno de la alimentación y la figura de "mamá" representa la nutrición, desde el momento en que el bebé se encuentra en el vientre materno y después sigue siendo "mamá nutritiva", puesto que mamá es quien alimenta, quien da el pecho, el biberón, la papilla y después se encarga del crecimiento y desarrollo del niño en sus primeros años de vida. Por esa razón quizás podemos ver detrás de esta enfermedad ciertos conflictos y una relación compleja no resuelta con la figura materna. Observe también que esta enfermedad suele aparecer en etapas de la vida en las que la afectada está tratando de consolidar su propia identidad y autonomía, y es cuando empieza también a ver que se está haciendo adulta y necesita enfrentarse a nuevos retos y nuevas experiencias. Todo esto asusta puesto que se encuentra atrapada entre la espada y la pared: una es la necesidad de complacer a la familia y los sistemas estructurados por ellos, y otra es el tener que enfrentarse a nuevas expectativas, retos personales muy altos que se autoimpone y el miedo a la respuesta de la pregunta: ¿Sabré hacerlo? Piense que todo cambio conlleva un riesgo y eso asusta a mucha gente y la retrae.

PREVENCIÓN, MEDICACIÓN Y ABORDAJE PSICOTERAPÉUTICO

Se necesita un tratamiento integral que comprenda el asesoramiento del médico, el nutriólogo, el psicólogo y la familia del enfermo.

Lo primero que se debe trabajar con el enfermo es la recuperación nutricional a través de restablecer patrones de alimentación saludables con una dieta equilibrada y supervisada médicamente, llegando a la hospitalización si ésta es necesaria, cuando la pérdida de peso es severa y existe desnutrición que está conllevando riesgos de muerte o suicidio. En algunos casos se usan ciertos antidepresivos y neurolépticos para las patologías asociadas a esta enfermedad, como son la depresión mayor y los trastornos obsesivos compulsivos y poder controlar la ansiedad que se genera.

Desde el enfoque de la TRR hay que descubrir los patrones de supervivencia que desencadenaron esta forma de actuar e incidir en las edades más tempranas del paciente para ver la relación y convivencia con el entorno familiar, principalmente con la figura materna. Una vez encontrados estos y entendidos, habrá que trabajar en la reconstrucción de nuevos modelos adaptativos en sus formas de pensar, sentir y actuar ante situaciones que le generen conflicto, mejorar su autoestima y valoración de sí misma y enseñarle a utilizar ciertas habilidades sociales para incorporarse al mundo sin problemas emocionales que la desubiquen del mismo.

También es muy importante crear un cambio de conciencia en los familiares para que el paciente tenga todo su apoyo y que puedan reconocer los problemas de ese desorden de alimentación y las señales y formas de actuar que van unidas a ellos.

Bulimia

Se da principalmente en mujeres comprendidas entre los 18 y 30 años y es un trastorno mental caracterizado por la búsqueda de placer, y al mismo tiempo autodestrucción a través de la comida. La persona afectada ingiere gran cantidad de alimentos en un corto espacio de tiempo con pérdida de control sobre los mismos –con preferencia en los dulces y alimentos que contienen muchas calorías–, teniendo a su vez una exagerada preocupación por el control del peso corporal. Acto seguido le aparecen los sentimientos de culpabilidad por el exceso de comida y se provoca el vómito o el uso de laxantes para compensarlo, poniendo en riesgo su salud con este tipo de conductas inadecuadas.

La palabra bulimia significa hambre de buey y procede del término griego *boulimos –bous:* buey; *limos:* hambre–. En un 70 por ciento de los casos va acompañado de anorexia, solamente que a diferencia de esta última, la bulímica tiende a ser más impulsiva e inestable en sus estados anímicos.

Síntomas que aparecen

1. La obsesión por la figura, la tristeza continua y una desesperación ansiosa por intentar llevar una vida aparentemente normal.
2. Cambios significativos y oscilaciones en su peso corporal.

3. Sudoración fría como consecuencia de los rápidos cambios de nivel de azúcar en la sangre.

4. Ayunos que le generan mucha ansiedad e hiperactividad.

5. Atracones de comida sin freno, sobre todo a escondidas o cuando están solos, tragándose la comida casi sin masticar y en grandes trozos. Normalmente suelen ser alimentos con un alto nivel de hidratos de carbono y suelen hacerlo después de que han estado en ayuno sin comer nada por un determinado periodo de tiempo y como respuesta inapropiada al mal humor derivado de cualquier circunstancia o estados de ansiedad y/o desaliento.

6. Sentimientos de culpa por haber comido tanto y acto seguido vómitos provocados.

7. Cambios de carácter con oscilaciones entre la depresión y la euforia (bipolaridad o depresión mayor).

8. Odio hacia sí misma y autorreproche.

9. Abandono de actividades y proyectos que comienzan a poner en marcha.

El enfermo bulímico suele vivir en entornos familiares donde hay poca estabilidad emocional y se dan bastantes conflictos internos interfamiliares que quedan abiertos sin resolver.

Estas pautas de conducta establecidas por el enfermo ocasionan molestias digestivas producidas por la excesiva secreción de jugos gástricos, la mucosa digestiva se daña como también el tránsito intestinal, pudiendo producir todo ello problemas de colon irritable, hernia hiatal, pancreatitis o perforaciones esofágicas, descenso de la glucosa y potasio en la sangre, arritmia, deshidratación, deterioro de piezas dentales por los ácidos producidos con los vómitos y glándulas por debajo de las mandíbulas inflamadas que la hacen parecer más gorda, siendo la mortalidad superior a la de la anorexia, falleciendo por complicaciones médicas derivadas de los "atracones", vómitos y uso de laxantes, o por suicidio.

ORIGEN

Científicamente no se sabe de una causa orgánica que directamente tenga como consecuencia la generación de esta enfermedad. Se inicia cuando el paciente no se siente conforme con su físico porque se ve demasiado gordo, aunque no sea objetivamente cierto; entonces comienza con una dieta para adelgazar y como no se sentirá satisfecho de los resultados, llevará su ansiedad al polo opuesto y comenzará a comer por ansia sin poder saciar su conflicto interno. Después llegará la culpabilidad y los vómitos para compensar todo lo anterior.

Algunos expertos creen que esta enfermedad se origina en las altas demandas de la familia y la sociedad. El ciclo destructivo del bulímico comienza con la presión que el individuo siente por ser delgado y atractivo. Podríamos decir entonces que su problema es consecuencia de una baja autoestima.

PREVENCIÓN

El tratamiento, al igual que en la anorexia, requiere de un apoyo multidisciplinario desde los enfoques médico, nutricional, psicológico y familiar.

Una correcta regulación de la alimentación es imprescindible para nutrir nuestros tejidos y células, evitando los periodos largos de ayuno y sus consiguientes atracones de comida y vómitos posteriores.

Hay que trabajar con el paciente para que sea capaz de ver con tolerancia su exceso –si lo hay– de peso y buscar vías de actuación al respecto.

Los problemas con la comida son trastornos afectivos y aunque su manifestación se presente en la pubertad o en la adolescencia, es muy posible que esta afectividad dolida venga de épocas muy tempranas o incluso desde el periodo de la concepción.

De nuevo se hace imprescindible el trabajar en regresión las cargas emocionales que la persona ha ido viviendo a lo largo de su vida familiar y ver cuáles son los modelos de aprendizaje que ejecutó y que hoy en día ya no le sirven; poder sacar toda esa carga de dolor y expresar abiertamente aquellas cosas que no pudieron ser externalizadas en su momento, permitiendo que el niño herido exprese con toda libertad sus emociones más profundas sin miedo al juicio del adulto.

VIGOREXIA

Unido a estas dos enfermedades descritas anteriormente, aparece una nueva epidemia de culto al cuerpo, también llamada "el complejo de Adonis": la obsesión por verse musculoso, siendo esta más frecuente en hombres que en mujeres.

En el sexo femenino, los desfiles de modas y las revistas del corazón han podido tener una clara influencia en algunas personas anoréxicas; tenemos el mismo caso con los actores de cine musculosos que han influenciado al sexo masculino para verse respetado, atractivo y deseado por las mujeres. Hemos visto pasar por las pantallas de cine infinidad de actores como Sylvester Stallone en su personaje de *Rambo*, o Arnold Schwarzenegger en *Terminator,* que representan al prototipo de hombre duro, el macho exitoso asociando a todo esto sus grandes músculos. Esto ha llevado a muchas personas a querer verse en el espejo como estos actores, decidiendo por ello dar culto a su cuerpo con interminables horas de gimnasio a sus espaldas. Observamos en ellos su obsesión por mirarse constantemente al espejo, dedicando 4 ó 5 horas diarias al gimnasio; se pesan constantemente para controlar su cuerpo, mantienen una dieta rígida con exceso de hidratos de carbono y baja en grasas, toman grandes cantidades de proteínas en polvo y en muchas ocasiones abusan de hormonas y anabolizantes esteroideos.

Su preocupación obsesiva por la figura les hace alejarse de la realidad, teniendo una gran distorsión de su esquema corporal y viven obsesionados por hacer crecer y crecer el músculo. También en ellos podemos ver una baja autoestima y necesidad de reconocimiento para no sentirse fuera de lugar en esta sociedad y ser aceptados por la misma.

Dismorfia corporal

El paciente se obsesiona con alguna parte de su cuerpo con la que no está conforme aunque no exista ningún defecto en ella, hasta el grado que le impide hacer una vida normal. Recuerdo un paciente que estaba obsesionado porque decía tener el pene muy pequeño y que todo el mundo se fijaba y se reían de él por la calle porque se daban cuenta de ello, a pesar de tener en la realidad un miembro que media 20 cm. También el caso de una mujer que tenía una nariz casi perfecta y sin embargo mencionaba constantemente tenerla aguileña y horrible, como la de las brujas, y siempre trataba de llevar *gafas* muy grandes y sombreros para esconderse de la mirada de los demás.

Con este tipo de personas nuevamente es importante la comprensión por parte de los familiares y amigos sin reírse de sus comentarios, e infundirle seguridad en sí mismo para que vaya reforzando su autoestima. La persona suele tener pobreza afectiva y poco a poco hay que enseñarle a conocer su propia fisonomía para que pueda percibir la realidad desde afuera sin quedarse encerrado en su mundo interno.

De nuevo la publicidad hace estragos con esas imágenes de perfección absoluta en los prototipos establecidos como la mujer y el hombre perfecto, y tenemos que hacer que el paciente sea capaz de derrumbar ese mito, aceptar su realidad y asentarse en sus valores humanos y cualidades personales, más que en la imagen externa que quiere que vea la sociedad en la que vive. Piense usted que si esa persona afectada por cualquiera de estas cuatro enfermedades descritas anteriormente, viviera en una isla solitaria donde nadie le pudiese observar, le aseguro que no padecería de este mal.

La Terapia Regresiva Reconstructiva actúa, como usted ya sabe, buscando la raíz que gestó la enfermedad. Las regresiones son llaves que nos abren la puerta del pasado, y en este caso hay que buscar en el área relacionada con la parte del cuerpo afectada.

Una vez trabajados los *test* arquetípicos y el globo, usted podrá utilizar el escenario del laberinto; éste le abrirá el mundo interior del niño herido y deberá dirigir al adulto para que se comprometa con ese infante lastimado, dialogue con él y lo haga entender que su falta de comprensión y/o afecto, ha llegado a su fin. El adulto cuidará del niño abandonado y lo nutrirá para que crezca en su interior, a buen resguardo. A continuación, resulta una herramienta muy adecuada utilizar el "Intrabody" haciendo que tome conciencia de las zonas dañadas o deformadas y aprovechar este viaje anatómico para conectar con las emociones reprimidas, exteriorizarlas, comprenderlas y aceptar lo que le están produciendo en el aquí y ahora.

Le recomiendo el uso de este escenario –Intrabody– intercalándolo con el resto de los escenarios, adecuando cada uno de ellos según la fase en que se encuentre su paciente. Usted deberá acompañarlo en su proceso motivándolo con los avances y subrayándolos por pequeños que sean, afianzando la capacidad para dar y recibir amor. Una vez dados estos pasos, es hora de ir pensando en revivenciar el claustro materno y nacimiento, pues en muchas ocasiones, aquí se encuentra la raíz del conflicto.

Como cierre de este capítulo he seleccionado una sesión donde la paciente había pasado por episodios bulímicos y actualmente presentaba obesidad mórbida. Su necesidad de adelgazar la había llevado a lo largo de varios años a experimentar multitud de dietas que le habían aconsejado, desde amigos hasta especialistas en nutrición y endocrinos. Lo curioso del caso es que muchas de estas dietas le habían funcionado muy bien, e incluso alguna de forma espectacular, pero cada vez que comenzaba a perder peso, automáticamente aparecía en ella un instinto a comer compulsivamente con mucha ansiedad y volver a recuperar los kilos perdidos e incluso a sobrepasarlos.

Todos estos síntomas –mentales y físicos– en su vida actual, obtuvieron una respuesta al encontrar el origen de su problema en la comida como patrón de supervivencia para compensar una anorexia en otra supuesta vida pasada que la condujo a la muerte. Estas son algunas de las frases que me comentaba en la entrevista previa que mantuvimos al inicio del trabajo:

"Me siento siempre como encerrada en mi cuerpo".

"En mi mente aparecen muchas veces ideas y sentimientos de muerte, de que algo me va a suceder; me voy a quedar atrapada y me voy a morir. Eso me provoca muchos ataques de pánico".

"En mi vida familiar me siento francamente mal e ignorada por mi marido y por mis hijos en muchas ocasiones. Esto me hace vivir un gran dolor y sensaciones de ahogo en el pecho. Siempre reacciono de la misma forma: no querer soltar nada, atraparlo todo y controlarlo. Acaparar y no dar".

Utilicé como estrategia con esta paciente, el escenario del segundo ascensor de "El Edificio" personal –vidas pasadas– para poder llegar a través de la sensación que tenía de inmovilización y bloqueo emocional en su vida actual, y dar con el origen de su conflicto que impedía que adelgazara y generara esos ataques de pánico y ansiedad que la tenían atrapada dentro de su cuerpo.

Retomo aquí la sesión desde el momento en que se abren las puertas del ascensor que conduce al escenario de las "supuestas vidas pasadas":

Terapeuta: ¿Dónde estás? ¿Puedes moverte? ¿Es abierto o cerrado este espacio?

Paciente: Es un lugar cerrado. Estoy acostada.

Terapeuta: ¿Llevas algo puesto en los pies?

Paciente: Estoy en una caja. Estoy viva. Estoy encerrada en la caja pero estoy viva. No estoy muerta, me han cerrado. Tengo como unos 20 años.

Terapeuta: Ahora quiero que tomes conciencia de este cuerpo. Abrázalo y siente cómo estás totalmente metida en esta mujer que tiene ahora como 20 años de edad. Aquí y ahora eres esa mujer y ahora, cuando cuente del tres al uno, vamos a ir hacia atrás en esa vida, cuando eras una niña con unos 5, 8 ó 10 años de edad. Vamos a ver dónde estás y saber quién eres. Cuento: tres, dos, uno, ¡ahora!

Paciente: Estoy en un jardín.

Terapeuta: ¿Qué estás haciendo ahí?

Paciente: Me estoy meciendo en un columpio. Viene alguien, parece una criada, me siento sola.

Terapeuta: ¿Y dónde está tu papá o tu mamá, tus hermanos?

Paciente: No veo a nadie. Es un espacio muy grande.

Terapeuta: ¿Tú sabes si tienes familia?

Paciente: Papá y mamá.

Terapeuta: Ahora quiero que vayas a un momento cuando estás con papá y mamá para que los veas. ¿Estás ahí con ellos?

Paciente: Sí.

Terapeuta: ¿Cómo los ves y cómo te sientes con ellos?

Paciente: Ellos están hablando y no me ven. Están platicando. Yo estoy ahí pero me siento ignorada, me tendré que subir para llamar la atención. Me siento triste *(llora)*.

Terapeuta: ¿Qué haces cuando estás triste y tus papás no te ven?

Paciente: Me quedo sola. Quiero que me vean, quiero decirles que aquí estoy, que volteen. ¿Es que no ven que estoy aquí? ¡Véanme!, ¡volteen a verme!

Terapeuta: ¿Dónde notas eso dentro de ti, ese dolor, esa tristeza cuando tus papás no te hacen caso?

Paciente: Me aprieta el cuerpo. Todo el cuerpo está apretado.

Terapeuta: Pues con esta sensación vamos a seguir avanzando en esa vida, pero un poco más adelante; ya no eres una niña pequeña y das otro salto, pero antes de que tengas 20 años, a algún momento importante. Y cuento: 3, 2, 1. ¿Dónde estás? ¿Qué sucede ahí?

Paciente: Estoy en una recámara, recostada, dicen que estoy enferma.

Terapeuta: ¿Sabes de qué estás enferma? ¿Qué sientes?

Paciente: Siento mucha tristeza.

Terapeuta: *(De nuevo aparece el sentimiento de tristeza)* ¿Qué edad aproximada tienes ahora?

Paciente: Como dieciséis. Sigo teniendo esa sensación de tristeza y soledad en todo mi cuerpo.

Terapeuta: ¿Y tú haces algo?

Paciente: Quieren darme comida pero no la quiero. Si me obligan, después la vomito.

Terapeuta: ¿Y cuál es la razón para no querer comer?

Paciente: No tengo ganas.

Terapeuta: Y papá y mamá, ¿siguen vivos?

Paciente: Sí.

Terapeuta: ¿Y cómo es la relación con ellos?

Paciente: No están ahí, están ausentes. Hay alguien que me cuida. Mis papás están en casa pero no se preocupan de mí.

Terapeuta: Ahora vas a dar otro salto hacia adelante a cuando tenías 20 años, pero antes de estar en esa caja, vamos a ver qué ha ocurrido para estar ahí dentro: 3, 2, 1. ¿Dónde estás?

Paciente: Sigo en la misma cama, estoy muy débil, he adelgazado mucho.

Terapeuta: ¿Y tú sabes la razón de por qué estás tan débil y delgada?

Paciente: No quiero comer.

Terapeuta: ¿Hay alguna razón por la que te estás abandonando?

Paciente: Quiero la atención de mis padres, quiero que me vean, me abracen, me quieran; quiero que vengan, los necesito a mi lado. Siento mucha tristeza, ya estoy muy débil, casi no puedo moverme.

Terapeuta: Deja que sigan avanzando las imágenes a ver qué pasa con tu cuerpo. Avanza.

Paciente: No tengo fuerzas, creen que estoy muerta, no puedo moverme.

Terapeuta: Pero sí puedes sentir, ¿qué estás sintiendo ahora?

Paciente: Que me van a encerrar en una caja, me ahogo.

Terapeuta: ¿Y qué va a pasar si te encierran en una caja y te ahogas?

Paciente: Me voy a morir.

Terapeuta: Sigue avanzando. ¿Que más pasa?

Paciente: Ya estoy dentro de la caja; me ahoga, me aprieta mucho esta sensación en mi garganta.

Terapeuta: ¿Qué color tiene esa energía que se focaliza en tu garganta?

Paciente: Es de color negro.

Terapeuta: Ahora quiero que mires a ver si reconoces esta sensación en tu vida actual como adulta, y seguimos avanzando porque sigues ahí encerrada en esa caja y vamos a llegar hasta el último instante de tu vida a ver cómo sientes y experimentas todo esto *(la paciente comienza a ahogarse, a toser y a congestionarse como si realmente se estuviera asfixiando).* Vamos, hasta que llegue un momento donde sientas que sales de ese cuerpo *(transcurridos un par de minutos, su cara vuelve a la normalidad y comienza de nuevo a tener una respiración profunda y relajada).* Muy bien, ahora estás fuera de ese cuerpo y lo puedes observar desde ahí, ese cuerpo yace inerte ahí en esa caja y tú puedes verlo, ¿cómo está? Obsérvalo, cuéntame qué ha pasado.

Paciente: Está totalmente sin vida. Su cara indica que sufrió mucho. Quedó mucho dolor y miedo dentro de ella.

Terapeuta: Ahora quiero que en tu mente visualices dos pantallas de cine frente a ti: una a tu derecha y la otra a tu izquierda. En la de la izquierda vas a poner a esa chica, tal como la estás viendo ahora: muerta dentro de esa caja donde la han metido, y en la pantalla de la derecha te vas a situar tú, tal como estás aquí conmigo, acostada en el diván, con tu ropa azul que llevas puesta, y ahora vas a hacer desde el ombligo de esa mujer un puente de energía que las va a unir a las dos a través de sus ombligos, conectando a las dos y por ese puente vas a empezar a notar las energías que te llegan de ella, que van unidas con diferentes emociones como alegría, miedo, tristeza, etcétera. Observa todo lo que entra y dónde se va colocando; en qué zonas de tu cuerpo se quedan pegadas y qué color tienen.

Paciente: Llega mucha tristeza, está en mi garganta, tiene color como verdoso.

Terapeuta: ¿Qué más cosas llegan?

Paciente: Llega negro, es el coraje y el miedo. También llegan las ganas de vivir que tienen un color anaranjado y se pone por aquí (señala su zona genital).

Terapeuta: Mira toda esa energía y sensaciones, cómo hilan con tu vida actual. ¿Reconoces momentos de tu vida ahora que estén unidos a estas sensaciones?

Paciente: Sí, ahora veo muchos momentos de mi vida donde he sentido esta misma angustia, este aprisionamiento, estos miedos que no era capaz de saber de dónde venían; ahora entiendo esas sensaciones que siempre he tenido de presentir que algo va a ocurrir, y ahora puedo comprender de dónde viene todo esto. Es exactamente la misma sensación que tenía cuando estaba muriendo, la misma sensación de ahogo, el mismo miedo, la misma angustia. Esa mujer murió por no comer y ella lo presentía desde hacía ya mucho tiempo, sabía lo que iba a ocurrir y eso le originaba sentir mucho miedo y angustia.

Terapeuta: Ahora es importante que empieces a entender todo esto como un observador y saber que no tiene nada que ver con tu vida actual, y por lo tanto no tienes que seguir teniendo esas sensaciones; ya sabes de dónde vienen y qué ocurrió con esa chica, y esto te puede permitir liberarte de todo ese dolor sin tener que seguir sintiendo esos presentimientos porque tú no te vas a morir, tú ya no estás encerrada en esa caja y por lo tanto debes liberar esa energía; que no se quede atrapada dentro de ti porque no te pertenece, es de ella y hay que devolvérsela a su dueña. ¿Tú quieres?

Paciente: Sí.

Terapeuta: Pues entonces vas a juntar toda esa energía fea del miedo y del coraje, esa sensación de presión y bloqueo en tu cuerpo; la tos, saca todos los tapones que hay dentro de ti y vas a hacer una pelota con todo y se la devuelves a su dueña, ¿está?

Paciente: Sí. Me quiero quedar con la energía de las ganas de vivir.

Terapeuta: Pues eso me parece muy inteligente de tu parte. Te quedas con esas ganas de vivir y ahora que ya le has mandado todo lo que a ti ya no te interesa, vas a hacer que la energía naranja comience a trabajar a partir de esa zona donde se encuentra en tu bajo vientre y en tu zona genital y de nuevo, cuando cuente del tres al uno, vas a volver a retroceder en el tiempo a los momentos en que eras esa niña de unos cinco años que se sentía sola en casa porque sus papás no le hacían caso: tres, dos, uno, ¡ahora!

A partir de ese momento se inicia la fase de reconstrucción donde esa niña decide hacer cambios en su vida y rehacer su historia. La niña se permite hablar con su padre y pedirle que la abracen, que se den cuenta de que está ahí, que existe, que necesita estar con ellos y sentirse segura para vivir. Cuando comienza a experimentar esta nueva sensación en su cuerpo de notarse considerada y amada por sus seres queridos, la energía de color naranja que había localizado en su bajo vientre y genitales, comenzó a expandirse y, siendo la transmutación de esa energía dolorosa que había antes en todo su cuerpo, fue reparando cada una de las partes dañadas del mismo, envolviendo todo el sistema celular y sacando de su garganta una frase definitiva que será, a partir de ese momento, el movilizador de sus nuevas pautas de actuación en el nuevo modelo de vida que eligió para ella: "Quiero vivir", "quiero vivir".

Comenzó a observar cómo el cuerpo se soltaba, sus músculos se relajaban y distendían sin que existiera más presión en ellos. Solicitó y reclamó en voz alta los mimos, besos y abrazos que no tuvo en su momento, produciendo todo ello un cambio de conciencia en sus padres sin necesitar seguir sometiendo más a su cuerpo a la presión del miedo y al ayuno para cubrir sus carencias afectivas.

Después fuimos pasando por varias etapas de su nueva vida, parándonos a los 15 años donde se sentía segura y se veía comiendo junto a sus padres. Le gustaba poder compartir con ellos y en su pecho veía cómo desaparecía el color negro y la inundaba de felicidad, sintiendo su energía interior viva y alegre. Nuevamente nos detuvimos en los 20 años donde se veía divirtiéndose y bailando, dándose cuenta de cómo sus músculos tienen movimiento y se sienten ágiles. Sus papás están cerca. Pasamos por otras edades como los 30, 40 y 50 años a lo largo de los cuales experimentó las sensaciones de verse en el cuerpo de una mujer llena de vida y con mucha fortaleza, y por fin poder observar de manera relajada y tranquila cómo muere a los 50 años rodeada de sus familiares, sabiendo que se sintió realizada por la vida que eligió. Comprendió que ya no tenía por qué tener miedo a adelgazar puesto que este acto se había convertido en sinónimo de vida y no de muerte.

Esa energía bloqueada en su cuerpo sólo quería enseñarle cosas para aprender y no repetir en esta vida. Hacer que desapareciera el miedo, los temores, la rabia, la paralización... Estos fueron sus comentarios sobre esta sesión: "Me veo segura de poder avanzar porque los que avanzan viven. Si suelto puedo avanzar y si avanzo me doy permiso de vivir y sentirme feliz. Es una sensación como cambiar de traje. Un traje en el que estaba metida desde hace mucho y se quedó pequeño y me oprimía. Ahora es como tener ropa nueva recién comprada. Ya es el momento de quitarme y tirar la ropa vieja y ponerme la nueva".

Con esta clara analogía, Adela nos describe su mutación; un cambio de piel, una variación en su forma de actuar, de pensar, de sentir, de permitirse soltar, mejorar su autoestima y enfrentarse a un nuevo estilo de vida mucho más saludable para ella y su entorno familiar. Consiguió romper su patrón de supervivencia, de creer que el exceso de peso era sinónimo de vida y le permitía no sentirse encerrada y muerta, dejando así enterrado definitivamente el mandato: "Si adelgazo puedo morir".

Encontró su espacio, lugar, y sobre todo se encontró a sí misma obteniendo respuestas a tantos interrogantes que se habían quedado sin respuesta a lo largo de toda su vida.

Consiguió no ser tan dependiente del resto de sus familiares, abrirse a sus amigos; estudió y comenzó a trabajar dentro del campo de la psicología y tal vez, quien sabe... nos podamos encontrar en un futuro con una gran especialista que pueda ayudar a muchos otros que como ella, viven atrapados es este infierno del culto al cuerpo y a su imagen social.

Capítulo IX
Situaciones adversas en la vida. Cómo enfocarlo en Terapia Regresiva Reconstructiva

"A los verdugos se les reconoce siempre. Tienen cara de miedo."

Jean Paul Sastre

"La violencia es miedo de las ideas de los demás y poca fe en las propias."

Antonio Fraguas 'Forges'

LAS CONSECUENCIAS DEL ACOSO MORAL. VÍCTIMA Y VICTIMARIO (VERDUGO)

Hay ocasiones en la vida donde mantenemos relaciones saludables que nos hacen crecer y evolucionar; sin embargo, también nos podemos ver inmersos en otras muy distintas que nos roban la energía desgastándonos y produciéndonos un constante sufrimiento. En este apartado repasaremos cómo se puede enfocar el tratamiento de las segundas con la Terapia Regresiva Reconstructiva.

Todos hemos sido protagonistas o testigos de ataques perversos en una pareja, en la familia, en el trabajo o en cualquier situación social donde existe una persona dominante y una dominada (a veces son un grupo los dominados).

Las relaciones se enferman y también nacen ya enfermas, como las personas.

En determinados momentos todos podemos tener actitudes perversas; a través de frases aparentemente insignificantes o insinuaciones, podemos intimidar a alguien. Son procesos que ocurren con cierta frecuencia cuando descargamos en el otro la responsabilidad: "No es mi culpa sino del otro". De una manera esporádica todos nos vemos reflejados en este tipo de situaciones. Sin embargo, estos comportamientos se pueden alternar con otros más tolerantes, comprensivos, obsesivos, en fin, todos tenemos tantas caras como un poliedro, mostrando en ocasiones reflejos de nuestra sombra.

No es éste el caso de la persona perversa, el perverso lo es siempre, no cambia pues ni siquiera se lo plantea; su perversidad radica en su relación con el otro, es de pobre escucha y jamás se pone él mismo en tela de juicio ni se cuestiona su proceder de superioridad en relación con el otro por una razón: necesita reducir a su víctima para sentir cómo su dominio crece, tiene un gran afán de admiración y de poder, y no respeta al ser humano que tiene en frente pues si lo hiciera, comprendería el daño que su comportamiento le produce.

Por todo ello, es fácil entrever que estos personajes rara vez acuden a consulta para superar sus problemas. Al contrario, lo frecuente es asistir a las víctimas cuando ya no pueden más y se desbordan; entonces piden ayuda acudiendo a consulta. Podemos observar cifras alarmantes de violencia en la Encuesta Nacional sobre Dinámica de las Relaciones en los Hogares, que se realizó en el año 2006 en México y que indicaba que siete de cada diez mujeres han sufrido un acto de violencia en su vida, o los comentarios que recientemente hacía la Directora General Adjunta de la Fiscalía Especial para Delitos Violentos Contra las Mujeres (FEVIM), donde mencionaba que tres de cada cinco mujeres en México fueron violentadas en el último año (violencia física, mental, psicofísico sexual y psicosexual) o mirar las estadísticas de progresión ascendente de mujeres muertas como consecuencia de la violencia de género a manos de sus parejas o exparejas en España, para darnos cuenta de que las leyes establecidas sobre protección, no son suficientes y que las víctimas mortales son sólo la punta del *iceberg* de una peste social contagiosa que se esconde detrás de la discriminación y maltrato que sufre la mujer en nuestra sociedad. ¿Realmente hay una explicación racional para permitir que un esposo rocíe con gasolina a su mujer y le prenda fuego por el simple hecho de haber tenido a su quinta hija cuando el hombre esperaba un hijo, como leía ayer mismo en una noticia ocurrida en la India en esta semana? Es una realidad el que nuestra sociedad está demasiado enferma y necesita la ayuda de todos, no sólo de los Gobiernos sino de la participación social para conseguir que podamos vivir en un mundo más agradable y pacífico, donde el amor predomine por encima del dolor, el odio y la venganza.

El caso de Paula, una mujer de 43 años que se escondía tras la mirada fría, vacía y triste de una niña atemorizada y asustada por cualquier imprevisto que ocurría en consulta, es uno más entre tantos que lamentablemente vemos a diario en nuestro trabajo.

Llegó a consulta a través de una amiga que le recomendó la opción de esta Terapia y le dio mi nombre, pero una de las cosas que realmente le atormenbada era pensar que su marido se pudiese enterar de que estaba acudiendo a mí, ya que eso le supondría meterse en un problema y atenerse a las consecuencias de las reacciones imprevisibles de su pareja.

Vivía prácticamente aislada del mundo y encerrada en casa, ya que su compañero era muy celoso y le decía constantemente que cuando iba al mercado era para *tontear* con las personas que allí trabajaban. Por esa razón su salida se había limitado prácticamente a una vez cada 15 días cuando acudía junto a su marido a un gran centro comercial y realizaba la compra de la quincena. Además, estaba medicamentada desde hacía varios años puesto que no conseguía dormir si no era con la ayuda de somníferos.

Cuando Paula hacía referencia al concepto de lo que era para ella una mujer, comentaba: "La mujer está realmente bajo el sometimiento del hombre. He llegado a pensar que tal vez es por culpa de Eva cuando pecó en el Paraíso e hizo que Dios condenase a Adán y a ella a la mortalidad. Pienso que desde entonces no se ha superado ese daño y por esta razón nos odian tanto y hemos sido tan maltratadas a lo largo de la historia".

Cuando fuimos haciendo un repaso en regresión a lo largo de su vida, pudimos ver una niña maltratada desde los siete u ocho años de edad por su padre y por sus cuatro hermanos —ella era la pequeña de la casa—, donde desde esa temprana edad ya fue sometida a abusos sexuales por parte de todos los hombres de la familia. "Había veces que en el mismo día fui violada por los cinco".

La consideraron la criada de la familia y su vida giraba alrededor de la cocina y el aseo del hogar para tenerlo todo perfecto para cuando ellos llegaran, viviendo junto a una madre encerrada en sí misma que aprovechaba cualquier oportunidad para salir de casa antes de que sucedieran las violaciones de su hija y cuando le comentaba lo sucedido, la acusaba de mentirosa, infame y manipuladora, llegándola a amenazar de encerrarla en un manicomio si volvía a decir esas cosas de sus hermanos o de su padre.

A los 13 años trató de suicidarse bebiéndose un bote de algún producto de limpieza que no podía recordar en la actualidad qué era y nuevamente cuando tenía 16 años, lo intentó por segunda vez cortándose las venas, pero en ambos casos fracasó y sólo le sirvió para recibir una fuerte paliza por parte del padre.

A los 21 años y nada más al conseguir la mayoría de edad, salió de casa y nunca más volvió a ella, tratando de huir lo más lejos posible de aquel infierno pero ya marcada con un esquema social donde el hombre es quien establece las normas, es malo y causa dolor. Ese patrón de conducta lo llevaría incorporado a lo largo de su vida. Durante los primeros años conoció a varios hombres pero todos ellos tenían un carácter muy fuerte, bebedores y convencidos de que la mujer es un objeto más de su pertenencia (me describía exactamente a sus parejas con las mismas cualidades que tenían su padre y sus hermanos). A los 25 años conoció a su marido y pensó que con él las cosas podrían cambiar, pero resultó ser igual que los demás y su suerte fue similar a las anteriores.

Paula se definía como una mujer sensible, entregada a su familia y con una quimera permanente en su cabeza que me comentaba casi a diario: "Tal vez algún día mi marido se dará cuenta de todo el daño que me ha estado haciendo a lo largo de tantos años y entonces cambiará, me recompensará y seremos felices. En el fondo es una buena persona"

Como podemos ver en el caso de Paula, su temperamento dulce, compasivo y sentimental, sirve de alimento o sustento energético del que se nutren sus verdugos, todos ellos de naturaleza perversa.

Nos centraremos, por razones obvias, en el tratamiento de las personas que han sido víctimas de agresiones físicas, morales, sexuales o psicológicas.

En el interior de nuestras consultas se repiten una y otra vez los relatos de personas que sufren en silencio este tipo de situaciones, bien en el marco empresarial o familiar. Las agresiones o acosos a veces son sutiles y los testigos que las rodean pueden interpretar estas relaciones como "problemas de compatibilidad de caracteres o relaciones pasionales", cuando lo cierto es que deterioran la salud, la autoestima y la integridad de quienes lo padecen.

Una forma de tomar poder sobre el otro es hacer que se sienta culpable, el verdugo –victimario– lo sabe y lo utiliza siempre que desea desestabilizarlo, ya que ese es precisamente uno de los puntos débiles de la persona que asume el rol de víctima; en efecto, son personas con tendencias a culparse por todo, con una gran capacidad de sacrificio por los demás y con dificultades para pedir ayuda cuando la necesitan.

Del mismo modo que el tigre hipnotiza o incluso puede imitar los sonidos de la selva para atrapar a su presa, el verdugo o dominador, primero seduce irresistiblemente falseando la realidad con el mismo fin: paralizar a la víctima para comenzar con su juego de dominación donde intenta promover el deseo del otro hasta que sienta fascinación por él. Al opresor le es devuelta así su mejor imagen. Desde luego es una estrategia narcisista, la persona "verdugo" es alguien que sólo puede quererse a sí mismo, su atracción por el otro está basada en el arte de dominarlo, manipulando su comportamiento hasta que deje de ser amenazante. ¿Cómo lo hace? Destruye poco a poco la espontaneidad de su víctima, castrándola hasta hacerla desaparecer por completo. El opresor está incapacitado para amar, es un enfermo perverso que establece continuamente relaciones de poder, donde él siempre ha de ser el ganador al precio que sea.

Estos procesos de abusos se producen en el ámbito social, de pareja o familiar, pues en el ámbito empresarial la fase de seducción no se da y por tanto es distinta. La persona a veces tarda mucho tiempo en darse cuenta de que está en las redes de esa tela de araña, como narcotizada, como ocurre en el caso de las víctimas de sectas destructivas.

Las personas que han sufrido o sufren abusos de cualquier tipo, sienten su personalidad fragmentada, hecha añicos, con su autoestima desintegrada e intentan hacer frente a las vicisitudes diarias como "gato panza arriba", lidiando con sentimientos profundamente depresivos y angustiosos, y con el estigma de la culpa como su código de barras particular.

Hay que enfocar el tratamiento desde diferentes ángulos. Como primera medida, se trataría de localizar los añicos para que esos fragmentos disgregados puedan ser cohesionados energética y emocionalmente, activando una comunicación entre ellos de comprensión y aceptación. A través de la Terapia Regresiva Reconstructiva debe sentir qué es lo que le ha conducido a su situación actual, las consecuencias que ha sufrido a largo plazo, cómo se han repetido a lo largo de su vida una serie de patrones de supervivencia que han constituido el caldo de cultivo idóneo para que aparezca el agresor como mosca a la miel, para en una fase posterior proceder a la creación de nuevos modelos de pensamiento y acción más saludables, poniendo en marcha mecanismos internos que anteriormente no podía ni sospechar que existían y que forzosamente promoverán el cambio hacia su integración como persona que se relaciona bien con su entorno, ampliando su conciencia de modo que compruebe cómo su vida no puede reducirse al sufrimiento continuo; saliendo de ese rol se enfrentará a la vida con más fortaleza y en lo sucesivo se hará respetar, y su esencia, tanto tiempo reprimida, brillará con toda su luz.

Para lograr esto tiene que enfrentarse a su propia vida de frente, esto incluye su vida actual, su primera infancia, su vida fetal y nacimiento, así como supuestas vidas anteriores. Es necesario recapitular su existencia en búsqueda de esas bridas que permitan su reestructuración y cohesión interna; eso nos conducirá inevitablemente a múltiples situaciones profundamente dolorosas de su pasado hasta llegar al núcleo donde se originaron los mandatos grabados en el inconsciente que, a modo de repetidores, le provocaron vivir una y otra vez situaciones similares con el fin de solucionar aquello que quedó pendiente atrás.

A continuación, le propongo el siguiente escenario expresamente diseñado para estos casos y que utilizaremos en diversas sesiones intercalándolo con otros, según nos vaya marcando nuestro paciente y la propia evolución de la terapia.

Escenario de trabajo: "La gacela y la hiena"

Este material se puede emplear a nivel individual o también utilizar en grupo, aunque en estos casos, siempre se perderá la riqueza del diálogo terapeuta-paciente y será todo más dirigido.

Es un escenario para usar únicamente con las personas que se hayan sentido en momentos de su vida o se sientan en el momento actual, víctimas de cualquier acoso físico o moral, en sus múltiples vertientes: en el trabajo, en su entorno familiar o social. Por esta razón, cuando la persona se sitúa en escena lo vive muy intensamente, dada la analogía de los roles que se establecen cazador-cazado, víctima-verdugo.

El vivir esta experiencia le permitirá a su paciente tomar conciencia de los propios recursos internos que tiene para utilizarlos en su beneficio, aprender a defenderse con asertividad y firmeza ante las agresiones externas y ser capaz de enfrentarse y poder romper las barreras que en la vida real le impuso algún "personaje hiena", estructurando en su persona la sumisión y haciéndole aceptar a partir de ese momento el papel de la gacela.

Con este escenario su paciente comenzará a pasar de la paralización a la acción de una manera simbólica y le permitirá poco a poco ir fortaleciendo su propia identidad, y obtener así la libertad de sentirse persona con capacidad de decisión propia y consecución de los objetivos propuestos.

En este escenario aparecen dos personajes:

- **La hiena.** Es un depredador que siempre ha estado considerado por los humanos como un animal despreciable.

163

Su objetivo es conseguir comida a cualquier precio. Se caracteriza por tener una risa irónica, histérica y desagradable. Es un animal cobarde que se alimenta de la carroña –otros animales o restos muertos–, aunque cuando no hay más remedio, trata de cazar animales indefensos y suele salir a buscarlos por la noche escondiéndose en la oscuridad de las sombras. Se trata de la imagen que representa la figura del abuso del poder: el victimario, el maltratador, el dictador, el tirano, el abusador, el colérico, el manipulador o cualquier figura que ha producido sometimiento y malos tratos físicos, morales o psicológicos. Cobarde por naturaleza, se esconde detrás de la careta que pretende mostrar a la sociedad pero si se enfrentan a él, igual que ocurre con la hiena, sale huyendo.

- **La gacela herida**. Representa a la belleza en su estado puro, proyectando la imagen de inocencia y fragilidad. El ideal espiritual que será masacrado por el depredador, apagando la belleza de sus ojos al darle presa. La víctima sometida (el paciente).

Para desarrollar este trabajo, usted –después de la relajación– deberá continuar con este guión:

"Imagínate en medio de la sabana africana, en una llanura junto a los tuyos. Tú ahora eres una gacela. Junto a ti están tus padres, tus hermanos, tus amigos... y te sientes protegida. Visualiza tu cuerpo... tus patas, tu cabeza, el colorido marrón castaño o rojizo de tu piel por la parte alta y lo blanco en su parte baja. Imagina que estás junto a un río de aguas cristalinas. Hay una ligera brisa de aire que puedes sentir en la cara. Notas este aire limpio, puro, sin contaminación... levantas la cabeza y miras al horizonte contemplando su grandeza. Ahora la elevas aún más y contemplas el cielo. Ya pronto amanecerá. Está limpio, poblado por pequeñas estrellas que le dan un tono simpático y alegre. Te sientes bien sabiendo que hay libertad de movimiento por donde quiera que camines. Hay comida, agua, amigos, protección... todo es paz... todo es bienestar... ¿te das cuenta qué bien se está en este lugar? Qué tranquilidad...

Pero atención... las aves acaban de volar, todos los animales han huido porque algún peligro empieza a merodear a tu alrededor. Tu corazón comienza a latir más rápido, más compulsivamente porque ha detectado el peligro. Esto te angustia y a pesar de que no quieres volver la cabeza hacia atrás... sabes que allí se encuentra el depredador. Finalmente te giras y lo encuentras frente a ti… es una hiena... fuerte... fibrosa y ágil... con la cara desencajada y con una sola idea en su cabeza: tomarte como presa para saciar su hambre...

Tú estás aterrada pero tu instinto de supervivencia hace que empieces a correr... trotas... trotas... y ahora galopas... galopas en una carrera sin fin... desenfrenada, sabiendo que eres el objetivo del depredador. Cada vez te alejas más de los tuyos y estás más desprotegida, más desamparada. Corres cada vez más, pero las fuerzas empiezan a fallarte, el cansancio se empieza a notar y de pronto sientes cómo caes en el vacío. Has caído en una trampa para animales, pero desgraciadamente la hiena que te perseguía también ha caído junto a ti. Están los dos prisioneros entre estas cuatro paredes. No puedes escapar de ella. Te mira fijamente a los ojos y hace que te sientas totalmente entregada al depredador. Eres presa del pánico, del terror, del miedo... porque vas a ser devorada por la hiena. Pero atención... un fenómeno increíble se va a producir en estos instantes: comienzas a respirar y poco a poco vas sintiendo cómo por debajo de tu ombligo comienza a entrar una energía muy reparadora y te va invadiendo una extraña sensación que hace que empieces a controlar tu ritmo cardiaco, tu estabilidad, tu templanza... el miedo se va disipando y esto incomoda a la hiena... la hace sentirse extraña, dubitativa, también es una nueva experiencia la que siente ella... y ahora empieza a producirse el fenómeno en sentido inverso. Tú te vas volviendo cada vez más fuerte al tiempo que vas creciendo... haciéndote más grande. A su vez, observas cómo la hiena se va empequeñeciendo, sus ojos ya no se atreven a mirarte a la cara y siente el mismo miedo que tú sentías hace unos instantes; pero ahora todo ha cambiado, tú eres fuerte y segura, tienes una poderosa cornamenta, tus mandíbulas se ensanchan y crecen unos potentes, afilados y puntiagudos colmillos con las cuales, de un sólo bocado, podrías despedazar a la hiena. Tú miras a la hiena, a la que antes no te atrevías, porque ahora ya no tienes miedo y la obligas a que te mire fijamente. Ahora la fuerza está dentro de ti, tú eres poderosa y puedes hacer lo que quieras. La hiena se ha convertido en un débil y atemorizado animalito que tiembla ante ti, pero ahora pon mucha atención porque cuando yo cuente del tres al uno, vas a acercarte a ella y vas a tirar de una cremallera que tiene por detrás; te das cuenta de que es un disfraz y ahora descubrirás quién se esconde detrás de él. Vas a saber quién te ha tenido dominada y atemorizada durante todos estos años. Le ordenas que salga del disfraz y ahora estás frente a él, sin caretas, sin disfraces... con la cara descubierta y tú sabes quién es... y no te asusta porque tú eres fuerte...

Te voy a dejar sola frente a él para que tú decidas qué quieres hacer... para que tú puedas juzgarlo... decidir si es inocente o culpable, e imponerle su castigo. Te voy a dejar así durante cinco minutos; después quiero que salgas de ese agujero y vuelvas al lugar de donde huiste al principio... que regreses junto a los tuyos...

Y al volver, puedes observar cómo de nuevo toda tu manada se va reagrupando junto a ti; vienen sorprendidos de ver que no has sido devorada por el depredador. ¿Qué sensaciones experimentas tú ahora? Quiero que te acerques a ellos y les cuentes lo que pasó, lo que ocurrió con la hiena cuando la miraste fijamente a los ojos y sentiste esa fuerza interior.

Por último, para terminar contaré hasta tres y volverás a los estados de vigilia, a tus niveles de ondas Beta. Cuando cuente tres abrirás los ojos y estarás totalmente despierta y te encontrarás muy bien, muy a gusto sintiéndote despejada y muy tranquila, porque toda esta experiencia va a ser muy positiva para ti. Todo quedará impregnado en tu interiror y hará que te sientas cada vez más segura y con fuerzas para afrontar cualquier reto. A partir de ahora no volverás a temer a ninguna hiena que se ponga en tu camino".

Esta sesión es totalmente guiada para que sirva como ejemplo del escenario en cuestión y se utiliza cuando se le hace a un grupo de personas a la misma vez; pero cuando se trabaja con un solo paciente, desde el momento en que la gacela y la hiena caen al agujero, el resto de la sesión es abierta en función de lo que el paciente nos va relatando. Se inicia el diálogo terapéutico promoviendo la abreacción o catarsis emocional.

Veamos una sesión de trabajo con Amalia, mujer sometida durante años por el acoso de varias personas en su vida:

Se inicia la transcripción desde el momento en que la gacela cae en el agujero-trampa.

Terapeuta: ¿Qué ocurre ahora?

Paciente: Siento un nudo en la garganta. Estoy temblando, tengo miedo porque me va a devorar.

Terapeuta: ¿Esta emoción que estás ahora sintiendo te resulta familiar?, ¿la reconoces en tu vida real?

Paciente: Sí. Muchas veces me he sentido así frente a ciertas personas.

Terapeuta: Pues ahora fíjate porque se va a producir un fenómeno muy extraño y curioso. Tú vas a mirar de frente a los ojos de la hiena. ¡Vamos! ¡Atrévete! Puedes hacerlo... Muy bien... ahora empiezas a notar una transformación... tu cuerpo empieza a crecer... se hace más grande... más fuerte, te crecen unos cuernos inmensamente fuertes y poderosos, y a la vez mira lo que ocurre con la hiena.

Paciente: Se está haciendo pequeña... cada vez más pequeña... parece un gatito muy pequeño y asustado.

Terapeuta: ¿Y tú, cómo te sientes ahora? ¿Qué ocurre con el nudo en la garganta?

Paciente: Ahora me siento fresquecita y ligera.

Terapeuta: Muy bien, pues ahora te vas a acercar a ese gatito y le vas a quitar la careta, porque era alguien que llevaba puesto este disfraz... tira de ella y mira quién es...

Paciente: Es José *(su pareja)*. Ahora le ha cambiado la mirada... los ojos... los tiene dulces.

Terapeuta: ¿Y tú?, ¿cómo te sientes?

Paciente: Estoy contenta porque creo que le he ayudado a quitarse la careta *(empieza a hablar con José)*. Tenía mucho miedo, sentía que me moría y ahora noto que tú también tienes miedo. Te quiero abrazar y entre los dos saldremos de este agujero. Seguro que con tu fuerza y mi astucia podremos. Ya no tengo miedo porque lo he visto en ti también... me he dado cuenta de que tú también tienes tus puntos débiles... que no eres tan fuerte como haces creer a los demás... que tus ojos también tienen miedo... pero saldremos de este agujero los dos...

Terapeuta: ¿Cómo te sientes ahora?

Paciente: Tengo como una culebrita en el estómago y sube y baja... es muy agradable... es alegría.

Terapeuta: ¿Qué vas a hacer ahora?

Paciente: Vamos a cavar un agujero y a enterrar el disfraz de hiena. Ahora empiezo a trepar por unas raíces que hay en los lados. Es difícil pero lo voy a conseguir. Ya estoy arriba.

Terapeuta: ¿Y qué quieres hacer con José?, ¿lo dejas ahí dentro y que se busque la vida?

Paciente: No... Voy a ayudarlo a salir... ya está también fuera pero él debe seguir su camino y yo el mío. No debe nunca más ponerse el disfraz de hiena para asustar a la gente. Yo me vuelvo con mis gacelas porque ya no hay peligro y me he dado cuenta de que no podemos convivir juntos puesto que no somos de la misma clase de animales.

Terapeuta: ¿Qué hiciste para no tener miedo?

Paciente: Mirarlo a la cara y ver su miedo, sus temores e inseguridades. Ya nunca más tendré miedo. No habrá más hienas.

La paciente vuelve a la selva junto a su manada de gacelas y decide en una asamblea establecer estos nuevos mandamientos o consejos para vivir en la selva:

1. Sonreír siempre.
2. Llorar cuando se tenga miedo y poder pedir ayuda cuando se necesite.
3. Cuando alguien se enfade, que lo haga solo.
4. Decir siempre lo que se siente (si se puede, mejor que sea de manera suave porque puede haber alguno más sensible).
5. Ir siempre a comer y dormir al sitio donde vivimos aunque estemos enfadados
6. No irse corriendo solo sin decir a dónde se va.
7. Acariciar a las gacelas que estén tristes.
8. Cuando uno esté triste, pedir a los demás que te acaricien.
9. Celebrar los triunfos entre todos.
10. Ponerse todos los días debajo del Sol un rato para sentir el calor.

Todas estas cosas hay que hacerlas siempre mirando a los ojos.

En esta sesión, la salida de la trampa se realizó con facilidad y el entendimiento se consiguió sin dificultades. No siempre se resuelve de una forma sencilla como ésta, ya que como decía con anterioridad, cuando está instalado el resentimiento añejo, hay que ir trabajando todas estas emociones paulatinamente, teniendo en cuenta que éste es directamente proporcional al daño ocasionado y el tiempo transcurrido con vejaciones o humillaciones.

Este escenario se puede utilizar tantas veces como sea necesario intercalándolo con otros hasta que la resolución del conflicto sea óptima; es decir, hasta que el paciente pueda negociar o plantear libremente sus pensamientos y sentimientos obteniendo satisfacción por el desenlace. En este sentido tenemos que indicar que en ocasiones y en una primera sesión de la Gacela y la Hiena, puede salir toda la rabia contenida y el paciente decidir "vengarse" a su modo del acosador e incluso hasta matarlo. En ese caso permita usted que lo haga pues se trata de una primera fase que nos llevará a otras posteriores, cuyo último escalón es el perdón, con todo su potencial sanador. Lógicamente hay que dejarle claro a nuestro paciente que cualquier cosa está permitida en la consulta y a nivel virtual, pero fuera de ésta no está autorizado para realizar su propia venganza.

Cuando la experiencia no se está desarrollando en grupo, sino que es individual, utilice el diálogo terapeuta-paciente de la misma forma que lo hacemos en otro tipo de escenarios.

Hay que intentar una reconciliación; en ocasiones no es posible realizarla en la primera sesión, dependiendo de la carga emocional que presente su paciente. Es importante que la persona exteriorice toda su rabia y que haga con la hiena lo que estime conveniente, esto ya es terapéutico. En el caso de que se quede en la trampa y no lo saque, seguiremos trabajando con este escenario o incorporaremos la escena –tal como la haya dejado– en otra sesión regresiva.

También, si lo considera conveniente y siguiendo el hilo conductor de las emociones, permita que el paciente regrese en su vida a escenas pasadas donde tuvo las mismas sensaciones que tiene al sentirse acorralado y amenazado por la mirada desafiante y la risa histérica de la hiena. En ese viaje regresivo, con mucha frecuencia nos encontraremos con situaciones dramáticas, por lo que, en casos donde la emotividad sea muy intensa y cargada de sufrimiento, lo aconsejable es utilizar las Técnicas de Encuadre que se vieron en el Capítulo IV. Sucede que las reconstrucciones aquí pueden resultar en una primera sesión improcedentes, pero una manera eficaz de modificar esa tensión provocada por el abuso de poder, es promover que ridiculice a su agresor visualizándolo de forma grotesca e inofensiva. En ese punto automáticamente pierde el poder sobre su víctima y se establece el cambio de roles que es el objetivo real del uso del escenario.

Al terminar la sesión, es muy importante que el paciente nos relate qué sensaciones vivió a lo largo de toda la sesión: ¿Qué sucedía cuando la hiena lo miraba? ¿Cómo se sintió al final? ¿Qué pasó cuando se transformó? ¿Quién se encontraba detrás del disfraz y qué sintió al descubrirlo? ¿Qué decidió hacer con el acosador?

En definitiva, este escenario es muy liberador pues permite expresar ese daño contenido desde hace mucho tiempo en el interior de la persona, entenderlo, ponerse en el lugar del otro para tomar conciencia de sus debilidades y a través de esa rendija conseguir que pierda su poder sobre el paciente. Llegado a ese punto se produce un giro terapéutico de suma importancia, pues su mente es capaz de recrear esa situación y generar automáticamente sustancias químicas internas con una información nueva que se esparcirá por todo su cuerpo. Este mecanismo lo lleva a un comportamiento que desarmará inevitablemente a su agresor, pues ya no se encontrará con esa gacela sumisa sino con una persona que ha pasado a la acción sin miedo.

Veamos otro ejemplo donde Sofía pudo sacar toda la rabia contenida que tenía guardada desde hacía muchos años contra su agresor –su exmarido– y liberarse así para siempre de esa sombra amenazadora que muchos años más tarde de su separación, aún seguía detrás de ella impidiéndole realizar una vida plena. Sofía sufría de polifobia –miedo a muchas cosas–, principalmente sentía pánico estando en la oscuridad –acluofobia– y miedo a las picaduras de insectos –cnidofobia– Le daba terror sentir que pudiese ser dañada o golpeada por alguien, y tenía necesidad de ser reafirmada para sentirse segura. También me comentaba que cuando estaba frente a situaciones muy tensas, se le producían unos fuertes dolores de cabeza; entonces bebía constantemente agua ya que sentía como que se le cerraba la garganta y no podía hablar ni expresar nada. Al hablar de sus hermanas lo hacía con un sentimiento muy especial y afectivo alegando que le ayudaban mucho y se sentía protegida por ellas. Veamos ahora la transcripción de una sesión que transcurrió en el pasillo con puertas:

Terapeuta: Fíjate porque según te empiezas a acercar a las puertas, todo se va oscureciendo más, cada vez más; se va volviendo todo más oscuro y mira qué empiezas a sentir. Todo se va quedando oscuro, localiza una puerta que te dé esa sensación, algo que tiene que ver con esa oscuridad *(busco el hilo conductor a través de la emoción de la oscuridad).*
Paciente: La 21.
Terapeuta: ¿Que pasa al tocar esa puerta? Tócala, ¿qué sientes?
Paciente: Tristeza, inseguridad.
Terapeuta: ¿Tristeza, y dónde notas esa tristeza?
Paciente: En las rodillas.
Terapeuta: En las rodillas notas la tristeza, ¿e inseguridad también?
Paciente: Sí.
Terapeuta: ¿Y qué color tiene esa tristeza?
Paciente: Gris.

Terapeuta: Fíjate que bien porque has localizado una experiencia relacionada con la de tristeza, pero ahora vas a retroceder un poco más atrás, a las primeras puertas; vas a llevar esta misma sensación de tristeza e inseguridad y esa sensación de oscuridad, y a medida que vas acercándote a esas puertas, empiezas a darte cuenta que por esos pasillos y pegados a alguna puerta, hay bichos –*uno aquí otra de sus fobias para conectar con la emoción*–. ¡Vamos! Acércate a ellos, ¿qué tipo de bichos hay por ahí?.

Paciente: La cinco.

Terapeuta: ¿La cinco?, ¿qué le pasa a la cinco?, ¿qué hay ahí?, ¿qué has localizado?

Paciente: Un escorpión.

Terapeuta: ¿Hay un escorpión en la cinco?, ¿y cómo te hace sentir? Acércate, vamos, quiero que te acerques…

Paciente: Se puso en toda la puerta.

Terapeuta: ¿Es muy grande el escorpión?

Paciente: Sí, sí, ocupa toda la puerta.

Terapeuta: ¿Qué haces al sentir ese escorpión?

Paciente: Tengo mucho miedo.

Terapeuta: ¿Dónde notas el miedo?

Paciente: Me retiro.

Terapeuta: ¿Dónde notas el miedo antes de que te retires, dónde notas ese miedo? Vamos, dime dónde lo notas, dime dónde, en qué parte de tu cuerpo.

Paciente: En mi cabeza.

Terapeuta: Muy bien, ahora cuando yo te cuente del tres al uno, tú vas a abrir la puerta de golpe y te vas a lanzar dentro y vas a ir a un momento de tu vida cuando estaba pasando algo relacionado con esta misma sensación. Cuento tres, dos, uno. Ahora, ¿dónde estás?

Paciente: Estoy adentro, se queda el escorpión en la puerta.

Terapeuta: Deja el escorpión y retrocede con la emoción.

Paciente: No, no.

Terapeuta: Vamos, no te niegues, vamos con esa emoción. Ya estás dentro, retrocede en tu vida. Atención, pon mucha atención. Cuando yo cuente del tres al uno, tu mente va a retroceder a un momento cuando tenías cinco años donde algo pasaba con esta sensación. Cuento 3,2,1. Ahí estás. ¿Dónde estás? ¿Qué está pasando?

Paciente: Estoy en mi casa.

Terapeuta: Muy bien, ¿en qué zona de la casa estás?, ¿dónde te encuentras?

Paciente: Llegando a la cocina.

Terapeuta: ¿Puedes verte cómo vas vestida?

Paciente: Sí.

Terapeuta: Cuéntame qué ropita llevas.

Paciente: Vestido blanco.

Terapeuta: ¿Y vas hacia la cocina?

Paciente: Sí. Tengo un moño verde *(lazo del pelo)*.

Terapeuta: Tienes un moño verde.

Paciente: Sí. En la cintura.

Terapeuta: Tienes un moño verde en la cintura y un trajecito blanco. Muy bien, sigue avanzando, vamos hacia la cocina, ¿hay alguien allí? ¿Estás con alguien?

Paciente: No, estoy sola.

Terapeuta: Estás sola. Y, ¿qué está pasando?

Paciente: Cojo una cubeta.

Terapeuta: Venga, vamos a ver qué pasa.

Paciente: Tiene carbón, me subo a un banco, estoy moviendo el carbón.

Terapeuta: Estás subida en un banco moviendo el carbón.

Paciente: Estoy haciendo una casita con el carbón y le pongo la lumbre.

Terapeuta: Oye, pero tú eres una niña pequeña, ¿eso no puede ser peligroso?

Paciente: Sí. Tengo miedo del carbón.

Terapeuta: ¿Qué pasa con el carbón?

Paciente: Ahí hay alacranes.

Terapeuta: ¿Hay alacranes dentro del carbón? Mira a ver qué pasa. Sigue avanzando las imágenes.

Paciente: Ahí salen.

Terapeuta: Sigue avanzando, ¿qué más ocurre?

Paciente: Me pica.

Terapeuta: ¿Dónde sientes ese dolor?

Paciente: En la mano.

Terapeuta: ¿Y qué sientes por dentro?, ¿qué estás sintiendo?

Paciente: Tomo agua. Me la bebo.

Terapeuta: ¿Y qué consigues?

Paciente: Se me quita lo seco de la boca.

Terapeuta: ¿Y tu mano?

Paciente: Me sigue doliendo.

Terapeuta: ¿Y qué haces? ¿Hay alguien más ahí en casa o estás sola?

Paciente: estoy sola.

Terapeuta: ¿Y qué más haces? A ver, sigue.

Paciente: Prendo la lumbre pero ya no hay más alacranes.

Terapeuta: Y, ¿dónde están los alacranes, se han escapado?

Paciente: Se han ido.

Terapeuta: ¿Y tú cómo te sientes?

Paciente: Me bajo del banco pero me estoy sintiendo como con miedo.

Terapeuta: ¿Y qué crees que puede pasar si tienes miedo de que te ha picado un alacrán. ¿Qué puede ocurrir contigo?

Paciente: Me voy al patio y me chupo el dedo, me chupo el dedo y me lo muerdo. Me duele mucho.

Terapeuta: ¿Y qué más pasa?, ¿sigues teniendo miedo?

Paciente: Me estoy mordiendo el dedo y me veo el puntito de la … donde me picó, ya no siento nada, está más gordo el dedo.

Terapeuta: ¿Y entonces qué pasa?

Paciente: Espero a que lleguen mis hermanas.

Terapeuta: A ver, ¿qué ocurre cuando llegan tus hermanas?

Paciente: Me picó el alacrán, me amarraron el dedo con una liga.

Terapeuta: ¿Y cómo te sientes ahora?

Paciente: El dedo… ya está gordo pero estoy más tranquila.

Terapeuta: ¿Y qué hay que hacer entonces a partir de ahora?

Paciente: Cuidarme del alacrán.

Terapeuta: Porque, ¿qué pasa si hay un alacrán?

Paciente: Pues me pica.

Terapeuta: ¿Y si te pica, que te puede ocurrir?

Paciente: Me da sed.

Terapeuta: ¿Y qué más te puede pasar?

Paciente: Se me cierra la garganta.

Terapeuta: Se te cierra la garganta… y si a una niña se le cierra la garganta. ¿qué le puede pasar?

Paciente: Me muero.

Terapeuta: Dímelo otra vez. ¿Qué le puede pasar a una niña si le pica un alacrán?

Paciente: Me muero, pero bebo agua.

Terapeuta: Porque, ¿qué consigues bebiendo agua?

Paciente: Se me quita el miedo.

Terapeuta: Dímelo otra vez.

Paciente: Se me quita el miedo, se me quita el miedo.

Terapeuta: ¿Hay que beber mucha agua para que se te quite el miedo? *(Acción para luchar contra el miedo).*

Paciente: Mucha agua, mucha agua.

Terapeuta: Muy bien, pues fíjate porque ahora con eso quiero que te vengas a este momento en la actualidad y veas instantes de tu vida donde has tenido esta misma sensación de miedo, sensaciones de sentir la garganta seca; reconoce, busca momentos de tu vida donde haya habido esas mismas sensaciones. ¿Localizas momentos de tu vida donde hay sequedad de boca? ¿Dónde sientes que tu garganta se cierra?

Paciente: Hay miedo.

Terapeuta: Hay miedo, ¿verdad? Ahora vamos a ir a la puerta 21 ¿Qué pasa en tu garganta? Abre la puerta y retrocede en el tiempo…

Paciente: Hay miedo. Salgo a la calle corriendo *(entra en catarsis),* salgo a la calle corriendo, está la Luna grande, está la Luna grande; me caí, rodé por las escaleras, me echaron a la calle desnuda, ¡estoy desnuda! ¡estoy desnuda! Desnuda, estoy en la calle, estoy en la calle *(llora desconsoladamente).*

Terapeuta: Muy bien, estás sacando todo. Lo estás haciendo muy bien.

Paciente: Me duele la cabeza, ¡tengo dolor de cabeza! *(Está en plena catarsis con mucho dolor).*

Terapeuta: Atención porque cuando yo cuente del tres al uno, vas a poder ver eso en una pantalla. Estamos en el cine viendo una película. Mira, cuento 3, 2, 1. Estás conmigo en un cine y ahí hay una mujer que está desnuda en la calle, ahí está; tú estás sentada tranquilamente en la butaca y en la película hay una mujer que está desnuda en la calle. Cuéntame, ¿qué está pasando? Mira, somos los directores de un guión y hemos creado esta escena que tenemos frente a nosotros, y ahí tenemos a la protagonista que está desnuda en la calle. ¿Qué ha pasado con ella? Mírala tranquilamente, sin emociones, mira qué pasa ahí. ¿Qué ha ocurrido? ¿Qué ha pasado para que la echen desnuda a la calle?

Paciente: Le dió de patadas.

Terapeuta: ¿Quién le ha dado de patadas?

Paciente: Mi marido.

Terapeuta: ¿Te ha dado de patadas tu marido?, ¿y que ha pasado para que te pegue patadas y te eche a la calle desnuda? *(trato de sacarle del encuadre volviéndole a hablar en primera persona)*

Paciente: Porque desconfía de mí.

Terapeuta: ¿Desconfía de ti? ¿Qué cree que ha pasado?

Paciente: Dice que lo engaño.

Terapeuta: Dice que le engañas… ¿y eso es cierto o no?

Paciente: No es cierto. Nunca lo he engañado.

Terapeuta: Nunca lo has engañado. ¿Y cómo te hace sentir estar ahora en la calle así, desnuda?

Paciente: Mucho miedo.

Terapeuta: Mucho miedo. ¿Y cuando tienes miedo?

Paciente: No quiero que me vean.

Terapeuta: Claro que no. Ahora tranquila porque hay una cortina invisible. Ya nadie te ve. Ya no hay esas emociones. Muy bien, ahí está. Mira la pantalla y puedes observarte, ver como estás desnuda en la calle, pero fíjate ¿Qué pasa ahora cuando está así, ¿Cómo le hace sentir esa vergüenza porque el marido la ha echado a la calle y pateado? ¿Cómo se siente?

Paciente: Si me encuentra me mata.

Terapeuta: Si te encuentra te mata, ¿y tú qué haces?
Paciente: Corro.
Terapeuta: ¿Y qué consigues corriendo?
Paciente: Me subo a un taxi y le digo que me lleve a la casa de mi mamá.
Terapeuta: ¿Y cómo tienes tu garganta?
Paciente: Seca, tengo sed.
Terapeuta: ¿Porque cada vez que aparece el miedo aparece la sed?
Paciente: Sí. La sed y me duele la cabeza.
Terapeuta: Claro, te duele la cabeza porque ahí está toda la tensión. Pues fíjate que bueno porque ahora sabes que cada vez que hay miedo se produce sed y cuando hay sed también se produce el dolor de cabeza. Fíjate qué bueno, la de cosas que estás descubriendo, ¿no te parece? Vamos a seguir avanzando porque ahora, todo eso quiero que te lo traigas a tu momento actual, al año 2004; estás aquí y ahora puedes entender cosas de tu vida, de tu momento actual. ¿Reconoces estas sensaciones en algún momento de tu vida donde hay sequedad de garganta?
Paciente: Sí.
Terapeuta: Muy bien, deja que vayan apareciendo por tu mente situaciones de tu vida donde se te seca la garganta, se paraliza el cuerpo y sientes dolores de cabeza… ¿aparecen ahora?
Paciente: Sí.
Terapeuta: Muy bien, pero fíjate porque tú ahora puedes reconocer de dónde vienen todas esas cosas; hay asuntos relacionados con tu marido, experiencias de una niña pequeña a quien le picaban los alacranes y seguramente hay sensaciones de más atrás todavía… ¿quieres seguir sintiendo que se te paraliza la garganta, que tienes sequedad, que vas a seguir permitiendo que te duela la cabeza?
Paciente: No.
Terapeuta: ¿Qué vas a hacer entonces?
Paciente: Salir.
Terapeuta: ¿Vas a salir de todo eso?
Paciente: Voy a vencer al miedo.

Terapeuta: Muy bien. ¿Vas a conseguir cortar esa corriente de dolor?.

Paciente: Sí.

Terapeuta: ¿Y qué va a pasar entonces cuando la cortes? ¿Cómo te vas a sentir?

Paciente: Contenta, segura.

Terapeuta: Te vas a sentir contenta... y cuando uno se siente seguro...

Paciente: Soy fuerte.

Terapeuta: ¿Estás dispuesta a luchar contra eso?

Paciente: Estoy dispuesta.

Terapeuta: Qué bueno, ya lo sabía yo. Ahora vamos a hacer una cosa: Cuando yo cuente del 3 al 1, tú vas a volver a ser otra vez esa niña de cinco años que está frente a los alacranes, solamente que ahora vas a poder vencerlos; yo no sé lo que vas a hacer, pero vas a conseguir que no te asusten más. Mira, cuento: 3, 2, 1 y otra vez estás ahí, eres esa niña de cinco años, y ahora incluso te vas a permitir, no solamente que te salgan los alacranes por el carbón sino que por la puerta de la casa te va a salir un alacrán gigante pero tú vas a hacer algo, yo no se qué, para vencer el miedo y vencer al alacrán. A ver, cuéntame, ¿lo ves?

Paciente: Pinche alacrán, ya no me haces nada, ¡pinche alacrán, ya no me haces nada!

Terapeuta: Muy bien, y mira bien al alacrán porque lo vas a empezar a ver que tiene la cara de alguien. Mira qué cara tiene ese alacrán.

Paciente: PINCHE ALACRÁN, ME LAS VAS A PAGAR. Ahora sí te mato desdichado.

Terapeuta: Ya no tienes miedo al alacrán, ¿verdad?

Paciente: Ya no. Ya no se me seca la garganta.

Terapeuta: Muy bien, y dile además al alacrán: ya te reconozco, ya se quien eres.

Paciente: Ya te reconozco ¡hijo de la chingada!, je, je, je.

Terapeuta: Muy bien, ahora te vas a acercar al alacrán ese y le vas a tirar de la cola esa para que deje de picar, y le vas a quitar la careta para ver quien es, quien se esconde detrás del alacrán, quien es esa persona.

Paciente: Mi marido. Tú me hiciste creer que eras un alacrán pero ya no me asustas. No, ya no, ya no me matas.

Terapeuta: Claro que no. No vas a permitir que te siga haciendo más daño.

Paciente: No, no me matas, ya no.

Terapeuta: ¿Qué vas a hacer?

Paciente: Matarlo.

Terapeuta: Fíjate porque antes de matarlo vas a hacer otra cosa: te vas a volver a acercar ahora a la cara de tu marido, vas a tirar otra vez de la careta a ver si hay alguien mas detrás de ésa. Cuento: 3, 2, 1, ¡tira! ¿Hay alguien? *(hago que la paciente trate de desenmascarar por si hubiese alguna otra persona anterior en su vida que proyecte en su marido las mismas sensaciones que pudiese tener de niña, como la figura de un padre, un hermano, un familiar...)*

Paciente: Detrás de él... no... es él dos veces.

Terapeuta: ¡Vaya! Es él dos veces, ¡vaya con el duplicado!

Paciente: Dice que es bueno, se ríe.

Terapeuta: ¿Y tú le crees que es bueno?

Paciente: No, no es bueno.

Terapeuta: Pues ahora le vas a decir lo que estás dispuesta a hacer a partir de hoy para no sentir nunca más miedo de nadie que se parezca a un alacrán, que te pueda hacer daño.

Paciente: No creo en los embustes.

Terapeuta: ¡Venga! Dile todo lo que necesites, ¡vamos!

Paciente: No creo en esa risa, no creo que me quieres; eres un embustero, sí... embustero. Sí, hijo de la chingada. ME DOMINASTE PORQUE SOY MUJER. Era impotente pero ahorita no, fíjate que no, ahora soy fuerte, ¿verdad? Ahora SOY FUERTE, SOY FUERTE HIJO DE LA CHINGADA, SOY FUERTE...

Terapeuta: ¿Y qué quieres hacer con él?

Paciente: Acabar con él, que sienta todo lo que yo sentí porque no podía defenderme del miedo, mucho miedo; lo veía y temblaba, temblaba porque le tenía miedo.

Terapeuta: Mira, ahora se convierte él en pequeñito, pequeñito... y tú eres muy fuerte, muy fuerte y poderosa, y ahora tú tienes la cola del alacrán; ahora la tienes tú y puedes hacer lo que quieras con él, ¡vamos! *(Hemos utilizado la misma técnica de encuadre que en el escenario de la hiena y la gaceta en la trampa-cambios de roles).*

Paciente: Acércate y ahorita te pego, ahorita te voy a pegar.

Terapeuta: Dale si quieres, golpéalo.

Paciente: ¡Toma, toma, toma! *(Golpea al aire y sobre el diván en varias ocasiones con fuerza y con mucha rabia).*

Terapeuta: ¿Qué hace ahora?

Paciente: Se retira.

Terapeuta: ¿Y cómo te sientes cuando se retira?

Paciente: Me siento a gusto.

Terapeuta: ¿Y él qué hace?

Paciente: Ahora me tiene miedo.

Terapeuta: Pues tú vas a poder sacar una cola fuerte y grande de alacrán para que él sepa lo que es eso, lo que es sentir el miedo.

Paciente: Ya no me hace daño. Ya no le temo.

Terapeuta: ¿Y qué has hecho?

Paciente: Ya no me mata, no tengo miedo, ya no tengo miedo. ¡Por fin vencí al miedo!

Terapeuta: ¿Y cuando una mujer no tiene miedo, qué le pasa?

Paciente: Le hacen los mandados.

Terapeuta: ¿Y qué te pasa en la garganta cuando no tienes miedo?

Paciente: Ya se quita la sed.

Terapeuta: Se quita la sed porque ya no hace falta tenerla, ¿verdad?

Paciente: No.

Terapeuta: Y cada vez que aparezca un alacrán en tu vida, ¿qué vas a hacer?

Paciente: Matarlo.

Terapeuta: Matarlo sin miedo, ¿verdad? Porque cada alacrán va a representar a quién.

Paciente: A mi marido.

Terapeuta: Y a los alacranes hay que pegarles zapatillazos y fuera, ¿a que sí?

Paciente: Sí.

Terapeuta: ¡Estupendo! Pues ahora dile a la mierda, lárgate de aquí que no te quiero ni ver.

Paciente: A la chingada, a la chingada, ya no me vas a hacer daño.

Terapeuta: ¿Cómo te sientes?, ¿se ha ido ya?

Paciente: Ya se fue, se larga perdido. Va por un camino que ni conoce el cabrón.

Terapeuta: Y cómo te sientes tú viéndolo cómo se va por otro camino despavorido, cómo huye de ti.

Paciente: Le va a ir mal, le va a ir mal.

Terapeuta: Pero y tu, ¿cómo te sientes?

Paciente: Segura, segura…

Terapeuta: ¿Te gusta tener esa sensación?

Paciente: Sí.

Terapeuta: Y mira la energía de tu cuerpo, qué color tiene cuando se siente segura.

Paciente: Siento como rosa, me siento azul, fuerte, fuerte…

Terapeuta: ¡Estupendo! porque con ese azul fuerte vas a dejar que se llene todo el cuerpo, que se llene de azul fuerte, de color rosa; llénate de él y con esa sensación y experimentando haber matado a ese alacrán de tu vida, de nuevo, con esa misma imagen, vas a poder salir por la puerta esa que era la número 5 y fíjate porque allí en la puerta está el otro alacrán ¿Qué hacemos con este alacrán?

Paciente: Ya está clavado en la puerta. Lo clavé con un cuchillo. Ya no me da miedo.

Terapeuta: ¡Estupendo! pues ahora vas a hacer una cosa porque antes de salir de este lugar, yo quiero que allí en esa puerta pongas un letrero grandote para que todo el que venga a estos pasillos y pueda ver las puertas, sepa lo que hay que hacer cada vez que en la vida a uno le aparecen alacranes que le quieren picar. Yo no sé lo que vas a poner para que tú puedas ayudar a todos los que tengan alacranes en su vida.

Paciente: Al ser fuerte, nada te domina, no hay mujer débil hasta que ella quiere; eres fuerte y sigue adelante. No permitas que nadie te acabe.

Terapeuta: ¿Y cuando alguien te intenta acabar…?

Paciente: Sube, sube. Levántate y camina con la cara de frente. No te tapes ante el maltratador. Cuando alguien te quiera acabar, enfréntate a ellos; lucha, destrúyelos, pero no permitas que te hundan, no permitas que te hundan. Eres grande, grande, grande… no permitas nunca que te humillen, que te mancillen, sé tú misma, sé feliz aunque sea por un minuto; cada minuto hay felicidad, cada minuto hay felicidad, siempre hay luz.

Terapeuta: Y qué pasa en tu cuerpo cuando escucha por dentro esa palabra, esa frase de que eres grande, repítela y escucha lo que pasa dentro, di: Soy grande.

Paciente: Soy grande… Mis células se llenan de luz. Soy fuerte.

Terapeuta: ¿Están contentas tus células?

Paciente: Sí.

Terapeuta: Qué bueno, es como si estuviesen metidas en una cárcel y tú las has sacado.

Paciente: Sí.

Terapeuta: Qué bueno y, ¿están contentas contigo?

Paciente: Sí. Muy bien, me siento bien, estoy bonita. Me siento muy contenta.

Cuando Sofía entró en su "Edificio" lo veía como una cárcel: con barrotes en todas las ventanas y de color oscuro y semiderruido. Al salir ya no tenía rejas y lo veía con mucha luz.

Terapeuta: Perfecto, pues ahora vas a gritar bien fuerte para que todo el mundo te oiga diciendo que hay qué hacer para reconvertir los edificios que son prisiones y dejarlos libres y con mucha luz. ¿Qué es lo que no hay que permitir jamás?

Paciente: Que te mancillen.

Terapeuta: Más fuerte, la gente es sorda.

Paciente: Que te mancillen, que te humillen.

Terapeuta: ¿Y qué hace la gente que te ve por ahí?

Paciente: Admiran, voltean a ver el "Edificio", voltean a ver mi letrero. Me aplauden.

Terapeuta: ¿Y el letrero qué? ¿Cómo está el letrero?

Paciente: Con mucha luz y parpadea.

Terapeuta: Para que se vea desde muy lejos, ¿verdad? Que todo el mundo sepa que este es el "Edificio" tuyo.

Paciente: Si. El edificio de la libertad.

Terapeuta: Muy bien, el "Edificio" de la libertad, el "Edificio" de la lucha. Pues bien, ya todo el mundo conoce tu "Edificio" y como sigas así vas a llegar a ser hasta Gobernadora como te presentes, ¿ehh? Está toda la gente apoyándote y ya con esa sensación, viendo cómo te admiran y recordando aquel letrero que pusiste donde mataste al escorpión, donde lo dejaste clavado en aquella puerta con todas esas experiencias y con la energía tan positiva que te llevas, ya vas a ir saliendo de los estados ampliados de conciencia según voy contando del 1 al 5 y comienzo…

Afectados por sectas
y sus consecuencias destructivas

En agosto de 1969, la actriz Sharon Tate, esposa del director de cine Roman Polansky, moría estando embarazada de ocho meses —junto a otras cuatro personas—, brutalmente asesinada por la secta "La familia" por orden de su líder Charles Manson.

En 1978 pudimos ver con asombro en los medios de comunicación, las espantosas imágenes del suicidio colectivo de casi mil personas en Jonestown–Guyana, capitaneados por el reverendo Jim Jones.

En diciembre de 1991 el reverendo Ramón Morales y unos 30 miembros de su secta, fallecían por los efectos de gases tóxicos introducidos voluntariamente por ellos mismos en un templo que tenían en México, mientras rezaban encomendándose a la voluntad de Dios.

En abril de 1993 en Waco, Texas, más de 80 personas de la Secta de los Davidianos se quitaron la vida por puros motivos religiosos.

En 1994 la Orden del Temple ocupaba la portada de la gran mayoría de los periódicos del mundo, al conocer el suicidio de muchos de sus seguidores en Francia y Suiza.

En Tokio, en 1995 la Secta "La Verdad Suprema" colocaba gas sarín en el Metro de esta ciudad, sembrando el pánico entre los usuarios de este transporte.

En marzo de 1997, 39 personas de la Secta Heaven's Gate se suicidaron en San Diego (California).

Estas son algunas de las atrocidades cometidas por sectas fanáticas que quisieron manipular el destino de nuestro planeta, creyéndose elegidos de Dios.

Frases como: "De hoy en adelante yo seré tu cerebro", "si tu mente está inquieta y no puede mantener tu estabilidad, entrégamela, yo te conseguiré la paz interior", "dedícate en excelencia para dar todo por la comunidad, yo haré que Dios te recompense", son sólo pequeños ejemplos de mensajes cotidianos que algunos líderes de sectas muy conocidas en todo el planeta, se encargan de hacer llegar día tras día a las mentes de sus adeptos, generando la multiplicación de esos grupos de manera alarmante. Pero la pregunta es: ¿Por qué resulta tan sencillo? La respuesta es evidente: se crea un tipo de adicción a la secta para tapar el vacío afectivo que mucha gente vive a diario en su jungla de asfalto.

La palabra secta se deriva del término *sequi* que significa seguir. Estos grupos suelen camuflarse aparentando ser organizaciones culturales, escuelas de desarrollo y crecimiento personal donde se dan charlas o seminarios gratuitos de introducción a una nueva línea filosófica, esotérica o religiosa, y desde ahí van creando estructuras piramidales de tipo militar en donde utilizan técnicas de distorsión del espacio y del tiempo, para ir manipulando la información e induciendo mensajes subliminales que prometen a sus seguidores ser parte de los elegidos y conseguir el reconocimiento y afecto del grupo. De esta forma se va mermando poco a poco la capacidad de pensamiento y decisión del adepto y se le desestructura completamente anulando su personalidad y consiguiendo atraparlo en sus redes. Más tarde, al igual que la araña, el "Gurú" del grupo tiene tiempo para ir digiriendo a su presa que se encuentra atrapada sin poder despegarse del hilo que la capturó, ya que el único objetivo que busca la secta es conseguir dinero y poder para el que la lidera, esclavizando así a todos los que están por debajo del mismo.

Detrás de los miembros integrantes de una secta, en muchas ocasiones nos encontramos con sujetos con un complejo de Edipo no superado, donde el niño, al sentirse identificado con la figura paterna, quiere imitarla en todo, seguir sus mandatos, su forma de actuar, y admira su fuerza, decisión y poder, convirtiendo al mismo en una figura mesiánica perfecta. Más tarde, con el paso de los años, comprobará que aquel padre no era el esperado que el dibujó en su mente y según las circunstancias sociales y la estructura de personalidad que se haya construido a lo largo de esos primeros años de vida, provocará en algunas personas una reacción de rechazo y desilusión, haciéndolos sentirse aislados, carentes de creencias y escalas de valores, sin una guía o dirección a seguir viviendo en un entorno familiar rígido y distante a las emociones, educándose a través de la racionalización y censura en lugar de la vivenciación abierta de la emoción. Todo esto afectará al buen funcionamiento y bloqueo de tres hormonas y neurotransmisores básicos –serotonina, noradrenalina y dopamina– que son los llamados "mensajeros del bienestar" y que generarán en el afectado mucha ansiedad, carencia de estímulos externos, aislamiento e inhibición por las actividades sociales, que tratará de reducir por diferentes vías: en algunos casos a través de la adicción a la cocaína, juego, sexo, alcohol, culto al cuerpo, Internet, etcétera, pero también la pertenencia a la secta realiza una labor reductora de la ansiedad, ya que dentro de la misma, el adepto declina la responsabilidad que se le entrega al Santón de turno –líder– y de esa forma no hay riesgos de fracaso para él. Eso transforma la ansiedad en pensamientos y emociones satisfactorias y placenteras, ya que al no haber miedo a fallar, no hay decepción para nadie; la ansiedad desaparece y esto pone nuevamente en marcha de manera automática la producción de esos tres neurotransmisores básicos mencionados anteriormente, generando así un anclaje de una conducta adictiva que le da satisfacción y refuerza cada vez más la dependencia a la secta. Esto le creará un Patrón de Supervivencia que repetirá

incesantemente cada vez que se encuentre ante una situación similar: aparece el "Iluminado" que proyecta en el sujeto el modelo que tanto idealizó y ve en el mismo al Protector que dirige sus
destinos, tanto para él como para el resto de la Comunidad, sin
tener que enfrentarse al riesgo de tomar nuevas acciones que le
pueden conducir al fracaso. El adepto se entrega al "Iluminado"
permitiendo que las palabras que salgan por la boca del "Gurú"
sean como palabra de Dios a la que no se puede ni tan siquiera
cuestionar. Esto regula su producción de la dosis necesaria de
betaendorfinas que le permiten estar en paz.

Por esa razón, el prototipo de la persona que es captada por
la secta es normalmente de personalidad introvertida, hipersen-
sible y por tanto muy vulnerable, con sentimientos frecuentes
de inseguridad y una marcada inestabilidad emotiva; alguien
que está atravesando una etapa de su vida entre tempestades de
conflictos familiares que le hacen tener la autoestima por los
suelos, encontrarse fuera de lugar y que busca ser aceptado por
quien pueda darle la fórmula para llenar esa carencia afectiva de
la que adolece. Para su desgracia, se topa con los "devoradores
de almas" que tienden sus redes para atrapar a presas fáciles de
manipular debido a esas carencias de las que padecen.

El objetivo de los fundadores de una secta es siempre el mismo: obtener dinero o poder —o ambas cosas—. El "Elegido"
asume la responsabilidad de guiar a sus "corderitos" y los protege del supuesto lobo sin que éstos puedan darse cuenta que
están en las fauces del depredador y van a ser devorados poco
a poco por el mismo de una manera lenta y sutil. Nuestra responsabilidad como sociedad es estar alerta, despiertos y siendo
conscientes de esta manipulación que se da, y poder enseñar
al mayor número posible de personas que tengamos a nuestro
alrededor lo que sucede en estos grupos sin menospreciar el
poder de los mismos, ya que cada vez se van infiltrando más
en todas las esferas sociales, estando involucrados en la política, el mundo empresarial, el área educativa, el área social,

etcétera, con una misión muy concreta: trabajar sin cesar para seguir en la captación y crecimiento del grupo y poder obtener así más poder y control.

El fin último de una secta es conseguir la máxima explotación económica de sus seguidores. Para ello, no dudarán en manipular la mente a través de intensos lavados de cerebro y modificación de conductas de sus acólitos después de tenerlos sometidos durante semanas o meses a un constante bombardeo de normas, ideas de grandeza, mensajes mesiánicos, cantos repetitivos de mantras, jornadas duras de trabajo físico de entre 12 y 14 horas, alteraciones bruscas del sueño en donde no los dejan dormir más de cuatro horas diarias, escasa alimentación basada en comida vegetariana baja en proteínas, calcio y fósforo que merma la capacidad de pensamiento y la memoria, alejamiento y destrucción del núcleo familiar, amistades, pareja, trabajo, así como la separación de los niños nacidos en la comunidad y de sus padres en cuanto pasan los primeros años de vida para ser adoctrinados bajo los modelos creados por el fundador. Con toda esta forma de actuar se consigue abrir brecha, anular completamente la voluntad propia y crear una fuerte dependencia hacia el líder, quien en poco tiempo conseguirá tenerlos completamente atrapados sin salida.

Cuando usted trabaja con pacientes que han pertenecido durante cierto tiempo a una de estas sectas, puede observar en ellos a personas inmersas en grandes depresiones y con tendencias suicidas que se sienten completamente aisladas del mundo, puesto que esta fue una de las primeras pautas de adoctrinamiento que les grabaron, alejándoles de sus entornos familiares, laborales, sociales, con ideas de degradación hacia sí mismos y con sentimientos de culpabilidad por todas aquellas personas que fueron víctimas de la secta y llegaron captadas por sus acciones directas: personas con dificultades para razonar y entender las cosas mezclando a veces ideas obsesivas de cualquier tipo, sobre todo en lo que respecta a ideas religiosas o modelos de convivencia social, estados de disociación, ansiedad y miedo por las represalias que puedan tener los miembros de la secta contra ellos.

Este fue el caso de Luz Andrea que cuando llegó a consulta padecía una paranoia en la que veía que todos a su alrededor eran espías enviados por el "Hermano Luz" para castigarla por sus acciones en contra de "La familia" y el temor a que su hija sufriera algún tipo de agresión.

Luz Andrea había estudiado psicología y tenía un novio desde hacía varios años con el que pensaba casarse meses mas tarde. Un día acudió invitada a una conferencia que daba un grupo en el que hablaban de la Atlántida y los herederos de ese conocimiento. Allí encontraría frente a ella al "Hermano José" que de manera impactante entró en su vida a través del poder de sus palabras. El mensaje era claro: para conseguir el crecimiento tienes que desapegarte de todo lo que has tenido hasta este momento y seguir al "portador de la verdad". Dos días más tarde, Luz Andrea había roto con su novio, abandonado su consulta de trabajo, se alejó de sus padres y se enroló en el grupo que seguiría al Maestro hasta un pequeño pueblo del centro de Castilla donde estarían conviviendo durante dos años y serían adoctrinados bajo la "verdad" de su líder. Desde este lugar, Luz Andrea partió detrás del adorado Maestro a una zona de Valencia donde el "Gurú" decidió montar una cadena de restaurantes que eran mantenidos con el trabajo de sus acólitos que dedicaban entre 12 y 14 horas diarias para la obra de "La familia". El grado máximo de saturación física llevó al "Gurú" a decir a sus adeptos que no era necesario que perdieran el tiempo en rezar, ya que él se encargaría de hacerlo por todo el grupo para que de este modo pudieran centrarse en el objetivo real de este personaje: conseguir amasar el mayor dinero posible en el menor tiempo, gracias al trabajo esclavizante de aquellos que eran presa de sus manipulaciones.

En el caso de Luz Andrea vendió todo lo que tenía, incluso una casa que le correspondió como herencia a la muerte de su padre acabó en poder del "Gurú" como donación para "La familia".

Luz Andrea consiguió salir de esta trampa infernal pocos meses después de quedarse embarazada del "Gurú" y darse cuenta de cuál sería el destino de su hija, igual que el que pudo observar de los hijos de otras muchas adeptas a lo largo de los siete años que vivió en esa comunidad.

Tuvimos que iniciar el trabajo Regresivo desde el momento de su atracción hacia el "Gurú" y entender los sentimientos reales soterrados debajo de esta imagen que la llevaban a hacer cualquier cosa con tal de conseguir la aprobación del líder –papá–, para más tarde poder ir reconstruyendo toda la historia de su vida infantil donde se vivieron momentos de soledad y desvinculación afectiva, principalmente con el rol de la figura paterna; vivenciar nuevamente un embarazo no deseado de la madre y el sentimiento de abandono del padre a lo largo de todo el periodo de gestación, y poder así encontrar el sentido de la vida y la esperanza perdida en su nuevo rol de madre y portadora de vida para otros, donde aprender un modelo de afecto y cariño que consolidaría los pilares de la vida futura de su hija. Actualmente Luz Andrea es una mujer feliz que pudo reconstruir su vida junto a una persona que la ama y ha permitido consolidar la imagen de la familia verdadera que tanto buscó a lo largo del tiempo.

Los escenarios de "supuestas" vidas pasadas son muy útiles con estas personas, pues proyectan toda la carga emotiva de miedo, impotencia y manipulación, donde frecuentemente aparecen trampas y colectivos de personas "muy importantes" que inducen ideas para gobernar el mundo. Precisamente desde esos marcos de trabajo se puede desenmascarar cómo su voluntad ha sido dirigida, ver las consecuencias en su vida actual y cómo todo eso se puede cambiar; se destapan las capas de confusión para sacar a la luz su propio Ser interior, que lejos de fines mesiánicos, lo que pretende es que la persona sea capaz de conducir su vida con plena libertad. Veamos algunos fragmentos de una sesión de "vidas pasadas" en donde el paciente proyecta —a través de esta narración— la situación real donde se encuentra inmerso en su grupo de "los elegidos":

Terapeuta: ¿Cuéntame qué está ocurriendo?

Paciente: Él está hablando a las masas, todos sienten una gran admiración hacia su figura. Algunos dicen que es un rebelde y conflictivo con el sistema, pero en general sabemos que es alguien especial.

Terapeuta: ¿Especial en qué sentido?

Paciente: Él vino para darnos la Luz y todo el que quiera alcanzar la salvación deberá seguir sus pasos.

Terapeuta: ¿Hace mucho que lo conoces?

Paciente: Yo soy uno de sus elegidos. Señaló a 12 personas que representan las 12 tribus de Israel, y yo soy uno de esos afortunados.

Terapeuta: ¿Para qué te eligió?

Paciente: Para instaurar el Reino de Dios. Ya nos avisó que habrá muchos que pretendan desprestigiar su nombre, pero eso es sólo porque tienen miedo a su poder. Por esa razón no quieren que hable de la "verdad".

Terapeuta: ¿Y cuál es la verdad?

Paciente: Todos tenemos la fuerza en nuestro interior. Sin embargo, sólo unos pocos hemos aprendido a utilizarla, eso nos hará fuertes porque sabemos que tenemos que luchar contra muchos enemigos; la tarea no es fácil, habrá que pasar muchas noches en vela, hambre, calamidades, dolor... pero sólo así, de esa manera, alcanzaremos la Gloria de Dios y estaremos entre los "Elegidos".

La vida pasada que me relataba Roberto, era supuestamente encarnado en el personaje del apóstol Simón de Cananea. Me contó a lo largo de varias sesiones, diferentes momentos y acciones que realizó en lugares como Egipto, Persia y Mesopotamia, y cómo murió martirizado en manos de un grupo de egipcios mientras predicaba el Evangelio de Dios.

No quiero entrar en el debate de si estos hechos realmente sucedieron así, eran producto de la fantasía de mi paciente como consecuencia de la lectura de algunos libros sagrados o programas divulgativos que hubiera visto, emanaban del inconsciente colectivo o eran proyecciones de su vida real; esto, como ya he comentado en diversas ocasiones, se lo dejo a las creencias personales de cada uno de ustedes, pero lo que tenemos que captar es la esencia del mensaje y cómo todo esto estaba afectando a Roberto en su vida actual para tratar de desbloquear el conflicto en el que vivía inmerso.

Es interesante darnos cuenta y resaltar cómo describe al líder de su grupo como la figura de Jesucristo y cómo él mismo se ve entre los elegidos para realizar la Gran Obra, sintiéndose identificado con un personaje que luchó junto al partido de los zelotes contra el control de la administración palestina, que habían tomado los Romanos; cómo en su historia relata con dolor y admiración a su líder, y cómo para seguir avanzando en la Obra hay que padecer el dolor y el acoso del mundo. Todo aquello en lo que realmente se encontraba viviendo en esos momentos de su vida.

El trabajo con Roberto fue complejo y duro, ya que durante 18 sesiones tuvo que descubrir cómo las diferentes situaciones que describía en esas imágenes de los primeros años de nuestra Era, proyectaban cada uno de los momentos de su vida en la "Gran Familia". Entendió cómo la figura de un romano que lo amenazaba, perseguía y agredía en esa vida, era su padre en la vida actual, y cómo había buscado en la figura del líder idealizarlo en la imagen de Jesucristo. Reviviendo paso a paso los momentos de su captación en la secta, pudo llegar a sentir sus carencias afectivas y proyección de la imagen del líder en la figura ausente del padre que siempre idealizó, y desde aquí ir reconstruyendo poco a poco su historia para permitirse ser un hombre libre que no necesita seguir a nadie para sentirse completo.

Realmente la Terapia Regresiva Reconstructiva es la "Bestia Negra" de las sectas, puesto que somos todo lo opuesto a lo que ellos predican. La TRR conduce a la libertad, la secta a la dependencia constante al grupo, al líder, al Mesías de turno, y ésta no cabe duda de que extiende una poderosa tela de araña y no puede permitir que sus acólitos se liberen de ella. Por esa razón, en alguna ocasión he tenido la desagradable visita o llamada de alguno de estos líderes en la que me han advertido de los riesgos que conlleva esta forma de ayudar a nuestros pacientes tratando de hacerme ver lo equivocado que estaba en mi trabajo, y advirtiéndome que no me involucrara en temas de este tipo. Esta es una de esas frases que me mostraron: "Las personas no están preparadas para conocer sus vidas pasadas, y por tanto lo mejor es que no continúes con esta labor. El conocer su verdad sería demasiado doloroso y por eso nosotros los protegemos y los cuidamos, ya que el mundo no supo hacerlo. El forzar esta rueda del destino podría provocar un desagradable acontecimiento en el destino de todos…"

Evidentemente esta sentencia y amenaza sutil por parte de esta gente, sólo hizo que en un momento de mi vida creciera con más fuerza y seguridad en mí la necesidad de ayudar en todo lo posible y con todas las herramientas disponibles a mi alcance, a las personas que me piden ayuda para conseguir sacarlas de esa cárcel en donde las atraparon en un momento de incertidumbre y debilidad emocional. La libertad es lo último que podemos perder para dar sentido a nueva vida.

Trabajando con personas
que han tenido muchas intervenciones
quirúrgicas

Se dan casos de personas que han sufrido múltiples operaciones de cirugía en diferentes partes de su cuerpo, y es interesante plantearse con estas personas qué ocurrió en el quirófano, qué conversaciones y qué mensajes recibió su inconsciente.

Todos sabemos que en las salas de operaciones los cirujanos y el personal sanitario hablan y comentan sobre el estado del paciente; lo que se van encontrando dentro del cuerpo, el estado de tal o cual órgano y comentarios como por ejemplo: "En un mes lo tenemos de nuevo aquí", "esto se volverá a reproducir en breve", "se complicará el postoperatorio", etcétera. Estos mensajes los recibe la persona como mandatos. No olvidemos que aunque la anestesia duerma su cuerpo, el inconsciente siempre está despierto y capta todo lo de alrededor.

Por tanto, la manera que le propongo de trabajar en Terapia Regresiva Reconstructiva con estos pacientes, es regresarlos a la primera operación y desde allí ir buscando dónde se encuentran estos mandatos, pues es muy probable que demos con ellos con facilidad. Una vez detectado hay que hacer que primeramente lo revivencie tal y como sucedieron los hechos y posteriormente construir el puente y enlazarlos con su vida actual. Favoreciendo la comunicación entre hemisferios, conseguiremos que entienda cómo su cuerpo obedece a algo que aconteció bajo el efecto de la anestesia. Una vez conseguido esto, debemos promover la reconstrucción, de modo que la operación transcurra de la mejor manera posible. Recuerde

Luis Antonio Martínez Pérez Ph.D.

que la recreación como siempre ha de ser propuesta por parte del paciente y no por usted.

Existe otra circunstancia y es la siguiente: igual que cuando nos anestesian es frecuente que nos hagan contar, a la hora de salir de la anestesia la norma es dejar que el paciente se despierte solo, nadie le ayuda a salir de ese estado de inconsciencia y esto hace que la persona –a veces– siga su vida sin abandonar del todo ese estado letárgico. En este sentido lo más conveniente es que los médicos anestesistas utilizaran un método de acompañamiento para ayudar a la persona a ir subiendo sus frecuencias cerebrales para salir poco a poco de sus efectos sedantes.

Algunos médicos anestesistas que han asistido a mis cursos, al principio se han sorprendido con estos comentarios; sin embargo, han tomado conciencia de ello, lo han puesto en práctica y han decidido dar un pequeño giro a su forma de trabajar, y los resultados que están obteniendo con sus pacientes en su recuperación y mejoría integral, realmente son sorprendentes. Ellos me lo cuentan con emoción y asombro, y yo me siento orgulloso de saber que cada vez más profesionales van aceptando que la Terapia Regresiva Reconstructiva no es un enemigo sino un aliado importante de todo proceso de mejora integral de la salud.

Duelos. Trabajando la pérdida de seres queridos

*"El duelo es tan natural como llorar
cuando te lastimas;
dormir cuando estás cansado; comer
cuando tienes hambre; estornudar
cuando te pica la nariz. Es la manera en
que la naturaleza sana un corazón roto.
No me quites mi duelo."*

Doug Manning

La palabra duelo deriva del latín *dolos* –dolor–, y es una re-acción normal que produce una respuesta afectiva emocional tras la pérdida de un ser querido que tengamos, y requiere de tiempo para poder superarlo pero sin poder precisar con exactitud cuánto, ya que esto dependerá de cada uno de nosotros.

La muerte de un Ser querido es una experiencia por la que todos tenemos que pasar en algún momento de nuestra existencia. Sabemos que será dolorosa pero es un proceso al que no podemos escapar y es importante reconocer que cuanto más catártico sea, menor será su duración y el riesgo que genere más problemáticas con el paso del tiempo.

En función de las diferentes culturas la muerte y el duelo se viven de diversas maneras, ya que para muchos, esa etapa es solamente un paso más en el proceso de evolución del hombre y la vida no termina sino que continúa en otro plano de vibra-ción, y por lo tanto es motivo de celebración, de festejo.

En la cultura occidental la muerte física supone una sacudida tremenda a los valores que creíamos tan firmes y arraigados; de repente éstos caen deshechos y nos dejan al desnudo con nuestros miedos al aire. El concepto de levedad del Ser es algo que esporádicamente se lee o se escucha en comentarios superficiales que preferiblemente optamos por pasar de puntillas y cambiar el tema. Se evita hablar de la muerte porque en occidente es de mal gusto, es un tema inapropiado en cualquier reunión social y por tanto, tabú, como si el hecho de hablar de ello de alguna manera atrajera la desgracia.

Es necesario vivir el duelo como parte del "todo" de este proceso. Elaborar el duelo significa ponerse en contacto con el vacío que ha dejado la pérdida, valorar su importancia y soportar el sufrimiento y la frustración que conlleva.

La muerte existe y va inseparablemente unida a la vida, por ello es fundamental y prioritario que nos preparemos para que cuando ésta llegue, sea aceptada e integrada de la mejor manera posible. Como decía Montaigne: "No sabemos dónde nos espera la muerte. Así pues, esperémosla en todas partes. Practicar la muerte es practicar la libertad. El hombre que ha aprendido a morir se ha instruido para no ser esclavo".

La muerte es un principio universal de evolución de todos los seres vivos. En el caso del ser humano, si partimos de la idea de la existencia del alma, ésta, como una energía vibratoria que es, va cambiando de vehículo, de modo que al llegar la muerte nos desprendemos del envoltorio para pasar a otro estado del Ser. Visto de la manera que detallamos a continuación, este proceso tal vez comience desde el momento de nacer, ya que el niño intrauterino vive su nacimiento por el canal de parto como una muerte al estado en el que se encontraba, protegido y seguro en el vientre materno. En efecto, el niño que está naciendo siente ese acontecimiento como si se estuviera enfrentando a su propia muerte, mientras que para los que están fuera, evidentemente está naciendo y así es: nace a una forma de vida distinta. La muerte física puede que sea mucho mejor de lo que podamos imaginar.

Sin embargo, este planteamiento puede resultarnos una quimera debido a nuestro razonamiento mecanicista, lineal, material y físico; en definitiva, tan limitado a esas tres dimensiones a las que estamos tan acostumbrados y de las que nos cuesta tanto desprendernos. Ese es el problema y la asignatura pendiente que todos traemos, cuyo examen tendremos que realizar, queramos o no. La preparación a la muerte debería formar parte de nuestra educación, inculcando a nuestros niños una espiritualidad referida ésta a la naturaleza espiritual y no a la derivada de doctrinas religiosas, alejando la idea de la muerte del castigo eterno divino y demás mensajes perniciosos que tantos pozos de culpa y miedo han sembrado en todos nosotros.

Cuando llegan las situaciones donde nos enfrentamos a la pérdida de seres queridos, la intensidad y duración del duelo depende de muchos factores: *tipo de muerte* –esperada o repentina, apacible o violenta–, de la *intensidad de la unión* con el fallecido, de las *características de la relación* con la persona perdida –dependencia, conflictos, ambivalencia–, de la edad...

Existen grandes diferencias culturales en relación a la duración del duelo por la muerte de una persona muy querida. En nuestro entorno cultural puede durar entre uno y tres años.

Hay una estimación de que más del 16 por ciento de las personas que han tenido una pérdida, presentan durante más de un año un cuadro depresivo.

En el duelo se producen varias etapas que hay que saber distinguir cuando estamos hablando con nuestros pacientes:

1. **Sensación de irrealidad y negación:** Suele durar entre unas horas o días, en donde la persona no termina de creerse lo que ha pasado; hay un embotellamiento mental, un estrechamiento del campo de conciencia y suele terminar en el momento de la despedida en el funeral, etcétera. Habrá siempre que distinguir entre el afligido

y el melancólico. El primero admite la irreversible desaparición de la persona amada. El segundo rechaza la idea de pérdida y se encierra en su mundo interior; hace una huida tratando de conectar con el fallecido a través de diferentes vías como el espiritismo, la *uija,* canales espirituales, rezos, etcétera.

2. **Anhelo, rabia e ira:** Existe mucha sensación de agitación y desasosiego. Se tienen pesadillas con el difunto y hay como la necesidad de entrar en contacto con la persona fallecida. Aquí se pueden dar sensaciones de irritabilidad, enfado con el mundo y con los médicos por no ayudar; con los familiares por no haber entendido a la persona que ya no está y con el fallecido porque te abandonó... la persona se encuentra sola ante la realidad de la pérdida y se aisla.

3. **Culpa:** Comienzan los autorreproches por todo lo que pudo hacer o decir con el fallecido y no hizo en su momento. Esta sensación aparece alrededor de dos semanas después del fallecimiento. Hay que dejar que pase este proceso, perdonarse y aceptar las propias imperfecciones, y en lugar de anclarse en el pasado, atender al presente y mirar al futuro.

4. **Tristeza, depresión y aislamiento**: Aparece a partir de las 4 ó 6 semanas, sobre todo cuando objetos, lugares, palabras... hacen que la persona explote en lágrimas y dolor de vez en cuando. Se necesita hablar con gente querida, personas que puedan escucharle sin cortar sus sentimientos, dejar que llore y salgan sus emociones. En esta etapa se puede caer en dependencia farmacológica, abuso de alcohol y drogas, aislamiento social e incremento de ideas y/o intentos de suicidio, adicción al trabajo, al juego, Internet, etcétera.

5. **Pérdida de una parte de sí mismo**: Poco a poco va desapareciendo la pena pero queda la sensación de pér-

dida de una parte de uno mismo. Se empieza a pensar en otras cosas e incluso a mirar hacia el futuro de vez en cuando. Aparecen los momentos de tristeza en situaciones importantes que traen recuerdos, como en los cumpleaños, navidades, lugares que se frecuentaban con el difunto, etcétera.

6. **Desvinculación del fallecido, aceptación y recuperación:** Es el inicio de una nueva vida. La recuperación suele venir a partir del primero o segundo año después de la pérdida. Desaparece la depresión, vuelve la normalidad del sueño y se siente cómo la energía estancada vuelve a circular en el cuerpo. Ya se es capaz de recordar al fallecido sin sentir dolor, se aprende a vivir sin él, ya no se vive constantemente recordando el pasado y se comienzan a plantear nuevos modelos y patrones de conducta para el futuro; se hacen nuevos proyectos de vida entre los vivos. Es el comienzo de nuevos lazos afectivos. Es en este momento cuando podemos decir que el duelo está resuelto.

Las personas acuden a consulta porque la vida se les hace muy cuesta arriba incapacitándoles en su relación saludable con el entorno social. Estas llamadas de atención de su Ser interno y externo son tan poderosas que demandan ayuda profesional para superar y entender lo que les está pasando; en ocasiones está presente también el miedo a perder la razón.

Mi recomendación ante estos casos es ir muy despacio en el desarrollo de las sesiones terapéuticas regresivas. Estas personas suelen llegar a consulta muy desgastadas energéticamente, por ello está indicado como primer objetivo terapéutico descender los niveles de ansiedad para evitar más fuga de su propia energía; esto podemos conseguirlo a través de la relajación, tanto guiada en consulta como externa mediante la entrega de CD's de autoayuda con el fin de que los utilicen en su casa diariamente. También podemos utilizar plantas medicinales tales como: pasiflora, valeriana, flor de azahar, espino blanco e hipérico; esencias florales como el remedio rescate; ácidos grasos Omega 3 en forma de perlas de aceites de pescado para nutrir las membranas neuronales; homeopatía cuyo medicamento más indicado sería Ignatia Amara a una dilución elevada como 200 CH y/o acupuntura, cromoterapia, masajes terapéuticos como el *shiatsu* o cualquier otra técnica manual que le ayude a liberar la tensión y el dolor acumulado por la pérdida, a la vez que reequilibra sus meridianos o canales energéticos. No olvide que la Terapia Regresiva Reconstructiva admite cualquier otra terapéutica complementaria de la salud, por lo que puede incorporar cualquier otro coadyuvante que use habitualmente en su consulta para ayudar a que el paciente salga más rápidamente de ese pozo oscuro en el que se encuentra.

Cómo abordar la terapia desde la TRR

1. Hay que dejar que el paciente hable lo máximo posible sobre el fallecido, sus vínculos, sus sentimientos, los recuerdos, cómo fue el proceso de la enfermedad y la muerte, etcétera. Esto es algo catártico y sanador, puesto que el poder expresar la carga emocional permite ir liberando los sentimientos estancados estructurando y ordenando los pensamientos, y dejar que la energía fluya libremente en paz y sosiego.

2. Hay que explicar al paciente que su dolor, sus culpas, miedos, y en general todos sus síntomas, irán desapareciendo con el tiempo, pero no por ello se borrará la imagen del Ser querido en su historia personal.

3. Debe usted tratar de que el paciente se incorpore a su actividad cotidiana lo más pronto posible para que no se quede encerrado en su dolor en un círculo vicioso.

4. Es bueno que los familiares estén junto a la persona que está viviendo el duelo para cuando necesite ayuda,

pero tenga cuidado en que esto no se convierta en una dependencia que después sería muy difícil erradicar.

5. Anime a su paciente a que haga deporte y mantenga una buena higiene personal. Además de que se sentirá en mejor estado físico, también evitará posibles malos hábitos como el refugiarse tras el alcohol, las drogas o los fármacos. En este sentido, si es usted médico, le puede recomendar algún tranquilizante antes de acostarse y sólo durante los primeros días de la pérdida. Los ansiolíticos e hipnóticos sólo se deben recetar si no hay más remedio y en dosis mínimas para evitar que la persona "tape" su duelo y anestesie las emociones, porque tarde o temprano tendrán que salir al exterior.

6. Dígale que haga cosas de las que el fallecido se sentiría orgulloso si viera a su paciente en esos momentos.

7. Debe cuidar las fechas conmemorativas de cualquier tema relacionado con el fallecido –aniversario de boda, cumpleaños, Navidad, santo, etcétera–, ya que en esos días se tiende a caer más en depresión.

8. Permita que su paciente pueda expresar su dolor a través de sus manos y sus cualidades artísticas –pintar, escribir, tocar algún instrumento–, ya que esto es una vía para no dejar que las emociones se estanquen en el lago del dolor y la muerte.

9. Recomiéndele libros de autoayuda sobre la pérdida de seres queridos y el duelo.

10. Encargue a su paciente que recopile recuerdos y momentos bonitos que disfrutó con ese Ser querido –fotos, escritos, poesías, anécdotas, comentarios– y que los pueda hablar con usted en terapia, ya que esto le permitirá irse desvinculando poco a poco de esos núcleos emocionales tan fuertes que le producen ese gran dolor en la actualidad.

11. En sesión regresiva deberá usted hacer que el paciente entre en contacto con el fallecido para poder hablar con él/ella y cerrar temas que quedasen pendientes.

Aunque existen dos escenarios específicos para trabajar el duelo –"el puente" y "el adiós"– que veremos más adelante, podemos sin embargo llevar a cabo la terapia siguiendo el esquema y procedimiento habituales, teniendo en cuenta que en los escenarios de trabajo saldrá con mucha frecuencia la persona o personas queridas que ya no están en este plano físico. Por ello son oportunidades preciosas para trabajar todo lo que quedó pendiente antes de su muerte. Es profundamente sanador cerrar estos ciclos limpiando heridas del pasado que siguen abiertas; el encuentro espiritual con ese Ser de Luz proporciona una paz y armonía muy enriquecedora a la persona que sigue en esa fase de duelo persistente. Generalmente se produce un giro terapéutico con una visión más amplia de conciencia y la tranquilidad de que esa persona tan especial para el experimentador, desprende una paz contagiosa, también para el terapeuta que disipa los miedos instantáneamente; se producen entonces unos diálogos sencillos pero que van directo al corazón actuando de limpiador del daño causado.

Este es el caso de Ramón, quien perdió a sus padres y su hermano pequeño de dos años en un accidente automovilístico cuando él tenía 12 años de edad. Se hicieron cargo de él sus tíos y una abuela con los que vivió hasta los 18 años. Sus reacciones en la niñez y juventud fueron de rebeldía pero de adulto se habían agravado y se habían vuelto violentas; perdía el control constantemente, mentía compulsivamente y sobre todo demostraba una agresividad que le asustaba al no saber hasta dónde podría llegar en situaciones "límite". Toda esta sintomatología se había recrudecido desde que sus abuelos decidieron volver al pueblo y nuevamente se sintió solo, con miedo, y a cargo de otras dos hermanas más pequeñas que él. Su mujer tenía miedo de sus reacciones y él se veía inmerso en una necesidad de no defraudar a los demás. Esta situación le sumergía en una depresión profunda con intensos deseos de dejarlo todo y desaparecer para siempre.

A lo largo de las diferentes sesiones de la terapia, fue trabajando todos los sentimientos y el dolor que nunca pudo salir de su interior cuando ocurrió la tragedia en casa y sobre todo una inmensa aflicción por sentirse culpable de aquellas muertes, ya que el día que aconteció el accidente se dio la circunstancia de que unas horas antes había discutido con sus padres y poco después, ya se habían ido para siempre sin poder pedirles perdón.

Transcribo aquí la sesión realizada con Ramón donde se utilizó el escenario "La Catedral", ya que en ella se produce un encuentro con su familia desaparecida y podemos apreciar su valor terapéutico.

Ramón está situado frente a la Catedral y la describe así:

Paciente: Es alta, de piedra, de color gris, tiene varias torres; es un poco triste, gris, tengo una sensación fría al entrar, como de soledad, es muy grande por dentro.

En esos momentos se le explica al paciente los tres recorridos que va a tener que realizar en esa Catedral, según la estructura establecida del escenario y comienza la narración del primer viaje o recorrido:

Paciente: El suelo del pasillo central es de piedra grande, con llaga en medio. Pero según empiezo a caminar, el suelo cambia, es un suelo que yo ya he visto en la casa del pueblo.

Terapeuta: ¿Qué sensación te produce esto?

Paciente: Cada vez que lo miro es como si estuviera en la casa.

Terapeuta: Ahora te vas a transportar a esa casa: 3, 2, 1, ¡ahora!

Paciente: Estoy justo allí, tengo alrededor de ocho años. Voy a salir al corral. Ahí están mis padres bañando a mi hermano. Mi madre me llama para que vaya a ayudarla. Estoy bañando a mi hermano.

Terapeuta: ¿Cómo te sientes haciendo eso?

Paciente: Estoy muy a gusto. Me han mostrado esta imagen para que sepa que están presentes y vivos en mí. Ahora los veo de frente en la Catedral. Está mi madre y mi padre, vienen a despedirse. Me dicen que ya estoy preparado. Ahora tengo la sensación de que no los voy a volver a ver más, ellos saben que no los voy a olvidar nunca, que ya es hora de que los deje marchar. Han estado conmigo siempre, como encadenados, y ahora es el momento de que sigan su camino y yo siga el mío también. Les voy a dar un beso y dejarlos que sigan. Ellos saben que ahora sí se pueden ir, yo no los dejaba marchar; ahora lo entiendo. Me encanta tener esta oportunidad para hacerlo. Veo tres lápidas en el suelo, la otra debe ser la de mi hermano; siento paz, es como si me hubiera quitado un peso de encima. Veo otra vez el suelo... tengo que volver otra vez a la casa. Sé que debo hacer algo más allí. Al entrar en el corral, a mano izquierda, está la cocina y mi abuelo está sentado. Está esperándome. También está mi tío y también quiere despedirse *(todos fallecidos)*.

Terapeuta: ¿Qué necesitas hablar con ellos?

Paciente: Mi tío dice que ha llegado el momento de irse. Él también me ha estado ayudando. Ellos me ven bien. Me he convertido en un hombre, tengo mi vida y tengo que vivirla y no estar siempre viviendo de los recuerdos, en el pasado. Necesitan irse y yo necesito que se vayan. Mi abuelo me dice que no me guarda rencor, que también se va en paz, que no hice nada malo. Me abrazan y siento su energía cómo atraviesa todo mi cuerpo, cómo penetra por todas partes.

Terapeuta: Ahora necesitas de una vez por todas decirles aquellas cosas que no les dijiste en su día y lo tienes ahí dentro de ti. ¿Quieres seguir con ello toda la vida?

Paciente: No.

Terapeuta: Entonces dilo, es el momento.

Paciente: Nunca pude demostrar ser lo que era. Ustedes tenían una imagen de mí: tenía que ser un hombre, no llorar, no ser débil, no fallarles porque si no, parecía que me lo iban a reprochar. No podía fallar nunca a nadie, ya les fallé a mis padres, a nadie más otra vez. Tenía que dar una imagen muy concreta al mundo. De mayor me he convertido en lo que no quería; soy como un monstruo, es todo mentira. Sabía que la estaba cagando todos los días, yo sabía que en mi interior yo no era realmente así, que todo era mentira, y es muy duro tener que llevar siempre esa armadura sobre ti. No la quiero más, por eso he decidido hablar con ustedes. Decirles todo lo que no pude decirles antes.

Terapeuta: ¿Cómo te sientes ahora?

Paciente: Mucho mejor. Siento un alivio muy grande en mi corazón. Ahora veo una rosa en el suelo.

Terapeuta: Vas a tomar esa rosa entre tus manos y su olor te va a transportar hacia el mensaje que hay detrás de ella.

Paciente: Estoy en el salón de casa, tengo alrededor de 11 años y veo a mi hermano que tiene un añito. Ya no me acordaba de cómo era. Lo tengo en brazos y está llorando. Estoy nervioso porque no se calla hasta que viene mamá y lo abraza. Es como si estuviera viendo una película… El niño tiene el mismo olor que la rosa… ahora la rosa de la Catedral se empieza a transformar y se convierte en una niña. Es una niña que tiene unos 10 años; es mi hermano que ha reencarnado en una niña. Me habla como si me conociera perfectamente, sabe todo de mí, de mis pensamientos, de mis miedos, de mis anhelos; es extraño pero agradable, me da consejos; me dice que no me preocupe más, que todo está bien. Sabe que nuestros padres están bien pero no puede decirme más cosas. Me da una sensación de confianza muy grande, es como si la niña fuera un sabio. Ella está muy bien y me hace sentir tranquilo sabiendo que hay algo más después de la muerte.

Se van… me he despedido de todos mis recuerdos. Era algo de lo que no podía desprenderme; siempre recordando, llorando… necesitaba sacarlos de ahí. Es un peso muy grande que me he quitado. Sólo eran pesares. Cosas que no hice, que no dije… ahora tengo la sensación de que se han ido y ahora sí podré recordarlos.

En el segundo recorrido al final está su abuela esperándolo.

Paciente: Tengo miedo a acercarme, me oprime el pecho y no sé qué hacer.

Terapeuta: Acércate.

Paciente: Dice que está ahí para despedirse *(su abuela aún vivía en estos momentos)*. Dice que ella también es mayor y llegará el momento en que tenga que irse. Dice que tengo que hacer mi vida sin depender de ella, que debo saber que puedo valerme por mí mismo. También viene mi tío Pepe y mi tía. Mis hermanas están al lado sentadas, me abrazan, sonríen, tengo abrazada a mi abuela; siento que ya no tengo que depender de ellos, están para ayudarme pero yo tengo que tomar mis decisiones. Les digo que lo voy a hacer, que ahora ya no sabría hacerlo de otra manera. Me siento bien; ahora no tengo qué demostrar a nadie nada, ahora simplemente soy lo que quiero ser.

Terapeuta: Muy bien, pues despídete de ellos y vamos a continuar.

Ramón consiguió liberarse para siempre de su dolor y sentimientos de culpa por algo que nunca hizo y aceptarse tal como es. En su propia carta de cierre de su terapia hacía estos comentarios:

"Pese a que en algunos momentos el proceso terapéutico fuera duro, también ha sido muy bonito. Poco a poco he ido conociendo a esa persona que hay dentro de mí y ha sido una experiencia fantástica; particularmente, pienso que eso es lo que ahora me hace tanto bien, el haber ido conociéndome, aceptándome tal como soy, conociendo cuáles son mis límites, aprendiendo a controlar mis reacciones... todo esto me ha convertido en otra persona. A veces pienso que estoy viviendo otra vida, otra vida que me encanta y el '¡no va más!', llega cuando me doy cuenta de que no es otra vida ni de otra persona; que es mía ¡mi vida! Resulta que lo único que había que hacer era quitarle la tapa al cubo de basura y sacar de él todo aquello que estaba podrido".

En el proceso de la terapia la elaboración del duelo termina cuando el paciente es capaz de tomar conciencia de lo que ha perdido para siempre. A veces vivimos toda la vida con una máscara puesta de "muerte" sin saber que es sólo eso, "una máscara". Como decía Padmasambhava: "Todos hemos muerto, pero en realidad nadie ha muerto".

Escenario del puente

Para cerrar los duelos, este resulta un escenario excelente ya que permite desconectar con ese cordón emocional que simbólicamente representa cortar el puente. Después de la relajación, sitúe a su paciente entre dos altas montañas donde haya un puente colgante que une a ambas. Dígale que vaya hasta el centro del mismo y allí se va a encontrar con alguien que lo está esperando. Una vez producido el contacto, se inicia el diálogo entre ellos pero sin reproches, para llegar a entender lo que quedó pendiente, lo que faltó. En estos momentos su trabajo como terapeuta es acompañar al paciente y no querer ser el protagonista de la historia. Cuando aparecen emociones intensas, se puede hacer regresión al pasado y limpiar aquellos puntos oscuros que aún quedan incrustrados en la psiquis.

Después de haber trabajado todo lo que el paciente necesite, será el momento de cerrar el proceso y es cuando se despide de su Ser querido, dejando que continúe su camino y que termine de pasar el puente, al tiempo que su paciente se da la vuelta para regresar a su orilla, diciéndole que prosiga en paz. Cuando ha regresado a este lado es el momento de pedirle que se dé la vuelta y que mire a ver lo que ha ocurrido, después, dígale que corte el puente y se aleje por un nuevo camino que va de frente y girando hacia la derecha. Veamos un ejemplo con Guadalupe, que llevaba varios meses sumergida en una gran depresión tras la muerte de su madre y sentía la necesidad de reclamarle algunos temas que habían quedado abiertos a lo largo de su vida:

Terapeuta: ¿Puedes ver y describirme el puente?

Paciente: Es muy largo y está entre las nubes. Lo tapó el celaje y ya no lo veo.

Terapeuta: ¿Cómo te sientes cuando te acercas a él?

Paciente: Yo quiero ir ahí. Sólo veo la primera parte, no veo el final.

Terapeuta: Quiero que entres al puente. Camina y cuéntame qué pasa.

Paciente: Son como dos tablas en la parte de abajo, a los lados tiene como cositas de metal, como cables de metal. Me siento muy chiquita.

Terapeuta: Sigue caminando hasta llegar al centro del mismo.

Paciente: La niña no quiere estar sola. No quiere estar sola *(comienza a llorar)*.

Terapeuta: Ahora vas a ver a una persona. Acércate.

Paciente: Quiero que venga por mí. Está al otro lado *(continua llorando)*, estoy contenta. Es muy linda pero no se acerca. Sé que es *mami*, estoy chiquita y la necesito. Siento que tengo como cinco años. Me siento como bloqueada sin poderme mover. Mamá se ve muy linda.

Terapeuta: Recuerda que tú estás aquí porque has venido para cerrar cosas pendientes con *mami*. Yo quiero que veas cómo comienzas a crecer y vas a ser la mujer adulta de hoy; ya no eres la niña de cinco años, aquella etapa ya pasó y vas a llamar a mamá y a dejar que llegue donde tú estás. Le vas a pedir que venga al centro del puente porque tú quieres hablar con ella *(decidí hacer esto puesto que Guadalupe estaba tomando una actitud infantil de paralización y demanda de protección, siendo en la actualidad una mujer adulta de 50 años que necesitaba aclarar y solucionar cosas, y para ello era necesaria una capacidad proactiva y en movimiento).* Mamá está esperando para hacer otro trabajo, dar otro paso a otro nivel y debes dejar que se vaya, pero antes tú vas a poder estar con ella y aclarar lo que necesites. Piensa que mientras sigas queriendo ser la niña de cinco años, ella no se va a acercar. Debe ser la adulta la que esté frente a su mamá.

Paciente: Ya está aquí. Me siento muy bien porque está conmigo. Se ve joven pero es ella. Se ve muy bella.

Terapeuta: ¿Hay dolor en mamá?

Paciente: No.

Terapeuta: ¿Y cómo te hace sentir el saber que mamá no tiene dolor?

Paciente: Segura.

Terapeuta: Y ahora que está aquí, ¿qué quieres hacer?

Paciente: Quiero saber si me quería. Cuando era pequeña me preocupaba mucho que quisiera más a mi hermana. Mamá, ¿me quieres? Me dice que sí. Yo no quería que me pegaras cuando era niña, me hacías sentir sola e insegura, me daba miedo, no me dabas la mano; yo quería la mano. Tenía mucho miedo. Es el mismo miedo que he sentido muchas veces en mi vida. Ahora mamá me da la mano y me siento alegre y segura. Quiero un abrazo pero mamá no da abrazos.

Terapeuta: Pregúntale a ver qué pasa, dile cómo te sentirías si te diera un abrazo.

Paciente: Me sentiría muy bien si me dieras un abrazo. Mamá, por favor. Se acerca y me acaricia los brazos *(ríe)*, siento una energía que me envuelve *(ríe muy fuerte)*, me hace sentir muy bien. Esperé tanto tiempo para esto *(ríe abiertamente y con fuerza)*. Más, más, quiero sentirlo más.

Terapeuta: ¿Qué hacen las células de tu cuerpo cuando sienten el abrazo?

Paciente: Se expanden. Ya no están solas, se sienten juntas, millones de vidas dentro de mí se expanden, me siento muy fuerte, me siento muy bien, ¡me lo diste mamá! Ella sonríe y dice que yo también soy linda.

Terapeuta: Repítelo otra vez.

Paciente: Que también soy linda, soy linda, me lo repite y dice que me parezco a ella *(ríe)*. Me siento muy, muy bien. Soy feliz, soy feliz, me parezco a ti mamá, qué linda…

Terapeuta: ¿Cómo se siente ella al verte feliz?

Paciente: Más radiante.

Terapeuta: Y ahora vamos a preguntarle a mamá cómo se sentía ella cuando tú estabas empeñada en abandonar todo:

tus tratamientos médicos, tu familia, tu trabajo, y encerrarte en ti. Mira cómo se sentía mamá.

Paciente: Estaba molesta. Yo quiero verla radiante.

Terapeuta: Y entonces, ¿qué tienes que hacer para que mamá, a donde se vaya, esté radiante?

Paciente: Voy a estar bien.

Terapeuta: Díselo a mamá, dile cuáles van a ser los compromisos que vas a adquirir con ella, ¡vamos! Díselo bien fuerte.

Paciente: *Mami,* voy a estar bien, tú me enseñaste a ser luchadora; soy luchadora, yo puedo y tú estás conmigo. Ahora sé que me quieres.

Terapeuta: ¿Eso es lo que vas a hacer por mamá para que se sienta bien?, ¿tú vas a estar feliz?, ¿tú madre confía en ti?

Paciente: Sí.

Terapeuta: Entonces, ahora tú también dale otro abrazo con mucha energía porque a ella también le gusta tu energía.

Paciente: Se juntan las dos energías y se hacen muy fuertes, brillantes e irradian mucho amor. Ahora puedo dar luz y me gusta mucho.

Terapeuta: Dile ahora a mamá cómo te vas a sentir a partir de hoy cada vez que te levantes por las mañanas en honor a ella para que se sienta orgullosa de su hija donde quiera que esté.

Paciente: *Mami,* voy a dar luz, se la voy a dar a los demás; voy a dar luz así como ahora y me voy a sentir como ahora. *Mami,* mi vida es mía y soy responsable de ella; es mía, yo la asumo y extiendo mi luz a los demás, voy a ser feliz. Ahora ella sólo quiere ser luz, ahora ya no hay ataduras y ya no tiene qué mostrarse más. Te quiero mucho *mami,* soy una parte tuya y siempre estarás conmigo en mi corazón.

Terapeuta: A partir de hoy, si en algún momento llegas a sentir tristeza y soledad, llegará la imagen de mamá y el compromiso que acabas de adquirir con ella porque tú sabes ahora que cuanto más feliz seas, más luz podrás irradiar y mamá se sentirá más orgullosa de ti *(se está realizando un anclaje).*

Paciente: ¡Qué maravilla! ¡Qué bien!

Terapeuta: Ahora ya despídete de mamá, bendícela para que siga su camino y dile adiós.

Paciente: Sigue tu camino *mami*, yo te bendigo y recibo tus bendiciones, las deseaba mucho… ya se va.

La paciente regresó a su lado del puente donde encontró allí a sus familiares que estaban esperándola y que querían recibir su luz, se fundió con todos ellos y se fue por el nuevo camino del futuro que quedaba a su derecha. Se fue el miedo, la soledad y la pena. Ya estaba preparada para seguir avanzando en su nuevo camino sin necesidad de buscar la protección de esa mamá que nunca había sentido antes.

Estos son los comentarios que Guadalupe hacía tras terminar esa sesión:

"En principio se presentó como un cuerpo humano porque yo necesitaba verla así. Después se manifestó sólo como energía. Yo creí que iban a salir otras preguntas, otros reclamos, pero me di cuenta de que no son importantes, es más lo que uno siente; no son cuestionamientos sino la emoción que uno siente, eso es lo realmente importante. El abrazo con mi madre fue grandioso y se expandía, era una energía muy grande que se extendía a todo; fue maravilloso pero la otra parte maravillosa fue cuando al volver a mi lado del puente, el mismo se fue desintegrando. Yo creí que lo iba a cortar pero no, se empezó a deshacer, se deshizo completamente y fue muy grato para mí. Ahora siento un gran calor en mi plexo solar, es muy rico y siento un gran calor que sale de mi cuerpo, es muy agradable, es luz y me siento diferente, con más paz. Ahora soy diferente a ayer. Sé que vuelvo a vivir y me siento tranquila y feliz".

Capítulo X
Las percepciones
y experiencias extrasensoriales

"Hay cosas encerradas dentro de los muros que, si salieran de pronto a la calle y gritaran, llenarían el mundo".

Federico García Lorca

Introducción

Es una forma de captar y transmitir información a través de otras vías que no son los cinco canales sensoriales que conocemos (vista, tacto, gusto, oído y olfato).

Según las creencias y sabiduría que me han transmitido algunos *Chamanes* cuando he estado con ellos viviendo experiencias internas muy especiales, el ser humano debe trabajar para potenciar el sexto sentido que todos tenemos; se trata de la intuición. Si somos capaces de desarrollarlo correctamente, podremos entonces acceder al resto de sentidos que son nada menos que ciento catorce; nos queda un largo camino por recorrer si queremos descubrirlos.

Edgar Cayce es un ejemplo de una persona que tuvo una gran percepción extrasensorial y que vivió innumerables experiencias de *"déjà vu"* y contactos sobrenaturales a lo largo de su vida.

El tener cultivados algunos de estos sentidos, nos permitirían entender y dar respuesta a gran parte de los misterios que aún permanecen ocultos sobre estos diferentes aspectos que veremos y trataré de analizar más adelante. Ahora bien, es importante antes, tratar de separar y distinguir entre las cosas reales y las que no lo son. En este sentido tengo que decir que casi todas las experiencias que denominamos "apariciones" pueden tener una explicación racional y ese contacto con espíritus, sólo es real a nivel puramente mental.

Se habla de las radiaciones electromagnéticas que producen las visiones de "fantasmas", pero en la inmensa mayoría de los casos, el sonido de bajas frecuencias producido por algún electrodoméstico, frigorífico, ventilador, generador, cables de la luz, teléfono… afectan a nuestro cuerpo produciendo una perturbación de la periferia del globo ocular que es la causante de estas imágenes.

Esto puede entenderse desde el terreno puramente neuropsicofisiobiológico, pero entonces, ¿cuál es la respuesta al por qué se ha fotografiado a veces la energía de estos Seres? Las máquinas no se dejan influenciar mentalmente ni tampoco cierto tipo de frecuencias pueden afectar el *zoom* y mucho menos a una psiquis que no tienen.

Por esta razón, también existe un gran colectivo de personas que cree que todo lo que se experimenta en esos estados es real, y que esos contactos con "fantasmas" son ciertos y se encuentran atrapados en otro tipo de plano y vibración distinto al que vivimos nosotros y en muchas ocasiones ni reconocen lo que les está sucediendo.

En algunas oportunidades hemos podido fotografiar unas esferas de luz por encima de las cabezas de determinadas personas, sobre todo cuando se encuentran en estados de meditación; para los investigadores y creyentes del "más allá", serán esferas espirituales con experiencias de vida previa; sin embargo para los más escépticos, son simples partículas de polvo en el aire y cuando el *flash* incide sobre éste, se queda reflejado sobre la lente de la cámara. Lo curioso, al menos en mi caso, es que cuando he fotografiado estas esferas, ha sido siempre cuando alguno de mis allegados estaba en estados ampliados de conciencia y sin embargo nunca han salido las esferas en otro tipo de cientos de fotografías que he realizado en otros momentos. ¿Dónde está entonces la verdadera respuesta?

Habrá tantas como personas, y en definitiva lo importante será que cada uno haga su propia elección y sobre todo que tratemos de vivirlo y experimentarlo para poder opinar desde el terreno de la vivencia y no desde el distante teórico y conceptual.

Si usted personalmente siente curiosidad por experimentar y tratar de conectar con estas energías, parece ser que la mejor hora para poder establecer conexiones en estos "niveles de vibración", es por la noche antes de acostarse y para recibir comunicaciones de "ellos", es por la mañana: nada más despertar.

EXPERIENCIAS CERCANAS A LA MUERTE (ECM)

Casi todos nosotros hemos leído algún artículo o escuchado un relato de amigos o en televisión sobre estas experiencias de muerte clínica, donde una persona, después de estar durante más de cinco minutos sin registro de actividad cerebral, ha vuelto a la vida. Aunque este tipo de experiencias siempre han estado presentes a lo largo de la historia y podemos leer sobre ellas en las obras de los filósofos griegos o más cercano a nosotros en algunos escritos de Carl Jung, a partir de los años 60's, de la mano de Raymond Moody, es cuando realmente se comienza a investigar más a profundidad sobre este tema. El doctor Moody plasmó las conclusiones de más de 20 años de investigaciones en 1975 en el famoso libro *Life after life* (*Vida después de la vida*), que tanta polémica levantó en los círculos científicos de todo el mundo. Después de él, infinidad de investigadores han seguido interesándose y avanzando en esta materia que intenta encontrar un sentido a nuestra vida buscando evidencias que puedan demostrar que sobrevivimos a lo que entendemos como muerte y que más allá de esta frontera, hay una continuidad de la vida y se abre un nuevo mundo para nuestro Espíritu, nuestra Alma, nuestra Esencia, nuestro Ser... como cada uno prefiera denominarlo.

Destacar en este sentido el trabajo que viene realizando la International Association for Near Death Studies –IANSDS– que desde su creación en 1975 por parte de John R. Audette y más tarde constitución formal en 1978 dirigida por el doctor

Kenneth Ring, es la organización más representativa a nivel mundial en la investigación y divulgación de esta materia.

Entre sus miembros podemos resaltar el trabajo de investigadores como los doctores Meter Fenwick, Pin Van Lommel, Michael Saborn, Donald Mueller, Bruce Greyson y Diane Corcoran.

La muerte sigue siendo un tabú de la cual no nos gusta hablar en nuestra cultura occidental, que tiende a la autosuficiencia del "Yo". Tal como comenta mi querido alumno y amigo Fernando Suazo en su fantástico libro *La cultura Maya ante la muerte*, ésta señala el principio del "no ser" y constituye por tanto una objeción definitiva, estructural. Ante ella, el supuesto de la autosuficiencia, justificado desde la Razón, queda desbaratado. Por eso, la cultura occidental decide actuar como si la muerte no existiera, por supuesto sin zafarse de su amenaza.

Pero esta inquietud por sobrevivir a la muerte física siempre ha sido una búsqueda y esperanza para el hombre estando arraigada en el inconsciente colectivo de todas las culturas, desde el principio de los tiempos. La necesidad de saber qué pasa con nosotros después de la muerte, nos ha llevado a buscar explicaciones desde todas las diferentes líneas de investigación y creencias religiosas. Muchos investigadores han intentado buscar la explicación neurológica, fisiológica o farmacológica que provoca estas vivencias a través de fenómenos alucinatorios, planteando que lo que ocurre no está fuera del cuerpo sino dentro de nuestro cerebro, pudiendo estar provocado por la falta de oxígeno que estimula al sistema límbico, lóbulo temporal e hipocampo ya que solo está clínicamente muerto cuando desaparece la actividad eléctrica del tronco encefálico. Desde el campo de la psicología, afirman que son simplemente creaciones de nuestra mente producto de nuestra imaginación y nuestros deseos más profundos; otros han buscado a través de la religión y la fe, y creen que seguimos viviendo después de la muerte en otros niveles más elevados de vibración. La física cuántica en estos momentos, está dando un nuevo giro a estas explicaciones que hacen que poco a poco se vaya viendo la necesidad de crear un nuevo paradigma y dejar de lado las conclusiones tradicionales que hasta ahora sabíamos y que ya están quedando obsoletas.

Lo que ocurre en estas experiencias cercanas a la muerte –ECM– es muy difícil de explicar, ya que son sensaciones que se experimentan desde el lado puramente emocional y están localizadas en una zona del cerebro de intrincado acceso al lenguaje de la palabra o al escrito, siendo del dominio absoluto del lado vivencial.

Lo que es muy común en casi todos los casos analizados, es que las personas que han tenido esta experiencia suelen tener una profunda transformación, cambian sus escalas de valores a partir de su vuelta e inician un camino de vida más trascendental y amoroso desde ese momento, comenzando a sentir inclinación por ayudar a los demás, y crear un mundo mejor y más humano. En todos los casos algo espectacular que sucede es que se elimina en estas personas el sentimiento de miedo a la muerte que está tan arraigado en todos nosotros y del que huimos continuamente.

Tras analizar las sesiones de trabajo con pacientes que han tenido una de estas experiencias en su vida, podemos ver que se da en ellos una serie de patrones y existe un común denominador que suele pesentarse en este tipo de experiencias y que las personas que las han vivido las describen de esta manera:

- **Desdoblamiento**: Separación del cuerpo material. La persona se ve desde fuera flotando por encima de su cuerpo material, como a unos dos metros de distancia y observando todo lo que sucede a su alrededor. Se siente uno libre de la dimensión espacio y tiempo.
- **Agudización de los canales sensoriales**: Cuando esta experiencia se ha producido como consecuencia de algún tipo de intervención quirúrgica o una conmoción fuerte en un accidente, suelen agudizarse los canales

sensoriales en esos momentos y ver con todo detalle, percibir el olor y escuchar perfectamente todos los comentarios que hacen las personas que se encuentran a su alrededor.

- **Sensación de oscuridad y zumbido en los oídos**: Aparición de un túnel oscuro por el cual el sujeto es succionado y elevado, sintiendo como una especie de espiral por la que es absorbido y una sensación de mareo y zumbido interior producido por el desdoblamiento de cuerpo-mente.

- **Espacio de luz y sensación de expansión**: Al final del túnel aparece mucha luz, muy agradable, acogedora y amorosa pero diferente a la luz que conocemos nosotros e imposible de describir por parte del sujeto en palabras comprensibles para nuestra razón.

- **Representaciones sagradas, guías y familiares**: A medida que uno se va acercando a esa luz, suelen aparecer Seres, Guías o familiares ya desaparecidos que nos están esperando. Nuestros seres queridos transmiten sensación de paz y alegría y esto nos hace sentir sumamente cómodos en ese estado en el que nos encontramos. El contacto con ellos se produce de manera telepática sin necesidad de articular palabras.

- **Cerrando heridas**: En ocasiones la persona puede reconciliarse con algún ser querido con el que en su momento, en esta vida terrenal, quedaron temas pendientes.

- **Espacios abiertos de luz**: A veces las personas describen un lugar de inmensa luz donde hay naturaleza y las personas conviven en paz y armonía. Son comentarios que nos aproximan a la descripción que en muchas ocasiones se ha hecho sobre el Paraíso o el Nirvana, aunque también ocasionalmente la persona ha podido vivir esta experiencia en un mundo aterrador lleno de oscuridad y entidades negativas (son las excepciones).

- **El balance de vida**: Ese Guía que nos está esperando suele hacernos ver, como en una película o un libro que pasa rápidamente por nuestra mente, todas las acciones que hemos realizado en esta vida y tomar conciencia de ellas, tanto las adecuadas y favorables como aquellas que han producido cualquier tipo de negatividad en nosotros o en nuestro entorno. Conocer el propósito de nuestra vida y si éste se llevó a cabo o no.

- **Toma de conciencia de historia inacabada**: Se toma conciencia, o bien por medio del Guía, familiares o por nosotros mismos de que aún no es el momento de partir y que debemos regresar a nuestro cuerpo físico terrenal para terminar una serie de trabajos pendientes antes de trascender a estos otros niveles de conciencia. A veces este cordón que nos tiene atados a la vida actual, puede ser la responsabilidad de cuidar a nuestros padres, formar a nuestros hijos, hermanos, alguna labor social, quedando muy sensibilizados y concientizados por esta misión que se debe realizar.

- **Resistencia a la vuelta**: Esta toma de conciencia de la necesidad de volver, no suele agradar a la persona ya que las sensaciones que se experimentan en estas vivencias, por lo general son muy agradables y placenteras, en contraste con la lucha de la vida cotidiana.

- **Aterrizaje y contacto con la vida material**: La toma de contacto nuevamente con nuestro mundo terrenal se produce a través de escuchar palabras de personas que desde nuestro plano de conciencia en Beta nos llaman y nos suplican la vuelta o bien por decisión propia porque sabemos que tenemos una misión que realizar. Cuando se vuelve a este plano desaparece la sensación de expansión de conciencia.

En numerosas ocasiones existe una necesidad de conocer más detalles de lo que ocurrió por parte de la persona que tuvo esta experiencia cercana a la muerte y a lo largo del trabajo con la Terapia Regresiva Reconstructiva, en algún momento se considera interesante por parte del "Facilitador" el trabajar esta área para reforzar algún tema y es cuando podemos hacer una regresión con el paciente al momento en que aquella experiencia ocurrió en su vida real para analizarla con mayor detalle y detenimiento desde estos estados de ampliación de conciencia controlada.

La vía de acceso es sencilla puesto que sólo se debe relajar al interesado y bajar sus niveles de vibración cerebral a Theta, como hacemos para trabajar con el resto de los diferentes escenarios en TRR y desde allí, a través de una orden directa, llevarlo al momento en que sucedió esa experiencia. Desde ese instante su paciente comenzará a relatar la experiencia.

Las personas detallan aquí de manera meticulosa todo lo que ven y lo que sienten. Hay infinidad de experiencias de este tipo que suceden a diario en todos los países del mundo pero de vez en cuando se producen algunas asombrosas como las acontecidas en Argentina en 1991 con una persona que vio y describió con todo tipo de detalles lo que estaba ocurriendo en la sala de operaciones donde tuvo una muerte cerebral clínica. Tras la rápida actuación del equipo médico y al salir de la experiencia y volver a la vida, detalló con escrupuloso detalle cómo actuaban los médicos, las palabras y comentarios que estaban diciendo y describió cómo eran los diferentes utensilios que estaban utilizando y otros que se encontraban más distantes de la propia mesa del quirófano. Lo más asombroso de todo esto es que la persona era ciega de nacimiento.

A continuación, le incluyo textualmente el relato de la experiencia que tuvo hace ya muchos años mi buen amigo y delegado de AETRA en San José de Costa Rica, el licenciado Hugo D. Seltzer, ya que esto sería el principio de una nueva forma de vivir y entendimiento de los misterios que hay más allá de lo que llamamos muerte:

"La historia comienza cuando tenía 17 años y un 28 de mayo de 1975 tomé un *bus* para viajar desde

Mendoza –Argentina– a Córdoba. Iba a visitar a mi hermana que por ese entonces estudiaba Medicina en la Docta –Córdoba–. El *bus* salía a las 22:30 y a las 22:10 yo subí al autobús con mi asiento preasignado; el mismo era en la última fila, tenía una gran decepción al ver que a la par mío iba una señora como de unos 85 años y en el asiento de delante una muchacha de unos 20, muy guapa. Por ello decidí sentarme a la par de la muchacha pues veía que ese asiento iba a quedar vacío. En el momento de salir del *bus*, cuando ya estaba haciendo marcha atrás, entró un muchacho joven de barba que venía con su billete de asiento mirando directamente hacia atrás; yo rogaba que no fuera mi asiento… pero no tuve "suerte" porque era el mío y ante mi propuesta de sentarse atrás con la viejecita y ver el bombón a la par mía –que era su asiento–, me dijo que no, que por favor le dejara su lugar.

Yo me fui de muy mala gana atrás y decidí entrar en un sueño que a los pocos kilómetros ya era profundo. Ahí me dormí y me desperté una semana después en el Policlínico de Cuyo en Mendoza, en cuidados intensivos. Había pasado todo ese tiempo en *coma* con un traumatismo encefalocraneano grave, tenía 25 puntos en la cabeza y algunos huesos rotos.

Cuando me di cuenta de lo que había pasado me enteré de que el chofer del *bus* se había quedado dormido y en un cruce chocó de frente con un camión que transportaba aceite comestible; el acoplado del camión había dado un trompo y al golpear el *bus* mató a todos los que estaban desde el asiento de delante al mío, o sea que la muchacha guapa y el muchacho de barba habían muerto instantáneamente.

Yo no recordaba nada del accidente, excepto unos pequeños chispazos de conciencia como ver el *bus* incendiándose y cuando me sacaban de él por una ventana.

Pasados seis meses fui a ver el estreno de la película *Terremoto* que tenía como novedad el sonido con movimiento, o sea que el cine se cimbraba con los ruidos típicos del terremoto... pero lo que a mí me conmocionó fueron los gritos de la gente que me hicieron transportarme al *bus* cuando había comenzado a incendiarse unos momentos después del accidente; de ahí en más llegó a mi mente un torbellino de imágenes, sonidos, olores y sensaciones.

Entre ellas se encontraba una imagen de mi cuerpo en una camilla de cuidados intensivos y yo me veía desde arriba, podía observar a los otros enfermos. También recuerdo que podía viajar sin mi cuerpo a los pasillos y ver a mis padres y otros parientes y amigos hablando con los médicos.

La parte más interesante de esta etapa fue cuando me fui viajando fuera de mi cuerpo por un túnel con una luz blanca muy intensa al final del mismo. Tenía como un imán que me atraía mucho y yo sentía mucha paz al ir para allá; era una sensación sumamente placentera... pero en un momento, casi llegando a ese Nirvana, sentí una voz que me dijo: No es tu tiempo, tienes que regresar. Tendrás cuatro hijas que tú debes criar... ellas son muy especiales y están esperando un papá como tú... y tienes un camino muy especial para recorrer. Ahí se me dieron ciertas instrucciones de cosas que después fueron pasando en mi vida, entre ellas esas cuatro hijas adorables que tengo al día de hoy. Hay otras muchas cosas que aún no puedo contar porque no han terminado de suceder y que cuando sea el momento podré comentar...

Esta fue mi experiencia cercana a la muerte..."

Cómo trabajar con personas que perciben Seres o Entidades

La Terapia Regresiva Reconstructiva es una terapia transpersonal, tal vez por ese motivo y con cierta frecuencia acuden personas que nos comentan que perciben presencias o seres que no se manifiestan para los demás; hablamos de seres no encarnados. Estos pueden ser parientes, amigos fallecidos o bien, sin ser conocidos por la persona, seres que necesitan ayuda o facilitan mensajes con el fin de que estos sean transmitidos a terceros.

No se sabe si estas experiencias son alucinaciones o si realmente la persona está captando información de otras dimensiones que nosotros no conocemos.

Las investigaciones científicas han dado respuestas a algunos de estos interrogantes –hablando de campos magnéticos– que inciden en los lóbulos temporales del cerebro. Al igual que cuando se está en meditación, en algunos momentos los lóbulos parietales tienen un menor flujo de sangre y la falta de oxígeno en el cerebro puede provocar este tipo de experiencias.

Desde el punto de vista terapéutico es prioritario, como primera medida, hacer un diagnóstico diferencial y poder delimitar claramente algunos trastornos psicológicos que están recogidos y catalogados por la ciencia médica como trastornos graves de la personalidad en los que se dan alucinaciones como en los casos del *delirium,* alucinosis orgánica, trastornos esquizofrénicos y/u otros trastornos psicóticos. Hagamos un breve resumen con los síntomas más diferenciadores de ellos.

DELIRIUM

El síntoma esencial es un estado de obnubilación de conciencia; es decir, una reducción de la capacidad de identificar y reconocer el entorno. Los cerebros inmaduros y seniles son más susceptibles al desarrollo del *delirium* y la posibilidad de que un sujeto presente este síndrome aumenta si existe una historia previa de *delirium* o si hay una lesión cerebral preexistente. Las alucinaciones y las falsas percepciones sensoriales son sobre todo visuales, aunque también pueden pertenecer a otras modalidades sensoriales.

Criterios para distinguirlo:

1. Obnubilación de conciencia con reducción de la capacidad para fijar, cambiar o sostener la atención a los estímulos ambientales
2. Al menos dos de los siguientes síntomas:
   - Desorientación y deterioro de la memoria
   - Trastornos del sueño
   - Trastornos perceptivos (ilusiones o alucinaciones)
   - Lenguaje incoherente
   - Síntomas clínicos que se desarrollan en un corto periodo de tiempo –habitualmente en horas o días– y que tienden a fluctuar en el curso del día.
3. Evidencia a través de la historia clínica, el examen físico o las pruebas de laboratorio, de un factor orgánico específico que se estima relacionado con el trastorno.

ALUCINOSIS ORGÁNICA

El síntoma esencial es la presencia de alucinaciones recurrentes que se dan en un estado de conciencia normal –por lo tanto no hay obnubilación de conciencia– y que son atribuidas a un factor orgánico específico, teniendo en cuenta que algunos factores orgánicos tienen tendencia a producir ciertos tipos específicos de alucinación. Por ejemplo, los alucinógenos causan alucinaciones visuales en general, mientras que el alcohol acostumbra a producir alucinaciones auditivas. Los sujetos ciegos por cataratas pueden desarrollar alucinaciones visuales y los sordos pueden presentar alucinaciones auditivas. La persona, tanto puede tener conciencia de que las alucinaciones no son reales, como presentar una convicción delirante de que lo son.

Criterios para distinguirlo:

1. El síntoma fundamental son las alucinaciones recurrentes o persistentes.
2. No hay obnubilación de la conciencia como en el *delirium*.
3. A través de la historia clínica, los exámenes físico y de laboratorio, se demuestra un factor orgánico específico que se estima como la causa relacionada con el trastorno.

Trastornos esquizofrénicos

Este grupo de trastornos es de muy amplia clasificación y para ver sus criterios de distinción le remitiré al Capítulo VII en el que hacíamos un apartado exclusivo para hablar de esta dolencia.

Hay muchísimos libros escritos sobre los síntomas más llamativos de estas denominadas enfermedades mentales; sin embargo, recordemos el lema de que: "No hay enfermedades sino enfermos". Por eso, le recomiendo que cuando empiece a trabajar con un paciente y tenga dudas acerca de si puede padecer alguno de los trastornos anteriormente mencionados, centre la atención especialmente en las siguientes observaciones:

- Estos enfermos no están en condiciones de reconocer que sus percepciones –visuales, olfativas, auditivas, olfativas, sensoriales– son interiores y no están presentes en el mundo externo (están fuera de la realidad).

- Su discurso ofrece convicciones patológicas que se manifiestan a pesar de razones contrarias y sensatas. La persona ve su delirio como única realidad válida, por mucho que sus pensamientos vayan en contra de la lógica. El enfermo es inaccesible a esta objeción; es necesario entonces ofrecer la alternativa de hospitalización, pues la desesperanza que sufre la persona puede llevarla a intentos de suicidio.
- El pensamiento trastornado se manifiesta a través de ideas como que han perdido el control sobre sus pensamientos porque han sido sustraídos, impuestos o dirigidos por extraños poderes o fuerzas ocultas.
- Se realizan conductas extrañas y movimientos repetitivos.

Cuando todo esto se dé en su paciente, usted se encuentra ante un caso que debe evaluar seriamente para decidir, conociendo sus límites y capacitación profesional, si debe continuar con la Terapia Regresiva Reconstructiva o canalizar a su paciente a un psiquiatra para que dirija el tratamiento más adecuado para esta persona.

También hay otras situaciones donde usted puede observar que:

- Su discurso es coherente y lógico con un pensamiento ordenado.
- Responde adecuadamente a preguntas sin perder el hilo de la conversación.
- Sus manifestaciones corporales y de conducta en consulta son adecuadas.
- Le habla de sus percepciones en tono confidencial e íntimo, "pues no pretende que nadie lo tome por loco/a".
- Su aspecto físico e higiene personal es correcto, su mirada es atenta y lúcida.
- Le comenta sus dudas acerca de lo que le está pasando; si será real o creado en su interior, si le ocurre a más gente, etcétera.

En este caso se encuentra ante una persona con la que podrá trabajar la Terapia Regresiva Reconstructiva de manera eficaz y resolutiva, por una sencilla razón: se trata de un perfil psicológico sensitivo-perceptivo –intuitivo– y precisamente son dos llaves básicas de trabajo en las Técnicas de Regresión. También puede tratarse de una persona que esté atravesando una fase en su desarrollo extraordinariamente intuitiva, de modo que su inconsciente esté demasiado presente en su vida con los riesgos que conlleva; el peor de ellos es quedarse atrapado en él.

Lo más importante a tener en cuenta cuando trabaja con este tipo de personas, es que le solicita ayuda porque realmente a su paciente estas situaciones le están causando un gran conflicto interno y vive muy asustado sintiendo presencias en su dormitorio o viendo cómo algunas puertas de casa se mueven sin razón aparente. Esto le genera una gran carga de tensión que es la que tenemos que tratar de aliviar hasta conseguir que se desvanezca.

Poco nos importa si esos miedos son producidos por algo real o no, puesto que el paciente lo vive como tal y en ese sentido es donde nos focalizaremos. Afortunadamente en la inmensa mayoría de los casos, en el supuesto de que esos fenómenos y sensaciones fuesen producidos por entidades no materiales, cuando se entra en contacto con ellas suelen ser familiares que quieren darnos algún mensaje o bien son energías que se encuentran atrapadas en un plano del bajo astral que no les permite poder continuar su camino.

Cuando se nos presentan experiencias de este tipo, en el momento que su paciente puede entrar en contacto directo con ese Ser y saber qué es lo que quiere de él, hace que su miedo se desvanezca completamente. Por esa razón, el primer paso será que la persona reconozca que no son seres dañinos que nos quieren atrapar entre sus garras o lastimar de alguna forma.

Lo más normal es que estas experiencias sucedan en la casa del interesado. En este caso lo primero que hacemos cuando trabajamos en Terapia Regresiva Reconstructiva, es hacer que nuestro paciente regrese a la última vez que vivió esa sensación, y una vez allí establecer ese contacto.

A lo largo de los años pude observar cómo todo lo asociado con el frío parecía ser como una vía de comunicación con estas energías y producía el efecto de un imán. Por esa razón, lo que debemos hacer es situar al paciente dentro de una urna de cristal imaginaria, que a modo de un congelador, transmitirá a su paciente la sensación del frío que se produce en este lugar. Cuando baja la temperatura parece ser que nuestros canales vibracionales se alteran y en ocasiones podemos obtener un tono más nítido de imagen para conseguir entrar así en contacto con ellos. A partir de ese momento hay personas que ya reconocen a esa entidad o en caso contrario pueden iniciar un diálogo preguntando qué necesitan o cuál es el mensaje que quieren transmitir.

Una vez que su paciente encuentra el sentido de esas manifestaciones, hay que tratar de ayudarlas para que vayan a la luz y salgan de ese nivel de vibración en el que se encuentran atrapadas. Por esa razón, recomiendo que su paciente haga un círculo de luz blanca imaginaria y dentro del mismo deje que se incorpore la entidad y desde allí ordenarle que se vaya hacia arriba, a la Luz.

Este simple trabajo ayuda a mucha gente a desactivar ese miedo que le tiene atrapado con esas experiencias que está viviendo.

Para ilustrar lo expresado en el párrafo anterior, detallaremos a continuación el caso de Rosario y la extraña influencia de un piano que tiene en su casa desde que lo heredaron hace unos pocos años:

Terapeuta: Cuéntame, ¿qué estás viendo?
(La paciente comienza a toser y acto seguido a tener muchas convulsiones, y por eso se toma la decisión de sacarla y que se vea proyectada en una pantalla utilizando una técnica de encuadre)

Terapeuta: Ahora quiero que te veas en una pantalla, quiero que estés tranquila y respires suave y profundamente, y te veas fuera de ese lugar. Ahora lo estás viendo serena y en paz. Dime, ¿qué ocurre? ¿Dónde estás?

Paciente: Está ahí.

Terapeuta: ¿En qué lugar?

Paciente: Estoy tratando de saber dónde estoy.

Terapeuta: ¿Es oscuro o está luminoso?

Paciente: Estoy en el apartamento pero no veo.

Terapeuta: Ahora tú vas a poder ponerte algo especial en los ojos para ver lo que aquí está sucediendo. Quiero que expandas tu conciencia, tienes el poder como de escanear este sitio y ver qué sucede.

Paciente: Hay un piano, estoy viendo el piano de mi casa.

Terapeuta: ¿Qué pasa con ese piano? Tócalo a ver qué sientes.

Paciente: Es el piano de mi casa. El piano. Se reunían. Hacían espiritismo en mi casa. El piano. No me lo puedo llevar. Es el piano, por eso no sirve. Está en la sala, el piano es de 1800.

Terapeuta: Ahora vas a poder acercarte y tocar el piano para saber qué ocurre con él.

Paciente: No puedo porque tengo las manos congeladas. Lo quitamos del estudio y pasamos a la sala, se reunían alrededor del piano. ¿Por qué está ahí esa gente? Quiero que se vayan.

Terapeuta: Ahora vamos a saber por qué están ahí. Quiero que sientas cómo un cristal blanco te envuelve y la sensación de tus manos frías empezará a extenderse por tus brazos, tu temperatura empieza a cambiar en tu cuerpo y notas cada vez más frío; de ese modo podrás conectarte con esos seres y saber qué necesitan y para qué están en tu casa. La sensación se va intensificando, vas a tener por un momento esta sensación para conectar con esos seres, vas sintiendo algo muy helado, frío... estás dentro de una urna de cristal frío y cuanto más frío sientes, más aumenta la capacidad de conectarte con esos seres *(el cuerpo se le queda completamente frío y al tocar sus manos están heladas)*. Ahora puedes acercarte de nuevo al piano y al tocarlo vas a contactar con esas personas que hacían espiritismo en esa época. Cuando yo cuente del tres al uno, vas a regresar en el tiempo al momento donde se iniciaron esas actividades con ese piano: Tres, dos, uno. ¿Qué ves?

Paciente: Está ella.

Terapeuta: ¿Quién es ésa?

Paciente: Ella está en el piano.

Terapeuta: Acércate y entabla una comunicación con ella, tú sabes que estás completamente protegida dentro de tu escudo de cristal; nada ni nadie puede hacerte ningún daño.

Paciente: Es que ella ha entrado en mí ahora.

Terapeuta: ¿Y tú quieres que ella establezca así contacto contigo o deseas que salga de tu cuerpo?

Paciente: Así está bien, es que ella no quiere tocar el piano porque está enojada con él. ¡Ohhh noo! ¡LA MATÓ!

Terapeuta: ¿Quién la mató?

Paciente: Él la mató por no tocar el piano, él la mató, por eso ella sigue así, impávida.

Terapeuta: ¿Cuál es la relación de ese hombre con ella?

Paciente: Su marido. Y después hacían espiritismo para comunicarse con ella y que siguiera tocando el piano.

Terapeuta: Pregúntale a esa mujer qué ayuda quiere de ti.

Paciente: Yo soy la dueña del piano.

Terapeuta: ¿Y por qué ella está en tu casa?

Paciente: Porque está pegada al piano.

Terapeuta: ¿Y ella quiere desligarse del piano y pasar a un nivel más elevado de conciencia?

Paciente: No quiere.

Terapeuta: ¿Y tú quieres que se vaya de tu casa o quieres que siga allí fastidiándole la vida a tus hijos, a tu marido, a ti, a toda la familia?

Paciente: Quiero que se vaya. Que pase al otro lado. ¿En qué te puedo ayudar? Es una cadena, los otros hacen espiritismo y es él quien se mete en mi cama, entre mis dedos, y la tiene a ella atada al piano; pero son muchos, allí hay más gente sentada y todos van vestidos de negro y ella está vestida de verde y no quiere tocar el piano.

Terapeuta: Pregúntale a ella si se va qué ocurre con los otros.

Paciente: Que se van detrás de ella.

Terapeuta: Pues pregúntale cómo le puedes ayudar a que se vaya.

Paciente: Le digo que es hora de partir, que siga su camino. Se llama Eloísa: sigue tu camino, sigue tu camino, ya no vas a tocar más el piano, tienes tu libre albedrío. Sigue tu camino, quiero que te vayas porque a su vez este es mi libre albedrío, al menos en mi casa no te quedes, en mi casa no más. Vete de mi casa con amor, en mi corazón sólo hay amor para ti, pero vete con amor.

Terapeuta: Si esta mujer ha venido a tu casa es porque sabe que tú la vas a poder ayudar, pero no puedes dejar que se vaya a otra casa a seguir penando. Vamos a ver, pregúntale qué sucedió para que la puedas ayudar.

Paciente: Eloísa, ¿qué sucedió?, ¿Qué pasó con él? Le quitó la vida por no tocar el piano. Ella se sentía atada al piano.

Terapeuta: ¿Y va a seguir atada a lo largo de los siglos a ese piano? Debes ayudarla, pregúntale qué la llevó a casarse con ese hombre.

Paciente: La amaba, la consentía pero también la utilizaba porque le hacía tocar el piano cuando hacía espiritismo.

Terapeuta: Y él, ¿qué conseguía?

Paciente: Cómo entrar, cómo desdoblarse, pasar a otro estado de conciencia. Así pasaban todos ellos, eran como una Logía. Los dedos de Eloísa quedaron atrapados así cuando la mató.

Terapeuta: Pregúntale si cree que debe seguir atrapada para sentir que es amada.

Paciente: Esa era la única manera que ella se sentía amada.

Terapeuta: ¿Y tú cómo lo ves?

Paciente: Se debe desatar: Yo te voy a ayudar a desatarte para liberarte del piano y de tu marido, pero yo sola no puedo, ayúdame tú.

Terapeuta: Yo tampoco sé cómo hacerlo *(devuelvo la responsabilidad a la paciente en su trabajo)*, pero puedes decirle a Eloísa que ella sabe cómo. Pero para desatarse del piano primero debe desatarse del marido, dile que se ponga frente al marido y le diga todo lo que necesita.

Eloísa: No quiero tocar más el piano, no quiero tocar más el piano, no más, no quiero tocar para que hagas espiritismo, quiero liberarme de esas fuerzas, no quiero tocar más para ti ni para ellos; no quiero tocar más, no más, no quiero, mis manos están atadas, paralizadas, mis dedos...

Terapeuta: ¿Qué vas a hacer?

Eloísa: No quiero tocar más pero quiero mis dedos libres. Esta casa es mía, váyanse todos de mi casa, no quiero tocar más para el espiritismo. Quiero estar sola en mi casa, ya váyanse, están libres de mi piano; también ellos estaban atrapados con el piano… Ahora veo cómo se vuelven chiquitos, como un avestruz chiquito. Hacían cosas malas, volvían a las personas como un animal, las convertían en búhos, todo se ve negro, ¡fuera de mi casa!

Terapeuta: ¿Y tu marido qué?

Eloísa: Él sigue ahí.

Terapeuta: ¿Y quieres seguir con él?

Paciente: Que se vaya, ya vete, ¡fuera! ¡Largo de aquí! Ahora siento que los dedos empiezan a liberar una corriente pero sigue como una sombra negra.

Terapeuta: Ahora te voy a enseñar un secreto para quitar la energía negativa ésa: vete a la cocina y busca una botella de vinagre de vino y un recipiente de barro. Llénalo con el vinagre y vierte un puñado de sal gorda encima del mismo. Ahora lo vas a llevar y poner encima del piano porque eso va a atrapar la energía fea que se queda ahí.

Esto es un remedio que hacía aquella señora que conocí y comentaba al principio del libro, madame Azulai, para atrapar las energías negativas y limpiar las casas. Nuca supe si esto realmente funcionaba o no, pero el caso es que lo he aplicado en muchas ocasiones y ha funcionado, y la energía ha cambiado de vibración. Es, cuanto menos, curioso ver cómo cuando hay una mala energía, la sal absorbe el vinagre y empieza a trepar por el cuenco de barro. Si no hay malas energías, esto no sucede. Pruébelo y verá qué curioso.

Paciente: Empiezo a ver cómo la energía negra se mete en el tarro. Ahí está Eloísa y quiere dar la vuelta a toda la casa con el tarro en la mano para que las malas energías se queden en él atrapadas.

Terapeuta: Ahora el tarro hace como un aspirador y va chupando y absorbiendo toda la mala energía y observa que empieza a ocurrir en la casa.

Paciente: En el cuarto, en el armario, ahí guardaban todas las cosas para hacer la magia, ahí tenían todo lo feo.

Como Eloísa se sentía muy bloqueada, Rosario la ayudó pasando el tarro por toda la casa, por todas aquellas partes que sentía que olía feo y después le prendió fuego para deshacerse de todo.

Para terminar, colocó a Eloísa en el piano tocando pero ya liberada, sintiendo que cuando tocaba, las manos comenzaban a fluir, se desprendía ya la energía bloqueada y Rosario hizo un círculo blanco alrededor del piano. El círculo se fue transmutando en color violeta y el tubo de luz comenzó a llevársela hacia arriba, diluyéndose y desintegrándose.

Eloísa, antes de irse, le hizo prometer a Rosario que cuidaría del piano, que lo pusiera bonito, lo afinara y lo tratase con amor.

En un momento dado el círculo de luz se apagó y Eloísa se fue para siempre.

¿Era real que ese piano tuviera una energía negativa que estaba afectando a todos los miembros de esa familia? Eso es algo que nunca podremos saber, pero lo importante es que al día de hoy Rosario lleva una vida estable y equilibrada junto a su familia, y no han vuelto a tener aquellas sensaciones tan extrañas que durante un tiempo invadieron la paz de su casa.

En algunas ocasiones ese contacto con Entidades se produce porque quieren enviarnos un mensaje para que su alma pueda descansar y encontrar la paz. Este es el caso que le ocurrió a María Flor, quien desde que cambió de oficina presentía el contacto de alguien en la misma y lo escuchaba subir por las escaleras del lugar. Después sentía como que alguien estaba a su espalda tratando de tocarla y esto le provocaba mucha tensión y miedo sin poder comprender lo que sucedía. Al volver la cabeza, nunca veía a nadie.

Decidimos trabajar en estados ampliados de conciencia y de esa forma pudo conectar con la energía de una mujer que había muerto en ese lugar. Era la antigua propietaria de esta casa y se había suicidado con poco más de 30 años de edad. Estaba preocupada por su hijo de cinco años y se quedó en este nivel de manera voluntaria porque estaba muy angustiada por el niño. Aquella mujer decidió cortarse las venas en el baño de la casa y justo en un momento concreto el hijo entró en el cuarto de baño y vió en ese estado a su madre, momentos antes de que ésta muriera. La energía de esta mujer se quedó atrapada al ver la cara de dolor y miedo de su hijo y quiso quedarse para protegerlo. Supo que le hacía mucho daño pero ya era demasiado tarde. Su cuerpo quedó inerte en la bañera, al igual que su energía que seguía allí permanentemente tratando de compensar el daño que había causado.

El objetivo de este Ser, a lo largo de casi 50 años, era poder conectar con su hijo a través de María Flor para darle un mensaje: quería saber si estaba bien y pedirle perdón, había que buscar a su hijo. Para ello, nos dejó a través de Flor la siguiente información:

Dijo su nombre: María Espinosa

El nombre de su hijo: Pedro

El año en que ocurrió el incidente: 1958

Después, Mari Flor hizo un puente de luz por donde consiguió que la energía de esa mujer saliera de este plano y pasara a otro nivel de evolución. Su mensaje final fue que tenía que escuchar y transmitir luz a todos los que lo necesitaran.

Con esta información en su poder, mi paciente pudo empezar a buscar datos para tratar de dar con el paradero de aquel niño que hoy en día podría ser ya un adulto de unos 51 años de edad en la actualidad, decirle todo lo que ocurrió con su madre y llevarle el mensaje de arrepentimiento.

Posesión diabólica
o una enfermedad mental

"Alemania, 1 de julio de 1976: Anneliese Michel de 24 años de edad, muere en manos de sus salvadores, hambrienta y exhausta, con 31 kg de peso por las terribles secuelas de verse sometida durante nueve meses consecutivos, dos veces por semana, seis horas al día, a un exorcismo autorizado oficialmente por el Obispo de Wurzburg, Josef Stangl".

"Almansa, España, septiembre 1990: una madre y una curandera de su pueblo asesinan cruelmente a la hija de ésta, extrayéndole los ovarios e intestinos por la vagina pensando que estaba embarazada del maligno".

"Bélgica, 2005: condena de cinco años de prisión a exorcista que obligó a beber 11 litros de agua metiendo su dedo en la garganta después de cada trago a una joven de 22 años para producirle el vómito, hasta que le ocasionó la muerte".

"Rumania, 2005: Localidad de Tacanu: Monja de 23 años, muere encadenada a una cruz para expiar los demonios que lleva dentro. El cura que dirigió el exorcismo y cuatro monjas, fueron condenados por homicidio".

"Reino Unido, Londres 2007: Mata a su hija pequeña porque creía que estaba poseída por el diablo".

Estas son algunas de las noticias que lamentablemente podemos leer o escuchar en los medios de comunicación, que sorprenden y convulsionan a esta sociedad del siglo XXI en la que vivimos y nos hace cuestionar si estamos frente a un desequilibrio mental de muchas personas o realmente se trata de posesiones diabólicas.

Las primeras informaciones que tenemos sobre posesiones están recogidas en más de veinte ejemplos en la Biblia y los Testamentos donde Jesús, a través de sus oraciones, expulsaba a los demonios que hubieran poseído a alguna persona. En San Marcos XVI y XVII, podemos leer cómo Jesús autoriza a expulsar a los demonios a quien tenga fe en él.

En el Código de Hammurabi –Babilonia 1790 a.C.–, se describe una enfermedad llamada "bennu" que contiene gran parte de las sintomatologías que tienen hoy en día las personas afectadas por "posesiones".

Sin embargo, no es hasta el siglo XIV que realmente se incrementa vertiginosamente este tipo de casos, queriendo buscar en ello, por parte de la Iglesia, la razón de la peste negra que asolaba a toda Europa de manera devastadora, matando a cerca de un tercio de la población del Continente. A raíz de esta pandemia y el incremento de la práctica por parte de muchos profanos, de artes mágicas, hechizos, brujerías y la adoración a figuras profanas como medios para ahuyentar la enfermedad, el Catolicismo Romano comienza a perder credibilidad entre sus seguidores, por lo que impulsa a que la Santa Inquisición opte por perseguir a todos los supuestos endemoniados y liberar al mundo de las influencias del Maligno, instruyendo a todos los sacerdotes e incrementándose las prácticas de exorcismos como vía para liberar a los afectados de los demonios y vencer así al Señor de la Oscuridad.

En los siglos XVI y XVII vuelve a aumentar considerablemente el índice de afectados por posesiones, ya que los habitantes de la Europa Moderna envueltos en una gran crisis económica y social, buscan, una vez más, un chivo expiatorio y proyectan en la figura de Satanás el culpable de todos los males y miserias que azotan al mundo, queriendo demostrar con ello cómo el mal intenta controlar a las personas metiéndose dentro de ellos y manipulándolos a su antojo.

Siglos atrás (1692) quedó lamentablemente marcado en la historia un caso muy famoso llamado "Las brujas de Salem" –Bahía de Massachusetts–Nueva Inglaterra–, donde un grupo de niñas de este pueblo, supuestamente fueron poseídas por el demonio. Durante un año todo el pueblo las creyó y consiguieron crear una locura colectiva que produjo en tan sólo siete meses una cacería de brujas que terminaría ejecutando a 13 mujeres, siete hombres y más de 200 arrestados acusados de realizar prácticas satánicas. Poco después la posesión se desvaneció al perder las niñas su credibilidad cuando denunciaron al Presidente de la Universidad de Harvard y a la mujer de un juez muy respetado y creyente, diciendo que estaban endemoniados.

Estudios posteriores plantearon la posibilidad de que las reacciones que tuvieron estas niñas fueran producidas por un envenenamiento con ergotina –hongo conocido como cornezuelo– al ingerir pasteles que una esclava que vivía en su casa preparaba para ellas con harina de centeno. Este hongo crece mucho entre el centeno cuando llueve y ese año de las posesiones fue muy lluvioso.

Cuatro años más tarde de estos terribles sucesos, los jurados que condenaron a muerte a todas estas personas, firmaron una confesión de error y arrepentimiento por las sentencias dictadas. Posiblemente, estos actos de endemoniadas fueron la excusa inconsciente para que todo un pueblo pudiera expresar su rabia contenida y frustración almacenada dentro de ellos por la situación política agitada que estaban viviendo en esos momentos.

También resulta interesante observar cómo en la Edad Media, las brujas que eran poseídas por Satanás tomaban mandrágora en sus rituales y cultos de adoración, y sabemos actualmente que esta planta tiene virtudes afrodisíacas pero también estupefacientes y alucinógenos, pudiendo ser estas alteraciones bioquímicas la causa de esas supuestas posesiones.

En 1962, pocos meses antes de su muerte, el papa Juan XXIII inauguró el Concilio Vaticano II que supondría un hito en la historia moderna de la Iglesia, en donde se potenciaba el progreso de la misma con una política de concordia mundial y de acercamiento hacia los cristianos no católicos, iglesias ortodoxas y hacia otras religiones. Esto generó que la Iglesia estuviera dividida, ya que al tratar de implementar estas reformas, un sector de la misma –que era más convencionalista– estaba en contra de este tipo de aperturismo y querían seguir aferrados a las viejas costumbres y creencias, de pensar que el Diablo es una realidad y el poder del mal se estaba incrementando en todo el mundo, pudiendo todo ello hacer perder fuerza, credibilidad y poder a la Iglesia desde la eterna batalla que se planteara cuando Dios expulsó a Satanás del Reino de los Cielos. Por esa razón, este segmento conservador no era del todo objetivo y cuando se daban situaciones de personas que estaban afectadas por esas "supuestas posesiones demoníacas", trataban de demostrar que realmente fuerzas del mal se habían apoderado de la personalidad del individuo, descartando así cualquier dictamen médico que pudiera dar una respuesta y explicación desde el punto de vista científico y no desde la creencia religiosa. Probablemente esto hizo que en esos años nuevamente hubiera un incremento estadístico de endemoniados en el mundo.

En los años 70's y 80's del siglo XX, después de la aparición y proyección de ciertas películas como *El exorcista*, *La maldición de Damián*, *El ente*, *El anticristo* o *La semilla del diablo*, donde el protagonista del filme es poseído por una entidad maligna, resurgen nuevamente a nivel mundial, como en un efecto dominó, nuevos casos de "supuestas posesiones", activándose histerias o brotes psicóticos en algunas personas.

Incluso el papa Juan Pablo II ofició personalmente tres exorcismos desde 1982 hasta su muerte, y realizó dos exorcismos más cuando era sacerdote en Polonia. Sus palabras al respecto eran: "Quien no cree en el Diablo, no cree en el Evangelio".

En la última película que hemos podido ver en las pantallas de cine de todo el mundo, *El exorcismo de Emily Rose*, basada en un hecho real que es la historia de Anneliese Michel, la joven alemana que comentaba al principio de este capítulo, tanto los padres como los exorcistas que participaron en estos hechos, fueron declarados culpables de asesinato por negligencia, pero para algunos siempre quedará sin respuesta la pregunta: ¿Qué fue lo que causó la muerte de Anneliese y quién era el responsable? Los familiares y sacerdotes implicados en el caso, siguen convencidos de que fue obra de Santanás, y Anneliese murió para expiar las almas perdidas de la tierra; según una Comisión de la Conferencia Episcopal Alemana que se creó después de su muerte, la joven no estaba poseída; para los psiquiatras que estudiaron el caso, los implicados habían inducido a Anneliese a crear o reforzar sus conductas psicóticas.

Ahora bien, ¿la posesión es real o es algo ficticio creado por la mente de algunas personas con trastornos físicos o psicológicos y potenciado por su ferviente fe a ciertos cultos? Creo que nuestro compromiso y enfoque terapéutico debe tratar de buscar la respuesta siempre desde el terreno de la ciencia y no dejarse llevar tan prematuramente por el aspecto religioso, sin estar con ello cerrados a nada. Hay un refrán que dice: "El que cree en el Diablo crea a su Diablo".

Origen

Se requiere establecer un diagnóstico diferencial entre lo que es estrictamente psicopatológico y lo que, al menos hoy por hoy, no está catalogado en la sintomatología médica conocida, y por lo tanto debería ser considerado como "reacciones extrañas sin posibilidad de valorar con los conocimientos actuales".

Los avances mecanicistas de la ciencia y la información cada vez más exhaustiva de la que disponemos sobre el funcionamiento de nuestros diferentes órganos y complejos sistemas internos, ha potenciado que el cuerpo médico se aleje y rechace todo aquello que no puede explicarse a nivel científico, cerrándose a aceptar los diferentes planteamientos que hace la religión sobre el tema del Demonio, el bien y el mal, considerando todo esto como simples creencias costumbristas sin un sentido coherente de las mismas.

En los casos de los que hablamos, a la medicina le corresponde juzgar si hay una explicación física o psicopatológica en la conducta del "supuesto poseso". La psiquiatría y la neurología, a través de criterios de diagnóstico bien establecidos, y la catalogación y valoración de enfermedades psíquicas y nerviosas conocidas, trata de dar una explicación a casi todas esas manifestaciones que algunas personas consideran "posesiones", argumentando que todo ello puede ser el resultado de desórdenes cerebrales neurológicos donde se producen crisis de ataques epilépticos –crisis tonicoclínica, llamada también gran mal–, y los ritmos bioquímicos del cerebro se desequilibran generando descargas que afectan a diferentes áreas del cerebro, teniendo diversas respuestas sintomáticas: si afectan a la memoria se pueden tener recuerdos anormales; cuando afectan a la vista, acceder a alucinaciones visuales, y así sucesivamente.

Los griegos fueron los primeros en diagnosticar que podría ser una enfermedad del cerebro producida por un ataque al lóbulo temporal. Hipócrates observó cómo muchos gladiadores y soldados que tenían traumatismos craneoencefálicos, sufrían de ataques epilépticos y presentaban estos síntomas.

Igualmente podría darse en personas con un trastorno neurológico llamado Síndrome de Guilles de la Tourette, que está caracterizado por movimientos y sonidos vocales involuntarios e incontrolables, como son *tics* nerviosos, golpearse, tensionar los músculos, doblar el tronco o girar bruscamente, desviaciones oculares, empleo de palabras obscenas –coprolalia– labios de heces, actos obscenos, olfatear, dar saltos, morderse, chillar, gruñir…

También las posesiones podrían ser consecuencia de profundos trastornos disociativos de la personalidad que provoca alucinaciones sensoriales junto con agitaciones propias de una crisis histérica. Estas reacciones tan sorprendentes pueden ser efectuadas por personas con desdoblamiento de personalidad, personalidad múltiple, trastorno histriónico de la personalidad, ciertos síndromes delirantes, algunas psicosis agudas, la esquizofrenia y los comportamientos alterados como consecuencia del consumo de drogas.

Los exorcistas expertos en esta materia afirman que casi todos los casos que han conocido de supuestos poseídos, tenían una explicación médica detrás. En mi experiencia personal, las pocas pacientes con las que he trabajado afectadas por este problema, resultaron estar catalogadas en alguno de estos apartados anteriores, sin corresponder sus manifestaciones a ningún origen de posesión demoniaca.

Pero también estoy obligado a decir que hay algunos comportamientos que no están catalogados por la medicina ni la psicología para los que la actual psicopatología no dispone de ninguna explicación. Estos son los casos donde, personalmente, me aparecen grandes interrogantes y tal vez fuera oportuno que alguna autoridad religiosa autorizada por la Iglesia o algún verdadero *Chamán* —de los que hay pocos—, pudieran dar su punto de vista y colaboraran con el área científica para conseguir ayudar a la persona afectada.

PREVENCIÓN, MEDICACIÓN Y ABORDAJE TERAPÉUTICO

Lo primero que usted debería hacer si alguna vez se encuentra en su consulta con alguien que le comenta que está pasando por este tipo de experiencias, es enviarlo a diferentes especialistas para que le hagan todo tipo de pruebas; desde el área neurológica hasta una revisión psiquiátrica.

Cuando se dan ataques epilépticos se utilizan medicamentos que aislan las células nerviosas para que el cortocircuito sea inhibido –anticonvulsivantes–. También, aunque en pocas ocasiones, se procede a un tratamiento con cirugía (eliminar si hay algún tumor que está produciendo la anomalía).

Si todos los aspectos físicos ya están descartados, entonces piense que una conciencia alterada puede causar cualquier tipo de patología, ya que la mente es tan poderosa que puede originar situaciones increíbles a los ojos de la ciencia.

Desde el punto de vista psicológico, estas experiencias suelen darse en personas con baja autoestima y que están atravesando por periodos de situaciones emocionales muy intensas, con problemas familiares como divorcios, agresiones, etcétera, que no quieren hacerse responsables de sus vidas y entonces, a nivel inconsciente, es más fácil echar la culpa al Demonio de todos sus males que afrontar la realidad de su historia. De esa manera no tienen control sobre sí mismos y se permiten liberarse de esa tensión permanente a la que han estado sometidos por tanto tiempo.

También se ha visto que muchas de estas personas, previo a vivir la supuesta posesión, habían estado participando en algún tipo de prácticas oscurantistas como una sesión de *ouija,* espiritistas, etcétera (en la última reunión de exorcistas de la Iglesia celebrada en Lyon-Francia, comentaban que en más de un 30 por ciento de estos casos, se habían dado estas circunstancias).

En mi experiencia personal, pienso que detrás de casi todas estas anomalías se encuentra una enfermedad de origen psíquico, ya que me he encontrado con un gran número de afectadas en donde el núcleo de todo ello radicaba en experiencias reales vividas de abusos sexuales por parte de familiares directos en épocas muy tempranas de su vida. Piense usted que en los casos de la "supuesta posesión", el "Diablo" entra en el cuerpo de la persona afectada y la posee contra su voluntad (qué mayor analogía podríamos hacer que un padre/diablo violador abusando de una niña indefensa).

Cuando la paciente ha vivido en un ambiente muy religioso y con gran represión sexual, esto puede potenciar ese estado de posesión influenciada en gran parte por las presiones familiares y/o de la comunidad donde vive, e incluso puede llegar a crear entes –incubos– que la posean. En innumerables ocasiones nuestro propio *ego* ha dado forma a energías negativas. Todo esto se genera a través del miedo, la envidia, la rabia, el odio… y llega a tener tal fuerza que es capaz de apoderarse del control de nuestro cuerpo.

A través de varias sesiones de trabajo, su cometido como terapeuta será hacer que la paciente vaya liberando toda la energía estancada, que sea capaz de hacer una revisión y recapitulación profunda de toda su historia y pueda llegar a entender los diferentes momentos de su vida donde se dieron esos tipos de represión, intolerancia familiar, inculcación del miedo a través del castigo divino y posibles vejaciones por parte de alguno de los familiares, como comentaba en párrafos anteriores. Es importante que la persona pueda desenmascarar al victimario que ejerció de "demonio" en su vida real para que pueda liberarse de una vez por todas de ese daño que permaneció oculto durante tantos años de su vida, dentro de su propia coraza. También le recomiendo solicitar la ayuda y presencia de varias personas entre los familiares y/o profesionales allegados, puesto que como he mencionado con anterioridad, cuando se dan estas experiencias el enfermo desarrolla una fuerza totalmente desproporcional y se requiere la ayuda de varias personas para poder sujetar sus piernas y brazos para evitar usted, ser golpeado o que la paciente pueda autoagredirse. Personalmente he vivido experiencias donde cinco personas no éramos capaces de sujetar a una adolescente que medía poco más de 1.55 m de estatura.

En muy pocas ocasiones son entidades de la oscuridad o del bajo astral y menos aún la presencia directa de Satanás. El padre Gabriele Amorth, que en la actualidad es la máxima autoridad de la Iglesia en materia de exorcismos, con una experiencia de más de 50 mil trabajos realizados, asevera que prácticamente en su totalidad, estos casos pudieron ser explicados y trabajados desde un aspecto médico o psicológico.

El ritual del exorcismo

La palabra "exorcismo" se deriva del griego *exousia* que significa "conjurar" y se refiere a "poner al espíritu o Demonio bajo juramento", invocando a la autoridad de Dios para obligar a la entidad a actuar de manera contraria a sus deseos. El exorcista busca llevar a la persona afectada a un encuentro con el Ser Supremo para que éste sea capaz de liberarla de esos demonios.

La Iglesia reconoce la existencia del Diablo y es quien realiza oficialmente los exorcismos cuando se ha comprobado que la persona realmente –bajo sus criterios– está poseída por algún demonio. Utiliza para ello un manual en latín aprobado por el papa Pablo V en 1614 en el Concilio de Trento, que contiene 21 normas para liberar a alguien de la posesión diabólica. Es un conjunto de ritos, oraciones y gestos –como la imposición de manos sobre la cabeza del poseído– introducidos por la fórmula "te exortizo", que se recita repetidamente. Este *Rituale Romanum* fue recientemente revisado en el año 1999 y en la actualidad, antes de aprobar un exorcismo, se exigen informes de psiquiatras, psicólogos y parapsicólogos que descarten cualquier tipo de enfermedad física, mental o fenómenos parapsicológicos que pudieran dar una explicación a las reacciones del sujeto.

Actualmente la Iglesia concede un permiso especial para practicar el exorcismo sólo a determinados sacerdotes especializados en el tema y que han tenido su debida preparación en esta materia.

Los criterios de diagnósticos de una posible posesión

Lo primero que llama la atención en las personas que padecen este problema, es que distinguen perfectamente su realidad y lo que experimentan cuando se encuentran "poseídas", pudiendo en momentos de tranquilidad mantener una conversación clara totalmente coherente, hilada y crítica con respecto a los síntomas que están viviendo. Por esa razón, es muy normal oirles, al igual que las personas que afirman ver o presentir fantasmas, expresiones tales como: "No sé si te vas a reír de esto", "creo que debo estar volviéndome loco", "no me van a creer lo que me está pasando porque ni yo misma lo creo".

Para el padre Fortea, que es una de las máximas autoridades en exorcismos en España, cuando inicia el contacto con el afectado, utiliza una técnica que le da muy buenos resultados: lee en voz alta un discurso de Cicerón en latín y observa las reacciones del supuesto endemoniado; si éste se agita brusca y compulsivamente, entonces es evidente que está actuando y que nada tiene que ver en ello Satanás. En estos casos, recomienda enviarle directamente al psiquiatra.

También recuerdo un jesuita exorcista muy mayor que conocí hace bastantes años y que ya falleció —siento no poder recordar su nombre—, que cuando yo le pregunté en una ocasión cómo distinguía entre una verdadera posesión y un problema mental, me confesó que tenía un secreto infalible: antes de ir a la casa del supuesto endemoniado rellenaba su hisopo con agua del grifo y cuando se encontraba frente al afectado, comenzaba a rociarle con ese líquido diciendo que en nombre de Dios y con esa agua bendita, instaba a la supuesta entidad a salir de ese cuerpo del que se había apoderado. Si el paciente se retorcía, chillaba y quejaba de que el agua le quemaba, entonces ya sabía que estaba actuando.

Otra cuestión que usted tiene que tener en cuenta es que la "posesión" no sucede de la noche a la mañana sino que se va produciendo todo de manera progresiva a lo largo de semanas o meses, y podemos estructurarlo en tres etapas:

1. *La infestación:* donde se producen fenómenos telekinéticos de toda índole y la persona afectada comienza a sentir una gran presión en la cabeza y dolores de estómago.

2. *La obsesión:* donde el espíritu maligno atormenta a la víctima haciendo que poco a poco pierda su control, ocasionándole dificultades para conciliar el sueño y produciendo un gran cansancio y abatimiento, pérdida de la energía sexual, alitosis, diarrea muy fétida, hemorragias, vómitos, transfiguración de la mirada por momentos, cambios de humor repentino e irritabilidad.

3. *Posesión:* donde invade y toma el control del cuerpo del afectado.

Se podría sospechar que alguien sufre de una posesión cuando se da en el paciente el siguiente síndrome:

- Suplantación de la personalidad: Aparece una nueva personalidad transformando su cara por completo y apareciendo rasgos en ella de maldad, rabia, odio, ira...
- Ataques epilépticos en donde las convulsiones y las crisis de violencia van en aumento y pueden durar horas, mientras que en los enfermos mentales tienden a ir disminuyendo y por lo general no pasan de los 15 minutos.
- Dejar los ojos en blanco.
- Cambios del tono de voz. Una mujer puede empezar a hablar con voz de hombre o reproducir los gemidos o gruñidos de animales.
- Blasfemar en contra de Dios, la virgen y todos los santos.
- Aversión y odio hacia los símbolos religiosos sagrados que se le acercan (cruz, escapularios, estampas de vírgenes y santos).
- Tensión extrema de toda la musculatura del cuerpo. Se produce un efecto de *Sansonismo* siendo su fuerza física muy superior a la normal, llegando a multiplicarse 5 ó 10 veces más de la que tiene es su estado natural.

Fenómenos paranormales como[1]:

- Vómitos en donde se materializan clavos, *clips, chinchetas,* insectos... (*)
- Hablar idiomas desconocidos –xenoglosia– y sostener conversaciones en tales idiomas, así como entender los idiomas que se le hablan. (*)
- Giros de hasta 360° de su cuello. (*)
- Fenómenos polstergeit y telekinesis. Desplazamiento de objetos sin causas aparentes que lo justifiquen (puertas que se abren, cuadros que se caen, sillas que se mueven).
- Levitación de su cuerpo sobre la cama en la que está acostada. (*)
- Pueden reconocer cosas sin estar a su vista –clarividencia–, sobre todo crucifijos u objetos sagrados. (*)
- Adivinan el contenido de algún sobre o caja sin abrirlo (metanomía).
- Tienen dotes premonitorias donde predicen cosas que después realmente sucederán, tal como lo comentaron en su momento. (*)
- Reconocen cosas personales e íntimas del terapeuta o sacerdote que está trabajando con ellos y le intimidan con ellas, tergiversándolas y tratando de manipularlo. (*)
- No pueden tolerar el peso de la mano del exorcista encima cuando están rezando las plegarias.
- Pierden la conciencia y cuando vuelven en sí, no recuerdan nada de lo que pasó.
- Se generan cambios bruscos en la temperatura del lugar.(*)
- Pueden emitir ruidos desagradables y hedores corporales.

En algunas ocasiones hay personas que hacen analogías de otras vidas en situaciones concretas reviviendo un momento crítico, y esto podría hacer parecer que esa persona está endemoniada o poseída, pero sólo es la vivencia de esa analogía que se ha destapado

---

[1] **Nota:** Los marcados con (*) son signos de los cuales se desconocen explicaciones médicas que puedan aclarar lo sucedido.

por algo. Por ejemplo, sujetando a una mujer con una goma en el brazo para sacarle sangre con una jeringa, ésta entró en pánico y comenzó a gritar y revolcarse en el suelo, pero fue porque hizo una analogía con una vida pasada donde la acostaron en una mesa de tortura, la ataron y atormentaron hasta matarla.

Cómo normalmente realiza el experto el ritual de exorcismo

Estas son algunas de las maniobras que realiza el exorcista cuando se encuentra en la habitación donde está el poseso:

- Coloca un crucifijo a la vista del poseso o en sus manos y hace la señal de la cruz.
- Desde que se inicia todo el proceso trata de no creer en nada de lo que le oye o ve hacer ni tampoco mantiene un diálogo con él, pese a cualquier comentario que haga puesto que ésta puede ser una estrategia utilizada por el ente para atemorizarlo. Por esa razón, solamente ordena al Diablo que se limite a contestar a las preguntas que le dirige haciendo caso omiso a todo lo demás.
- Le ordena que conteste a la pregunta de cuál es el número y el nombre de los "entes malignos" que lo poseen, la fecha de la posesión, el móvil de la misma y la zona del cuerpo donde se encuentra. Para comunicarse con ellos, el manual establece ciertas preguntas: ¿Cómo te llamas? ¿Por qué entraste? ¿Cuánto tiempo piensas permanecer ahí? ¿Por qué parte entraste? Fuera de esto, al sacerdote le está prohibido hablar con el poseso.
- Rocía con agua bendita el cuerpo poseído y coloca reliquias y medallas encima de él.
- Repite junto a los familiares las oraciones que más atormentan al poseso. Después de la letanía el exorcista puede recitar uno o varios salmos que imploran la

protección del Altísimo y alaban la victoria de Cristo sobre el maligno. Los salmos se leen seguidos o de modo responsorial. Terminado el salmo, el exorcista puede añadir una oración sacada del salmo.

- Impone las manos sobre la cabeza del poseso, para lo que se invoca la fuerza del Espíritu Santo a fin de que el Diablo salga de él. Después se recita el Credo o se renueva la promesa de fe del Bautismo con la renuncia a Satanás. Sigue el Padre Nuestro, en el cual se le pide a Dios que nos libre del maligno.

- Conjura al Demonio y después dice una oración de petición por la que ruega a Dios y una oración imperativa por la que, en nombre de Cristo, conjura al Diablo y se le ordena que deje al atormentado. No se debe usar la oración imperativa si antes no ha sido precedida por una oración de súplica.

- Se realiza una plegaria de liberación para quienes no sean sacerdotes. El rito concluye con un canto de Acción de Gracias, una oración y la bendición.

A veces las entidades utilizan el dormirse como estrategia para que se detenga el exorcismo. Por eso hay que obligar al paciente a reaccionar y mantenerlo despierto para hacer que los espíritus no soporten más y se vayan.

FORMAS DE PROTECCIÓN
AL INICIAR EL RITUAL DE EXORCISMO

Después de estar viviendo experiencias directas con algún sacerdote y con *chamanes* de varias zonas de África y América Central y Sudamérica, le comento una combinación de elementos y acciones que he visto utilizar, mezclando elementos de la Iglesia Cristiana y otros que tienen que ver con las costumbres y prácticas *chamánicas* de ciertos pueblos selváticos:

- Trazar un círculo con tiza o cuarzo blanco y poner cinco velas blancas encendidas alrededor. El ritual se realizará dentro de este círculo.

- Dichas ceremonias incluyen recitar oraciones de protección o mantras en grupo para limpiar el lugar de seres negativos, estar en ayunas, quemar incienso, encender velas blancas, hacer ofrendas con monedas de cobre, ponerse piedras de sal entre los dedos, usar sustancias sagradas como hierbas, agua bendita o sal, y ofrecer regalos de dulces u otros presentes.

- Colocarse un Chumbé tapando el Hara (cinturón protector bendecido que utilizan los *Chamanes* en ciertas zonas de la selva amazónica).

- Romper una imagen de arcilla o de cera que simboliza al Diablo, con el fin de destruir al Demonio real.

- Llevar la Biblia o algún otro Libro Sagrado, tener puesta la Cruz de San Benito –a cuya bendición está ligada un exorcismo–, una medalla o escapulario de la Virgen del Carmen y una reliquia del Santo Cura de Ars, que fue en vida asediado frecuentemente por el Demonio.

- Al terminar la ceremonia hay que agradecer, rezar y cerrar círculo.

Para cerrar este capítulo, a continuación transcribo una experiencia con una sesión de una paciente que "supuestamente" vivió una posesión de una entidad del bajo astral. La paciente, a la que llamaremos Estefanía, se encontraba trabajando en una terapia de grupo con otros compañeros en una sala de una de nuestras sedes de la Asociación en un país latinoamericano. Yo, ese día me encontraba en dicho Centro trabajando con una paciente en la planta baja, cuando una secretaria abrió la puerta de mi despacho para informarme que estaba sucediendo algo extraño con uno de los pacientes que se encontraban con dos de mis compañeros –un psiquiatra y una psicóloga– realizando esa terapia de grupo. Al notar un poco angustiada a la secretaria, decidí terminar con prontitud mi sesión de trabajo que estaba ya a punto de finalizar y subir para ver lo que estaba ocurriendo. En las escaleras había un fuerte trasiego con varias personas que subían y bajaban precipitadamente con ciertas señales de nerviosismo en su cara —parecía como si una histeria colectiva se hubiera adueñado de casi todo ese grupo—. Cuando llegué al piso de la planta alta de la casa pregunté por la persona que me habían comentado que había sido poseída por una entidad, y me contestaron que ya estaba todo bien, que esa persona se encontraba en el baño lavándose la cara pero que realmente había pasado algo muy sorprendente. Tal como a mí me resumieron los hechos, fue de la siguiente manera:

Ese grupo de trabajo estaba, como en otras ocasiones, realizando su terapia comentando entre ellos diferentes problemáticas personales y familiares, cuando de repente, la persona que estaba más próxima a la ventana sintió como si una energía fría entrara desde su lado derecho y se metiera por su estómago hacia la cabeza. Inmediatamente salió de él y atravesó a su compañera que se encontraba a la izquierda y de ella pasó por otras dos personas hasta llegar a una quinta en donde se instaló por unos instantes, comenzando a hablar esta paciente con una voz muy extraña que asustó a todo el grupo. La psicóloga que dirigía esa terapia, inmediatamente había reaccionado y comenzó a trabajar con la paciente hasta que unos instantes más tarde, aparentemente esa entidad se fue de su cuerpo.

Según me estaban hablando de esta mujer, recordé que minutos antes, al subir las escaleras, me la había cruzado en mi camino y noté cómo su mirada estaba ausente y como desubicada. Inmediatamente volví a bajar a la otra planta para buscarla y hablar un poco con ella y me dijo que se encontraba bien, aunque un poco aturdida. Tanto mi compañero psiquiatra como yo, pensamos que no sería adecuado dejarla salir a la calle en ese estado y por consiguiente decidimos realizar una sesión de trabajo con ella para calmarla. Sintiendo que pudieran suceder cosas que a lo mejor se salieran un poco de la normalidad, pensé que estuviesen conmigo cuatro personas: Juan Carlos –el psiquiatra–, Araceli –la psicóloga clínica que dirigía el grupo donde sucedieron los hechos–, Miguel –otro psicólogo clínico del Centro– y Agustín –un sacerdote amigo que se encontraba en esos momentos con nosotros y que en otras ocasiones había tenido experiencias con supuestos endemoniados–. A continuación, les transcribo cómo se desarrolló este trabajo donde una supuesta entidad del bajo astral se había apoderado del cuerpo de esta persona. Al final esta sesión se nos dilató en el tiempo por un espacio de más de cuatro horas:

Nada más al solicitar a la paciente que se acostara en el diván, ya se le notaba su respiración sumamente agitada.

Terapeuta: Respira tranquila y profundamente. Tranquila. Ahora quiero que me escuches muy atenta y a partir de ahora, sólo te vas a centrar en mi voz; concéntrate en mi voz… concéntrate en mi voz. Tranquila, tranquila *(la paciente ya empezaba a tener muchos temblores y le daban arcadas continuamente)*. Toma el aire por la nariz, tranquila, dejando que llegue hasta el estómago y desde allí soltándolo nuevamente por la boca, tranquila y profundamente. Siente cómo el aire entra puro y cada vez que exhalas salen las toxinas, los problemas, los miedos *(sus movimientos convulsivos seguían repitiéndose con más intensidad y comenzaba a emitir unos gritos internos extraños, como aullidos)*. Tu cuerpo se va a quedar relajado y no va a haber dolor en tí *(tosía, gruñía, chillaba)*. No tienes que tener miedo de nada.

Yo portaba una pequeña linterna y decidí anclar con ella una señal de una luz que cada vez que la sintiera pasar le produciría mucha calma y relax (era una forma de asegurarme de que no se descontrolara y tenerla contenida en algunos momentos que yo pudiera necesitar).

Minutos más tarde y seguido de un gran lamento y chillido, apareció la primera voz:

Paciente: Mamá. Hola mamá. Maldita

Terapeuta: ¿Tú quién eres?

Paciente: Dorotea *(gruñía constantemente).*

Terapeuta: Tranquila, yo soy amigo y sólo estamos aquí para ayudarte *(ella trataba de morderme).* Tranquila, yo sé que tienes dolor pero te vamos a ayudar. ¿Dónde te encuentras?

Paciente: En una cárcel, odio a mi mamá, maldita hija de puta.

Terapeuta: ¿Qué ha pasado con mamá para estar tú en una cárcel?, ¿qué ha hecho?

Paciente: Hija de puta. Ha hecho todo mal *(gritaba sin cesar).*

Terapeuta: Tranquila porque yo te voy a ayudar.

Paciente: ¡No quiero! *(gritaba con una fuerza ensordecedora).*

Terapeuta: Si tú quieres seguir en la cárcel puedes hacerlo, es tu problema *(en ese momento me escupió a la cara y trató de morderme de nuevo).* Yo te puedo ayudar porque tengo el rayo de luz. Yo sé que necesitas ayuda, lo sé *(seguía llorando y gritando alternando las dos cosas constantemente).* Dime, ¿qué ha pasado para estar en esta cárcel?

Paciente: Mi mamá no me quiso *(los gritos que emanaban de su garganta eran muy intensos).*

Terapeuta: Cuando yo cuente del tres al uno, vas a regresar hacia atrás y el rayo de luz y la fuerza del Universo te van a ayudar; la vas a sentir y me vas a decir lo que pasó.

Paciente: Mamá, no me odies por favor, ¡noooo!

Terapeuta: ¿Te odia mamá?

Paciente: Sí.

Terapeuta: Yo te voy a ayudar si me cuentas qué ha pasado *(en esos instantes comenzó a agredirme, a pegarme y tuvimos que sujetarla con la ayuda de varios de los ayudantes que estaban conmigo. Tuvieron que pasar varios minutos para poderla controlar).* Mira, ahora la rabia se va, se diluye como agua sucia que se filtra por la alcantarilla *(cuando parecía que se tranquilizaba, de repente le volvían esas fuerzas increíbles y comenzaba a lanzar mordiscos al aire, gruñendo).* ¿Tú quieres seguir teniendo toda esa rabia dentro de ti?

Paciente: ¡Ay mamá! *(llora)*. ¡Voy a matar a todo el mundo!. ¡La voy a matar!

Terapeuta: ¿No será que en el fondo quieres que mamá te quiera? Yo lo sé *(comenzó otra vez a llorar, chillar, golpear)*. Yo sé que esto no te sirve de nada, por mucho que golpees vas a seguir teniendo rabia. Ahora vas a regresar a cuando eras una niña pequeña, muy pequeña… y allí está mamá, cuéntame qué ha pasado.

Paciente: Mamita, mamita, ¡ay mamá! No me pegues más, me castiga por todo porque soy mala, me castiga porque soy mala. Yo me voy a la calle todos los días a jugar con mis amiguitos y ella siempre me pega, me pega… hija de puta, hijo de puta, hijo de puta, eres tú un hijo de puta, hijo de puta *(se alternaba la voz de la niña con la de la supuesta entidad)*.

Terapeuta: Yo ya sé que tú tienes mucha rabia, ¿quieres jugar con tus amiguitos?

Paciente: Sí, sí, pero mamá me pega, me pega mucho, todos los días me pega. Así yo no puedo estar con nadie, siempre me pega, a todas horas me pega… ella quiere estar sola porque es una prostituta y trabaja todo el día, y así está haciendo que yo me quede sola. Ella se va a trabajar de su cuerpo con todos los hombres que encuentra por la calle.

Terapeuta: ¿Qué edad tienes?

Paciente: Cuatro años. Y mamá siempre me deja sola.

Terapeuta: ¿Tú quieres quedarte sola?

Paciente: No, no quiero quedarme sola. Mamita, mamita…

Terapeuta: ¿A ti te gustaría saber lo que siente mamá de verdad? *(de nuevo entra en otra crisis en la que nos cuesta poder sujetarla entre los cinco, y por fin lo consigo con el anclaje de la luz)*.

Paciente: ¡Puta, puta, puta! *(repite esta palabra casi cien veces seguidas sin parar)*. Es una puta, no tiene perdón esa hija de puta…

Terapeuta: Tú eres muy pequeña y no entiendes muchas cosas de las que están ocurriendo pero, ¿tú quieres entender?

Paciente: No. ¡Suéltenme! ¡Hijos de puta, suéltenme! *(comienza a reir)*. Hijos de putas todos, todos mal paridos, todos hijos de puta que creen que me van a sacar de aquí; ella es mía, mía, me la voy a comer toda y voy a hacer que mate a su marido *(ríe desenfrenadamente)* y a su hijo *(sigue riendo)* porque ella también es una puta como mi mamá.

Terapeuta: ¡Escúchame!

Paciente: No te oigo hijo de puta, no te oigo, *lalaralari*. La tengo, es mía, *güevones* mal paridos, ella va a matar a su marido, se lo juro.

Terapeuta: ¿Tú quieres que te ayuden?

Paciente: Por favor, sáquenme de aquí, me quiero ir a la luz *(ahora sale la voz real de la paciente)*. Ja, ja, ja, *güevones (de nuevo cambia de voz)*. ¿Qué es lo que hacen aquí, *güevones* hijos de puta que se creen fuertes, mal paridos, *güevones* hijos de puta.

Terapeuta: Escúchame Dorotea *(ahora me dirijo directamente y nombro a la supuesta entidad)* .Te voy a sacar de ahí, ¿te enteras? Te voy a sacar de ahí en el nombre de Dios.

Paciente: ¡No, no, nooo!

Terapeuta: Sí, te voy a sacar en el nombre de Dios y te vas a ir a la Luz o al Infierno, ¿dónde quieres ir? ¡Dímelo ya! ¿Dónde?

Paciente: A la luz.

Terapeuta: Si quieres te mando al infierno, ¿quieres?.

Paciente: No.

Terapeuta: Pues entonces abre tu corazón, yo te voy a ayudar Dorotea, te voy a ayudar y vas a irte a la Luz en el nombre de Dios. Cuando cuente el número tres te irás, sentirás la luz en tu frente y te irás: uno, dos, tres…

Paciente: Mi mamá, tengo mucho miedo, tengo miedo *(llora desconsoladamente)*.

Terapeuta: Tranquila, ya se fue, ya se fue, ya no hay que tener miedo, se fue…

Paciente: Hijo de puta, mal parido, si se ha creído que me iba a sacar de aquí está loco, loco hijo de puta. Loco, loco, loco… su madre era una hija de puta como la mía; mal parido, gonorrea, hijo de puta, me cago en la luz, en Dios, en la Virgen, en todo hijo de puta… lo odio, lo detesto pero yo no me voy porque ella es mía, es mía, es mía *(cantando)*. Hijo de puta mal parido. Y va a matar a su mamá, a su hija y a su marido. Cada vez que los veo en la casa los odio y me meto en su apartamento y en su cama, y por eso su marido no la quiere ni poquito, no la quiere y la *güevona* cree que el marido la adora y yo la persigo todos los días, estoy ahí esperando, esperando a ver a qué hora se abre esa hija de puta de piernas y esos hijos de puta de círculos que tiene ese cuerpo; yo veo cuáles son para meterme y a ella nunca le van bien las cosas porque yo estoy con ella... desde que ella nació estoy ahííí, y la mamá, esa mamá que tiene hija de puta, cómo será que sabía que el papá la violaba. ¿Y sabe por qué el papá la violaba? Porque yo lo obligaba, yo lo hice y el papá la violó y la violó y la violó hasta que se cansó y además, también violó a las demás hermanas, ¿no lo sabía? Las violó a todas, las violó a todas: Juana, Raquel, María, Lara, Juana, Raquel, María, Lara, Juana, Raquel, María, Lara... a todas se la metió ese hijo de puta porque yo lo hice, ¿entiende? YO LO HICE y es mía, y el marido le pone los *cachos* con todo el mundo porque es un hijo de puta y, ¿sabe quién lo obliga? Yo, yo lo obligo porque estoy ahí desde que ella nació, ¿oyó?... Ayuda *(aparece de nuevo la voz de Dorotea)*. Ayuda, quiero ir donde mi mamá.

Terapeuta: Vas a ir a la luz, ¿quieres ir con mamá y que te abrace como no lo hizo nunca?

Paciente: Sí, por favor, lo necesito, ayúdame a dejar este cuerpo.

Terapeuta: Mamá va a venir por ti, tú sólo necesitas reconciliarte con ella y perdonar, ¡llámala!

Paciente: Mamá, mamá, ayúdame *(vuelve a cambiar de voz)*. Hola, ja, ja, ja, mamá, mamita, mamita a la mierda hija de puta porque yo no me voy. Si este cuerpo es lo más sabroso que hay, esas *tetas*, ese *culo*, todo es magnífico. Mamá, mama la verga, déjeme en paz. Ja, ja, ja, hijo puta, mal parido, hijo puta, mal parido *(cantando)*.

Terapeuta: Lo único que necesitas es reconciliarte con mamá.

Paciente: Pero, ¿dónde la busco? No la veo.

Terapeuta: Sólo tienes que pedirle su abrazo.

Paciente: Mi mamá me dejaba sola desde que yo estaba chiquita *(se produce otro cambio de voz)*. Hija de puta... oiga

Luis, usted tiene unos hijos que no ha reconocido, ¿usted por qué es así? Tiene dos, se llaman Mario y Guillermo y los tuvo con Clara. ¿Qué Clara? Hola, soy Adela *(en esos instantes estaba intentando confundirme a través de hacer estos comentarios que, aunque no son ciertos, podría conseguir que yo tratara de justificarlos y decir que estaba mintiendo).*

Terapeuta: ¡Ya, ya! Muy interesante lo que comentas, pero a mí no me interesa hablar con Adela, quiero seguir hablando con Dorotea.

Paciente: Pero es que yo sí quiero. Mira, por favor, ayúdame *(una voz muy dulce pidiendo educadamente ayuda).* Tú sí puedes. ¡Hooola! *(otra voz).* Soy Rosario. ¡Hoola! Soy Pedro, el pendejo. No me quiero ir, no me voy, no quiero irme, no, no, no. No la dejo en paz, la persigo y la persigo, por eso ella siempre estará controlada por mí, la voy a matar, la-voy-a-ma-tar. Toda la vida ha sido una hija de puta porque yo estoy siempre, yo fui quien mató a su hijo, yo maté a su hijo y le voy a matar a todos los que tiene ahora y a todos los que tenga. Toda la vida estuvo peleada con la mamá porque yo estuve ahí y al final se mató y se mató y se mató en todas sus vidas, se suicidó.

Terapeuta: Te voy a decir algo muy claro. Dentro de un minuto voy a cerrar el canal de luz, tú tienes ahora la oportunidad de ir con mamá. Esa es tu oportunidad, es la última oportunidad que te voy a dar, la última oportunidad que te voy a dar, escúchalo bien porque... o te vas con mamá a la luz, o te vas para siempre a los infiernos. Mamá va a llegar por ti.

Paciente: Mamá me pega mucho, tengo miedo.

Terapeuta: No te va a pegar, ella viene desde la luz, ella ya alcanzó la luz.

Paciente: Me metía botellas en la vagina, me mete botellas *(llora).*

Terapeuta: Ahora ya nadie te va a hacer nada. Todo terminó hace mucho tiempo.

Paciente: Le quiero pedir perdón.

Terapeuta: Abrázate a ella y pídele perdón, fúndete con ella, recuerda que te voy a encender la luz una sola vez. Ábrete al amor, al perdón y vete con mamá.

Paciente: La luz, la luz está ahí, no me cierres la puerta, quiero ir contigo. Por favor no me cierres la puerta, ¡ábremela!

Terapeuta: Yo te la voy a abrir, lo voy a hacer una sola vez; aprovecha porque te vas a liberar para siempre. Una sola vez... una sola vez voy a abrirla, ¿estás preparada?

Paciente: Sí.

Terapeuta: Sal, vete para siempre y descansa. ¡ESTEFANÍA, VUELVE! Se fue, Dorotea se fue para siempre. Escupe tranquila. Estefanía... Estefanía... vuelve conmigo, vuelve...

Así finalizó esta sesión arrancando un grito desgarrador de dolor que salió desde lo más profundo de las entrañas de Estefanía.

Después de terminar este trabajo, inmediatamente Estefanía se fue al baño a vomitar y estuvo durante más de 30 minutos sin parar de expulsar porquería de su cuerpo. La estuvimos acompañando en todo momento; después le enseñamos a hacer unos ejercicios de recarga energética y por último una relajación para que pudiera descansar un poco. Para terminar, mi compañero Juan Carlos –el psiquiatra– la acompañó en un taxi hasta su casa y se aseguró que en la misma estuviera su marido para que no se quedara sola.

A la mañana siguiente yo había acudido al Centro muy temprano puesto que iba a iniciar allí un curso a las 9:00 horas. Me encontré a Agustín –el sacerdote– que había llegado media hora antes y estaba junto con otro de mis compañeros haciendo una limpieza de toda la casa, poniendo un ungüento con aceite bendito y haciendo la Señal de la Cruz en todas las puertas y ventanas para evitar que cualquier mal pudiera volver a entrar. Yo no dije nada, pues respeto todo tipo de creencias y pensé que desde luego lo que él estaba realizando no iba a ocasionar daño a nadie. A los pocos minutos de mi llegada, me dijeron que Estefanía se encontraba allí y quería hablar conmigo. Yo la hice pasar a mi consulta y realmente vi frente a mí a una persona totalmente cambiada, como si hubiera tenido una cura de sueño, estando sometida a un reposo absoluto durante un largo periodo de tiempo. Estefanía me comentó que esa misma noche, de madrugada, despertó porque sintió que una voz le estaba hablando. Cuando se incorporó de la cama observó frente a ella un gran resplandor dorado con la forma de un Arcángel que le dijo que era Rafael y le comunicó que por fin ya estaba libre de todo dolor y sufrimiento, y que no tenía qué preocuparse de más cosas, que ahora podía ya hablar abiertamente de su vida, renacer y ser feliz.

Estefanía decidió continuar haciendo terapia individual con una de las compañeras del Centro, y ahora sí, pudo sacar muy rápidamente toda la historia de su vida real donde había sido víctima de los abusos sexuales de su padre durante mucho tiempo, al igual que sus hermanas, existiendo una gran rabia y odio contra su madre por haber permitido que todo eso sucediera sin tomar ningún tipo de acción o medidas contra su esposo y padre de las niñas.

¿Hubo realmente un caso de posesión? Yo me inclino a pensar que simplemente fue una vía para facilitar que Estefanía pudiera desenterrar desde lo más profundo de su inconsciente un secreto de familia guardado bajo llave que la hacía sentirse señalada, sucia y no merecedora de nada en su vida, llevándola a lo largo de los años a crearse una personalidad perturbada y desestabilizada por toda esta problemática. Encontrar la prueba de la existencia o no de posesiones, no debe ser la prioridad en un Terapeuta Regresivo. Nuestro énfasis debe focalizarse en la eliminación del dolor, del miedo y del sufrimiento que todo esto acarrea para la persona que vive la posesión. En el caso de Estefanía, pudimos ver el proceso del resurgimiento de un alma dolida que estaba marchita y observar el fenómeno de la transmutación de esa flor abriéndose a un Sol de primavera que la saluda y le da la bienvenida a la vida.

Los Estigmas

La palabra proviene del griego y significa "señal". Se utilizaba para referirse a la marca que dejaba un hierro candente con el que marcaban a los esclavos para distinguirlos del resto de la población.

Actualmente, cuando hablamos de estigmas, nos referimos a unas manchas rojas producidas en el cuerpo del estigmatizado por la acumulación de sangre en los vasos sanguíneos, pero que nunca llegan a perforarse. Por lo general no suelen ser permanentes sino que aparecen, principalmente cuando llegan las fiestas de Semana Santa y luego vuelven a desaparecer.

Signos de reconocimiento

Un denominador común que suele darse en casi todas las personas que padecen un estigma, es que tuvo su inicio a raíz de vivir el sujeto una experiencia de éxtasis donde a través de una visión de Jesús crucificado, emanaban rayos de luz de sus heridas. Normalmente estas marcas suelen aparecer en las manos, pies, costado y frente del sujeto, haciendo una analogía con las heridas sufridas por Cristo en la Pasión y es común que sangren. En algunos casos también se pueden observar marcas de azotes en la espalda, nombres o mensajes escritos en diferentes zonas de la piel y enrojecimiento y aplastamiento en el hombro como señal de soportar el peso de la cruz en el camino hacia el monte de la calavera (Gólgota).

Se producen muchas hemorragias sin explicación, ya que las heridas están alejadas de los vasos sanguíneos; la sangre que emana es limpia y no llega a cicatrizar de la forma en que lo hacen las heridas normales de nuestro cuerpo.

Los hechos más insólitos son, como en el caso de Teresa Neumann, que a pesar de estar acostada, la sangre que emanaba de sus pies lo hacía en dirección contraria a las leyes de la gravedad y se dirigían hacia los dedos en lugar de hacia la sábana.

Personajes afectados por los mismos

El primer caso que se conoce es el de san Francisco de Asís, que somatizaba heridas en pies, manos y costados igual que Cristo, y siguió con ellas hasta el día de su muerte.

Hay otras muchas personas como el padre Pío de Pieltrelcina, santa Rita, santa Catalina de Siena, santa Faustina, Teresa Neumann, Paula María Matarelli, Giorgio Bongiovanni, Jeanne Boisseau, Catherine de Ricci, Anna Katharina Emmerick, Louise Lateau, hasta contabilizar más de 320 casos que tiene registrada oficialmente la Iglesia, habiendo sido, algunos de ellos, sometidos a rigurosos exámenes y revisiones médicas sin llegar a concluir ni poder dar una explicación científica del hecho.

Casi en su totalidad, estos casos se han presentado en Europa y el mayor número de ellos en Italia –33 por ciento de los mismos–. En este sentido, debería llamarnos la atención que haya un predominio tan grande sólo en países católicos y que no se den en otro tipo de religiones. ¿Cuestión de creencias?

Los dos casos más importantes en la actualidad, son los de la argentina Gladys Herminia Quiroga de Motta, quien desde el año '83 dice tener contactos con la Virgen que le da mensajes para el mundo, y el del italiano Giorgio Bongiovanni que también tuvo revelaciones de la Virgen y es supuestamente contactado por los extraterrestres.

Origen

Aquí se abre un frente de debate entre la postura de la Iglesia que afirma ser un acto de naturaleza Divina y que su objetivo es estimular la fe de quienes contemplan al estigmatizado para que pueda servirles como detonador en sus creencias y camino de autoperfeccionamiento y evolución espiritual, y por otro lado la opinión de la Ciencia que aunque hoy en día no tiene una explicación definitiva para este fenómeno, sigue en una línea racional de querer buscar la causa de todo ello en problemas físicos o mentales. Lo cierto es que aunque no conozcamos la fuente de estas heridas, sí se tienen pruebas de que el fenómeno se manifiesta en algunas ocasiones y que en la inmensa mayoría de los casos, suele darse en personas con un alto contenido en creencias religiosas.

Desde el punto de vista médico se les ha incluido como casos extremos de afecciones de la piel que tienen un origen psicológico al igual que la dermatitis manipulativa que suele darse en ciertos tipos de psicóticos que están convencidos de tener parásitos o insectos anidando dentro de su cuerpo, y que están devorándolos o picándolos sin parar.

Desde la perspectiva de la psiquiatría y la psicología podrían explicarse como episodios de crisis histéricas –con rasgos masoquistas–, donde ese gran deseo de Unidad con Dios y la necesidad de imitar y sentir esa empatía con Jesús como medio de salvación del mundo, les lleva a movilizar tanta energía interna que les hace vivir en su cuerpo ese autocastigo y somatizar todo aquello que no pueden expresar a través de la palabra. Los estigmas serían entonces autoinducidos de manera inconsciente, producto de trastornos psicogénicos y psicosomáticos, y la autosugestión estaría provocada en estas personas por un perfil histérico, los cuales serían consecuencia de esos profundos estados de éxtasis que se producen durante sus meditaciones y fervor religioso. El deseo mental sería capaz de influir en su organismo hasta el punto de provocar esas heridas y llagas en su cuerpo.

Características de los Estigmas

La Iglesia ha establecido los siguientes criterios para determinar la autenticidad de los estigmas:

- Las llagas están localizadas en los lugares de las cinco llagas de Cristo.
- Los estigmas no se infectan y aparecen espontáneamente en el cuerpo mientras la persona está en éxtasis.
- No ceden ante el tratamiento médico; sangran copiosamente y por largos periodos.
- Están acompañados de fuertes dolores físicos y un gran sentimiento de culpabilidad por el pecado de la humanidad.
- No hay una explicación médica o psicológica para tales actos.
- El estigmatizado profesa la Palabra de Dios con entrega absoluta y mucha humildad y amor a los demás.

Lamentablemente, también aquí se han dado fraudes a lo largo de la historia por diferentes motivos –notoriedad, dinero, manipulación–, y esto ha hecho que exista un gran recelo y desconfianza ante hechos de esta índole.

De los casos más conocidos de fraude tenemos el de Magdalena de la Cruz que confesó antes de morir su manipulación para provocarse las llagas. Al respecto, a María de la Visitación, la Inquisición le limpió la herida pudiendo comprobar que sólo era pintura. La monja sor Patrocinio quien también sangraba por las manos hasta que en un juicio se descubrió que se lo provocaba ella misma con vidrios; incluso, se ha generado mucha polémica en los últimos tiempos con el caso del padre Pío, puesto que comentarios efectuados por una farmacéutica cercana al mismo, hicieron suponer que el ácido carbólico que el Padre le solicitaba frecuentemente, podría ser el causante de la irritación de sus heridas.

Por otro lado, también resulta chocante ver cómo los estigmatizados sangran por las manos, cuando sabemos que a las personas que eran crucificadas las clavaban de las muñecas, incrustando los clavos entre el cúbito y el radio. Por esa razón, tal vez podamos pensar que sean desequilibrios psicopatológicos y que el afectado somatiza de manera inconsciente donde cree que se produjo la herida y no donde realmente sucedió.

Para terminar con este apartado, quiero transcribirle la experiencia que tuve hace ya casi veinte años con una persona y que resulta, cuando menos, un caso muy curioso de analizar y darnos cuenta de cómo la fuerza de nuestra mente es capaz de movilizar tanta energía interna que puede llegar a producir este tipo de manifestaciones físicas.

Precisamente, uno de los aspectos atípicos que me llamaba la atención en el caso de Agustín, era que nunca había tenido ningún tipo de influencias religiosas en su vida como en el resto de estigmas que yo había escuchado o leído en diferente bibliografía. Sus marcas tampoco se producían en los lugares típicos en donde comúnmente suelen darse; por lo tanto, era realmente interesante intentar trabajar con él, puesto que ya presentaba una característica que anulaba uno de los factores fundamentales desde la hipótesis de pensar en la autoinducción provocada por fenómenos religiosos.

En aquellos años yo entrenaba en un gimnasio al medio día y mi monitor era este joven de unos 35 años de edad, con una gran corpulencia y preparación física inmejorable. A lo largo del tiempo y como es natural, de vez en cuando intercambiábamos alguna conversación fuera de los temas del entrenamiento puro y por esa razón, Agustín supo a lo que yo me dedicaba y me comentó su problema que era el siguiente:

Tenía un sueño recurrente que lo atormentaba desde hacía muchos años y le provocaba un estigma en el pecho cada vez que lo vivenciaba, tardando después varios días en desaparecer. Esta situación, que se venía repitiendo constantemente desde que era niño –no recordaba exactamente cuándo empezó–, lo había llevado a vivir totalmente atemorizado y con pánico a que llegara la noche y volviera a repetirse aquella pesadilla que lo perseguía desde que tenía uso de razón. Resultaba curioso ver cómo se comportaba como un niño atemorizado simplemente por hablar de su sueño, pese a que Agustín media 1.92 m de altura y pesaba 110 ó 115 kg. A pesar de todo ese tamaño de masa muscular, frente a mí seguía viendo a ese niño buscando unos brazos dónde poderse refugiar y sentirse protegido.

El sueño lo relataba de la siguiente manera:

"Voy por una montaña con nieve, hace frío, creo que estoy en otro tiempo mucho más lejano, quizás varios siglos atrás. Presiento que algo malo va a suceder... de repente alguien me lanza una cadena al cuello, dos personas salen de ambos lados del camino por el que voy andando y tiran de esa cadena que me aprisiona el cuello y no me deja respirar. Inmediatamente aparece un tercer hombre por delante de mí que me clava una gran espada en el pecho y atraviesa mi corazón. Siento un gran dolor, grito... caigo al suelo con el corazón roto... los hombres se alejan y yo me desangro poco a poco... veo la sangre cómo sale por delante de mí... se forma un charco... todo se va oscureciendo... sólo veo una luz roja que va y viene... va y viene... me muero y me despierto sobresaltado... a la mañana siguiente, al levantarme, siempre tengo un estigma debajo del pecho que durante tres o cuatro días sigue ahí y de repente desaparece y no vuelve a salir hasta que no se repite el sueño... siempre es el mismo sueño... la misma gente... el mismo dolor... el mismo estigma bajo el pecho... "

Resultaba muy sorprendente observar aquel estigma que parecía una cicatriz de unos 8 ó 10 cm que atravesaba horizontalmente todo el pectoral izquierdo como una vieja herida, y cómo sólo unos días más tarde desaparecía totalmente y su piel estaba completamente limpia y lisa. Realmente no podía dar crédito a mis ojos.

Agustín solicitó mi ayuda y decidimos iniciar una serie de sesiones regresivas para intentar buscar el origen de dicha pesadilla que lo atormentaba. A continuación, transcribo la sesión de trabajo en la que pudimos desenmascarar el mensaje que había oculto tras el sueño y el origen de ese estigma:

Al paciente, después de una relajación, lo había sumergido en su sueño en estado regresivo *(en otro capítulo haré una explicación detallada de cómo se trabaja con los sueños)*:

Terapeuta: Muy bien, Agustín. Cuéntame, ¿por dónde vas ahora?

Paciente: Sigo avanzando por ese camino entre la montaña, pero ya intuyo que algo malo va a suceder.

Terapeuta: No te preocupes por nada, déjate simplemente llevar. Ya sabes que sólo es un sueño y vamos a hacerle frente. Vamos a desenmascarar de una vez por todas el mensaje que hay en él. Sigue avanzando.

Paciente: ¡Ahhh! *(Agustín lanzó un grito aterrador y dio un salto en el diván sujetándome fuertemente de una pierna).*

Terapeuta: Tranquilo Agustín, ¿qué está sucediendo?

Paciente: ¡La cadena! Me han lanzado una cadena al cuello.

Su otra mano se aferraba fuertemente a su cuello y llegué a pensar que podría lesionarse por la presión que estaba ejerciendo en esa parte del cuerpo que convulsionaba sobre el diván.

Paciente: Siento que no puedo respirar, me ahogo, no puedo...

Terapeuta: Deja que las imágenes sigan avanzando, vas a liberar para siempre todo eso que hay dentro. Confía en mí, ¿qué más ocurre ahora?

Paciente: Ahora aparece el otro... se acerca... lo veo cómo llega de frente... lleva una armadura... los otros dos también la llevan... están viejas... las oigo cómo suenan cuando se mueven... es un ruido metálico muy fuerte... se acerca y me clava la espada en el corazón.

En ese momento, Agustín lanzó un grito de dolor tremendo y después parecía que se había desvanecido.

Terapeuta: ¿Qué pasa? Cuéntame, ¿qué está pasando ahora?

Paciente: He caído en el suelo, no puedo moverme, estoy como aprisionado entre dos rocas; me han dejado aquí y me estoy muriendo, veo cómo me desangro... hay un gran charco de sangre, veo la espada cómo está dentro de mi pecho, la siento... ahora ya no hay dolor... ya no siento nada... todo se está oscureciendo... cada vez hay más oscuridad... ahora veo una luz de color como rojizo que viene y se aleja, viene y se aleja...

Hasta este momento se estaba reviviendo todo el sueño tal como Agustín lo recordaba en sus pesadillas nocturnas. A partir de ahora, se actúa en la siguiente fase de la Terapia Regresiva Reconstructiva.

Terapeuta: Muy bien Agustín, ahora, cuando yo cuente del tres al uno, vamos a regresar al momento en que esas dos personas te están sujetando y ese tercero va a clavar la espada en tu pecho.

Tomé la decisión de centrarlo en la espada y la herida del pecho puesto que se suponía que en este lugar había algún impacto emocional importante grabado y que trataba de aflorar a través de ese estigma.

Paciente: Ya estoy ahí de nuevo, lo veo, viene hacia mí, trae su espada... es muy grande... me va a hacer daño, me va a doler.

Terapeuta: Pues ahora, justo en el momento en que ese hombre clave la espada en tu pecho, tú te vas a proyectar dentro de la misma como si fueras la punta de ella; vas a entrar en tu pecho a través de ese dolor y justo en ese momento vas a regresar en el tiempo hacia algún instante de tu vida real donde ocurrió algún acontecimiento que provocó ese daño, esa sensación de la espada en el pecho. Vamos allá. Cuento: tres, dos, uno...

Paciente: Estoy atascado, no puedo moverme.

Terapeuta: ¿Dónde estás en estos momentos? ¿Puedes observar tu entorno?

Paciente: Estoy dentro del coche, oigo el ruido de la chapa al volcarse, es espantoso, tengo miedo.

Terapeuta: Sigue contando, ¿qué más está pasando ahí?

Paciente: Papá está gritando.

Terapeuta: Escucha, ¿qué dice papá?

Paciente: Cuidado, cuidado, ¡el niño!

Terapeuta: ¿Hay alguien más en el coche?

Paciente: Mamá.

Terapeuta: Tú, ¿qué edad tienes? Más o menos.

Paciente: No sé, quizás 4 ó 5 años.

Terapeuta: Sigue contando, ¿qué más ocurre?

Paciente: El coche da vueltas, me golpeo por todas partes... ya se paró. No hay ruidos.

Terapeuta: ¿Qué ocurre? ¿Cómo te encuentras?

Paciente: No puedo moverme, no puedo moverme, estoy pegado a mamá, no puedo mover mis brazos, estoy atrapado.

Terapeuta: Mira aquí donde está el mensaje del sueño, busca la espada, busca la herida...

Paciente: Mamá, ¡es mamá!

Terapeuta: ¿Qué le ocurre a tu mamá?

Paciente: Veo la sangre, tiene clavado un trozo de hierro del coche en el pecho, le ha partido el corazón, mamá está muerta.

Agustín efectivamente había perdido a su madre en un accidente automovilístico que sufrieron cuando él tenía cuatro años de edad, pero nunca había recordado cómo sucedió ni pudo imaginar que aquel sueño recurrente le estuviera llevando constantemente a ese momento dramático de su vida donde un trozo de metal sesgó de golpe, en un instante, la vida de su madre.

En aquella sesión y en alguna posterior, Agustín tuvo oportunidad de reconstruir aquella escena y poder despedirse de su madre, cerrando para siempre aquella herida que seguía abierta después de más de 30 años. Nunca más se repitió aquella pesadilla y el estigma no volvió jamás a aparecer, al menos hasta la fecha.

¿Qué podríamos concluir sobre los estigmas? ¿Son fenómenos realmente producidos por los deseos de Dios o como consecuencia de una enfermedad psicosomática? Personalmente me inclino más hacia el segundo planteamiento, aunque de momento la incógnita siga sin despejarse. Lo cierto es que hoy en día muchos millones de personas siguen convencidos de la intervención divina y como resultado de ello podemos ver cómo cada vez que hay algún suceso de esta índole, inmediatamente se forman círculos de miles de personas alrededor del estigmatizado que quieren tocarlo, creyendo que así obtendrán la iluminación y encontrarán el camino hacia la eternidad.

Usted por supuesto es libre de creer en cualquiera de las dos opciones, pero simplemente cuando esté en terapia, trate de ayudar a sus pacientes sin ningún tipo de ideas religiosas que le puedan restar objetividad a su trabajo.

Los Guías Espirituales

Desde la parcela de conocimiento de la que disponemos en la actualidad, los seres humanos reconocemos tres dimensiones, aunque según diferentes teorías y creencias, hay infinidad de ellas, en algunas de las cuales habitan seres de múltiples procedencias y niveles de vibración. Nuestros Guías provienen de otros planos de vibración más elevados que el nuestro. Su cometido aquí en la Tierra es ir mostrándonos nuestro camino, de ahí la palabra "Guía". Nos enseñan los valores del espíritu y nos conectan con el Ser Supremo.

Hay distintos tipos de Guías y todos tenemos asignado como mínimo uno, que sería lo que conocemos como nuestro Ángel de la Guarda. Este primer Guía que cada uno de nosotros tiene asignado en la vida desde el momento que llega aquí, está para auxiliarnos a cumplir la misión que cada uno de nosotros hemos venido a realizar en este mundo y en esta vida, ayudándonos a crecer, a su vez que se ayudan ellos mismos en su propia evolución para ir a otros niveles de vibración.

Otro Guía, o posiblemente el mismo, es el famoso "amigo invisible" que muchos de nosotros hemos tenido durante un determinado periodo de tiempo en nuestra niñez. Aquel con el que hablábamos, jugábamos y le contábamos las cosas más íntimas y con el que compartíamos todos nuestros secretos sin que nuestros padres se enteraran de ello.

Todos nosotros podemos conectar con nuestros Guías y eso no depende de nuestro nivel cultural ni económico, ni *status* social. Sólo tenemos que ser capaces de mirar dentro de nuestro Ser, hacer una introspección y hablar desde nuestro corazón en lugar de nuestra cabeza; esa es la llave de acceso.

Están siempre junto a nosotros aunque no seamos capaces de verlos o percibirlos; quizás esto sea porque simplemente no creemos en ello pero si en algún momento cambiamos nuestra percepción, entonces es cuando realmente comenzamos a sentir grandes transformaciones en nuestra vida y por instantes somos capaces de sentirlos junto a nosotros.

La forma de llegar a ese cambio de percepción necesario para poder captar su presencia, es a través de la modificación y ampliación de nuestros estados de conciencia; por esta razón es por lo que en la Terapia Regresiva Reconstructiva suelen producirse estos contactos que de otro modo resultan inaccesibles.

El objetivo de los Guías es hacernos ver que el hombre, en su eterno afán por conseguir cosas materiales, lo único que ha logrado es colocarse un montón de máscaras, una encima de la otra, que lo hacen no poder ver el camino por el que realmente está andando desde el principio de su vida. Ellos –los Guías– son sencillos, llenos de amor, de paz, y nos transmiten mensajes de cariño, de compartir, de entrega y reflexión interna para darnos cuenta y ser capaces de quitar algún día los velos que nos tienen sumergidos en la oscuridad del camino y nos han ido creando esos patrones de conducta que una y otra vez utilizamos de manera inconsciente para sumergirnos en un personaje que no es real; sólo es el figurante de la obra de teatro. De esta forma, nosotros mismos cerramos y limitamos nuestro campo de percepción sumergiéndonos en la oscuridad. Ellos nos enseñan a darnos cuenta de que somos realmente los autores y protagonistas de nuestra propia historia y no simples espectadores; que podemos acrecentar nuestra percepción global y que para alcanzar la felicidad, no son necesarios los aspectos materiales de la vida sino la sencillez en todos los sentidos.

Los Guías no están junto a nosotros para solucionar nuestros problemas cada vez que nos vemos envueltos en algún tipo de conflicto. De esa forma nadie crece y siempre está dependiendo de otros. Su enseñanza es a través de hacernos poner en práctica aquello que necesitamos en cada momento para experimentar dentro de cada uno de nosotros el valor de las cosas. Si ellos hicieran nuestro trabajo, sería lo mismo que si comieran en nuestro lugar. Nosotros seguiríamos teniendo hambre.

En la Terapia Regresiva Reconstructiva, el conectar con esos Maestros es más común de lo que uno se imagina. Incluso las personas que no creen en nada, en alguna sesión de trabajo han vivenciado el contacto con ellos y en ciertos momentos les han transmitido mensajes muy importantes que han repercutido favorablemente en la evolución de la problemática que estaban atravesando en ese momento.

Algunas personas pensarán que el contacto con estos Seres no es más que hablar con nuestra Supra Conciencia, nuestro Súper Yo, nuestro Ser Interior más sabio, o quizás sea el buscar un elemento externo creado de manera artificial para ayudar a resolver los problemas que estamos viviendo en ese instante. Pero, tal y como siempre abandero desde mi personal enfoque terapéutico, no importa si esos Seres de Luz son reales o no, lo único que nos debe importar es si su presencia resulta útil para el paciente y que gracias a esos supuestos contactos y experiencias que se viven en la intimidad de la consulta, a muchas personas les permite entender y dar sentido a su manera de vida, asumir las propias responsabilidades de los acontecimientos y con todo esto generar en ellos cambios importantes, a veces espectaculares. Insisto una y otra vez, en que lo único importante y válido son los resultados.

La aparición de estos Guías en algún momento de una sesión de trabajo, se produce de manera espontánea aunque bien es verdad que también nosotros podemos estructurar algún escenario de trabajo concreto donde incorporamos a veces estas figuras si consideramos que pueden ser de ayuda para nuestro paciente. Ahora bien, si usted observa a lo largo de todas las sesiones que siempre aparece un Guía para todo, esto podría ser una estrategia de huida por parte del paciente con un comportamiento infantil, y en esos casos deberá hacer que prescinda de ese apoyo momentáneamente.

Es importante no olvidar, que si bien nosotros hemos podido incluir en determinadas situaciones estos arquetipos para algún fin determinado y muy concreto, no podemos hacer a nuestros pacientes que sean dependientes de ellos, puesto que el éxito de toda terapia es conseguir en el paciente que remitan sus síntomas y que sea capaz de ser autónomo y no tener ninguna dependencia de nadie a la hora de solucionar sus conflictos.

Si la información que los Guías nos transmiten es válida y útil, deberemos hacer un buen uso de ella. En caso contrario es mejor dejarla de lado y buscar por sí mismo los recursos necesarios.

Como muestra de este apartado, incluyo una sesión de trabajo donde se produce un contacto con un Guía. Es el caso de Lucas, quien había venido a consulta porque sufría una importante depresión y bebía con exceso como huida de una relación que había cortado hacía relativamente poco tiempo. En una de las sesiones de trabajo siente como una llamada que viene desde lo más profundo de él mismo y a partir de ahí iniciamos este diálogo:

Paciente: La sensación que experimento es muy agradable.

Terapeuta: Permite que este Ser entre en contacto contigo.

Paciente: Es un señor con barba blanca y hábito *(es muy frecuente verlos de esta forma porque son arquetipos convencionales establecidos)*. Es como si quisiera decirme algo. Me lleva hacia un lado y abre una ventana. Es como si me enseñara el mundo. Quiere mostrarme que tengo que indagar no sé qué.

Terapeuta: Pregúntale.

Paciente: Dice que el sentido de las cosas.

Terapeuta: ¿Te lo puede explicar un poco más?

Paciente: Me dice que tengo que valorar y amar lo que tengo: los afectos de mis amigos, la gente que me quiere… pero eso ya lo hago ahora… me dice que tengo que seguir buscando en mí mismo, dice que la emotividad es superficial, que tengo que expandir, que no me fíe ni me deje llevar por la emotividad que ahora siento.

Terapeuta: Pregúntale cómo puedes sanar la herida del sentimiento de pérdida y dolor.

Paciente: Me dice que el tiempo es muy importante para alejar el recuerdo y tengo que sustituir esas emociones, buscar la forma de cambiarlas por otras. Yo le pregunto cómo, me dice que hay muchas cosas por hacer. Tendré que marcarme unos objetivos… retos de conocimiento… debo asumir el paso del tiempo. Me dice que queda otra parte pero tengo que aprender más de la experiencia; pero, ¿qué puedo aprender? Es la enseñanza de la madre, saber que no hay cosas absolutas y valorar que en cualquier situación hay cosas positivas pero también negativas.

Terapeuta: Pregúntale para qué sirve herir el alma, el pasar dolor.

Paciente: Para entenderte a ti mismo, poder reflexionar…

Terapeuta: ¿Hay avance sin dolor?

Paciente: No. El dolor es necesario. Hay personas que como a mí, sin dolor no reflexionarían nunca sobre ello, pero yo me niego a admitir eso.

Terapeuta: Pregúntale qué sentido tiene eso.

Paciente: Ahora me enseña como imágenes de los curas donde estuve: curas, penitencia… pero no tiene nada que ver con eso, no con la culpa. Dice que es parte de asumir tu soledad, eso me hará más consciente, más fuerte, y así podré elegir mejor; pero eso lleva consigo esa parte del dolor. Todo significa una renuncia a algo.

Terapeuta: Pregúntale si en todas partes ocurre igual. Si hay personas elevadas que pueden integrar todo.

Paciente: No hay crecimiento sin dolor.

Terapeuta: ¿Hay algún bálsamo para aliviar este dolor?

Paciente: Dice que no me fíe de mis propias fuerzas, que piense en proyectos nuevos y corte los pensamientos circulares, que elabore proyectos a futuro.

Terapeuta: Pregúntale si tardarás mucho en conseguir ese crecimiento.

Paciente: Todo depende de mí y de mi trabajo, pero que confíe en que puedo hacerlo y podré; que confíe en mis amigos que dicen que merezco otro tipo de situación si yo lo quiero.

Terapeuta: Eso, ¿qué te parece?

Paciente: Que no me fíe de la emotividad, que intente despejarla.

Terapeuta: ¿Vale la pena?

Paciente: Dice que aún es pronto, que no lo tengo que preguntar. Que espere hasta más tarde. Ahora tiene que irse.

Terapeuta: Pregúntale si puedes volver a verlo si lo necesitas

Paciente: Dice que sí, y que si quiero puedo pensar en él y volver a conectarnos, que siempre está junto a mí. Ahora se acerca, me abraza, se despide de mí y desaparece.

Terapeuta: ¿Cómo te hace sentir todo esto?

Paciente: Me produce sosiego y tranquilidad.

A través de esta sesión Lucas llegó a conclusiones muy importantes para él en ese momento de su vida, pensamientos vividos e integrados en alguna parte de su interior que operaron un giro, una introspección de la mano de su Guía que encajó como una llave en una cerradura para abrir la puerta que justamente necesitaba.

El "Déjà vu"

En alguna ocasión de nuestra vida, sobre todo cuando somos niños y adolescentes, casi el 70 por ciento de la población ha experimentado una vivencia de este tipo, que normalmente suele durar sólo unos segundos. Por ejemplo, una persona va de excursión a un lugar por primera vez en su vida, de repente aparece ante ella una imagen de una montaña, un castillo o una casa que tiene la seguridad de reconocerla con anterioridad. Lo mismo ocurre en ocasiones cuando uno está hablando con otra persona en un lugar concreto y aparece esa sensación de haber estado manteniendo esa misma conversación en algún otro momento de su vida. Esa evocación de haber vivido ya esa situación es lo que se ha denominado "déjà vu", palabra francesa que se acuñó por el científico e investigador psíquico francés Emile Boirac (1851-1917), que comenzó a interesarse y trabajar sobre este tema en el siglo pasado. También se le ha denominado técnicamente con el término "paramnesia".

Desde entonces la comunidad científica ha tratado de buscar una explicación a estos hechos y el campo de la neurofisiología lo considera una alteración momentánea de la memoria, explicando que durante unos segundos las neuronas pueden emitir descargas eléctricas indebidas en el cerebro −como la televisión cuando por unos instantes la imagen y la voz van descompasadas por algún problema técnico o cuando hay una sobrecarga de tensión−, dándose un desfase en la forma en que el cerebro interpreta los hechos en el tiempo, existiendo una incapacidad de establecer las diferentes secuencias y produciéndose un solapamiento entre el canal de la memoria que capta la información a corto plazo y el canal que archiva la memoria a largo plazo. Se ha comprobado que previo a un ataque epiléptico se tienen muy a menudo experiencias de este tipo.

Por esa razón, en esas circunstancias la escena o acontecimiento que se está viviendo llega a la mente consciente unas décimas de segundo antes de que sea consciente de ella. Este es el motivo por el que nuestro cerebro ya la reconoce como si la hubiera vivido con anterioridad.

También hay otro punto de vista de todo esto y es el enfoque desde el campo "no" científico. Desde aquí, las respuestas a estos fenómenos vienen dadas a través de la creencia en la reencarnación y por lo tanto esa sensación de recordar esos lugares o acontecimientos concretos, son breves recuerdos de situaciones específicas de nuestras vidas anteriores que por unos instantes saltan a nuestra mente consciente.

Personalmente puedo entender todas las explicaciones coherentes y estructuradas que nos presenta la ciencia, y también escuchar a quienes afirman que esto son "cosas" de alguien que simplemente las ha leído en un libro o ha escuchado relatar en algún momento de su vida y las saca a la luz de manera inconsciente, pero hay cosas que se escapan a mi comprensión: ¿Qué sucede cuando alguien es capaz de anticiparse a lo que va a ver instantes después de ese presente? ¿Qué explicación podemos dar cuando alguien es capaz de tener una precognición y decirte, con total precisión –por poner un ejemplo–, cómo está estructurado el plano de un lugar, antes de entrar en él?

Quiero relatarle una experiencia que viví personalmente en el Sur de Francia en el año '81 con una amiga mía:

En esas fechas un grupo de amigos habíamos decidido ir a recorrer todo el Sur de Francia para realizar la ruta de los castillos cátaros, visitando –entre otros– Montsegur, Rennes-le-Château, el castillo de Queribus, Carcassona... ya que teníamos una gran curiosidad por saber sobre aquella gente llamada cátaros que el papa Inocencio III mandó aniquilar y borrar del mapa enviando a los cruzados y sometiéndolos a un asedio durante meses que terminó el 12 de marzo de 1244 con la quema de más de 200 de ellos en la hoguera.

Según comenzamos a subir por el abrupto sendero que conduce al castillo de Montsegur, nuestra compañera Margot se quedó inmóvil mirando fijamente el paisaje que teníamos ante nosotros, sin gesticular ni hacer un sólo movimiento. Yo la observé y me preocupó porque pensé que se había mareado, ya que su cara estaba totalmente blanca. Enseguida nos acercamos a ella para preguntar qué estaba sucediendo a lo cual contestó: "Yo conozco este castillo", "yo ya he estado aquí".

Al principio pensé que físicamente ella ya había estado allí en alguna otra ocasión y pregunté por qué no lo había comentado antes de la excursión. Ella contestó: No he estado nunca aquí pero sé que he estado aquí. Es en otro tiempo, en otra etapa de mi vida. Reconozco perfectamente este lugar.

En aquella época yo pertenecía a un grupo de trabajo en España que nos reuníamos para investigar e intentar interpretar algunos efectos de los que se denominan "fenómenos paranormales", y esto sinceramente me hizo presentir que sería una oportunidad de oro para poderles aportar algo nuevo a mis compañeros de España. Ante esto, rápidamente quise separar la "realidad" de la fantasía de su mente e inmediatamente le pregunté que si en verdad reconocía ese lugar, podría decirnos cómo era en su interior. Ante esta pregunta, mi amiga comenzó a describirnos con todo detalle cada una de las partes de ese castillo; las diferentes estancias, la sala de armas, cada palmo del castillo paso a paso con una precisión que rozaba lo inaudito. Nuestra gran sorpresa fue que al iniciar nuestra visita turística al castillo con un guía que nos acompañó, podíamos observar cómo todo lo relatado media hora antes por ella se narraba de igual forma por el guía y los detalles de los lugares que mencionaba del castillo coincidían con lo que ella comentó. Había muchas cosas —casi todas— de las que ella había descrito que no estaban allí, puesto que lo único que veíamos eran unas ruinas, pero más tarde al preguntar a los guías del castillo sobre la historia, nos confirmaron que efectivamente en su origen esto era así.

A lo largo de las horas que estuvimos en este lugar, nuestra amiga pareció entrar en varias ocasiones como en un trance que no éramos capaces de diagnosticar de qué se trataba, pero en ellos nos seguía dando información que después pudimos comprobar tras hacer diferentes averiguaciones que coincidían en todo detalle con los datos históricos y cómo veía el castillo asediado, y darse cuenta de cómo el marido que tenía en esa vida era su novio en la actualidad. En una zona concreta que después nos dijeron era llamada *"camp de cremats"* (Campo de los quemados), donde quemaron a los cátaros supervivientes, sintió un dolor muy grande en el pecho y se desvaneció y cayó al suelo. Eso hizo que la sacáramos inmediatamente de aquel lugar y la lleváramos con un médico para que la examinase. Margot se encontraba perfecta y totalmente recuperada.

Cuando le preguntamos sobre lo que experimentó, vagamente recordaba algunas cosas, aunque poco a poco fueron llegando a su consciente.

Me interesó tanto su experiencia que le propuse una sesión regresiva para ver si podíamos conectar de nuevo con ese lugar, a lo que ella aceptó de buen grado y dos días más tarde concertamos una reunión para intentar sacar más material. En aquella sesión, mi amiga pudo revivir una "supuesta vida anterior" donde habitaba en ese lugar y era la mujer de uno de los personajes que vivían en el castillo. Revivió cómo el castillo era atacado y todo el mundo batallaba contra los cruzados y se defendían para evitar que el castillo fuera tomado. Cómo después de meses de lucha decidieron rendirse y vio cómo un soldado atravesó con una lanza el cuerpo de su marido mientras ella lo observaba de lejos; se vio corriendo hacia él y tomándolo entre sus manos y llena de sangre, vio morir a su esposo en sus brazos con gran dolor y pena por parte de ambos. Después vivenció cómo fue lanzada junto a otros compañeros a una hoguera –donde hoy se encuentra el monumento que recuerda ese día negro– donde murió quemada viva y sintiendo cómo se asfixiaba con el humo.

En la vida actual, su novio padecía desde hacía tiempo trastornos digestivos y un gran dolor de estómago que no habían sido capaces de diagnosticar y que provocaba que muchas noches este hombre se despertara teniendo pesadillas y con fuertes dolores abdominales. También en su vida actual, Margot padecía de asma.

Pasadas varias semanas de que Margot reviviese esta sesión, una noche durmiendo con su novio, éste despertó de repente con ese dolor cotidiano de estómago, y mi amiga sintió la necesidad mental de ver cómo él tenía clavada esa lanza en su estómago y tiró de la misma y la sacó de su cuerpo liberándolo al mismo tiempo de esa memoria celular que a través de los siglos seguía cargando y reproduciendo el momento de esa muerte cruel.

El resultado es que a partir de ese día su novio dejó de tener esos tremendos dolores de estómago que lo habían perseguido durante años y ella mejoró considerablemente sus ataques de asma.

Siempre he pensado que los conocimientos de la ciencia actual no son más que la punta del *iceberg* que vemos emerger entre las aguas pero, sin embargo hay muchísimo más bloque de hielo oculto en las profundidades que desconocemos con nuestra visión parcelada como seres humanos, y que quizás algún día podamos revelar sobre el gran misterio del hombre. Sea lo que sea, estoy convencido que queda mucho por investigar sobre este tema.

Los daños heredados

Sabemos que traemos cargas en nuestros genes que nos hacen parecernos físicamente a nuestros padres, abuelos o bisabuelos; también conocemos que estos rasgos hereditarios de familia pueden interactuar con medicamentos, enfermedades, etcétera, y que si algún familiar tuvo cáncer o diabetes –por poner un ejemplo–, nos puede servir de aviso para tomar medidas preventivas. Igualmente, se sabe que existen comportamientos y pautas de conducta en las que nos involucramos de manera inconsciente y reaccionamos del mismo modo que lo hacía nuestro antepasado, sin ni siquiera –a veces– haberlo conocido personalmente.

Todo esto ha sido heredado y esta información se ha transmitido a nuestro cuerpo genéticamente. Del mismo modo que podemos heredar una enfermedad física, también heredamos a veces ciertos daños psíquicos, ya que nuestras células no sólo tienen la información adquirida a través de nuestras vivencias personales, sino que también se encuentra en ellas la información de campos energéticos formados por burbujas de memoria genética y congénita adquiridas desde que somos un óvulo, que en un momento dado de nuestra vida, ante un impacto concreto que ha servido de detonante, hace que esto se dispare y salga a la luz. El cerebro actúa entonces de manera automática y codificado por estructuras de esos códigos genéticos heredados y enquistados en nuestro cuerpo físico y mental.

Podemos observar en muchas ocasiones que ante una fecha concreta del año o el hecho de cumplir una determinada edad, lleva asociado a ello una tipología de enfermedad que realmente lo único que está haciendo es sacar a la luz, a través de esta analogía, el conflicto sin resolver de nuestro antepasado.

Por eso, es muy importante que en nuestra entrevista para la toma del caso y recopilación de datos, caigamos en la cuenta de que existe una posibilidad que ciertas problemáticas no sean adquiridas en la historia personal del paciente, sino que sean un daño heredado, un conflicto sin resolver en la historia de la familia.

Deberemos preguntar siempre desde cuando en especial está ocurriendo ese "problema" en nuestro paciente, y después sondear por si a lo largo de su árbol genealógico se diera esa "coincidencia" en alguno de sus familiares, como puede ser una muerte prematura, alguna deuda pendiente, un duelo no resuelto...

Es lo que en ocasiones se ha venido a llamar "la maldición de la familia" o "karma familiar".

Del mismo modo que apreciamos en determinadas sesiones de "vidas pasadas" que hay una retención de energía que permanece bloqueada y trasciende de una vida a otra, ocurre igual con esa energía de un familiar que quedó bloqueada y no ha podido ser resuelta en su momento. Esa energía busca un camino de salida a través de afincarse en la psiquis de un predecesor para que éste intente resolver el conflicto de su antepasado y romper la cadena de enfermedad familiar.

Cuando esto ocurre, hay que llegar en el trabajo terapéutico hasta su ancestro donde se generó el daño y ser capaces de buscar una resolución adecuada al mismo: una muerte digna, un arreglo de cuentas, una estabilidad energética y emocional, etcétera, para que el paciente libere esa energía retenida que le ha llegado a través de sus genes.

Veamos un ejemplo con este caso:

Matilde llevaba varios años, tras la muerte de manera traumática de un familiar muy cercano, sintiendo un gran dolor en su estómago y después de haber realizado todo tipo de pruebas médicas, el diagnóstico era que no tenía ningún problema de tipo orgánico y que probablemente sería algo psicosomático. Fue entonces cuando decidió comenzar a trabajar desde el aspecto psicológico y tras el paso por dos o tres tipos de psicoterapia más convencionales, llegó a mi consulta.

Realmente su malestar era visible y cuando entraba en trance se revolcaba de dolor en el diván. Después de varias sesiones, en una de ellas fuimos a revivir su etapa intrauterina y nacimiento, y aquí dimos con el conflicto.

Dentro del claustro materno, Matilde percibía que había como una mancha negra que estaba acoplada en su madre y por detrás de su espalda. En el momento del nacimiento se dio cuenta que esa mancha no se quedaba en mamá sino que la seguía y se le metía dentro para permanecer allí todo el tiempo alimentándose energéticamente de ella. El momento de aquel impacto tan fuerte, ocurrido con la pérdida de su familiar unos años atrás, fue lo que provocó abrir la caja de Pandora y hacer que aquella mancha tuviera autonomía propia y se revelara para decirle algo. Pero, ¿qué era eso que quería decirle?

En esa sesión de trabajo concreto hice que Matilde dejara de huir de aquella mancha, se pusiera frente a ella y le preguntara qué quería y por qué vivía en ella. La respuesta no se hizo esperar. La mancha le comentó que era la energía creada por una emoción de una tía que murió durante la Guerra Civil Española y que no fue enterrada en Camposanto. Los padres se la entregaron a unos mozos del pueblo para que por la noche fueran a enterrarla sin que los viera el bando contrario, y aparentemente esto no se hizo así y la enterraron en otro lugar;. Según el mensaje que transmitía esa energía, este era el motivo por el que seguía prendida a la familia. ¡Alguien tenía que poner fin a todo eso!

En esta ocasión, el trabajo con Matilde fue que ella misma hiciera que aquella mancha tomara la forma de la niña pequeña que murió y entonces fuera de manera mental a llevarla en brazos hasta un cementerio donde Matilde hizo la fosa y la enterró con sus propias manos; acto seguido rezó por ella y la bendijo para que encontrara su nuevo camino en paz.

Como siempre, se nos abre un interrogante muy grande ante este tipo de experiencias. ¿Será verdad que realmente el alma de aquella pobre niña estaba atrapada sin encontrar el camino de su evolución? ¿Sería una fabulación realizada por Matilde para dar sentido a sus continuos dolores de estómago?

Como el lector ya habrá observado, en mi línea de trabajo poco importa lo que realmente fuera todo aquello; el fin era conseguir remitir los intensos dolores de estómago que padecía mi paciente y el objetivo fue conseguido. Creo que eso es en lo que se debe centrar el "Facilitador" en Terapia Regresiva Reconstructiva.

En este episodio, es interesante ver cómo a Matilde, la muerte de manera traumática de su familiar unos meses antes de acudir a la consulta, había posiblemente disparado, a través de sus sentimientos, las emociones heredadas y aprendidas de aquella tía suya que siendo niña, también murió en un momento traumático, respirando el odio, el miedo y la locura que desencadena una guerra, y esto llevara a mi paciente, a través de alguna analogía emocional que estuviera unida a la de su tía, a somatizar su problema de estómago sin que nadie fuera capaz de entender la etiología o factores desencadenantes del trastorno que padecía.

Actualmente conocemos que ante una situación de peligro inminente, manejamos las emociones aprendidas de forma primitiva y automática para mantenernos vivos, liberando muchas hormonas del tipo de la adrenocortitrofa y corticosterona, y activando con ello, no solamente los mecanismos sensoriales, motores y mentales de nuestro cerebro, sino el endocrino, cardiovascular, respiratorio, metabólico… los pensamientos son los programas de nuestra computadora interior y el cuerpo es la palabra que utiliza el alma para comunicarse con el exterior y manifestar sus necesidades.

Tal vez, a través de alguno de estos sistemas internos, también haya algún mecanismo automático que permita a ciertas personas acceder a la sala de codificación emocional en su cerebro límbico y conectar allí con los archivos energéticos de la situación inconclusa del antepasado que se haya quedado anclada, teniendo así la oportunidad de resolver los conflictos familiares que quedaron pendientes a lo largo del tiempo.

Capítulo XI
Los sueños y la T.R.R.:
el lenguaje simbólico
del inconsciente

"Los sueños son una manifestación del inconsciente. Todo lo que llega a ser realidad aparece primero en sueños."

Edgar Cayce

El sueño a nivel fisiológico

El sueño es una necesidad reparadora, tanto física como psicológica de todos los seres humanos. El organismo se pone en reposo bajando los niveles de actividad fisiológica y se producen modificaciones hormonales, bioquímicas y metabólicas que son imprescindibles para que nos encontremos descansados y con energía durante el día, cuando nos encontramos en plena actividad física en ondas Beta.

También se ha comprobado que una buena calidad de sueño mejora la memoria. Concretamente, los estudios realizados por el doctor Jan Born del Departamento de Neuroendocrinología de la Universidad de Lübeck, en Alemania, han demostrado que pasar una corriente eléctrica suave a través del cerebro dormido cuando se encuentra en ondas de actividad lenta y antes de llegar a la fase REM, mejora la memoria en un ocho por ciento.

Trastornos básicos del sueño

Cuando tenemos ansiedad, cuando sufrimos estrés, en momentos depresivos, cuando hay algún problema específico que nos preocupa y tenemos que resolver, si estamos afectados por una enfermedad que produce dolor físico, cuando tomamos algún tipo de drogas, horas antes de un examen o el día anterior de ir a una entrevista para un nuevo trabajo... se pueden producir trastornos de sueño que después repercutirán, tanto en el cuerpo como en la mente, sintiéndonos cansados, desconcentrados o malhumorados; si esto persiste y es reiterativo, se pueden producir lagunas de memoria y estar más propensos a padecer diversas enfermedades, ya que nuestro organismo, al sentirse debilitado y aturdido, pierde una parte de sus leucocitos y el sistema inmunitario se resiente, pudiendo llevar la falta prolongada de sueño a producir lesiones cerebrales y conducirnos incluso hasta la muerte.

Los trastornos básicos del sueño más frecuentes con los que un profesional de la salud se encuentra en su consulta son: el insomnio –dificultad para conciliar o mantener el sueño– que es el que se da con mayor frecuencia; la hipersomnolencia –demasiadas horas durmiendo o sentir mucho sueño a lo largo del día en todo momento–, parasomnias –pesadillas, terrores nocturnos y sonambulismo– y algunos trastornos inducidos por la ingesta de sustancias.

La Terapia Regresiva Reconstructiva es de gran utilidad en todos los trastornos del sueño, pero especialmente en este capítulo veremos el método para trabajar los terrores nocturnos y las pesadillas, los sueños recurrentes y descifrar las claves ocultas del inconsciente.

Las fases del sueño

El sueño comprende varios ciclos a lo largo de la noche –de 4 a 6– y cada uno de ellos suele durar entre 90 y 110 minutos, aunque puede variar según las personas y en determinados momentos y circunstancias de la vida. En cada uno de estos ciclos se dan dos fases del sueño que se llaman Fase No REM y fase REM.

Fase NO REM

Esta fase No REM parece ser que sirve para restaurar la parte corporal. La actividad neuronal es más baja y el sueño más superficial.

Existen cuatro niveles según su actividad, de menor a mayor profundidad de sueño.

- **Somnolencia.** Es la etapa de transición entre el estado consciente –vigilia– y el sueño. Ocupa alrededor del cinco por ciento de la totalidad del ciclo. Los ojos se mueven lentamente y es fácil despertarse ante cualquier ruido o acontecimiento por ligero que sea.
- **Sueño Ligero.** Disminuye el ritmo cardiaco y respiratorio. Ocupa el 50 por ciento del tiempo.
- **Sueño profundo Theta y Delta.** Este se caracteriza por movimientos lentos, actividad cerebral y respiratoria disminuida y sueños poco imaginativos. Ocupa el 20

por ciento del tiempo. El sonambulismo suele darse en esta etapa. Es más difícil despertar en este nivel, pero cuando eso ocurre, la persona se siente muy aturdida y desorientada.

Entre una y otra fase se pueden producir pequeños despertares.

Fase REM o MOR

Llamada así porque en ella se producen Movimientos Oculares Rápidos (MOR) –Rapid Eye Movement–. Esta fase parece ser que sirve para restaurar la parte cerebral que se mantiene muy activa durante todo ese tiempo.

Es la fase del sueño más profundo y de actividad neuronal más alta parecida a la que tenemos en estado de vigilia. La respiración, la tensión arterial y la actividad cardiaca, son más aceleradas. Se produce 5 ó 6 veces a lo largo de la noche y ocupa el 25 por ciento del sueño total.

En esta fase es cuando se producen los sueños, aunque normalmente sólo recordamos el último que hemos tenido, salvo que a media noche nos despertemos y entonces se nos quede grabado en el plano consciente. Normalmente los sueños suelen durar entre 2 y 15 minutos, aunque a nosotros, al despertar, nos parezca que han pasado varias horas, ya que para el durmiente no existe el dimensionamiento del tiempo tal como lo concebimos en Beta. Si se interrumpe la fase REM se rompe el ciclo del sueño.

En ocasiones, algunos pacientes relatan haberse visto atrapados en un sueño pero que a la vez han vivido como muy real, sabiendo que estaban despiertos pero totalmente inmovilizados. Hay que tener en cuenta que cuando estamos en Fase REM, nuestro cerebro segrega ciertas sustancias para producir la "parálisis del sueño" –paralizar los movimientos motores para no hacerse daño cuando se están teniendo las alucinaciones oníricas– y evitar que la persona pueda lesionarse al incorporar sus movimientos al sueño que está viviendo en esos instantes.

En ocasiones, alguna persona puede despertar sin desbloquear esa parálisis del sueño y verse inmerso así en un duermevela extraño en el que se entremezclan las imágenes del sueño con la realidad, pasando todo a formar parte de una sola realidad, por cuyo motivo la persona lo vive muy angustiada, ya que sentirá que su cuerpo está aprisionado, sin movilización y sin poder hacer nada. En Inglaterra se hablaba de seres que entraban en el sueño: "la bruja que te atrapa" en Francia y España; en China se habla de "la opresión fantasma", en Zanzíbar se habla de "Pupowawa", en Japón lo llaman "Kanasibari", e incluso muchas personas de las que dicen haber sido abducidas por extraterrestres, han tenido este mismo tipo de vivencias que resultan aterradoras, pero todos ellos se refieren a la misma experiencia a la que la ciencia, como veíamos anteriormente, tiene una respuesta generada por los procesos bioquímicos de nuestro organismo.

¿Para qué sirve soñar?

A la largo de todas las culturas conocidas en la historia, los sueños han tenido una gran importancia a la hora de interpretar y revelar las enseñanzas que traían consigo. Sacerdotes sumerios, asirios, hititas, arameos, acadios, caldeos, babilonios, persas, egipcios, fenicios, griegos, romanos, chinos, mongoles, árabes, culturas antiguas mesoamericanas –precolombinas–, tribus norteamericanas como los navajos, sioux, mohicanos, cherokees, apaches, comanches, pies negros o kiowas, reconocían en los mismos información del pasado y les permitían interpretar y predecir el futuro.

Durante el sueño nuestro cuerpo está en reposo; sin embargo, el cerebro está completamente activo y reelaborando toda la información que tenemos almacenada. Algunos de nuestros sueños salen del subconsciente y nos presentan principalmente las informaciones relacionadas con todos los acontecimientos que hemos vivido a lo largo de ese día o días anteriores para recapitularlos, procesarlos y ordenarlos adecuadamente.

Hay otro tipo de sueños que tienen material de tipo más profundo y simbólico, y salen de nuestro inconsciente. Este tipo de sueños más metafóricos, "los guardianes del sueño", tal como los denominó Freud, reflejan la confusión en la que se puede ver envuelta nuestra mente por conflictos aún sin revolver, que vienen de nuestro pasado y aún están pendientes de darles una solución.

Por último, hay un tercer tipo de sueños de los que nos habló Carl Jung y que son grandes arquetipos del inconsciente colectivo que reflejan nuestros deseos de encontrar un sentido a la vida.

Introducción al mundo onírico

Hace décadas que algunos investigadores descubrieron que en la fase REM, mediante los sueños profundos, desarrollamos una actividad mental que esconde deseos inconscientes, miedos, fantasías o ilusiones.

Estudios más recientes han descubierto que estos sueños producidos en la fase REM, tienen una gran influencia en el aprendizaje y la memoria; asimismo, también se ha comprobado que en esta fase del sueño se facilitan los contactos entre neuronas (sinapsis).

Existen hipótesis muy interesantes acerca de que el sueño puede actuar a modo de un filtro de percepciones que son volcadas a la memoria a largo plazo; luego, es posible que las percepciones emocionalmente no deseadas queden así vinculadas en nuestra memoria emocional - inconsciente– como una especie de banco de datos de un almacén protegido donde se recogen estas experiencias poco agradables influyendo en nuestro pensamiento y ciertas conductas sobre las que tenemos un escaso control, puesto que se trataría de procesos inconscientes.

Si el sueño REM, los ensueños o sueños lúcidos y las sensaciones de placer ayudan a potenciar la memoria, es fácil de entender aquella famosa cita de Carl G. Jung: "Los sueños son regalos de nuestro inconsciente".

En muchas ocasiones también nos dan las claves para la resolución de algún problema que llevábamos buscando desde hace tiempo. El premio Nobel, Otto Loewi, sacó la teoría de la transmisión química de los impulsos nerviosos durante un sueño; August

Kekulé descubrió la estructura del benceno; Mozart compuso muchas de sus obras tras escucharlas previamente en sueños; Edgar Alan Poe escribió gran parte de sus obras después de despertar de los sueños; Isaac Newton obtuvo las claves para desarrollar la teoría de la Ley sobre la gravedad al caérsele encima una manzana mientras reposaba bajo un árbol, y también gran parte de mis trabajos han venido dados a través de mensajes en sueños.

A lo largo del día tenemos entre 50 y 60 mil pensamientos, pero muy pocos de ellos están centrados en el presente, estando sólo una pequeña parte de nuestro consciente atento a las tareas que ejecutamos en esos momentos; sin embargo, simultáneamente nuestro inconsciente está reteniendo millones de *bits* de información de lo que estamos a su vez captando a través de los distintos canales sensoriales. Este observador perenne, atento del inconsciente, retiene toda esa información, nos la filtra y envía parte de ella con mensajes cifrados mientras dormimos.

En muchas ocasiones hay sueños que nos preocupan o inquietan, ya sea por su contenido o por su repetición y, en estos casos, es un material que se puede trabajar muy bien con la Terapia Regresiva Reconstructiva para decodificar lo que se esconde tras el simbolismo característico del inconsciente. Hay que partir de la base de que los sueños son mensajes de lo más profundo de nuestro Ser que quieren que lleguemos a entender algunas cosas que en Beta se nos escapan a nivel consciente. Los sueños, en multitud de ocasiones, nos aclaran muchas cosas y nos abren paso indicándonos el mejor camino a seguir en nuestras vidas. Si somos capaces de escuchar sus mensajes, nos podrán revelar muchos hechos que teníamos aparentemente borrados de la mente aunque la realidad sólo fuera que estaban mal archivados y camuflados entre los millones de datos almacenados en nuestro inconsciente. Recuerde que los sueños son también las palabras del alma. Le recuerdo aquí el sueño que vimos en el capítulo anterior del caso de Agustín y su estigma en el pecho

Los sueños y sus mensajes cifrados

Desde tiempos remotos el hombre ha buscado el sentido y significado de los sueños. A lo largo de todas las culturas del mundo han existido los *chamanes*, brujos, sacerdotes o hechiceros de diferentes tribus que los interpretaban. Al igual que veíamos en la historia de los EAC –Estados Ampliados de Conciencia–, los sueños eran una vía para ponerse en contacto con los Dioses y servían para recabar información importante que se utilizaba para ayudar y asesorar al durmiente.

El primer libro que se editó sobre la interpretación de los sueños data del siglo II de nuestra Era, y lo escribió Artemidoro de Daldis. Fue la obra más importante editada hasta el año 1900 en que Freud escribiera su obra *La interpretación de los sueños*. Más tarde, Carl Jung demostró que existía en el inconsciente un nivel muy profundo derivado de una auténtica realidad espiritual que Freud no había observado y al que denominó "inconsciente colectivo". También es de resaltar la obra de Adler y las importantes aportaciones de Edgar Cayce que creó un sistema sencillo para analizar nuestros sueños, adquirir un mayor conocimiento de nosotros mismos y beneficiarnos de ello.

A menudo los sueños repetitivos que le traen los pacientes a su consulta son piezas muy valiosas que faltan del *puzzle* de la terapia para poder resolverla con éxito.

En numerosas ocasiones, a lo largo de los procesos con los pacientes, éstos podrán comentar sueños que les han llamado la atención de manera especial; en estos casos se puede aprovechar este contexto para trabajarlos dentro de la sesión regresiva. Lógicamente, cuanto más insistente, reiterativo y con mayor contenido de carga emocional tenga un sueño, mucha más fuerza llevará el mensaje que necesita salir a la luz. Es una llamada de socorro, un grito desesperado del alma a la puerta de nuestro consciente suplicando ser escuchada para que tengamos en cuenta aspectos de nuestra vida que no hemos considerado en Beta y nos están afectando en el desenvolvimiento de nuestra vida diaria.

En ocasiones los pacientes relatan un determinado sueño para, a continuación, preguntarnos su significado. Siguiendo con la filosofía de la Terapia Regresiva Reconstructiva, no nos corresponde dar una respuesta determinante a su pregunta, ya que si la diéramos, sería como mínimo inadecuada y además condicionaría al consultante, primero porque la opinión del terapeuta tiene un cierto peso para él y nuestras sugerencias pueden ser tomadas como mandatos que incidan directamente en sus comportamientos y formas de pensar, y segundo porque lo más probable es que estemos equivocados, ya que la interpretación del sueño es muy variable en función de la vivencia que para cada uno de nosotros han podido representar los diferentes símbolos que aparecen en escena. Del mismo modo que con los *test* proyectivos y los símbolos asociados a representaciones arquetípicas aconsejábamos prudencia para no generalizar de una forma absoluta, en los sueños hemos de considerar las mismas advertencias para evitar caer en la creencia de que el símbolo encierra el mismo significado en todas las personas.

Los grandes arquetipos en los sueños son sólo un elemento auxiliar más a considerar; una pieza más del rompecabezas que hay que ir montando hasta llegar a descubrir lo que se esconde en nuestro interior... debemos buscar la conexión entre los sueños y los acontecimientos de la vida real de nuestro paciente. Nadie que no haya vivido la experiencia de Agustín –recuerde el caso de los estigmas– dará una respuesta semejante a la que él dio a aquella espada, aquellos ruidos o aquella luz intermitente, que después resultó ser la luz de la ambulancia que llegaba al lugar del accidente.

Por eso, resulta mucho más efectivo interrogar al paciente en Beta acerca del sueño y pormenorizar todos los detalles posibles que él pueda rememorar y que sea él mismo quien responda a esas preguntas, ya que de este modo sus aproximaciones serán más acertadas que las nuestras. No debemos olvidar que la única persona que tiene toda la información y está capacitada para poder revelar e interpretar un sueño, es el propio paciente cuando es capaz de sacar a la luz y transformar el símbolo en realidad.

Durante el sueño REM, además de estar muy activo el cerebro, también se encuentra libre de interferencias de estímulos sensoriales; por esta razón, en ocasiones se pueden dar manifestaciones y revelaciones sorprendentes. Como ya comentamos anteriormente, hay numerosos casos en la historia de personajes célebres que descubrieron aportaciones definitivas para la ciencia, gracias a revelaciones oníricas como por ejemplo Dmitrij Mendeleev que soñó la clave que le permitió ordenar la tabla periódica de los elementos –la tabla de Mendel–, J.R. Openheimer soñó 36 horas antes de su primera explosión nuclear –16 de julio de 1945–, algunos errores que había cometido al planificar la prueba; Mozart compuso muchas de sus obras en sueños, entre ellas la maravillosa *Flauta mágica;* Richard Wagner crearía la música de *Tristan e Isolda* y el *Oro del Rhin;* Robert. L. Stevenson escribió *El extraño caso del doctor Jekyll y Mr. Hyde;* Lewis Carroll, *Alicia en el país de las maravillas;* el físico danés Niels Bohr soñó la estructura del átomo, lo que le valió el premio Nobel en 1922; el químico alemán Friedrich August Kekulé descubrió la molécula elemental del benceno, gracias a un sueño, tal como él lo refiere:

"De nuevo los átomos se arremolinaron a mi alrededor en el ojo de mi mente que estaba llena de imágenes parecidas, podía ver formas grandes y extrañas en forma de largas cadenas; las formas se retorcían como serpientes. De pronto ocurrió algo, una serpiente mordió su propia cola y formó una figura anular que giró ante mis ojos; sentí como si me hubiera alcanzado un rayo y desperté. Aprendamos a soñar, caballeros, y entonces así, quizás conozcamos la verdad".

Fleming, Julio Verne, Allan Poe, Miguel Ángel, Dickens, Goethe, Mozart, Da Vinci, Descartes, Jung Einstein, Gandhi, Jorge Luis Borges y un amplio número de personajes históricos, utilizaban los sueños como auténticas revelaciones, no sólo de ideas para nuevas creaciones e inventos, sino también de descubrimientos científicos que han permitido giros definitivos para el avance, desarrollo y progreso de la humanidad.

Como comentaba al principio, al hombre siempre le ha fascinado el mundo de los sueños y ha buscado de diferentes formas darles sentido. Según Jung, la simbología de los sueños no puede explicarse sólo en función de la memoria, ya que expresa pensamientos que jamás alcanzaron el nivel de la conciencia; proceden de un inconsciente que es el depositario de la experiencia humana acumulada por nuestros antepasados o inconsciente colectivo. Para él, el símbolo es una máquina psicológica que transforma la energía, afirmando que los símbolos nunca fueron producidos conscientemente sino construidos por el inconsciente. La interpretación de los sueños de Jung se mueve en un plano más subjetivo, centrándose en la orientación de la conciencia del individuo y lo que el sueño nos dice, alejándose del método *Freudiano* cuya interpretación transcurre en un plano objetivo y demasiado centrada en represiones de tipo sexual.

Los símbolos en los sueños son como mensajeros que cabalgan por ese puente de conexión entre consciente e inconsciente aportando una gran riqueza a nuestra parte racional; aquí reside la creatividad. Ellos no ocultan sino enseñan. En ocasiones, lo que nuestra mente racional no quiere o le es imposible ver, lo ve la irracional, la simbólica, y nos lo dice a través de los sueños. Ya comentaba Epicteto en el siglo I: "Si quieres conocerte, consulta tus sueños".

Desde luego el enfoque de tratamiento en Terapia Regresiva Reconstructiva de los contenidos oníricos está más cercano al planteamiento *junguiano* que a ningún otro, ya que esos símbolos pueden salir a la luz con el método que aquí más adelante detallaré.

Es imprescindible, como medida previa a la sesión Regresiva Reconstructiva, recoger el mayor número de datos biográficos de la persona, pues descifrar sueños con un alto contenido emocional, es como cualquier otro motivo de consulta: sólo el síntoma, y éste tal como lo venimos indicando, debe ser nuestro aliado para destapar lo que encierra en sus profundidades. No es casualidad que "síntoma" en griego signifique "coincidencia".

Procedimiento para trabajar un sueño recurrente en TRR

- El paciente nos debe narrar, lo más detalladamente posible en Beta, su recuerdo del sueño.
- Seguidamente procederemos a realizar una relajación, y a continuación lo situamos en su sueño.
- Usted debe considerar el sueño como un escenario más de trabajo, por tanto avanzamos por él como en el resto de los escenarios, dándole una orden directa para que se sitúe dentro del mismo. Puede ser así: "Atención porque ahora contaré y al llegar al número uno tocaré tu frente y estarás en tu casa metiéndote en la cama, cerrando tus ojos y dejando que aparezca el sueño... *(concretaremos la escena donde comienza el recuerdo consciente y llegan esas imágenes).*
- Comienza el diálogo y, como siempre, podremos llevarlo hacia adelante o hacia atrás, según corresponda, y utilizar las Técnicas de Desplazamiento y Encuadre –ver Capítulo IV– cuando lo consideremos oportuno para llegar a nuestro objetivo, que no es otro que detectar las emociones atrapadas en el sueño y hacerlas lo más nítidas posibles para regresar con ellas a situaciones reales vividas donde experimentó esto mismo y tal vez lo reprimió.

La ventaja del trabajo en la Terapia Regresiva Reconstructiva es que podemos ir mucho más allá de donde recuerda el paciente a nivel consciente de su sueño. Es como si la persona hubiera entrado en un cine donde la película ya está por la mitad, pero nosotros tenemos la posibilidad de que *rebobine* la cinta y visualice qué ocurrió antes de aquella escena y también que vea que más cosas sucederán detrás de aquella situación concreta cuando despertó. Veamos un ejemplo de esta técnica con el caso de José. Su historia era la siguiente:

Llegó a consulta porque padecía de hemofibia –fobia a la sangre– y le preocupaba mucho la agresividad que proyectaba cada vez que se veía envuelto en una situación que tuviese algo que ver con la sangre. Esto lo alteraba enormemente y lo hacía volverse muy violento. Tenía miedo que en una de esas situaciones se desbordara, perdiera totalmente el control de sí mismo y pudiera llegar a agredir a su pareja a la que quería y con la que era feliz. Sin embargo, el hecho de ver sangre o asociarla con cualquier conversación que mantuviera, lo transformaba totalmente en un personaje agresivo y a veces peligroso.

En la toma del caso, al recopilar información sobre diferentes aspectos de su vida y sus costumbres, me relató que tenía un sueño repetitivo desde hacía muchos años. De hecho, ya no se acordaba de cuando empezó pero siempre era el mismo; le provocaba mucha angustia y había probado todo tipo de terapias para conseguir apaciguarlo y poder descansar por las noches, pero desde hacía mucho tiempo había "tirado la toalla" y asumía que lo suyo no tenía cura. Su sueño lo relataba de la siguiente manera:

"Estoy en una casa, no es mi casa habitual, la que yo conozco; sin embargo, sé que es mía. Me veo en mi cuarto. Me voy a acostar. Cuando me meto en la cama y apago la luz, de repente siento una presencia extraña, siento que hay alguien más allí. Enciendo la luz y observo cómo de la pared de enfrente empieza a brotar sangre... la pared se viene abajo y unos muertos vivientes salen de ella e intentan atraparme... yo quiero salir de la habitación, pero la puerta se atora con uno de esos muertos que ha caído en el suelo; hay sangre por todas partes, no puedo abrirla del todo... los muertos me agarran de la ropa y tiran de mí hacia ellos... me despierto muy sobresaltado".

Puesto que este sueño tenía una gran carga emocional, decidí utilizarlo en una de las primeras sesiones de la terapia. Este es el resumen de dicha sesión:

Terapeuta: Muy bien José, ahora estás muy tranquilo, y quiero que te visualices tal como te encuentras acostado en este diván; te sientes muy a gusto, muy relajado, y esto hace que entres en un sueño profundo... tu mente se libera, se aleja y va a conectar ahora con ese sueño que está relacionado con la sangre... nos vamos, nos vamos y llegamos a él... ahora estás allí, en esa casa...

Paciente: Sí, veo el salón de la parte de abajo, voy a irme a acostar.

Terapeuta: Ahora quiero que retrocedas más hacia atrás, momentos anteriores a aquellas imágenes que llegan en tu sueño y vamos a saber que ha pasado. Cuento: 3, 2, 1... ¡Ahora!

Paciente: Hay un grupo de personas en casa. Estamos todos cenando.

Terapeuta: ¿Hay alguien que reconozcas?

Paciente: No... sé que son conocidos pero no asocio ninguno con mi vida actual.

Terapeuta: Y tú, ¿cómo te sientes aquí?

Paciente: Estoy bien, tranquilo.

Terapeuta: Muy bien, pues continúa, deja que sigan avanzando las imágenes de esa historia, ¿qué más pasa?

Paciente: Hemos terminado de cenar, la gente ya se ha ido y me he quedado solo... salgo fuera de la casa, vivo en medio del campo... hay Luna llena.... veo a tres monjes que vienen andando por el camino principal... se oye un disparo... dos, tres... han caído al suelo... creo que están muertos.

Terapeuta: ¿Quién ha disparado?

Paciente: No lo sé. No veo a nadie allí... corro hacia el camino y me acerco a ellos, están tirados en medio del camino.

Terapeuta: ¿Puedes verles las caras?

Paciente: No, llevan capuchas.

Terapeuta: Quítales las capuchas y míralos.

Paciente: No puedo verlos, hay mucha sangre; uno parece que es un niño, hay otro que es un hombre y el tercero es una mujer... pero no puedo ver sus caras.

En estos momentos, José se sobrecoge.

Terapeuta: ¿Qué ocurre ahora?

Paciente: He oído voces, la gente viene hacia aquí y si me encuentran en este lugar van a pensar que he sido yo quien los mató.

Terapeuta: ¿Y qué vas a hacer?

Paciente: Los cargo en una carreta y los llevo a casa a esconderlos.

Terapeuta: ¿Dónde los vas a esconder?

Paciente: Los voy a emparedar, así ahí no los encontrarán.

Pasa un rato mientras realiza este trabajo.

Paciente: Ya está, ahora me lavo y me limpio bien... estoy cansado... me voy a la cama a dormir... *(Justo en este momento es cuando siempre se inicia su sueño).*

Paciente: Me despierto sobresaltado, miro hacia la pared de enfrente, está empezando a moverse, se agrieta, se abre, sale sangre por toda la pared... tengo que salir de aquí, tengo que huir...

Terapeuta: ¿Y qué haces ahora?

Paciente: Voy corriendo hacia la puerta para salir de casa... intento abrirla pero no puedo, hay algo que está atascado, siento que me sujetan, me van a matar...

Terapeuta: Ahora quiero que detengas un instante esa imagen como si fuera el video de una película... y ahora, vamos a *rebobinar* y volver al momento en el que estás en la cama y te despiertas sobresaltado... quiero que mires bien la pared de enfrente... dime, ¿qué está ocurriendo en esa pared?

Paciente: Se está resquebrajando, rompiendo...

Terapeuta: ¿Y qué está emanando de ella? *(Centro la atención en la sangre, ya que es la fobia que padece y le produce esa sensación de angustia interna).*

Paciente: Sangre, hay sangre por todas partes.

Terapeuta: Ahora quiero que sigas con tu mirada sin apartarla de esa sangre y busques dentro de ti qué sensación te está produciendo y cuando cuente del tres al uno te proyectarás sobre ella y llegarás a algún instante de tu vida actual que tiene que ver con esa sangre. Algo que está guardado en tu inconsciente pero que desea salir a la luz. Ya no puede dañarte, ya ha pasado pero necesita que tú lo entiendas. Observa bien y cuento: tres, dos, uno.

Paciente: La puerta… no puedo abrirla del todo, está atascada.

Terapeuta: ¿Dónde estás en estos momentos?

Paciente: Estoy en casa, en el pasillo junto a la puerta del baño.

Terapeuta: ¿Qué está pasando en ese baño? ¿Qué es lo que estás viendo ahí?

Paciente: Es mamá, está tirada en el suelo. Hay mucha sangre, sale de su cabeza, toda la cara esta llena de sangre, mamá está caída y no puedo abrir la puerta.

Terapeuta: ¿Qué le pasa a tu mamá?

Paciente: No sé, está muerta.

Terapeuta: Tú, ¿qué edad tienes, más o menos?

Paciente: Tres o cuatro años… mamá no dice nada, sólo hay sangre…

Terapeuta: ¿Y tú qué haces?

Paciente: Salgo corriendo, me voy a buscar a la *Tata (su abuela).*

Cuando José revivió esta escena, pudo recordar una experiencia que vivió siendo niño. La realidad fue la siguiente: su madre y su padre, aquel día estaban discutiendo. El niño estaba en otra zona de la casa pero su oído captaba todas las voces que daban los padres en esa discusión. El padre cerró la polémica saliendo acalorado del cuarto de baño donde se encontraba la mujer y se fue de casa; en esos momentos su madre resbaló por estar el suelo mojado y cayó golpeándose en una ceja de la cual empezó a brotar una gran cantidad de sangre y perdiendo el conocimiento por unos instantes… quedó tendida en el suelo.

El niño, al no escuchar ningún ruido, corrió hacia el cuarto de baño donde encontró a la madre tirada en ese estado y automáticamente asoció que su madre estaba muerta. Es más, en el transcurso de la sesión terapéutica se dio cuenta de que pensaba que su padre la había matado y había huido. Intentó abrir la puerta pero su madre había quedado tendida en el suelo y hacía de freno impidiendo tal acción. El niño salió corriendo de su domicilio y fue a buscar a su abuela que vivía en la casa de al lado. Al volver con la abuela, su madre ya había recuperado el conocimiento pero sin embargo a José ya se le había grabado ese impacto traumático en su interior; se le quedó grabada aquella escena asociando la sangre con la muerte, con su madre y con la violencia, y años más tarde saldría a la luz un patrón de supervivencia creado que respondía a: "Si hay sangre, mamá se muere. Por lo tanto no debo quedarme quieto, debo enfrentarme al agresor para no dejar que se produzca sangre y con ello mamá no muere". "Si yo soy violento, el agresor huye sin herir a mamá".

Como puede observar, se van destapando máscaras y símbolos, especialmente aquellos que producen más impacto emocional y por último debe existir la comprensión y significado del mismo para que no haya necesidad de que se siga repitiendo.

Los sueños también nos están avisando de pautas de conducta repetitivas en nuestra vida que nos están dañando pero que no somos capaces de ser conscientes de ellas. Por esa razón, a través del sueño, nuestro inconsciente nos envía esos mensajes que son como llaves mágicas que abren la puerta de la mazmorra donde está apresado nuestro inconsciente.

Veamos uno de esos sueños con Elena, una mujer que comenta en terapia que desde siempre recuerda un sueño repetitivo a lo largo de su vida: "Me veo en una habitación con un cuchillo en la mano, lo levanto y me corto la mano; entonces me despierto sobresaltada, con gran angustia y ansiedad".

Se decidió vivenciar el sueño llevándola a su cama una noche cualquiera en la que comienza su sueño:

Paciente: Utilizo un cuchillo, lo levanto y me corto.

Terapeuta: Describe un poco más. Cómo es y dónde te cortas.

Paciente: Me corto en la mano.

Terapeuta: ¿Qué sientes?

Paciente: Miedo.

Terapeuta: ¿Qué pasa cuando el cuchillo toca tu mano?

Paciente: Me duele.

Terapeuta: ¿Qué es lo que ves?

Paciente: Sale sangre.

Terapeuta: Descríbeme cómo es el lugar donde estás.

Paciente: Está oscuro, muy oscuro...

Terapeuta: ¿Sabes dónde estás?

Paciente: No.

Terapeuta: Ahora quiero que retrocedas para saber qué es lo que ha pasado. ¡Vamos, ahora! ¿Qué ha pasado antes de que te cortes? ¿Dónde estás?

Paciente: Estoy en un lugar oscuro.

Terapeuta: Vas a ponerte unas gafas que te van a permitir ver en esa oscuridad y ahora cuéntame, ¿cómo es el lugar?

Paciente: Es la sala de la casa de mis papás.

Terapeuta: ¿Qué es lo que está pasando?

Paciente: Se están peleando.

Terapeuta: ¿Y tú dónde estás?

Paciente: Detrás, yo les escucho.

Terapeuta: ¿Qué hacen?

Paciente: Se recriminan el uno al otro.

Terapeuta: Qué edad tienes, más o menos.

Paciente: Como cinco años.

Terapeuta: ¿Qué estás sintiendo?

Paciente: Me duele que no se quieran.

Terapeuta: ¿Dónde sientes ese dolor?

Paciente: En las manos. Me duele porque, ¿con quién me voy a quedar yo? Yo los quiero juntos.

Terapeuta: Entonces, ¿qué haces?

Paciente: Me corto la mano con el cuchillo.

Terapeuta: ¿Qué consigues cortandote la mano?

Paciente: Mi papá se da cuenta, me levanta y me cura, me cuida.

Terapeuta: Ahora, a través de la sangre del corte del cuchillo, vas a regresar a un momento de tu vida real donde algo ocurrió que te hizo sentir esto mismo.

Paciente: Mi papá y mamá se van a separar. Me duele mucho.

Terapeuta: ¿Y tú qué haces?

Paciente: Me escondo.

Terapeuta: ¿Para qué te escondes?

Paciente: Me escondo porque me duele. Siento un gran dolor *(se le reconduce de nuevo al sueño)*.

Terapeuta: ¿Qué pasa con papá y mamá?

Paciente: Están discutiendo. No se quieren. Yo estoy escondida detrás del sillón.

Terapeuta: ¿Y qué haces allí mientras tus papás están discutiendo?

Paciente: Me duele que no se quieran, cojo el cuchillo y me corto.

Terapeuta: ¿Qué más pasa?

Paciente: Voy a donde *papi*, me levanta y me lleva a curarme la mano. Me cuida y me *chinea (me mima)*. Así me siento más tranquila. Ellos dejan de chillar.

Terapeuta: O sea, ¿qué tienes tú que hacer para que te sientas más tranquila?

Paciente: Llamar la atención.

Terapeuta: ¿Y cómo llamas la atención?

Paciente: Cortándome la mano.

Terapeuta: ¿Y cómo sientes cuando te cortas la mano?

Paciente: Me duele.

Terapeuta: Entonces, ¿qué tienes que hacer para llamar la atención?

Paciente: Sentir dolor.

Terapeuta: Repite esa frase completa y más alto.

Paciente: Para llamar la atención tengo que sentir dolor.

Terapeuta: ¿Y en qué parte de tu cuerpo sientes ahora ese dolor?

Paciente: En el corazón.

Terapeuta: Ahora quiero que busques ese mismo dolor en tu vida de adulta, ¿has sentido este dolor alguna vez?

Paciente: Sí. Muchas veces.

Terapeuta: ¿Y qué haces cada vez que tienes que llamar la atención para que te *chineen* y te atiendan?

Paciente: Tengo que sentir dolor para que me atiendan, porque si no, no me quieren.

Terapeuta: Ahora empiezas a entender por qué está ese sueño presente, para qué te cortas esa mano, cuál es el mensaje que hay detrás de él y yo te pregunto: ¿Tú quieres seguir sintiendo ese dolor en tu vida?

Paciente: No, ya no quiero más. Ya está bien de dolores. Ya estoy cansada de tanto dolor.

Terapeuta: Entonces, ¿qué se puede hacer a partir de ahora en lugar de sentir dolor?

Paciente: Hablar.

Terapeuta: De nuevo vuelves al sueño y desde la posición del observador despierto, puedes entender cuál es el mensaje de ese sueño.

Paciente: Que no siga buscando el dolor. El sueño aparece para que cambie mi forma de ser.

Terapeuta: ¿Y le vas a hacer caso?

Paciente: Sí. Me gusta.

Terapeuta: Y ahora que ya sabes para qué aparecía este sueño, ¿quieres que vuelva a aparecer?

Paciente: No. A partir de ahora voy a hablar en lugar de lastimarme.

Terapeuta: Repítelo otra vez.

Paciente: Desde hoy voy a hablar en lugar de lastimarme.

A partir de este momento se inicia la fase de la reconstrucción, donde la niña decide hablar con sus padres y decirles todo lo que siente, el por qué se cortó la mano y lo que realmente necesita de ellos. La niña comienza a hablar, los padres la escuchan y se siente mejor. Los padres la abrazan, le acarician la mano y se la vendan. Ella se siente tranquila. Para terminar, se decide anclar el nuevo patrón:

Terapeuta: Muy bien, pues ahora de repente te despiertas y estás encima de tu cama. Tienes muy claro lo que acaba de transmitirte el sueño. Quiero que te levantes y pongas un cartel en tu habitación con el mensaje del sueño. Dime qué pones.

Paciente: Voy a hablar en lugar de buscar el dolor y lastimarme.

Terapeuta: Ahora, ¿cómo te sientes cuando ves esa frase escrita?

Paciente: Con seguridad.

Así se inicia una nueva reprogramación que comenzará a poner en práctica desde ese mismo día.

Estos fueron los comentarios y reflexiones que hizo Elena días más tarde de esa sesión:

"Ahora me siento aliviada y veo la estupidez de buscar el dolor para poder recibir amor. No podría jamás haber imaginado que mi patrón de conducta sería buscar el dolor... Definitivamente, ¡estúpida! Ya no puedo, estoy cansada, no me quiero sentir más así con este patrón de toda la vida, y esos son los modelos que les he legado yo a mis hijos. He hablado con mi hija y le he dicho que tenemos que trabajar para que ella y mi nieta cambien y no hagan lo que yo. El sueño me enseñó que si no cambio mi patrón de vida me autodestruyo. Ahora me siento muy aliviada".

Elena ya no volvió a tener más ese sueño. El mensaje del mismo ya estaba captado y puestos en marcha nuevos patrones, nuevos modelos, pero ahora sí... de vivencia para liberarse de ese dolor para siempre.

Los sueños lúcidos

El sueño lúcido es aquél en el que el sujeto es consciente de que está sumergido en un sueño cuando éste está ocurriendo.

Con una metodología, constancia y perseverancia en el trabajo impuesto, podemos llegar a alcanzar el control de estos sueños e incluso a soñar lo que uno quiera en cada momento.

El aprendizaje hay que dividirlo en cuatro etapas que habrá que ir pasando cronológicamente sin saltarse ninguno de los pasos previos:

1. Recordar el sueño.
2. Tomar conciencia de que se está inmerso en el mismo.
3. Ser el guionista y poder controlarlo dirigiendo la historia hacia donde uno quiere.
4. Soñar con lo que uno previamente se ha programado.

1) Recordar los sueños

Se debe iniciar el aprendizaje empezando por recordar lo máximo posible los sueños que se tienen a diario. Para ello, es importante que todas las noches, cuando la persona vaya a acostarse, se lleve papel y bolígrafo o una grabadora, dejándolo a mano, por ejemplo encima de la mesilla de noche.

Observar con detalle todas las cosas que hay en la habitación con los máximos sentidos posibles. Mirar los colores, escuchar los ruidos, los olores de las sábanas, de la piel, el contacto con el colchón, retener en definitiva lo máximo posible de detalles abriendo todos los sentidos, ya que esto hará que después sea más sencillo recordar los detalles del sueño.

Adoptar una postura para dormir en la que se pueda descansar apoyado sobre el costado derecho (en algunos casos es el lado contrario y por esta razón, lo mejor será que la persona lo pueda *testear*).

Repetir en voz alta varias veces que se quiere recordar lo que se va a soñar.

El sujeto no debe levantarse ni cambiar de posición al despertar; tiene que mantener los ojos cerrados y lentamente tomar los utensilios mencionados para recoger en ellos todo lo que recuerde de su sueño.

Es importante llevar un diario de todos los sueños que tiene y poder releerlos y analizar desde su hemisferio lógico –izquierdo– en Beta el significado que puedan tener para él e inmediatamente escribirlo a continuación.

Al levantarse, debe intentar dibujar la síntesis de este sueño tal como en ese momento se lo sugiere su mandato interno.

Esta práctica debe llevarse continua por un periodo no menor a 30 días consecutivos.

2) Tomar conciencia
de estar inmerso en el sueño

En esta segunda etapa deberá preguntarse a diario en diferentes momentos si está soñando o está despierto, y de vez en cuando pellizcarse para darse cuenta de que siente dolor físico. Esto servirá como un refuerzo para que cuando realmente esté soñando, pueda distinguirlo del estado de vigilia.

Cuando se vaya a la cama, tratará de pensar a diario en que va a recordar los sueños que trascurrirán a lo largo de la noche. Para ello deberá establecer algún "anclaje" que le ayude a fortalecer esta idea. Se puede escribir en un papel la frase: "Voy a ser consciente de que estoy soñando esta noche". Este escrito lo guardará debajo de la almohada y al acostarse visualizará e imaginará que se encuentra inmerso en un sueño y está siendo consciente del mismo. (Recuérdele dormir apoyado sobre el costado derecho).

3) Ser el guionista y poder controlar la historia del sueño

Una vez haya conseguido la toma de conciencia de estar soñando, podrá entonces pasar a esta etapa. Para ser plenamente consciente de este estado en medio del sueño –película– que uno está viviendo, puede pellizcarse y observar si siente dolor; en ese momento uno advierte que no hay dolor físico –en los sueños nunca lo hay, ya que sólo se vive la carga emocional, la afectiva, pero no la física– y por lo tanto es la prueba de que se está inmerso en el sueño. También puede preguntarse si tiene sentido lo que está sucediendo en esos momentos y comprender así que está dormido. A partir de ese momento cualquier sensación de ansiedad que se esté viviendo se diluye rápidamente, puesto que sabe que lo que está ocurriendo no es real y que en cualquier momento puede despertar, ya que nada de lo que suceda en esa experiencia puede hacerle daño físico.

4) Soñar lo que uno previamente ha programado

Se puede conseguir que su paciente programe los sueños que quiere tener por la noche. Para ello, debe en primer lugar, estar convencido de que esto va a suceder y reforzarlo con un "anclaje". Por ejemplo, si desea soñar que va a estar en un crucero por las Islas del Caribe, puede obtener previamente una foto o un recorte de cualquier revista sobre las Islas del Caribe y observar la misma durante unos minutos antes de dormir, repitiéndose el mensaje de: "Voy a soñar que estoy en un crucero en el Caribe". Transcurridos esos minutos, se pondrá la foto debajo de la almohada y procederá como se describió anteriormente.

Una vez inmerso dentro de un sueño lúcido, se puede establecer un diálogo con los diferentes personajes o símbolos que aparecen en él, al igual que utilizamos en otros escenarios de la TRR para revelar los mensajes que quieren enviarle.

El despertador interno

¿Cuántas veces hemos tenido que acudir a una cita muy temprana y no hemos necesitado un despertador que activara la alarma para avisarnos, ya que previamente algo en nuestro interior había hecho que nuestros ojos se abrieran y levantarnos de golpe?

Eso es debido a que nuestro organismo dispone de un reloj interno que se programa si sabemos darle la orden correcta para decirle al cerebro que debemos levantarnos.

En casa de mi abuela era costumbre dar tantos golpes en la pared como la hora en la que querías despertar. Por ejemplo, siete golpes significaba que tu reloj interno se programaba para despertar a las siete.

Para realizar esta programación, simplemente al acostarse cierre los ojos, haga tres respiraciones profundas sintiendo cómo todo el cuerpo se relaja y se hunde en la cama con cada expiración; después visualícese poniendo el despertador a la hora programada. Vea frente a usted la hora e imagine que deja el reloj sobre la mesilla y se ha quedado dormido; acto seguido visualice cómo suena el despertador y usted abre los ojos despertándose de manera alegre y feliz, y programándose una nueva jornada. Como dice Joan Manuel Serrat en una de sus canciones: "Hoy puede ser un gran día, plantéatelo así".

Para finalizar, envíe un mandato a su cerebro dándole la orden de que lo despierte a la hora deseada. Repita este mandato tres veces y desconecte. ¡Felices sueños!

También le aconsejo que antes de levantarse y justo nada más al escuchar el despertador interno, dedique dos minutos a programar su nueva jornada; vea frente a usted cómo ese día transcurre de manera provechosa y saludable para usted y los suyos, y cómo termina la jornada tal como le anunciaba Serrat.

Capítulo XII
El tercer grado de hipnosis

"Los seres humanos cambian porque se ven a sí mismos cambiando."

Virgilio

"La fe lo es todo y mueve montañas. Es la imaginación humana la que hace milagros."

Anónimo

QUÉ ES LA HIPNOSIS

Hay que tener presente que la hipnosis por sí sola no es una terapia sino una herramienta terapéutica, que combinándola con una terapia psicológica, puede obtener excelentes resultados. Cada paciente requiere de un trabajo único y artesanal por parte del "Facilitador" en Terapia Regresiva Reconstructiva. Por esa razón, un buen especialista debe ser riguroso y flexible en sus planteamientos, conocer diferentes tipos de terapias y dominar una amplia gama de técnicas como herramientas de trabajo —entre ellas, algunas técnicas típicas de la hipnosis clínica–, estando siempre abierto a escuchar los trasfondos de la mente sin cerrarse únicamente en el análisis racional de las cosas.

Previo al inicio de las sesiones con el interesado, siempre hay que establecer las metas que se espera alcanzar con unas expectativas realistas, medibles y que puedan ser alcanzables.

También hay que partir del principio de que no hay una sola realidad sino que esta existe en función de cómo la observamos cada uno de nosotros. Por lo tanto, nuestra realidad es subjetiva… simplemente es la nuestra, ya que otras personas pueden conocer otra muy dispar a la que nosotros vivimos y ser tan real para ellos como la que nosotros creemos.

La hipnosis es un estado de hipersugestibilidad. A nivel fisiológico se produce una inhibición de algunas áreas corticales, se activan áreas del Sistema Nervioso Central que normalmente no son accesibles en vigilia y se inhibe la parte crítica, la censura y el sentido de la lógica del hemisferio izquierdo. Todo esto permite que ciertas sugestiones y mensajes sean aceptados por el sujeto sin presentar demasiados cuestionamientos ni razonamientos sobre ello.

Según Ferenczi, este estado se produce por la necesidad de satisfacer un instinto de sumisión latente en todos nosotros, que es la actitud infantil de "confianza a ciegas" basada en el cariño a los padres.

Contrario a lo que piensa la gente, en el tercer grado de hipnosis —el estado más profundo, el sonambúlico— no existe pérdida de conciencia pero sí un cierto aturdimiento y disociación de la parte consciente de la inconsciente, permitiendo en estos estados el que se active una hiperlucidez y agudización sensorial. Es en esa situación cuando nuestra mente acepta las ideas o imágenes que nos sugieren sin presentar demasiada resistencia. No obstante, esta aceptación se da siempre que las órdenes impuestas no vayan en contra de nuestra propia moral y principios de vida, ya que si esto sucediera, la persona, de forma automática y gracias a sus propios mecanismos de defensa, saldría del trance de manera inmediata.

El ser humano está en constantes estados hipnóticos, no sólo cuando se encuentra frente a un terapeuta que va a trabajar con él utilizando la hipnosis, sino también en otros muchos momentos de su vida. Por poner un ejemplo, cada vez que estamos viendo una película, leyendo un libro, subiendo en un ascensor, escuchando atentamente una pieza músical, viendo un partido de futbol, escuchando a un orador, etcétera, nuestro cerebro está funcionando en otras ondas cerebrales que no son Beta, y por lo tanto está en estados hipnóticos —estados de conciencia diferentes al ordinario de Beta—. De ahí el efecto que sentimos cuando nos conmovemos viendo una película melodramática y de repente nos damos cuenta de que estamos sollozando o cuando nos reímos a carcajadas viendo una comedia o nos indignamos por el comentario de alguien en televisión. El motivo de esto es que nos hemos metido de lleno en la historia y la estamos en esos momentos haciendo realidad en nuestra mente. Estamos totalmente receptibles a estos mensajes que entran del exterior.

Nuestro consciente, al ver una película, sólo ve una imagen; sin embargo, existen 24 fotogramas por cada segundo de la misma. Si se introduce un fotograma entre medias con otro mensaje, la parte consciente no lo capta pero sí nuestro inconsciente, dejando grabada esa información en nuestro cerebro, lo que nos puede condicionar o influir en cierta manera. Ya en los años 70's se hicieron algunos experimentos introduciendo algún mensaje subliminal en campañas de *marketing* y publicidad que se visionaban en el cine, comprobándose la efectividad de los mismos. Está práctica está totalmente prohibida hoy en día, aunque a diario vemos infinidad de mensajes subliminales por todas partes que nos están manipulando de alguna forma, induciendo y dirigiendo nuestra mente hacia alguna acción concreta.

Para este tipo de mensajes son especialistas las sectas que los utilizan con total maestría para atrapar a sus víctimas siguiendo estos pasos:

1. Búsqueda de personas que estén pasando por momentos emocionales que las hacen ser vulnerables.
2. Plantean ideas fácilmente aceptables por todos y establecen la confianza del sujeto.
3. Al bajar las defensas y confiar en el grupo, pueden ser manipuladas con facilidad y llevadas a su terreno.

¿QUIÉN PUEDE SER HIPNOTIZADO?

Dependiendo de los diferentes grados de hipnosis, podemos decir que casi todo el mundo puede ser hipnotizado. Alrededor de un 90 por ciento de las personas puede entrar en un estado ligero; entre el 60 y 70 por ciento en un nivel medio y sobre un 15 por ciento de la población en el nivel más profundo –sonambúlico–. Además de estos datos, también hay otras variables que nos pueden mostrar a las personas potencialmente más hipnotizables y son:

- 80 por ciento de las personas hospitalizadas.
- Mejor mujeres que hombres. La mujer tiene más capacidad creativa y por tendencia, trabaja más con el hemisferio derecho que el hombre.
- Los adolescentes y jóvenes. Ideal entre 15 y 25 años.
- Personas muy imaginativas, con inquietud artística.
- Las personas muy emotivas. Los que lloran enseguida.
- Los que hablan mientras duermen y los sonámbulos.
- Los que fuman mucho y con mucha rapidez.
- Los que se sientan con las piernas juntas y los brazos cruzados.
- Los que no saben qué hacer con las manos.
- Los que tienen la cara redonda.
- Los que tienen el lóbulo de la oreja más separado.

FASES DE LA INDUCCIÓN AL TRANCE

Hay seis etapas importantes en el proceso de la inducción al trance hipnótico que irían en este orden:

Fases	Observaciones
Establecimiento de confianza.	Es bueno comenzar explicando al sujeto que no va a suceder nada malo y que todo lo que ocurra será muy positivo para él, y que al final de la experiencia estará contento de haberla realizado.
Relajación física y mental.	Utilizar cualquier sistema conocido para llevar al sujeto a un estado de relajación adecuado.
Describir los síntomas que el sujeto va a experimentar.	Durante este tiempo hay que conseguir que la persona tenga toda la atención volcada en el terapeuta.
	Avisar lo que va a pasar
Dar sugestiones en presente como si ya estuviera sucediendo.	Hay que dar sugerencias sencillas y que sean fáciles de comprobar.
	Ya está pasando
Se imparten nuevas sugestiones de modo directo y firme.	Se acelera el ritmo y acentúa esta parte, incluso subiendo el tono de voz.
	Es el momento de introducir las sugestiones que queremos reprogramar.
Profundización.	Se *testea* que se han admitido las primeras órdenes sencillas y se ordena que vuelva a dormir para seguir profundizando más. De esta manera podemos tomar el control completo. Cada vez que se le ordena que duerma y vuelva a despertar, se le induce que cuando esto ocurra estará en un nivel de relajación mucho más profundo que el anterior, y esto va a ser bueno y saludable para él/ella.

Para llegar a un trance profundo hay que pasar por estas fases rompiendo la barrera analítica; de este modo, la mente acepta cualquier sugestión sin impedimentos. Lo que en una primera etapa se sugiere, al pasar a la segunda etapa se impone sin resistencia. En este sentido es también importante saber modular nuestra voz comenzando con un tono más suave al sugerir –rol de madre–, y cambiar a un estilo más impositivo y firme al introducir la imposición –rol de padre–. Se pueden utilizar técnicas de inducción progresiva en las que el terapeuta habla y hace constatar al paciente cuatro situaciones que puede fácilmente verificar y comprobar que están sucediendo, y acto seguido se induce algo que no es fácilmente comprobable ni verificable. Así, poco a poco se va pasando a tres situaciones fácilmente verificables y comprobables, y dos no fácilmente verificables; dos verificables y tres no verificables; una verificable y cuatro no verificables, etcétera, hasta que llega un momento donde cualquier mensaje que el terapeuta induzca a su paciente, podrá ser aceptado por éste sin presentar grandes barreras analíticas a las que haya qué vencer. Podríamos comentar tres acontecimientos que estén ocurriendo en el momento de la inducción y que el paciente pueda comprobar y verificar de manera sencilla, como por ejemplo: sientes el peso de tus pies sobre el suelo en el que te encuentras, puedes notar cómo el aire entra en tus pulmones, tomas contacto con tu espalda apoyada sobre el diván… y acto seguido incorporamos una frase que no sea fácilmente verificable como por ejemplo: y esto hace que tu cuerpo se vaya hundiendo en una relajación profunda y perfecta siguiendo mi voz.

También puede utilizar técnicas de confusión puesto que la mente no es muy tolerante y ante el caos tiende a la huida y a desestructurarse con facilidad.

Como siempre, deberá usted utilizar la herramienta que considere oportuna en base a las características personales y resistencias que presente cada uno de sus pacientes.

Pruebas preliminares

Cuando una persona asiste por primera vez a consulta, se le puede hacer una serie de pruebas de sugestionabilidad para ver el grado hipnótico que podría alcanzar en algún momento, si se desea. A continuación se detallan algunas de las pruebas más comunes y conocidas en la hipnosis clásica que suelen realizarse. Si la persona responde favorablemente a estas pruebas, se podría seguir avanzando ya que potencialmente nos encontramos ante un sujeto que puede entrar en estos estados de hipnosis más profunda.

Prueba de Chevreul

Un círculo pintado con un rotulador sobre un papel y atravesado por dos líneas: una horizontal y otra vertical. Al paciente se le entrega un péndulo que está sujeto con un cordel, lo sujeta con su mano contraria a la que suele usar –ya que es la mano que menos control tiene– y apoyando el codo sobre la mesa, se mantiene el péndulo en el aire sobre el papel. A partir de ahí se le van dando órdenes para que el péndulo comience a moverse de izquierda a derecha y de arriba abajo, aunque su mano no se mueva.

Caída hacia atrás

Hay que situarse detrás del sujeto y apoyar las manos sobre sus hombros. Indicarle que nuestras manos están imantadas y que cuando las retire de sus hombros empezará a notar cómo una fuerza lo empuja hacia atrás. La persona empezará a perder el equilibrio y su cuerpo se tambaleará y se irá hacia atrás hasta caer.

Caída por delante

Sitúese frente al sujeto y mírelo a los ojos, acerque sus manos a las sienes sin tocarlo y atráigalo hacia usted al tiempo que se le da la orden: "Mírame fijamente a los ojos, imagínate que mis manos están imantadas y según las paso por tus sienes, empiezas a notar una atracción hacia adelante; cuanto más las paso, tu cabeza se va imantando más y más y empiezas a perder el equilibrio y a sentir que caes hacia adelante. Caes, caes..." (También se le puede inducir a que sienta la atracción en el pecho o en los hombros).

Manos y dedos enlazados

Situado frente al paciente y haciendo que su mirada quede fija en la de usted, se le comenta que cruce los dedos de las manos y se le aprietan ligeramente para que las mantenga más cerradas. Después se le dice en tono autoritario y con seguridad: "Estoy poniendo un pegamento en tus manos, es una cola de contacto muy fuerte que ahora comienza a hacer su efecto y tus dedos puedes sentirlos cómo se van pegando cada vez más... cada vez más... cuando yo cuente el número tres vas a intentar separar tus dedos pero no lo vas a conseguir; cuanto más lo intentes, más se pegarán. Es totalmente imposible separarlas, tus manos están completamente pegadas la una con la otra y han formado un solo bloque compacto, no puedes soltar las manos, es imposible... cuanto más lo intentes, menos lo conseguirás y más pegadas estarán". Uno, dos, tres...

Bloqueo ocular

Estando el paciente de pie se le ordena que cierre los ojos y se fije en un punto imaginario que usted va a señalar con el dedo tocando su entrecejo –tercer ojo–. Debe fijarse en él con los ojos cerrados. Después se le sigue hablando: "Continúa fijándote en el punto. No lo abandones. Míralo, míralo. Ahora vas a sentir como si los ojos se hubieran quedado totalmente bloqueados. Ahora ya no puedes abrir los ojos… no puedes. Cuanto más lo intentes, más pegados estarán, no puedes (dejar que intente abrirlos pero ya no podrá). Ahora duerme –se le mueve la cabeza para que pierda el equilibrio al tiempo que se le da esta orden–. No se trata de fatigar el nervio óptico sino cansar y producir la sensación de pesadez en los párpados superiores.

Prueba moneda caliente

Se coloca una moneda en la mano del paciente y mirándolo fijamente a los ojos, se le induce a que ésta empezará a calentarse y llegará un momento en el que tendrá que soltarla porque sentirá cómo le quema y cuando la moneda caiga al suelo, sentirá un gran sopor y deseos de dormir. El paciente empezará a notar cómo la mano comienza a girar sin hacer ningún esfuerzo hacia un lado hasta que al final la moneda caiga al suelo, y al hacerlo sentirá un sueño profundo y reparador.

Prueba brazo apoyado en la pared

Se apoya al paciente contra una pared y durante un minuto se le pide que haga fuerza con su brazo. Después se le da una inducción de que su brazo se elevará solo, sin esfuerzo alguno, y únicamente por el mandato de su voz. Se le separa de la pared y se hace la inducción.

Ritual de polvos de talco

Se espolvorean en las manos del paciente unos pocos polvos de talco y se le envía el mensaje de que son "polvos mágicos" especiales que bloquean las manos, y llegará un momento en el que éstas se quedarán pegadas y amarradas. Poco a poco se le va induciendo a que los polvos empiezan a hacer su efecto y él lo va a empezar a notar porque sus manos se van a ir bloqueando, paralizando hasta el punto en que llegará un momento donde no podrá moverlas.

Profundización visual con los ojos abiertos

Se mira al entrecejo del sujeto fijamente y se recorre con la vista desde el entrecejo a la punta de la nariz –cuando el paciente exhala– y volver hasta el entrecejo –cuando inspira–. Las pupilas del paciente se contraen y dilatan continuamente. A su vez, se le va diciendo que comienza a sentir un profundo sueño, cada vez más intenso y llegará un momento en el que no podrá abrir los ojos y dormirá.

Consejos para el terapeuta

- Deje que el paciente se adapte a su propio ritmo de respiración. No se lo imponga usted. Poco a poco, a medida que se vaya profundizando, la persona irá relentizando su ritmo.
- Hay que tranquilizar al sujeto y decirle que no ha de temer nada y que todo va a ser agradable y positivo para él.
- Es bueno apretar los músculos del paciente y tocarlo antes de empezar a hipnotizar. Hacer que tense y distienda sus músculos y que los deje al final muy sueltos y relajados. Dígale que se imagine que es una marioneta, sin tensiones, con los brazos y las piernas completamente sueltas y sujetas sólo por unos pequeños hilos que usted maneja y por cuya razón no se caerá… estará protegido y controlado por usted.
- Hay que saber captar la atención de la persona y distraer su vigilancia, limitando al máximo su pensamiento para que el paciente se centre de lleno en las sugestiones que comenta el terapeuta, sin acudir a sus propias autolimitaciones impuestas a nivel consciente.
- Los mensajes hay que construirlos siempre en términos positivos y no negativos, ya que la negación no es bien captada por el inconsciente:
  - Levantarte con facilidad = Correcto

- Levantarte sin problemas = Incorrecto (la mente retiene el último mensaje)

- Los mensajes que se induzcan son anclajes y refuerzos que deben estar orientados al comportamiento futuro del paciente.

- Sólo hay que inducir una sugestión por cada sesión de trabajo, ya que el incorporar más podría debilitar la fuerza del mensaje.

- Los números impares rompen el equilibrio y producen inestabilidad, inconclusión. Por eso las órdenes deben terminar en impar.

- El número siete es un número mágico. También el tres –el más usado– por estar acostumbrados a escuchar este número para infinidad de órdenes a ejecutar (inconsciente colectivo).

- Hay que justificar las órdenes que se dan: *Vas a levantar ese cajón porque vas a descubrir una cosa muy importante dentro de él.*

- Es más fácil impedir una acción que hacer que se ejecute.

- Utilice en su lenguaje frases como: "Te vas adormeciendo" en lugar de "te vas durmiendo", ya que conlleva una menor carga emocional. Hay muchas personas a las que les da miedo perder la conciencia y sienten que puede ocurrirles algo malo si se ponen en manos del terapeuta estando sin control.

- Cuando usted está induciendo al trance a su paciente, al inspirar deberá emplear un tono de voz más agudo, un ritmo de voz más rápido y utilizar verbos en acción –que tengan movimiento–, y al exhalar dejar que su voz se vuelva más grave, el ritmo más lento y deberá utilizar verbos pasivos.

- Centre la atención del paciente en su mano o pie no dominante, ya que está conectado con el hemisferio no dominante y la acción asociada a los procesos mentales inconscientes.

- Cuando los mensajes que usted está enviando van dirigidos a la parte más consciente del paciente, incida en el lado derecho y deje que sus palabras vayan focalizadas a este oído –recuerde que el hemisferio izquierdo controla el lado derecho de nuestro cuerpo–. Cuando los mensajes que usted envía son para el inconsciente, dirija sus palabras hacia el oído izquierdo (controla el lado derecho de nuestro cuerpo).

FRASES ADECUADAS A UTILIZAR POR EL TERAPEUTA

El uso del lenguaje adecuado en su diálogo con el paciente hará que el trabajo resulte más o menos exitoso; por esa razón es importante dedicarle tiempo e incorporar ciertas frases mejor ajustadas para la profundización y ganar confianza del mismo. A continuación le menciono algunas de ellas que le podrán resultar beneficiosas:

- Estás entrando en un nivel de relajación más profundo que el de antes. Eso es...
- Puedes oír los sonidos a tu alrededor y eso te hace entrar en un estado más y más profundo. Te dejas llevar con ellos, balancear...
- Puedes sentir el contacto de tu espalda sobre el asiento.
- Escuchas mi voz y puedes apreciar totalmente mis pausas y mi respiración.
- El sonido de mi voz te guía y te ayuda a entrar en una relajación más profunda.
- Te dejas fluir siguiendo mis instrucciones. Quieres colaborar y te das cuenta de que eso te hace sentir muy bien.
- No es necesario que escuches mi voz de manera consciente, puesto que tu inconsciente me estará poniendo mucha atención.

- A través de mi voz vas a llegar a un estado más profundo y agradable de relajación, a ese nivel que necesitas y deseas alcanzar para realizar un buen trabajo terapéutico, y así será.
- No quiero que entres tan rápido en trance sino que lo harás progresivamente a medida que escuchas mi voz (ya va implícito que tarde o temprano estará en trance).
- Vas a poder llegar a ese nivel de profundidad que necesites, a ese estado de conciencia que te resulte beneficioso para encontrar el conflicto de tus problemas actuales y trabajar con ello. Verás cómo al final estarás contento de haber realizado esta experiencia.

Cosas que se pueden hacer
en este estado

Podemos potenciar las facultades extrasensoriales de los pacientes y recabar información por otros canales a los que hasta ese momento no se había accedido. Entre otras muchas cosas se encuentra:

- Escritura automática. Al paciente, en estado hipnótico, le entregaremos una hoja en blanco y una pluma para que pueda escribir y su inconsciente nos diga qué le ocurre y qué es lo que necesita (después se le pide que la interprete y trabajamos sobre ella en sesiones posteriores).
- Dibujo automático del problema. Al igual que con la escritura, después se le pide que cuente el problema y se trabaja sobre el mismo.
- Representación en un teatro de una obra que proyecta toda su historia y que nos narre las cosas que va viendo y sintiendo.
- Hacer conexiones con el pasado a través de tocar algún objeto y sintonizar con la carga energética que lleva impregnado.
- Ver en la bola de cristal los acontecimientos que ocurrieron en el pasado. Para ello, una vez hipnotizado, se le comenta a nuestro paciente que es un clarividente y que podrá, a través de la bola de cristal, leer toda la historia de la vida de una persona que usted le va a mostrar en foto (lógicamente deberá ser una foto de él mismo que previamente le habrá usted solicitado).

- Lectura de las cartas del *tarot*. Se utilizará de la misma forma que hemos hecho con la bola de cristal, así como cualquier otra arte adivinatoria que se le ocurra a usted.
- Ver a través de los dedos. Sentir a través de ellos. Permitir que a través de sus dedos, sienta e interprete cualquier objeto que usted le entrega y que es de su propiedad.

INDUCCIÓN A TRAVÉS DEL SUEÑO

A veces podemos entrar a trabajar con una persona utilizando como recurso el momento en que se encuentra dormida. Para intentar trabajar de esta manera, hay que seguir estos pasos:

1. Observar su respiración.
2. Adaptarse a ella con el mismo ritmo, durante unos minutos.
3. Cambiar el ritmo de la respiración y observar cómo la persona se acompasa; esta vez él se acompasará al ritmo de usted.
4. Poner una de nuestras manos sobre sus hombros y presionar ligeramente cuando la persona inspira y aflojar cuando el paciente suelte el aire.
5. Poner la mano en su frente y comenzar a preguntarle con un tono muy suave de voz. (Para asegurarnos de que la persona está bien metida en trance, decirle que levante una mano, un dedo o algo que nos dé una respuesta afirmativa a nuestra pregunta).

Pruebas de sugestibilidad

Personalmente estas son dos pruebas que yo suelo usar para ver quienes son los pacientes que mejor responden a este tipo de inducciones y con los cuales podré seguir profundizando y utilizar alguna técnica final; tambén me sirven para llevarlos a un grado más profundo de hipnosis:

Prueba Nº 1

Ahora quiero que levantes tus brazos y los pongas en cruz. Imagínate que en cada uno de ellos tienes sujeto con tus manos un cubo de plástico vacío. Estos cubos están hechos de una aleación muy ligera, por lo que te resulta muy fácil y cómodo mantenerlos sujetos en el aire. Ahora continúa imaginándote que en el cubo que sujetas con tu mano izquierda, empiezas a sentir que acerco una manguera de agua y comienza a llenarse lentamente, cada vez más, cada vez más... empiezas a sentir cómo poco a poco se va volviendo más pesado a medida que el agua sigue subiendo de nivel... y tú empiezas a notar el cansancio en tu brazo izquierdo. El cubo sigue llenándose y la presión a la que se empieza a ver sometido tu brazo se hace cada vez más insoportable, está llegando un momento en el que no vas a poder seguir manteniendo en el aire ese cubo, el peso se vuelve cada vez más intenso, más intenso... ya casi está lleno y su peso es ahora mucho más intenso, tres veces más, cuatro veces más...

Luis Antonio Martínez Pérez Ph.D.

no puedes sujetar ese cubo y sientes como tira de tu brazo hacia abajo, tira hacia abajo, cada vez más, cada vez más pesado, más pesado... Atención, pon mucha atención porque ahora yo contaré del uno al tres, y solamente cuando escuches el número tres tú vas a soltar el cubo de esa mano y vas a sentir un gran alivio, una gran sensación de liviandad y a la vez esto producirá en ti un gran deseo de dormir. Sólo sentirás paz, mucha paz y tranquilidad... y cuento uno, dos, tres. (también puede sustituir los cubos de agua por libros que usted le va agregando en su brazo y lo va sintiendo cada vez más pesado).

Prueba Nº 2

La prueba se realiza con las personas sentadas en una silla o sillón. Después de la relajación se comienza con esta inducción:

Ahora quiero que te imagines que coloco un sedal de hilo alrededor de tu muñeca izquierda –si el paciente es zurdo se utiliza la mano derecha–. Al final de esta cuerda hay un globo grande de un hermoso color rojo que yo tengo sujeto entre mis manos. Cuando yo cuente el número tres, soltaré el globo y notarás cómo éste empieza a tirar hacia arriba suavemente y a elevarse. Ahora quiero que te concentres en tu brazo, empieza a notar cómo está totalmente relajado; cuanto más se relaja, más liviano se vuelve, empieza a hacerse ligero, cada vez más ligero, cada vez va pesando menos, menos... y cuento: uno, dos, tres. Suelto el globo y empieza a subir, subir, cada vez más, se va elevando y empieza a tirar de la cuerda hacia arriba, hacia arriba; y el brazo empieza a subir, a elevarse, se vuelve muy ligero y empieza a subir a medida que el globo sube, sube... (seguir introduciendo inducciones hasta comprobar que el brazo materialmente empieza a despegarse del cuerpo y a subir).

Ahora, de repente, un viento hace que el globo comience a dirigirse hacia adelante, el viento empuja desde atrás y el globo se desplaza hacia adelante, hacia adelante, y tu brazo se desplaza al mismo ritmo, hacia adelante, adelante... y empieza a ponerse tenso, cada vez más tenso, más tenso... el globo sigue empujando hacia adelante y tu brazo le sigue, le sigue... (seguir con las inducciones hasta comprobar que el brazo está totalmente extendido hacia adelante).

Ahora, cuando yo cuente tres, solamente cuando escuches la palabra tres, cortaré esa cuerda de la que está sujeto tu brazo, y en ese momento caerá de golpe y en el mismo instante que el brazo toque una parte de tu cuerpo, sentirás un intenso adormecimiento que llegará desde lo más profundo de tu alma y descansarás, sentirás tu cuerpo y tu mente totalmente relajados y todo tú entrarás en un trance profundo y reparador, y eso va a ser muy bueno para ti; recuerda, solamente cuando oigas la palabra tres, cortaré la cuerda y tu brazo caerá totalmente relajado... y cuento: uno, dos, tres.... ¡duerme!

Trabajar en estos niveles profundos de ondas cerebrales y utilizar estas técnicas de manera aislada, no es suficiente y quedaría el trabajo incompleto. Por esa razón, es interesante utilizarlas como complemento a la TRR y una vez que se haya elaborado en regresión la situación que generó el daño, entendido cuales fueron los patrones de supervivencia que el paciente creó para poder seguir avanzando y sobre todo, después de haber evaluado cuales fueron las consecuencias de todo ello, posteriormente se habrá procedido a la reconstrucción, incorporando los nuevos modelos de patrones de vivencia y una vez cerrado todo este ciclo, es el momento en el que se pueden utilizar estas técnicas de anclaje para reforzar el nuevo modelo que se adoptará a partir de esos momentos en su vida.

Estas propuestas partieron exclusivamente de nuestro paciente, en base a las vivencias que él nos relató. Piense que el sujeto, en estos estados tan profundos, puede ser fácilmente influenciable y de esta manera inducirle –sin querer y con toda la buena fe del mundo– cosas que no son las que ocurrieron en su vida –lo que llamaríamos "falsos recuerdos"–, e incluso modelos erróneos para adoptar en su vida futura. El "Facilitador" en TRR no debe influir para nada sobre el paciente, sino simplemente dotarlo de las herramientas necesarias para que él pueda construir su propio "Edificio" personal. Comenzará iniciando pequeños cambios que poco a poco van dándole confianza y produciendo un efecto "bola de nieve" que irá suscitando nuevos logros de mayor envergadura.

Para terminar este capítulo, sólo quiero comentar que la hipnosis no es un instrumento de feria ni se debe utilizar como juego de diversión, como lamentablemente lo han convertido muchas personas a lo largo de los años y que podemos seguir viendo en espectáculos de teatro o en la televisión, sino que es una herramienta que permite ayudar a un gran número de personas en sus dolencias y la base de lo que hoy conocemos como psicoterapia (en todas sus diferentes modalidades).

Gracias a algunas mentes extraordinarias como la de Milton Erickson, se pudo introducir no solamente las sugestiones directas sino las técnicas indirectas de sugestión que han servido para tener en nuestros días al alcance de muchos terapeutas, unas fantásticas herramientas de apoyo en su trabajo diario. Apréndalas, no las desaproveche y utilícelas como complemento a la Terapia Regresiva Reconstructiva. Sus pacientes se lo agradecerán.

Capítulo XIII
Técnicas de apoyo y refuerzo

"Ciencia y humanismo han de ser un abrazo y no un muro que separa razón y sentimiento."

Pablo Serrano

EL BORRADO EMOCIONAL
Y LA REPROGRAMACIÓN DE PATRONES

Nuestro organismo está dotado de una serie de mecanismos internos que sabiamente lo regulan para protegernos mediante constantes procesos fisiológicos, ya sean metabólicos, de defensa o de compensación, entre otros, para permitirnos sobrevivir. El Sistema Digestivo, por ejemplo, absorbe la cantidad de alimentos necesaria para transformarla en energía –Chi– y enviarla al resto de tejidos y órganos del cuerpo, rechazando lo "no" saludable y eliminándolo.

Nuestro Sistema Nervioso dispone de un mecanismo que hace que de todas las experiencias de nuestra vida se quede con lo que le resulta válido para su aprendizaje y elimina las experiencias negativas con el paso del tiempo. Aunque en un primer momento la estructura parezca tambalearse, al final suele alcanzar su punto de equilibrio y la persona sale reforzada de cada una de las experiencias que se va encontrando a lo largo de su vida, permitiéndole ir manejando y disponiendo de mayores recursos y habilidades sociales.

Como vimos en el apartado "La rueda emocional" –Capítulo III–, el problema se da con aquellos *shock* traumáticos muy impactantes ocurridos en el transcurso de nuestra vida, sobre todo los que suceden en etapas donde nuestro hemisferio izquierdo cognitivo no está desarrollado en su totalidad, puesto que al no existir en esos momentos una capacidad de análisis y comprensión de los hechos que están aconteciendo, los vivimos de manera aislada produciendo una ruptura del campo electrofisiológico o electromagnético de un área concreta del cerebro y como consecuencia, nos dejan cicatrices profundas que son difíciles de superar y sobre todo de borrar, afectando y lesionando a su vez los órganos que regula esa parte del cerebro.

La mente está conectada al *soma*, por esta razón los sentimientos dolorosos se manifiestan en zonas determinadas de nuestro cuerpo, con mucha frecuencia en el plexo solar, en la cabeza o en el corazón. Si los sentimientos dolorosos emergen, con seguridad se harán latentes en sensaciones corporales muy específicas. Estas experiencias se quedan bloqueadas y la memoria celular –el sistema neuronal– lo archiva y distribuye en diferentes recodos y zonas, tanto del cerebro como de nuestro cuerpo a modo de holograma para desde allí reproducirse una y otra vez, en cada momento que se produzca alguna analogía. Es como un resorte, un mecanismo que se dispara de forma automática y descontrolada.

A medida que se van produciendo avances tecnológicos, la ciencia va disponiendo de equipos cada vez más sofisticados que nos permiten detectar y conocer con mayor exactitud el funcionamiento de las diferentes zonas de nuestro cerebro.

Uno de esos descubrimientos es que el área de Broca (figura 8) –región del cerebro responsable del lenguaje– se desactiva, produciendo una anestesia por cuya razón nos dificulta el poder expresar con palabras lo que estamos sintiendo, y como consecuencia entorpece nuestra labor al trabajar en terapia

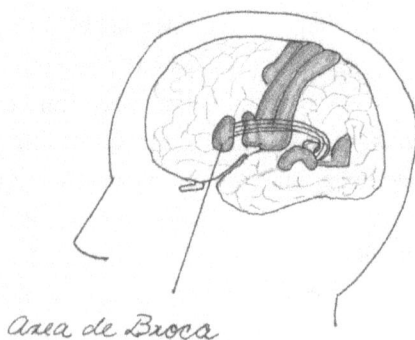

área de Broca

Figura 8

Esto ralentiza el trabajo terapéutico desde un enfoque más psicoanalítico o cognitivo conductual, ya que el problema se interpreta desde un plano conceptual y un análisis procedente de ese hemisferio izquierdo, mientras que el daño ha quedado registrado en algún lugar del hemisferio derecho y en zonas del cerebro que no entiende este tipo de lenguaje. Por esta razón, sólo con estos enfoques terapéuticos resulta difícil llegar a él.

La amígdala, (figura 9) que tiene la forma de una almendra –tenemos dos, una en cada lateral del cerebro– junto al tálamo, el hipotálamo y el hipocampo, forma parte del sistema límbico o cerebro emocional, y es la responsable de nuestra vida emocional, actuando como una biblioteca donde se archiva la memoria de las emociones vividas.

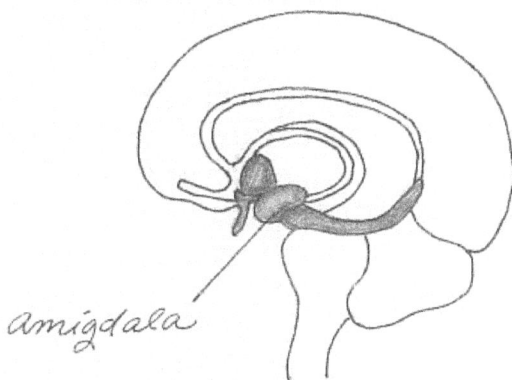

Figura 9

Todo el sistema límbico, en su conjunto, actúa en colaboración con el neocórtex –cerebro racional–, que es el controlador de las emociones y con los lóbulos prefrontales y frontales que supervisan, coordinan y dirigen esas emociones primarias y espontáneas.

Si la amígdala es la depositaria de la memoria emocional, nuestro objetivo debe ser conseguir entrar en esa biblioteca para borrar todos los archivos de los estímulos que nos están causando dolor (sólo se trata de borrar el dolor y no el recuerdo de lo acontecido).

Así, nos encontramos con multitud de pacientes que han estado durante años haciendo un trabajo de análisis sobre su vida y pueden relatarnos perfectamente toda su biografía y los conflictos que en ella se han podido generar, pero sin acceder a la región cerebral de la amígdala que es la que controla las emociones y por lo tanto sin poder neutralizar esa corriente dolorosa en la que aún siguen atrapados.

Es importante tener presente que los cambios profundos que persisten en el tiempo en las personas, operan desde los sentimientos íntimos; éstos deben expresarse o brotar desde lo mas interno a lo mas externo; de adentro hacia fuera. Por estos motivos, usted como terapeuta debe diferenciar entre lo que le cuenta el paciente y la experiencia interna de la sesión Regresiva Reconstructiva. Es muy frecuente encontrarnos con personas adultas que tienen una necesidad constante de tener contacto y a su vez la incapacidad permanente para sentir nada. Son personas que hablan y hablan, recuerdan, analizan, cuestionan, pero sus sentimientos y emociones están completamente inhibidos, encapsulados… los mencionan pero no se permiten sentirlos. Los hombres y mujeres que eligen la Terapia Regresiva Reconstructiva como vía terapéutica, no necesitan explicar y justificar sus sentimientos o ausencia de ellos insistentemente, necesitan sentirlos.

Por todas estas razones, el hecho de explicar repetidamente el origen de un trauma, no lo disuelve y mucho menos lo elimina sino que incluso –en ocasiones– puede agravarlo ya que la persona, al no ver solución a su problema, puede aferrarse a un patrón negativo de fracaso continuo aprendido y autoprogramarse de forma inconsciente para que en el siguiente intento reproduzca de nuevo el mismo fracaso y con mayor intensidad.

Las personas que vivieron el atentado ferroviario del 11 de marzo de 2004 en Madrid, cada vez que pasan por esas estaciones de trenes donde explotaron las bombas terroristas que acabaron con la vida de más de 200 personas e hirieron a varios cientos, se les activa y rememoran la angustia y el dolor de aquella vivencia que tuvieron; sin embargo, resulta difícil que puedan transmutar ese torrente hormonal que dispara su cerebro de manera descontrolada desprogramando aquellas emociones que se quedaron guardadas en los archivos más profundos de la amígdala, por el solo hecho de pasar por delante de esa estación o hablar de ello. Algunas personas que habitualmente tomaban como medio de transporte el tren de cercanías, han decidido buscar otras vías alternativas de locomoción para sus desplazamientos –sistema defensivo de evitación–, pero esto no ha solucionado su problema ni ha borrado de su cerebro esos momentos espantosos que experimentaron en su día. La forma de poder liberarse de ese impacto emocional es accediendo al lugar donde realmente están esos registros e intentar hacer una cirugía con un láser emocional.

El movimiento ocular opera así, como complemento a la regresión facilitando la conexión al trauma, al impacto doloroso, y acelera la curación tras un trauma psicológico. A través de unos movimientos continuos oculares laterales acompasados, se ha comprobado que se puede llegar a acceder a esa información para que encuentre su vía de expresión a modo de drenaje emocional: llanto, gritos, lamentos, quejidos, para posteriormente reconstruir transmutando ese torrente de sufrimiento en otra información biológica más saludable.

Las conexiones se pueden ir haciendo a través del hilo conductor de las emociones similares, igual que hacemos en regresión pura hasta llegar al núcleo original.

Cómo trabajarlo desde el enfoque de la TRR

- Deje que el paciente viva la experiencia del hecho en regresión (en ondas Theta).
- En otra sesión de trabajo o incluso en el final de una en la que haya salido una situación concreta con un fuerte

impacto emocional, ponga a la persona en posición sentada o semi-reclinada y llévela a un estado de relajación leve (Alfa).

- Con los ojos cerrados y sentado el paciente en una silla o sillón, colóquese frente a él y desplace el movimiento de una linterna bolígrafo delante de sus ojos de izquierda a derecha lentamente durante aproximadamente 2 ó 3 minutos, mientras que su paciente sigue el recorrido del haz de luz (Los ojos permanecerán todo el tiempo cerrados).

- Que imagine una pantalla de televisión gigante y la encienda.

- Deje que la persona evoque el recuerdo del hecho concreto y poco a poco vaya entrando hasta que sea capaz de revivir la escena en primera persona. Iniciará con técnica de encuadre y poco a poco irá dando paso a vivenciar en primera persona.

- Que reconozca la emoción que está sintiendo en ese momento.

- Que califique sobre un termómetro que verá en una pantalla mental, el grado de intensidad emocional que le produce la escena en una escala del 0 al 10.

- Que localice el lugar del cuerpo en donde nota que está el bloqueo emocional grabado, y le describa su forma, tamaño y color.

- Que intensifique la emoción y desde allí pueda revivenciar los hechos tal como sucedieron −usted puede hacerle entrega al comienzo de la sesión, de un mando a distancia para que su paciente pueda controlar en todo momento las imágenes; detenerlas, retroceder o desconectar el televisor si así lo desea−. Personalmente, les dejo en su mano un control a distancia real para que el efecto tenga mayor intensidad.

- A través de la vivenciación de estas imágenes hay que hacer que la persona trabaje los patrones de supervivencia que haya identificado en las sesiones previas –situación, acción, beneficio, consecuencias–. Cada vez que le haga repetir la acción y sus consecuencias negativas, usted deberá en esos momentos pasar la linterna hacia el lado izquierdo de su paciente mientras está hablando (recordar la Ley de Desplazamientos en Capítulo IV).

- Debe realizar una desensibilización sistemática y continuar así purgando y sacando al exterior toda esa tensión a medida que siente cómo va desapareciendo el dolor emocional hasta que el mismo se haya borrado totalmente y la persona recupere el control de su respiración, el ritmo cardiaco vuelva a la normalidad y usted pueda ver claramente que se encuentra distendido y tranquilo.

- Reprogramar nuevos patrones. Propóngale ahora que busque cómo quiere verse a partir de ese momento. Esto le permitirá transmutar las experiencias perturbadoras y tomar el control de la situación. Continúe los desplazamientos de la linterna hasta que el sujeto comience a sentir cómo se van incorporando estos patrones nuevos de aprendizaje y sienta un estado emocional totalmente diferente al anterior. Intente potenciarle todos los canales sensoriales para intensificar y reforzar el nuevo patrón de conducta. La linterna, en este caso, deberá pasarla hacia el lado de la derecha del paciente al tiempo que él está reprogramando patrones. (Nuevos planteamientos del futuro).

- Deje que su paciente le cuente qué cosas desplazó de la experiencia del pasado que ya no le servían –que visualice cómo los tira a un gran cubo de basura y se destruyen de manera automática–. Cómo ha decidido cortar esa conexión con su vida presente y cómo va a ser su nueva reprogramación y para qué le va a servir en su futuro. (Si en la sesión regresiva se sacaron patrones de supervivencia y se consiguió su reconstrucción, ahora es el momento de utilizarlos en esta sesión de integración neuroemocional).

- Que se visualice enfrentándose al futuro con los nuevos modelos y anclaje de los mismos.
- Que vuelva a observar el termómetro emocional y que le diga ahora en qué nivel se encuentra. El objetivo es conseguir que el termómetro llegue al nivel '0', y esto se podrá realizar en varias sesiones. Desde el momento en que conseguimos bajarlo del nivel siete, podemos decir que hemos pasado el grado crítico y descendiendo del cinco que ya está estabilizado. Del tres hacia abajo el daño ya está en su fase residual.
- Para terminar, el paciente deberá resumirle la sesión que acaba de realizar. Esto le permitirá la asimilación de los hechos y la nueva reprogramación.
- Ya en su casa, el paciente escribirá toda la experiencia, tratando de plasmar todas las situaciones y emociones que surgieron en el transcurso de la misma.

LOS DEDOS SALTARINES

Esta técnica es muy útil con personas que se sienten muy bloqueadas emocionalmente y no consiguen sacar a la luz ningún
tipo de información relevante de su pasado; en sus sesiones
regresivas se muestran muy mentales quedándose en el recuerdo. Relatan los sucesos en formas verbales pasadas, y en plena
sesión nos dicen algo así: "Me acabo de acordar de que mi
madre me peinó en mi Comunión con ese moño ridículo", y
por más que intentemos meterla en esa niña, en este ejemplo,
la persona se escapa una y otra vez cuestionando y enfocando
la sesión en la vertiente equivocada. Como apuntábamos en el
apartado anterior, sus emociones están encapsuladas bajo llave
con ese infranqueable guardián del consciente en la puerta que
no permite su acceso.

En estos casos los "dedos saltarines" nos servirán como un radar que se encargará de ir buscando y localizando información,
tomando como aliados los dedos del paciente que al igual que
con el pentotal sódico —suero de la verdad— o con el polígrafo,
nos ayudará respondiendo a nuestras preguntas y dándonos las
pistas necesarias para llegar a aislar el conflicto concreto sobre el
que luego trabajaremos en sesiones posteriores.

Para ello nos servimos siempre de la mano contraria a la que
normalmente utiliza la persona en su actividad diaria; es decir,
si la persona es diestra, los anclajes los haremos en la mano
izquierda y si es zurda, entonces éstos se realizarán en la mano
derecha.

Modo de anclaje

Una vez conseguido el estado de relajación óptimo, se le indica a la persona que los dedos de su mano nos van a ayudar a buscar esa información que de otro modo tardaríamos en encontrar. Sus dedos están conectados por impulsos eléctricos directamente con su cerebro, y lo único que hay que hacer es saber la función que cada uno de ellos adoptará en este trabajo conjunto "cerebro/inconsciente/dedos de la mano".

A continuación, se le indica que, sin hacer ningún movimiento voluntario por su parte, deje que se levante y realice un ligero movimiento aquel de sus dedos que anclará todas las contestaciones afirmativas con un "sí" a las preguntas que le hagamos. Esperaremos observando su mano hasta darnos cuenta de cual es el dedo que se levanta o hace un ligero movimiento. Una vez observado éste, volveremos a preguntar para asegurarnos de que realmente ese dedo es el que ha decidido anclar la información para las respuestas "sí". Podemos hacer esta comprobación con una pregunta como: ¿Tu nombre es Francisco? (Nombre del paciente).

Acto seguido y utilizando el mismo sistema, pasaremos a localizar el dedo que anclará las respuestas "no".

Una vez realizado este breve *test* para comprobar el anclaje SÍ-NO, efectuaremos un cuestionario individualizado con aquellas preguntas "clave" ajustadas mediante el historial clínico de nuestro paciente y basado en aquellos objetivos que reflejó en el escrito inicial de terapia (Ver en el Capítulo IV el apartado Compromisos que debe adquirir el paciente).

Este *test* nos puede arrojar respuestas sorprendentes que podremos contrastar con nuestro paciente en Beta, ya que es el cuerpo quien responde y éste, como ya sabemos, no miente.

Podemos centrarnos en aquellas respuestas afirmativas que enmarcan los síntomas "guía" en una etapa u otra de la vida de nuestro paciente y con determinadas relaciones o personajes implicados. También puede facilitarnos una luz nueva sobre aspectos afectivos encubiertos o inconscientes.

Le aconsejo que prepare todas las preguntas y ya las tenga escritas en un impreso estandarizado para que sólo tenga que marcar los "sí" y los "no" y dejar un apartado con comentarios por si observa que la persona tarda en responder o levanta más rápido o con más fuerza el dedo en alguna pregunta concreta, ya que esto indicará que esa pregunta lleva un contenido y una carga emocional diferente al resto.

A partir de este momento se comienza a hacer el sondeo. Las preguntas, en este caso, al contrario de cuando trabajamos en Regresión pura, deberán ser siempre cerradas sin opción a otro tipo de respuestas que no sea "SÍ" o "NO".

A continuación y como punto de arranque de este cuestionario, le propongo una serie de preguntas que podrían estandarizarse para todos nuestros pacientes:

- ¿Estás en estos momentos haciendo una regresión?
- ¿Estás en estos momentos en Alemania?
- ¿Tienes hijos?
- ¿Tienes dos hijos?
- ¿Habías realizado anteriormente alguna otra terapia?
- ¿Tienes miedo de algo en la vida?
- ¿El núcleo traumático del conflicto sin resolver –aquí se le dice el motivo por el que acude a consulta–, se inició en tu etapa infantil?
- ¿El núcleo traumático del conflicto sin resolver –aquí se le dice el motivo por el que acude a consulta– se inició en tu nacimiento?
- ¿El núcleo traumático del conflicto sin resolver se inició en tu etapa intrauterina?
- ¿El núcleo traumático del conflicto sin resolver se inició en otras vidas?
- ¿Este conflicto está relacionado con alguien de tu familia?

- ¿Con tu madre?
- ¿Con tu padre?
- ¿Con algún hermano?
- ¿Con otro familiar?
- ¿Con alguien cercano a la familia?
- ¿Con alguna otra persona?
- ¿Quiéres realmente enfrentarte a esa experiencia que tuviste para resolverlo definitivamente?
- ¿Piensas que es ahora el momento de hacerlo?
- ¿Crees que tu vida va a cambiar para mejorar a partir del momento en que destapes ese conflicto?

Aquí usted podrá añadirle todas las preguntas que considere necesarias y se adecuen a la historia personal que su paciente relató en Beta.

Mientras usted está realizando el cuestionario, no se ponga a analizar y darle una explicación interna a cada una de las respuestas que su paciente le da; simplemente dedique ese tiempo al máximo control y observación del movimiento de los dedos, la velocidad e intensidad de las respuestas y recopilación escrita de todas las respuestas. Más tarde, cuando su paciente haya salido de la consulta, será el momento de retomar el *test* y analizar con detalle el conjunto del mismo.

Prerrequisito implicado

> *"En circunstancias especiales, el hecho debe ser*
> *más rápido que el pensamiento."*
>
> Hernán Cortés

Esta técnica, utilizada con gran maestría por el brillante psiquiatra Milton H. Erickson, se basa en conseguir que el paciente se comprometa en hacer alguna actividad concreta finalizada la terapia. De esta manera y sin darse cuenta, está manifestando un compromiso tras su curación, dando ésta por hecha. La finalidad de la técnica es motivar al cambio.

Erickson era un especialista en crear el vínculo –compromiso → curación → compromiso– a través de diferentes estrategias indirectas.

Pongamos un ejemplo del propio Erickson que explica la implicación y los significados implicados:

"Cuando era niño me gustaban las montañas o me gustaba el agua, y cuando era niño me gustaba la nocilla con pan. Pero, ¿qué se dice de lo que me gusta ahora? Se dice, en realidad, que no te gusta la nocilla ahora. Esa es la implicación". Se trata de trabajar con esos significados implicados.

De este modo, dando instrucciones, sugestiones y direcciones, los pacientes, a menudo, acaban por desarrollar espontáneamente la idea por ellos mismos.

Un ejemplo de Prerrequisito Implicado:

A los pacientes hospitalizados solía pedirles que cuando les dieran el Alta debían traerle alguna cosa como un tipo de planta que el sujeto conocía muy bien, o una receta de cocina o cualquier cosa familiarizada con su entorno y que les creara un deber qué realizar. La consecución del compromiso con el terapeuta (→objetivo final) les hacía tener que atravesar imperativamente una barrera impuesta en un paso intermedio (→su curación).

La idea:

Se trata de realizar una petición al paciente usando palabras simples y ambiguas de manera que el paciente generalmente acepta lo que oye sin pensar realmente lo que ha aceptado, y espontáneamente lo desarrolla.

Ya mencioné todos los compromisos que el paciente debe realizar relacionados con su terapia (Capítulo IV). No obstante, según se van desarrollando las sesiones terapéuticas, se van conociendo mas sus gustos y aficiones, y esta sencilla técnica nos puede resultar útil para dar un *empujón* a su recuperación.

Veamos un ejemplo que tuve con un caso de Sida en fase terminal:

Se inició la terapia en el mes de febrero, estaba desahuciado por los médicos, dándole a lo sumo tres o cuatro semanas más de vida. Después de las dos primeras sesiones activé en él un "prerrequisito implicado", comentándole que todos los años –el 23 de diciembre– se lleva a cabo una fiesta que preparo en el Centro a la que acuden todos mis expacientes, y que cada uno de ellos debe contribuir con alguna aportación personal: un platillo cocinado que resulte original, bebida o postre, y al final un jurado elige al ganador del año. De esta forma se activó en mi paciente un compromiso por su parte en el que tenía que estar presente en aquella fiesta, y por lo tanto esta situación futura estaba muy por delante de las estadísticas de vida que le habían dado. Sólo puedo mencionarle a usted que este paciente participó en la fiesta de ese año.

LAS TÉCNICAS DE CASTIGO
Y LAS DE PREMIO Y REFUERZO POSITIVO

"Siente el pensamiento, piensa el sentimiento."

Miguel de Unamuno

En la Terapia Regresiva Reconstructiva se utilizan también, en el momento apropiado, técnicas cognitivo-conductuales como complemento del trabajo realizado en las sesiones regresivas, tal como son las técnicas de premio y castigo.

De alguna manera todos las utilizamos con nuestros hijos, amigos, parejas e incluso con las mascotas domésticas. Se trata de reforzar mediante un premio los logros o conductas positivas y castigar los comportamientos inadecuados, agresivos o negativos.

La psicología científica empezó a estudiar, entre los años 1930 y 1940, lo que se denomina "condicionamiento operante" o "condicionamiento instrumental" –B.F. Skinner–. Se basa en el principio de recompensar –o reforzar– cierto tipo de conducta para estimular su repetición. Del mismo modo, la ausencia de recompensas o el empleo de castigos, tiende a disminuir la probabilidad de su repetición. Según el condicionamiento operante, la mayor parte de las conductas se relaciona con las recompensas y castigos obtenidos por ella en el pasado; es decir, repetimos lo que nos resulta placentero y dejamos de hacer o evitamos aquello que nos desagrada.

Los premios o refuerzos son muy eficaces para aumentar la frecuencia del comportamiento que queramos conseguir. Para eliminar una conducta indeseada, podemos suprimir los beneficios que produce o también buscar alguna forma de castigarla para que su ejecución no sea tan placentera; en este sentido y para conseguir buenos resultados con este procedimiento, es necesario hacer un correcto análisis de la conducta para averiguar qué hay detrás de ella que la está manteniendo. Es aquí donde podemos encajar estas técnicas, por ejemplo en el tratamiento de las adicciones –ver Capítulo VII– y como veremos en ese apartado, en las adicciones se producen comportamientos compulsivos en busca del objeto del "supuesto placer". Llámese a ese placer: tabaco, drogas, comida, compras, moda, sexo, relaciones afectivo-dependientes, trabajo, Internet, etcétera. La lista va en aumento.

Mikel, un hombre joven de 34 años, acudió a consulta con la intención de superar su adicción a la comida. Tenía un sobrepeso de más de 45 kilos y esto lo hacía sentirse muy mal. En diferentes ocasiones se había sometido a dietas de todo tipo y en alguna de ellas había conseguido bajar su peso, pero pocos meses más tarde volvía a recuperarlo e incluso en dos ocasiones había aumentado considerablemente. En el trabajo regresivo establecimos un control de dónde, cuándo y por qué tenía necesidad de comer. Después de las primeras semanas apuntando a diario los momentos donde se le disparaba este estado de ansiedad y estableciendo el punto crítico, Mikel se pudo dar cuenta de que los momentos más peligrosos eran cuando se sentía solo: llegaba a casa, se sentaba frente al televisor y comenzaba a ingerir todo lo que encontraba en su frigorífico. El trabajo regresivo nos llevó, retrocediendo en el tiempo, a reconocer que tenía un problema de carencias afectivas familiares que se le habían disparado a raíz de su separación matrimonial, y todo esto lo llevaba a comer compulsivamente para tratar de llenar ese vacío afectivo con la comida. Además, su inconsciente a su vez había programado que si su cuerpo estaba gordo, no resultaría atractivo para las mujeres y de esa forma, el exceso de grasa realizaba una función protectora para evitar el dolor emocional si se volvía a repetir una pérdida afectiva.

Después de las tres primeras sesiones de trabajo, Mikel decidió apuntarse en un gimnasio a donde iba una hora a diario después de salir de su trabajo. Esta acción ya es un mecanismo que genera "un premio", puesto que poco a poco podía observar cómo comenzaban a producirse cambios en su imagen y estado anímico. Le aconsejé que fuera a ver a un endocrino para que le pusiera algún tipo de dieta a seguir, y una vez con ella en la mano establecimos unos nuevos "premios" y "castigos".

Algunos de los premios fueron que cada semana, si había seguido con éxito su dieta, no había faltado al gimnasio y había escrito y analizado las sesiones de trabajo que íbamos realizando, entonces se podía permitir un "placer" especial el domingo. Mikel decidió que los domingos, antes de comer y siguiendo una tradición muy típica en España, se iría con los amigos a un conocido bar de tapas y disfrutaría tomando un vinito y un par de esas deliciosas croquetas de bacalao que tanto le gustaban.

También establecimos "el castigo" en caso de romper los acuerdos: localizamos que una de las cosas que más le molestaba en su trabajo, era hablar con un compañero que según sus propios comentarios, "era un imbécil, prepotente y creído". Pues el "castigo" fue que cada vez que hubiera roto sus compromisos, al día siguiente debería establecer una conversación con su compañero de trabajo en la cual tendría que alagarle alguno de sus comentarios. Otro de los castigos fue que cuando rompiera las normas establecidas, esa semana no iría a jugar "la partida de *mus*" –juego de cartas típico español– que tanto esperaba todos los martes con sus amigos.

Muchas veces no somos conscientes de que nuestra "sombra" puede ser nuestro aliado; si hallamos la moraleja encubierta, encontraremos detrás estos beneficios, pero hay que prestar atención y explorar con detalle todo lo que hay alrededor de la conducta para encontrar qué provecho sacamos con ella. Recuerde que todo patrón de supervivencia tiene un beneficio añadido que debemos localizar, pero tiene unas consecuencias que son más perniciosas que lo que nos brinda, siendo mucho más graves y pudiendo llegar a enfermarnos. El "beneficio" de la gordura de Mikel era la protección para no sentir el dolor. Sin embargo, sus "consecuencias" lo habían encerrado en una depresión y un abandono de su propia imagen, que tuvo que llegar a entender y remodelar.

Empleado de forma positiva para estimular un comportamiento mejorado y en el aprendizaje, estas técnicas descritas pueden tener un gran éxito.

La principal crítica que se le ha hecho a Skinner, es que la mayoría de los experimentos se hacían con animales –ratones, palomas– y luego se generalizaban los resultados a la conducta humana, dando escasa o nula importancia a los factores emocionales. Sólo a finales del siglo XX empezó a tenerse en cuenta la importancia de los procesos cognitivos y las emociones como elementos influyentes en la conducta. Hablamos de psicología cognitivo-conductual. Pero lo que a nosotros nos interesa es la aplicación práctica de todo lo anterior y cómo podemos aprovechar algunos principios del condicionamiento para hacer que los pacientes se impliquen en su propio proceso terapéutico y, de esta forma, consigan avanzar. Como indicábamos en el primer párrafo de este apartado, la riqueza de la Terapia Regresiva Reconstructiva es que suma diversas técnicas psicológicas dejando siempre libre todo un mundo de posibilidades creativas.

Para poner en práctica estas técnicas de premio y castigo con los pacientes, el primer paso es tener claro qué conducta es la que queremos trabajar y describirla con detalle. Por ejemplo, es mejor "fumar cuando salgo con los amigos" que simplemente "fumar". En este sentido podemos elaborar unos cuestionarios para investigar los gustos y aversiones de la persona.

Debemos hacer con el paciente una lista de qué es lo que más y lo que menos le gusta hacer para poder usarlo como "premio" o como "castigo".

Posteriormente será el paciente –nunca el terapeuta– el que decida cómo controlar la conducta indeseada, lo que hace que él asuma sus propios compromisos. Puede programarse premios para dárselos cuando consiga el objetivo que se proponga: "Prepararme mi comida favorita si resisto una semana sin fumar", y también elegir lo que sería justo como castigo en caso de no cumplir con el compromiso adquirido consigo mismo: "Comprometerme a sacar la basura al contenedor de la calle todos los días del mes si no lo hago.

En caso de que el paciente no cumpla con los acuerdos a los que se llegue, deberemos hacerle ver la importancia de este trabajo, enmarcado dentro de todo el proceso terapéutico.

Gráfico de control semanal

Para que nuestro paciente vaya tomando el control de su proceso terapéutico, es importante responsabilizarlo de hacer cosas cuyo fin último sea promover el cambio deseado; una de ellas será encomendarle que semanalmente haga un gráfico de su estado anímico y que controle su evolución.

Cuando inicia la terapia se le pide que haga una valoración de su estado emocional en ese momento, en donde el número 1 corresponde a la situación más crítica en cuanto a sentimientos en negativo –totalmente hundido–, y el número 10 es sentirse totalmente feliz y completo, y que se asigne la valoración que considere.

En ese momento debe hacer un gráfico como el que adjunto en la Figura 10, donde en la parte de abajo estarán indicados todos los días del mes y en el vértice de la izquierda estarán señalados los niveles de satisfacción del 1 al 10, así como establecer unos niveles mínimos y máximos de alerta.

Recomendablemente, cada noche será el momento de hacer su balance del día y establecer su nivel marcándolo con una 'X' en su gráfico.

Si la señal baja o sube de los índices de control, se deberá hacer una recapitulación del día y mediante un autoanálisis se comprobará qué ha ocurrido para que el estado emocional haya cambiado tan rápido. Esas observaciones debe anotarlas el paciente en su diario de terapia.

Quincenal o mensualmente deberá hacer el gráfico completo y pasar una copia al terapeuta. Ese día se podrá dedicar una

Luis Antonio Martínez Pérez Ph.D.

parte del tiempo de la sesión de trabajo para analizar cada uno de los movimientos –altos y bajos– de la escala y conjuntamente, terapeuta y paciente, comentar y evaluar los sucesos y respuestas emotivas implicados en esas oscilaciones.

En el ejemplo de la figura 10, el día que más llamaría la atención sería el siete, y habría que ver las anotaciones realizadas en el cuaderno de su paciente en esa fecha concreta, donde baja su estado anímico a dos cuando el punto medio estaba entre 6 y 7.

Gráfico quincenal control emotivo

	1	2	3	4	5	6	7	8	9	10	11	12	13	14	15
10															
9															
8															x
7	x		x	x	x						x	x	x	x	
6		x			x				x						
5								x							
4															
3															
2							x								
1															

Figura 10

378

Los refuerzos a través de anclajes

La utilización de anclajes como refuerzos es un mecanismo válido para la evolución del proceso terapéutico, pero si se hacen de manera aislada no es suficiente para la eliminación total del problema.

Si en un día de fuertes lluvias aparece una gotera en su casa, está bien que utilice como recurso un cubo vacío para recoger el agua e impedir que estropee el suelo de su salón, pero usted sabe que esto no es suficiente y tendrá que arreglar, en cuanto pueda, el tejado de la casa.

De la misma manera, si hacemos uso de estos refuerzos sin contemplar previamente el resto de los pasos terapéuticos, su paciente mejorará momentáneamente pero tiempo después volverá a recaer. Piense que estas herramientas son útiles, pero si se consideran como "refuerzos" y no como soluciones definitivas.

Anclaje contra experiencias negativas

Esta técnica es muy adecuada a modo de desensibilización sistemática para personas que están siendo sometidas por cualquier tipo de acosadores y son incapaces de salir de sus redes. (Véase el Capítulo IX, "Víctima y Verdugo").

Después de realizar una relajación, se le dan al paciente las siguientes instrucciones:

- Imagínate que estás en un cine. Quiero que veas frente a ti la imagen de una gran pantalla panorámica partida en dos mitades y tienes esas dos pantallas delante.

- Piensa en esa persona que no soportas, que te tiene atemorizada o acomplejada o que sientes que te bloquea simplemente con su presencia física. Localiza en qué partes de tu cuerpo sientes la energía de esas emociones que te están bloqueando y ponles un color y una forma.

- Ahora quiero que pongas la imagen de esa persona en la pantalla de la izquierda que estás visualizando. Toma conciencia de cómo va vestida, su voz, su aspecto... deja que destaque el sentido sensorial que más agudizado esté dentro de ti.

- Imagina que tienes en tu mano un control de mando de esa pantalla y ahora quiero que lo utilices para cambiar los colores de esta imagen y la dejes en blanco y negro.

- Viste a esta persona con elementos que la ridiculicen o incluye cosas adicionales (un traje de payaso, una corbata gigante, bragas de florecitas, calcetines y calzoncillos grandes, de colores chillones, rotos, orejas de Dumbo, nariz de pinocho).

- Cámbiale la voz y colócale otra que resulte chistosa.

- En la pantalla de la derecha quiero que te imagines a esta persona pero de una forma que a ti te resulte positiva. Mírala y piensa cómo te gustaría que fuera realmente. Qué cualidades tendría que tener para que resultara agradable y positiva para ti. Mírala y escucha su voz de la forma en que a ti te agradaría y fíjate en las sensaciones que ahora experimentas al vivir esta nueva situación.

- Incrementa la intensidad de los colores de esta imagen, el brillo, la luz y la intensidad del sonido.

- Haz un *zoom* y ve agrandando la imagen de la derecha a medida que la imagen de la izquierda va encogiendo en la misma proporción que la primera se agranda.

- Para finalizar, la imagen de la derecha tiene que crecer hasta ocupar todo el espacio de las dos pantallas y por lo tanto hacer desaparecer la imagen primera de la izquierda. Una vez realizado este último paso, observa bien esta nueva imagen y mira cómo te sientes con ella. Qué sensaciones experimentas dentro de ti con este nuevo cambio.
- Visualiza de nuevo esas partes de tu cuerpo donde estaba bloqueada la energía negativa. Mira ahora qué es lo que ha cambiado. Observa los nuevos colores energéticos que fluyen dentro de ti. Siente la emoción que esto genera en tu persona.

Se le enseñará este ejercicio al paciente para que sea capaz de repetirlo en su casa dos veces al día durante un mínimo de un mes consecutivo. Después de este tiempo se podrán observar cambios importantes en la actitud del interesado.

ANCLAJE DE SENSACIÓN

Después de realizar una relajación, se le dan al paciente las siguientes instrucciones:

1. Imagínate que estás en un cinc. Quiero que veas frente a ti la imagen de una gran pantalla panorámica partida en dos mitades y tienes esas dos pantallas delante.
2. Quiero que en la pantalla de la izquierda coloques la imagen tuya que tienes en la actualidad y resaltes esos aspectos que quieres mejorar de ti mismo/a.
3. Observa cómo te hace sentir y en qué parte de tu cuerpo lo localizas. Deja que destaque el sentido sensorial que más agudizado tengas en este momento.
4. En la pantalla de la derecha coloca la imagen de cómo te gustaría sentirte (seguridad, fluidez verbal, éxito, alegría).
5. Imagínate exactamente qué pasaría estando en esa situación. Observa cómo te hace sentir el verte así y en qué

parte de tu cuerpo lo localizas. Deja que destaque el sentido sensorial que más agudizado tienes en este instante. Experimenta estando en diferentes situaciones y con distintas personas (entorno familiar, laboral, social).

6. Cuando sientas que esta sensación alcanza su grado más alto, quiero que entonces hagas una asociación con ella, que puede ser una palabra que llegue a tu mente, una imagen o una conexión cinestésica con cualquier parte de tu cuerpo físico (cruzar los dedos, tocarte la nariz, la oreja... lo que decidas).

7. Imagina que tienes en tu mano un borrador. Quiero que te acerques a la pantalla de la izquierda y la vas a borrar. Vas a ver cómo desaparece, cómo la borras para siempre de tu vida.

8. Utiliza el anclaje que acabas de hacer en el punto seis a la vez que con el mando a distancia haces un *zoom* de la pantalla de la derecha y permites que esta imagen crezca hasta ocupar todo tu ángulo de visión.

9. Observa en estos momentos qué sensaciones experimentas y cómo te sientes con ellas.

10. Repite todo el proceso varias veces para reforzarlo.

11. Si tienes algún problema en el anclaje, repite nuevamente todos los pasos anteriores.

Los amuletos y talismanes en la Terapia Regresiva Reconstructiva

> *"Cuando siento una terrible*
> *necesidad de religión*
> *salgo de noche para pintar las*
> *estrellas."*
>
> Vincent Willen Van Gogh

Millones de personas en todo el mundo hacen uso de amuletos y talismanes, y en cualquier país que decida usted visitar, encontrará cientos de ellos, de todo tipo, como el famoso ojo divino egipcio, el pentagrama, la higa –mano cerrada con el pulgar sobresaliendo entre los dedos índice y medio–, Anj –la cruz ansada–, cruz de San Antonio, martillo de Thor, el escarabajo, el nudo de Isis, la mano de Fátima, ranas, patas de conejo, plumas, piedras con formas diversas, discos solares, tortugas, serpientes, el símbolo del pez, el símbolo de la polaridad –yin y yang–, símbolos alquímicos y astrológicos, estrellas, estampas de santos, medallas, etcétera. Realmente hay una inmensa diversidad de objetos en el mercado al que podemos acceder en cualquier momento.

Si usted hace un sondeo y pregunta a aquellas personas que tiene a su alrededor, se sorprenderá al comprobar cuántos, en algún momento de su vida, han llevado colgado del cuello, como anillo o en un bolsillo, algún tipo de amuleto, fetiche o talismán que, con la excusa de ser bonito, realmente les hacía sentirse protegidos o atraer la suerte. Estos amuletos o talismanes no tienen por qué ser realizados, como muchos piensan, con plantas o semillas traídas desde el centro del Amazonas, el África negra o desde lo más alto de la Montaña Sagrada de China, sino que hemos conocido a cantidad de pacientes y amigos que guardaban celosamente en su cartera la imagen de un santo, un boleto de Metro o de avión, una moneda descatalogada, su primera nómina, el corcho de una botella de cava o hasta una colilla de un cigarrillo al que habían otorgado unos poderes especiales impregnando su propia energía con el convencimiento de que esto les traía suerte y prosperidad. Pero la pregunta es: ¿Realmente estos talismanes son mágicos y se concentran en ellos las energías telúrica y universal, o simplemente es un efecto psicológico que funciona al igual que un placebo o como acto de fe?

Poco nos importa saber dónde está la explicación racional o la búsqueda del origen de todo ello; nuestro interés radica en los resultados finales que ofrecen al interesado y así lo utilizamos para reforzar el trabajo con nuestros pacientes, si esto les puede ayudar en su recuperación. La fuerza de su creencia lo convierte en su realidad y en su verdad, y ésta hace que actúe para su propio beneficio.

Los talismanes y amuletos han sido utilizados desde tiempos remotos por todo tipo de culturas y se les ha atribuido siempre una fuerza o poder sobrenatural. Los más antiguos que se han encontrado eran tallados en piedras, después en metales y poco a poco se les fue incorporando otra serie de materiales como la madera o la arcilla, y símbolos dibujados siempre ligados a la madre naturaleza..

Épocas muy concretas de la historia como la Edad Media, están cargadas de relatos de sortilegios, hechizos, pócimas, amuletos y talismanes para otorgar poderes, protecciones, conocimientos... La Inquisición trató de arrasar con toda superchería y consideró brujos a todos aquéllos que se atrevían a elaborar y dar forma a objetos de este tipo, siendo sometidos a torturas y condenados a la hoguera. Sin embargo, a pesar de toda la represión que se ha ejercido en contra de estas creencias a lo largo de muchos capítulos de la historia, perdura hasta nuestros días esta costumbre y creencia.

¿Cuáles son las diferencias entre un amuleto y un talismán?

La diferencia básica a mi entender, entre el amuleto y el talismán, es que el primero sirve para protegernos de daños y sortilegios que otras personas nos pudieran hacer, y el segundo sirve para canalizar energía positiva hacia la persona portadora del mismo y atraer la buena suerte. El primero está cargado con la energía que proyecta en él el *chamán* que lo fabrica; el segundo, además, está cargado con la fuerza de los símbolos mágicos con los que se crea para atraer o canalizar energías hacia la persona que lo lleva encima, creando así cambios, no sólo en su cuerpo sino también en su mente y espíritu. El talismán se crea como una réplica del macrocosmos, y cuando está en contacto directo con el cuerpo, actúa sobre el sujeto a modo de "efecto espejo", permitiendo ser un acumulador y proyectar todas las energías con las que se haya "trabajado" a la persona que lo lleva encima, concentrando en ese punto toda la fuerza cósmica necesaria para conseguir los objetivos establecidos.

Forma de incorporarlos en la Terapia Regresiva Reconstructiva

Después de experimentar en numerosas sesiones terapéuticas con pacientes, donde aparecían algunos de los objetos a los que hacía referencia en los párrafos anteriores, me di cuenta de que podría resultar muy beneficioso utilizar los amuletos y talismanes simbólicamente para acelerar su proceso de reparación y recuperación en los diferentes niveles: físico, mental, energético y espiritual.

Cuando una persona se encuentra en estados ampliados de conciencia, toda la historia que en esos momentos está vivenciando, adquiere una gran fuerza por el contenido emocional que está presente en el relato y las células de su cuerpo –del mismo modo que el ADN codifica una estructura de nuestro cuerpo físico– están grabando esas experiencias, creando conductas y estructurando así su personalidad y la forma de ver el mundo. Por esta razón, si en una escena del desarrollo de una sesión, aparece algún símbolo u objeto que lleve una fuerte carga emocional y connotaciones "mágicas" o mensajes importantes para el sujeto, este mismo hecho adquiere un papel relevante y permite a la persona activar el poder de su propia mente para anclar en lo más profundo de su psiquis este símbolo, sirviendo como elemento protector o imán para atraer las energías que en esos momentos está necesitando, consiguiendo provocar en el sujeto importantes cambios, tanto físicos como mentales y espirituales.

Los amuletos y talismanes –por lo tanto– son objetos virtuales que actúan "mágicamente" cuando nos hallamos en la etapa de reconstrucción dentro de la sesión terapéutica. Su uso está indicado cuando la persona revive situaciones de un fuerte impacto emocional. Ese impacto aconteció con tal magnitud que bloqueó dejando una impronta negativa y sin solución aparente un área muy importante del desarrollo de la persona –en la esfera afectiva, económica y/o social–. El talismán, creado siempre por el paciente, actúa neutralizando ese registro dañino de una gran carga negativa; en su lugar aparece una fuerza insospechada. Basta con sentir que está dentro de sí mismo para que esa especie de maldición desaparezca. El talismán arrebata de este modo el poder que tenía hasta ese momento ese mandato nefasto del pasado.

Hay que darse cuenta de que estos símbolos salen desde la mente de su paciente en estado puro, sin filtros y sin ningún tipo de inducción previa por parte del "Facilitador". Han sido creados por el propio sujeto desde lo más profundo de su inconsciente, su conexión con su fuente de energía, con el Ser Interior, y acto seguido enviada esta información a su plano consciente para sacarlo a la luz donde impacta con una enorme fuerza y poder. Este hecho los convierte en potentes movilizadores y fuerzas sanadoras que se gravan en la estructura mental y memoria celular de su paciente, sirviéndole como refuerzo en todo momento para la consecución de sus objetivos, a modo de vehículo entre conciencia y materia.

En el trabajo de la Terapia Regresiva Reconstructiva, una vez anclado el objeto y su contenido simbólico en el plano mental y sacado a la luz del consciente, haremos que esto se materialice y se le dé forma, haciendo que nuestro paciente busque o fabrique este talismán en el plano material y lo lleve consigo como elemento protector y de apoyo.

Hay que tener ciertas precauciones cuando se están utilizando estos complementos de apoyo, ya que un exceso en su uso podría convertirse con el tiempo en una dependencia obsesiva para nuestro paciente con la repercusión negativa que ello conlleva por la anulación de su personalidad.

La mejor manera de ilustrar este modo de actuación es relatando la historia de aquel niño que tenía pánico a que llegara la noche, pues cuando esto ocurría, un horrible dragón de tres cabezas se escondía en el armario de su habitación y le provocaba un espantoso terror a quedarse solo en su cuarto por miedo a ser devorado. Un día, su madre le enseñó un truco para que nunca más tuviera miedo a los dragones y consistía en tomar entre sus manos una moneda mágica –amuleto– que ella misma le regaló, cerrar muy fuerte el puño con la moneda dentro y pensar que el poder del amuleto lo protegía y el dragón huía despavorido del armario. Efectivamente la idea fue excelente, funcionó y aquel niño no volvió a ver en su vida a los dragones... pero el niño creció, tenía ya 80 años y aún seguía con la moneda en la mano cuando se iba a acostar.

Tenga cuidado porque sin darse cuenta puede usted convertir a su paciente adicto a alguna cosa ajena a sí mismo. Recuerde que estos objetos los incorporamos en el proceso terapéutico, sólo cuando aparecen de manera espontánea en alguna sesión de trabajo y con el único fin de reforzar las habilidades de nuestro paciente. En este sentido es importante tener en cuenta que, al igual que un bastón o el hombro de un ser querido después de una caída, sólo nos sirven de muleta y de manera transitoria, ya que tendremos que enseñar a nuestro paciente a manejar con suficiente seguridad y aplomo todos los recursos internos que ha ido aprendiendo a lo largo de las diferentes sesiones de trabajo, e ir creando nuevos modelos y patrones de conducta saludables que le permitan no tener que depender de nada ni de nadie para poder avanzar en su camino libremente.

Para ilustrar el uso y procedimiento terapéutico, extraemos una parte de una sesión de terapia realizada con una mujer a la que llamaremos Blanca. El escenario que se empleó en esta ocasión fue "El Laberinto" –ver en Capítulo V–, e invitamos al lector a que preste mayor atención a la parte en la que se construyó un talismán para que usted valore el poder que creó Blanca con ello:

Terapeuta: Entra al almacén y ve que encuentras...

Paciente: No lo veo... no... tengo miedo... está oscuro.

Terapeuta: ¿Y cómo vas a vencer ese miedo?

Paciente: No lo sé... hay una mujer... que me quiere ahorcar... (chilla... jadea... mueve los brazos como quitándose de encima algo... *se aprecian taquicardias y respiración muy agitada*).

Terapeuta: *(Poniendo la mano en su frente para contenerla)* No tienes nada qué temer... fíjate bien... se está creando a tu alrededor una cápsula protectora que irá contigo durante toda la sesión… esa cápsula te envuelve y te protege… de modo que todo irá muy bien… todo será muy bueno para ti… y ahora vamos a continuar… cuento: 3… 2… 1… y estás dentro del almacén… ahora selecciona los tres útiles que llevarás contigo.

Paciente: Cojo una espada, un espejo y una bolsita de café.

Terapeuta: Sal… abre la puerta y ahí estás justo en el centro del laberinto.

Paciente: Hacia un lado hay matas… camino por ahí… me siento bien… ¡aaayyy! Salió algo grande, es horrible, tiene patas largas… piel gris, cabeza horrible, ojos rojos… está parado en el camino…

Terapeuta: Ahora centra tu atención en esa mirada… fíjate quién es…

Paciente: Es un hermano mío.

Terapeuta: ¿Cómo te sientes al verlo?

Paciente: Horrible… siento miedo…

Terapeuta: En qué parte de tu cuerpo sientes ese miedo.

Paciente: En el pecho.

Terapeuta: Ahora, cuando yo toque tu frente, irás a un momento de tu vida donde estás sintiendo ese mismo miedo… ahí en tu pecho.

Paciente: Estoy sentada en una cama, tengo 14 ó 15 años… está mi hermana y mi hermano, ellos dos están peleando y él coge una silla… me está pegando… duele… me estoy protegiendo; él quiere pegarme en el estómago; me está maldiciendo… siento miedo, abajo en mi vientre… me va a hacer daño…. ¡NO QUIERO QUE HAGAS DAÑO AL BEBÉ! Él dice que lo quiere matar. Ahora él no quiere que yo tenga a ese bebé, sigue gritando… me tapo el estómago… mi hermana lo tira al piso… estoy asustada… Tengo miedo de salir de la casa, no quiero que me pase lo que él dice.

Terapeuta: Fíjate en todo eso. ¿Cómo te está afectando en tu vida presente? ¿Qué te está impidiendo?

Paciente: PROGRESAR.

Terapeuta: Oye… ahora puedes cambiarlo… puedes crear otra situación diferente que es la mejor para ti… ¡vamos, adelante!

Luis Antonio Martínez Pérez Ph.D.

Paciente: Boto a mi hermano por el aire, JA JA JA, está volando por el aire y no me puede hacer nada *(se ríe a carcajadas)*. Se ve ridículo…

Terapeuta: Vamos de vuelta al Laberinto… mira, estás de nuevo de donde saliste en ese laberinto con una misión por delante qué cumplir.

Paciente: Hay una mujer vestida de negro y parada enfrente de mí… siento miedo porque no quiere que pase; es mi madre, no quiere que pase, no puedo moverme… es imposible… no puedo moverme… quisiera salir de aquí…

Terapeuta: Vámonos ahora a un momento real idéntico que hayas vivido con tu madre, donde estás sintiendo todo esto así, con esta misma intensidad donde no puedes moverte… donde quieres salir de ahí…

Paciente: Me pega… tengo 7 u 8 años… maldije a un cura… estoy en la pieza… el cura no está… *(Blanca se ríe)*. Estoy buscando la plata porque él está robando a la gente, le saco la plata, la estoy echando a una bolsa, él está en el comedor, no me ha visto, estoy saliendo, salgo corriendo, me llevo la plata… voy a Casa Vieja (poblado marginado), allí están todos… les reparto la plata, les cuento… ellos no tienen qué comer, los niños pequeños tienen hambre, están todos ahí… mi madre está ahí afuera, tengo miedo, me va a castigar, dice que soy una mala… me pega y me maldice… dice que nunca tendré plata… que nunca seré nada… (llora).

Terapeuta: Fíjate en esto que estás sintiendo ahora, eres esa niña de siete o tal vez ocho años y mamá te está diciendo todo eso… fíjate cómo te está afectando todo eso ahora.

Paciente: Tiene razón, nunca seré nada… nunca tengo nada… *(llora)*.

Terapeuta: ¿Y tú quieres que esos sentimientos continúen así? ¿Quieres seguir sintiendo ese fracaso?

Paciente: No, yo no soy mala… no lo soy *(llora)*. Yo quiero ser alguien bueno… quiero ayudar a los demás.

Terapeuta: Claro que sí… por eso vas a cambiar todo eso que acabas de revivir de manera que experimentarás cosas distintas… lo mejor para ti.

Paciente: Sí… le digo a mamá que no soy mala, que me da pena toda esa gente que no tiene nada qué comer y ese cura que se queda con la poca plata que tienen… *(llora)*. Mamá me entiende y me abraza.

Terapeuta: Bien, ahora estás en el camino del laberinto de nuevo y sigues avanzando…

Paciente: ¡Aaahhh! *(grita)*. Hay una serpiente… me está mirando y me da mucho miedo.

Terapeuta: Ahora, con ese mismo miedo que estás sintiendo, vas a ir a un momento de tu vida donde estás experimentando esto mismo… cuento: 3… 2…1… ahí estás.

Paciente: Estoy en una pieza… lo está degollando… es un gato… hace brujería… tiene una gallina, es Rosa Flores… está untando sangre, tiene una camisa mía encima de un lavadero, la está restregando en la cabeza del muerto… está temblando… está sola… está diciendo mi nombre… está diciendo cosas de mí, dice: "Esa mal nacida se tiene que morir", está echando sangre de ella en un tubito, ese tubito lo levanta y toma una bolsa negra, ahí va a echar el gato, también degolló a la gallina, echa sal a una calavera… le ha puesto una camiseta mía, ahora saca billetes y los está rociando de sal, dice que "jamás tendré plata". Quema todo… sale un niño enterrado.

Terapeuta: ¿Y tú dónde estás?

Paciente: Estoy viendo todo, medio escondida, ella no me ve… tengo unos 14 años.

Terapeuta: Bien, ahora vas a destruir todo eso… de manera que ya nada tendrá poder alguno sobre ti… ¡vamos!, ¡adelante!… te acompaño. Dime, ¿cómo vas a destruirlo?

Paciente: Lo voy a quemar todo… eso es… le prendo fuego.

Terapeuta: Muy bien, asegúrate de que ese fuego acaba con todo eso, el fuego lo transforma, siente su poder purificador… y ahora, con esas cenizas, vas a hacer algo que tenga validez para ti.

Paciente: Voy a crear un talismán, es poderoso, **es un rombo…** dentro meto esas cenizas**… es un rombo de luz,** me lo cuelgo de mi cuello, **llega hasta el centro de mi pecho…**

siento que nada de eso tiene ya ningún efecto sobre mí. Ahora estoy sintiendo su poder protector... ahora puedo avanzar y buscar a la niña; hay una escalera de caracol... ya veo a la niña... está llorando... empujo una puerta... es un bebé... lleva ropa dorada... salgo por la ventana con ella en brazos... salgo del laberinto... encuentro el camino de salida, ahora es fácil *(el talismán creado le otorga poder y seguridad para avanzar sin miedos).*

Terapeuta: Ahora abraza a esa niña y con ese abrazo se va a incorporar dentro de ti un mensaje que esa niña tiene que darte... esa niña que es tu niña interior...

Paciente: Que salga, que triunfe... el camino está limpio y **siempre habrá luz al final.**

Terapeuta: Bien, ahora echa un vistazo al Laberinto y dime qué quieres hacer con él.

Paciente: Destruirlo... se desvanece con mi mirada... se ha hecho cenizas... *(de nuevo se observa aquí cómo este acto ritual le ha dado un gran valor a la paciente).*

Blanca tenía en el momento de realizar esta sesión regresiva, 34 años; estaba casada y con dos hijos. Siempre tuvo serias dificultades económicas, pues ella fue testigo de esta "maldición" a una edad temprana. Creció en un ambiente social donde estas prácticas de brujería y maldiciones, desgraciadamente son frecuentes; las sugestiones actúan en las mentes receptivas y en este caso, ella creyó firmemente todas esas maldiciones, enviando la negativa a su mente de: "Jamás tendré plata". Por más que trabajaba y se esforzaba, siempre existían grandes dificultades. Blanca tenía una elevada inteligencia innata, así como una poderosa intuición, cualidades más que suficientes para triunfar. Su actitud ante la vida dio un giro tras esta sesión, se había liberado de la condenación y su mente adulta había comprendido a esa niña herida a la vez que creó el antídoto que necesitaba para neutralizar esa reacción nociva.

El efecto del talismán que ella crea le da una fuerza simbólica muy importante; es un acto de psicomagia que genera en su interior las energías necesarias para desactivar toda esa carga negativa que cayó sobre ella como una tela de araña que la bloqueaba y le impedía avanzar.

Los talismanes, por tanto, son técnicas de apoyo muy eficaces. ¿Qué diferencia hay entre el torrente bioquímico que puede generar un fármaco determinado y el que genera una imagen específica creada por el propio sujeto? La segunda es altamente efectiva, basta invocarla para sentir sus beneficios y por si fuera poco, sin efectos secundarios indeseados.

Capítulo XIV
El cierre de la terapia

"Ser la persona que uno realmente es, es realista en sentido creativo y creativo en sentido realista. En cada momento descubre que su verdadero sí mismo no es sinónimo de maldad ni de falta de control; se siente orgulloso de ser una persona sensible, abierta, realista y orientada hacia su propio interior, que se adapta con valor e imaginación a las complejidades de una situación cambiante. El movimiento en esta dirección casi nunca se completa, es un modo de vida constante."

Carl Rogers

LA BÚSQUEDA DEL TESORO

"Imponte siempre un objetivo real para el futuro inmediato."

Milton H. Ericsson

La "Búsqueda del Tesoro" es un trabajo a realizar por parte del paciente en la penúltima sesión de la terapia.

Este ejercicio se realizará primero en Theta –en una sesión con el terapeuta– y después en Beta (el paciente en su casa y a lo largo de diferentes jornadas).

Es muy útil para establecer objetivos concretos a alcanzar y fijar en la mente del interesado esta idea que pasará del plano metafísico al plano físico; de la creatividad mental a la materialización real.

PROCESO

En una primera parte se comentará al paciente que tiene que ir a su "lugar de descanso" y allí crear un "Plano de la "Búsqueda del Tesoro". Este plano debe reflejar su "Historia Personal" y en él se esbozarán, a través de la representación por símbolos, las diferentes etapas de su Ser desde la llegada a esta vida hasta el momento actual. Todo ello vendrá dado a través de objetos y elementos que irán apareciendo junto a su mesa de trabajo. Con todas estas piezas estará en disposición de representar "su vida" en un cuadro simbólico. Se destacarán los momentos más importantes vividos a lo largo de la terapia que son los que han llevado a la persona a su situación actual, sus patrones de supervivencia y las consecuencias de los mismos. Para ello, la persona deberá iniciar el trabajo trazando una 'X' en el lugar del cuadro que represente el día de hoy. Siguiendo la "Ley de Desplazamientos", todo lo que quede a la izquierda del cuadro representará su pasado y lo que quede a su derecha será el futuro. En la zona del final de este lado deberá señalar con un símbolo el objetivo que desea alcanzar. Es aconsejable que marque para ello cuatro puertas, cada una de ellas relacionada con un aspecto concreto de su vida: Su "Yo" interno, su familia, su trabajo y su entorno social, y que pueda poner una foto o dibujo que indique cómo le gustaría verse en ese terreno una vez conseguido su objetivo. A partir de ahí, poco a poco irá creando el camino para llegar a su meta.

Los elementos que sirvan para construir toda la parte de su pasado irán apareciendo poco a poco e irán dando forma y colorido a este cuadro.

Usted como terapeuta deberá, previo a esta sesión, haber repasado todas las sesiones de trabajo que fue anotando a lo largo del proceso terapéutico y asegurarse de que las situaciones y momentos "clave" de su historia no se olviden de apuntar en el cuadro que su paciente está creando.

Cuando el cuadro esté completamente terminado, entonces debe decirle a su paciente que se distancie unos cuantos metros del mismo y desde allí lo observe en todo su conjunto; después que se imagine que tiene una cámara fotográfica en su mente que va a grabar una foto para que se quede almacenada en su memoria. Una vez terminado cerraremos el proceso haciendo que el paciente vaya recuperando sus estados de conciencia ordinarios y volviendo a ondas Beta.

Una vez terminado el trabajo en Theta, el paciente deberá materializar y recrear "La Búsqueda del Tesoro" en Beta, utilizando para ello una cartulina grande, papel o lienzo, usando recortes de periódicos, fotografías, objetos, etcétera, y cuando su obra material esté terminada, es importante que la cuelgue en algún lugar que sea visible por él, el mayor número de veces posible al día. El hecho de que con un sólo vistazo el interesado pueda ver sintetizada en una cartulina toda su vida, con sus momentos más impactantes y los objetivos que se ha fijado para un futuro, hace que esto suponga un gran refuerzo y que marque el camino para alcanzar sus metas.

Además, debe sacar, esta vez a nivel material, un par de fotografías de su obra; una de ellas será para entregársela a usted y que pase a formar parte de su expediente personal como cierre de la terapia; la otra se reduce a tamaño *carnet* para que el paciente pueda llevarla en la cartera y cada vez que abra la misma, recordarle su búsqueda para ser feliz.

Para presentar con mayor claridad este trabajo, veamos a continuación el "Mapa del Tesoro" de un paciente que llamamos Indalecio. Por su extensión de tiempo tuvo que realizarse en dos sesiones de terapia:

Primera parte (en Theta)

> **Terapeuta:** Muy bien, ahora quiero que veas unas escaleras frente a ti y al final hay una pequeña puerta. Este es un lugar de recogimiento y tranquilidad en donde podrás confeccionar poco a poco tu "Mapa de la Búsqueda del Tesoro". Sobre una pared de esa habitación, vas a crear el Mapa y encontrarás una mesa donde hay muchos materiales que podrás utilizar. Ahora quiero que abras la puerta y me cuentes qué ves.
>
> **Paciente:** Sí… hay una mesa con muchas cosas encima, aunque no veo exactamente lo que son. Ya veo la pared.
>
> **Terapeuta:** Ahora quiero que tomes un pincel y un bote de pintura y atravieses de lado a lado en horizontal, la pared con una marca.
>
> **Paciente:** Ya está.
>
> **Terapeuta:** Estupendo. Pon atención porque esa linea que has pintado, es la línea del tiempo y de tu historia personal:

pasado, presente y futuro. Ahora quiero que te fijes porque en algún lugar de esa pared, va a aparecer una señal que te indicará tu momento actual, tu presente.

Paciente: Sí, veo una raya vertical que atraviesa la raya de la vida; está como a tres cuartos de la raya primera. Yo no he sido consciente de ello pero ahora sé que ya llevo mucho camino recorrido. Más de lo que pensaba.

Terapeuta: ¿Qué forma tiene?

Paciente: Es una raya de color negro. También veo un interruptor a la izquierda.

Terapeuta: ¿Y qué hace allí?

Paciente: No lo sé. Está al principio de la pared, en la izquierda.

Terapeuta: Bueno, pues de momento déjalo y después veremos si tiene algún significado. Ahora quiero que con los elementos que tienes en la mesa, busques algo que permita identificar justo en esta raya vertical el momento actual que estás viviendo. ¿Qué encuentras?

Paciente: Al acercarme a la mesa he visto un árbol pequeñito hecho de material... no sé... como de pasta o plástico, o algo así. Voy a poner esto. ¡Ya está!

Terapeuta: ¿Qué sientes al ponerlo? Dime.

Paciente: Tengo la sensación de que es como el inicio de mi descubrimiento. Me gusta, tiene un imán debajo y se pega a la pared.

Terapeuta: Asegúrate de que quede bien sujeto. *(Quiero que se asienten bien las bases de un nuevo mundo, de su cambio interior. Por eso no quiero que el árbol se caiga).*

Paciente: Bueno, lo voy a *pinchar* a la pared con chinchetas muy fuertes. Ahora está bien sujeto.

Terapeuta: ¡Estupendo! Ahora ya sabemos en que parte de la línea de evolución estás; ahora... ¿cómo podemos representar el principio de tu vida? ¿Tú llegada a este mundo?

Paciente: Es el interruptor blanco. El que te comenté antes. Estaba en posición "OFF" y cuando llegué cambió a "ON". Es sólo otra etapa más de la evolución. Metas que hay que ir alcanzando... esto representa el principio de todo.

Terapeuta: Genial, pues sigamos adelante. Ahora quiero que tomes algún elemento que indique tu experiencia de vida intrauterina. Cuando estuviste en el claustro materno.

Se acerca a la mesa. Cada vez que hace esto, a pesar de que todo está borroso, de repente aparece con nitidez el objeto que al final utiliza.

Paciente: Es una jarra con agua. Voy a poner una repisa en la pared para sujetarla. (Jarra = claustro), (agua = líquido amniótico). Además, también sirve para poder beber agua.

Terapeuta: ¿Y qué significado tiene esto para ti?

Paciente: Es como mi primer contacto con el mundo y es un signo de vida. La jarra es de cristal transparente. Es ancha por abajo y estrecha por arriba.

Terapeuta: Y esto, ¿qué te recuerda?

Paciente: ¿Es el útero? ¡Claro! El tubo por donde salí.

Terapeuta: ¡Estupendo! Pues seguimos avanzando y ahora vamos a otro momento importante de tu vida: el nacimiento. A ver, ¿cómo lo representas? Ya conoces cómo viviste todo esto, ya lo experimentaste nuevamente en regresión y ahora puedes simbolizarlo como tu quieras; algo que te llegue desde adentro, en tu interior más profundo.

Paciente: Veo un zapatito de niño pequeño. Lo puedo *pinchar* también en la pared. Es un sólo zapato. Es un patuco de lana rosa y blanco.

Terapeuta: ¿Qué sientes al verlo?

Paciente: Es mi caminar. Empiezo mi caminar. El inicio en esta vida... no me gusta que sea rosa. No me gusta ese color.

Terapeuta: ¿Y cuál es el motivo por el que no te gusta?

Paciente: Quizás es porque mi madre quería que fuera una niña. Es importante porque esto es una de las cosas que más me ha marcado en mi vida.

Terapeuta: ¿Entonces?

Paciente: Voy a meter el patuco dentro de una caja transparente para que se vea desde afuera. Significa algo que me determinó, que no me dejó ser como podría haber sido y de alguna manera esa determinación es la caja, como que está encerrado ahí. También quiero poner encima un patuco azul para el otro pie... ahora me gusta como queda porque soy yo.

Terapeuta: ¡Estupendo! Ahora quiero que sencillamente dejes que aparezca un número en tu mente. El primer número que llegue.

Paciente: El cinco.

Terapeuta: Pues coloca ese número en la pared en el lugar que tu quieras y siente, deja que llegue información relacionada con el cinco.

Paciente: Voy a buscar... Llegan dos cosas. Veo un chupete y unos pantalones cortos. El chupete representa mi vida interior y los pantalones cortos mi comunicación con los demás, la salida hacia el exterior.

Terapeuta: ¿Qué quieres hacer con ellos?

Paciente: Los voy a colocar uno encima de otro. Tiene mucho sentido. Deben estar uno encima de otro porque ahora veo y siento que se produjo una pugna en mí al tener que relacionarme entre una cosa y otra. ¡Claro! Por eso no quería dejar nunca el chupete... con él vivía en mi mundo interior y hasta lo escondía para que no me lo quitaran.

Terapeuta: Vamos por otro número. Deja que aparezca...

Paciente: El siete. Acaba de aparecer mi libro de Comunión. Lo voy a *pinchar* en la pared.

Terapeuta: ¿Qué hay de impacto en esa edad? ¿Qué es lo importante en este momento?

Paciente: Me impactó mucho el hecho de hacer la Comunión. De alguna manera esto me daba una respuesta espiritual a mis inquietudes interiores en aquel momento. Si hacía la Comunión, podría estar más dentro de mí. Creo que es otro momento importante a resaltar.

Terapeuta *(Se hace tarde y hay otro paciente esperando, por lo que decido dar por terminada la sesión en ese día).* Muy bien, pues déjalo ahí y hoy vamos a terminar. Quiero que le des un último vistazo a tu "Mapa del Tesoro" que estás creando y que lo lleves impregnado contigo. Ahora vas a salir de esa habitación, cerrar la puerta y volver a subir las escaleras. El próximo día volveremos para continuar trabajando en tu obra. Ahora, cuando tú te sientas cómodo, comenzarás a tomar contacto nuevamente con tu cuerpo, tu respiración… abrirás los ojos y estarás conmigo en la consulta.

Segunda sesión (en Theta)

Se vuelve al lugar donde terminamos el trabajo la sesión anterior.

Terapeuta: Muy bien, ahora vuelves a estar frente a tu "Mapa del Tesoro". En la mesa hay diferentes objetos que te servirán para ir completando tu cuadro. Ahora deja que llegue un número a tu mente. El primer número que venga.

Paciente: El 16.

Terapeuta: Muy bien, pues ponlo en la pared y busca alguna cosa que tenga relación con este número y que hayamos visto en la terapia.

Paciente: Voy a buscar en la mesa… aparece una foto del colegio. Estoy con compañeros del colegio. Estamos todos agarrados por los hombros.

Terapeuta: Ahora quiero que te metas dentro de la foto y vas a revivir este momento. Dime, ¿qué está pasando?

Paciente: Estamos en el último año de bachillerato. Es cuando empiezo a tener verdaderos amigos.

Terapeuta: ¿Qué son verdaderos amigos para ti?

Paciente: Aquellos con los que puedes hablar de cosas.

Terapeuta: ¿Hay alguno en especial?

Paciente: Pedro.

Terapeuta: ¿Qué hay de especial en él?

Paciente: Me dice que quiere ser sacerdote.

Terapeuta: ¿Y eso te impacta de alguna manera?

Paciente: Sí. Me parece una renuncia muy grande a muchas cosas.

Terapeuta: ¿Lo ves con admiración?

Paciente: Sí.

Terapeuta: ¿Y tú?

Paciente: Yo no. Lo tengo muy claro. Hay algo que no me gusta en ello. Yo creo que tengo una vida por delante y de esta forma viviría parcialmente.

Terapeuta: ¿Cuál es el impacto más importante de este año?
Paciente: Los amigos. Voy a clavar la foto con una chincheta en la pared. Me hace gracia porque vamos todos vestidos de jugadores de futbol antiguos, con camisa roja y pantalón azul.
Terapeuta: ¡Estupendo! Pues ahora seguimos avanzando. Dime otro número que llegue a tu mente.
Paciente: El 23.
Terapeuta: ¿Qué hacemos con él?
Paciente: Me da igual. Me interesa más el objeto asociado que el número, voy a ver... sale una corbata que yo tenía. Es cuando empiezo a trabajar como ingeniero.
Terapeuta: ¿Cómo te sientes?
Paciente: Fatal. Me agobia la corbata. Estoy en una Consultora de Ingeniería. No me gusta este trabajo. Tengo que ir a ver a los Clientes, mirar papeles, hacer estudios de viabilidad... me aburro.
Terapeuta: ¿Qué cosa importante hay en tu vida unida a esta corbata?
Paciente: Voy a ver... es como tener que empezar a relacionarme de nuevo; fuera de los círculos donde yo me muevo a gusto. Tengo que hacer esfuerzos para adaptarme a esta situación, no sólo con las personas sino con el nuevo trabajo.
Terapeuta: ¿Y la corbata, qué representa?
Paciente: Es una atadura. Tiene un nudo y me ata, la dejo en la pared tal como está, pero ya no me aprieta, la tengo fuera de mi cabeza. De momento está todo en línea en la pared. Dentro del cuello de la corbata hay como personas. Son chiquititos. Tengo la impresión de que son la gente con la que me relaciono en esa época de mi vida.
Terapeuta: Coge una lupa y míralo con atención.
Paciente: Sí. Son mis compañeros de despacho, mi jefe, los clientes...
Terapeuta: Muy bien, ¿quieres hacer alguna anotación aquí?
Paciente: No. Con eso tengo.
Terapeuta: Perfecto, pues seguimos y nos vamos a otro momento importante.

Paciente: El 30. Hay un... como un... una cosa de metal dorado que está grabada y tiene tres monos. Es como un plato o un cenicero repujado, rectangular.

Terapeuta: ¿Sabes qué puede significar?

Paciente: Eso significa que me uno con las dos personas con quienes he mantenido relación.

Terapeuta: ¿Ellos representan a ustedes tres?

Paciente: Sí. Los monos hacen las posiciones de ver, oír y callar.

Terapeuta: ¿Y eso qué quiere decir?, ¿Qué significa para ti?

Paciente: Siempre me han llamado la atención estos monos.

Terapeuta: Acércate a los monos a ver si oyes qué dicen.

Paciente: Uno de ellos dice que representa un proverbio muy antiguo: "Todo viene a través del conocimiento, escuchar y ver atentamente". El tercero significa asimilar esos conocimientos. Los tres son solo uno.

Terapeuta: ¿Y eso, cómo lo has vivido tú con esas dos personas en tu vida?

Paciente: Me gustaría pensar que los tres somos solamente uno. Somos como tres partes complementarias. Cada uno tiene lo que al otro le falta.

Terapeuta: O sea que los unos no podrían estar sin los otros.

Paciente: Efectivamente, pero yo tengo que estar colocado en el medio, porque soy un nexo de unión.

Terapeuta: ¿Te sientes equilibrado en ese lugar?

Paciente: Sí, de hecho soy el que se beneficia de los dos porque ellos están en los extremos. Ellos se benefician de mí pero al estar en los extremos, no se benefician del otro.

Terapeuta: Bueno y, ¿qué quieres hacer con el plato rectangular?

Paciente: Lo coloco en la pared de frente para que se vea y lo sujeto con unos ganchos porque pesa.

Terapeuta: ¡Estupendo! Ahora fíjate en tu obra y mira cómo va.

Paciente: El árbol está creciendo y sube por encima de la línea, las ramas se extienden a la izquierda y derecha. En la parte izquierda —el pasado— el árbol no tiene fruto; en la derecha —el futuro— tiene frutos rojos, no sé si son cerezas o manzanas. Está seco en la izquierda pero por el otro lado da frutos.

Terapeuta: ¿Hay algo más que quieras hacer con el árbol?

Paciente: Está echando raíces por debajo de la línea que está pintada.

Terapeuta: ¿Y eso qué quiere decir?

Paciente: El árbol se afianza y recoge conexiones, conocimientos del pasado porque está profundizando.

Terapeuta: ¿Quieres poner por debajo cosas que has visto en tus sesiones anteriores de otras supuestas vidas pasadas?

Paciente: Ha salido una tela hindú —un *sari*— de colores; es de aquella vida que viví en la India como mujer. Ahora aparece una sandalia romana que llega hasta la línea. Está, de alguna manera, pisando parte del presente.

Terapeuta: ¿Y qué representa?

Paciente: Aquella vida que vi en la antigua Roma.

Terapeuta: ¿Y qué conexión tiene enganchada con tu presente?

Paciente: Es como que ha dado la vuelta. Las raíces bajan, la sandalia sube y se une todo otra vez. En el centro de las raíces pone KASTEL *(otro personaje que aparentemente fue en una vida anterior)*. Está en el centro por el contacto tan grande que Kastel tenía con los árboles. En las raíces, a la derecha no hay nada.

Terapeuta: Muy bien, pues vamos a continuar... a ver si aparece algún otro número...

Paciente: No. Pasan muchos números por mi mente pero no se queda ninguno.

Terapeuta: ¡Estupendo! Pues no habrá más cosas. Mira, ahora quiero que te separes un poco de la pared y la veas desde atrás.

Paciente: La veo como si fuera una foto enmarcada. Desaparecen los objetos a detalle y sólo veo una amalgama de colores. A la derecha del árbol aparece el "símbolo" *(un símbolo que apareció en otra sesión de trabajo)*. Es multicolor y tiene forma de Loto. Es como un caleidoscopio. Hace como si fuera una lente de aumento para las cosas que hay en la zona de la derecha, quizás la intensidad vaya a ser mucho más grande.

Terapeuta: ¿Puedes ver algo más?

Paciente: Hay algo más pero no sé lo que es. Es como un centro de flores, de colores, más arriba. Veo que pone 43.

Terapeuta: ¿Qué quiere decir esto?

Paciente: No lo sé, ¿me acerco a verlo? Dice vida. Las flores dicen que es vida.

Terapeuta: Ahora quiero que toques las flores y me digas cómo te sentirás cuando hayas alcanzado el objetivo.

Paciente: Emocionado, tengo sensación de plenitud, es como estar satisfecho.

Terapeuta: ¿Similar a la que sentía Kastell? *(sesión anterior de vida pasada).*

Paciente: No. Es como una sensación de haber descubierto algo, se traduce en llanto y risa.

Terapeuta: ¿Y ahora qué necesitas tener para alcanzar ese centro de flores?

Paciente: Necesito pasar por el centro del símbolo.

Terapeuta: ¿Y cómo vas a hacerlo?

Paciente: Haciéndome pequeñito.

Terapeuta: ¿Cómo lo puedes representar?

Paciente: Con la hormiga que pasaba por el centro del símbolo en el Teatro *(otra sesión de trabajo en escenario "Teatro del Mundo").* Al pasar se transforma.

Terapeuta: ¿Y qué hay al salir del símbolo?

Paciente: El centro de flores y muchas cosas más allá.

Terapeuta: ¿Y cómo podemos representar esas muchas mas cosas?

Paciente: A partir del símbolo, pinto la línea de color dorado y más gruesa.

Terapeuta: Muy bien. Ahora míralo bien, ¿quieres cambiar algo de todo esto?

Paciente: No. Me gusta como está.

Terapeuta: Pues ahora deja que toda esta obra que has creado, se meta dentro de ti, en tu corazón, es parte tuya. ¿Qué sientes?

Paciente: El árbol entra dentro de mí porque soy yo. Por la derecha entran los elementos de la derecha y por la izquierda van entrando los de la parte de la izquierda, y todos entran a formar parte de las ramas del árbol. Me siento como un árbol, las raíces se integran por los pies. Es la sensación que tenía Kastel con lo árboles. Ahora comprendo. ¡Ahora soy feliz!

Segunda Parte (En Beta)

Se comenta con el paciente que ahora debe poco a poco en su casa ir construyendo su "Mapa del Tesoro" en Beta –plena actividad física en estado de vigilia–. Aunque no dedique una pared, como es obvio, por cuestión de espacios, sí puede crear un Mapa similar en cartulina e ir utilizando fotos, dibujos, colores, frases, etcétera, para la composición final con los elementos que han ido apareciendo.

Indalecio comentó que quizás lo plasmaría un día en un lienzo. Hace tiempo pintaba y tal vez lo vuelva a retomar para recrear su historia. Ojalá algún día lo haga.

El círculo del cambio

Como cierre del trabajo de la "Búsqueda del Tesoro", el paciente debe materializar esta tarjeta que englobará en un círculo los cuatro objetivos a conseguir detectados en la parte derecha –el futuro– de la Búsqueda del Tesoro. Recuerde que estas cuatro áreas son:

- Entorno personal
- Entorno familiar
- Entorno laboral
- Entorno social

La tarjeta que se diseña no tiene que ser muy grande; ideal, del tamaño de una tarjeta de visita, de manera que por sus dimensiones permita que el paciente pueda llevarla dentro de la billetera o bolso de mano.

Para realizar esta tarjeta se hará una circunferencia que será dividida en cuatro partes iguales y en cada una de ellas su paciente deberá poner una imagen, un dibujo o una palabra que represente ese objetivo que apareció en la "Búsqueda del Tesoro" y que quiere conseguir.

Una vez terminada y coloreada de la mejor manera que considere, dígale que la plastifique para que no se estropee y que la lleve consigo en un lugar que sea visible a diario, como por ejemplo en la billetera, de forma que cada vez que abra la misma y la vea allí, le recordará de manera inmediata aquellos cuatro objetivos establecidos que tenía que lograr y esto hará que automáticamente transmita una orden a su cerebro donde se encuentran anclados estos mandatos para reforzar y movilizar sus recursos internos para conseguirlos. Veamos un ejemplo de este "círculo del cambio":

Mi nuevo proyecto de vida

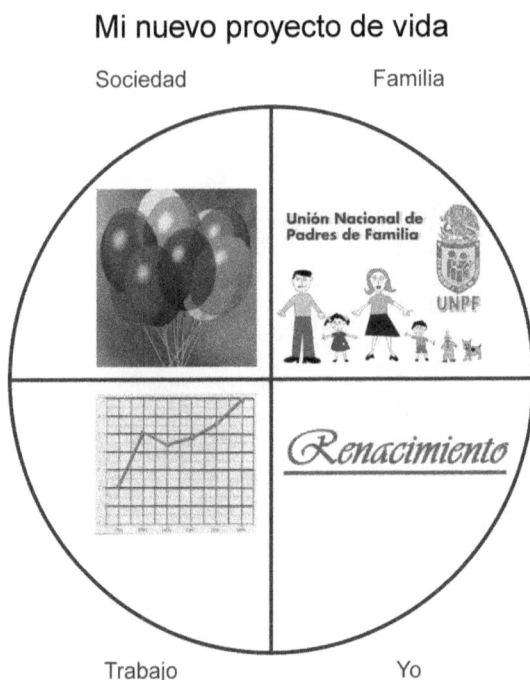

Figura 11

La persona que realizó este círculo del cambio estaba atravesando una situación difícil en su entorno familiar, y tanto él como su pareja se estaban planteando la separación. Sin embargo su objetivo personal era conseguir la unidad familiar y la reconciliación de todos los miembros de la misma. Por esa razón decidió colocar un dibujo de una familia unida y todos tomándose de las manos.

A nivel personal, la terapia le hizo sentir un nuevo renacer y un cambio radical de actitudes ante la vida, y esta fue la razón de escribir la palabra "renacimiento", con toda la carga de experiencias que ello llevaba después de vivir el proceso de la Terapia Regresiva Reconstructiva.

A nivel laboral decidió poner un gráfico ascendente que simbólicamente representaba el progreso y evolución, ya que la gráfica estaba en dirección ascendente.

Por último, en su entorno social siempre había sido una persona retraída, de pocos amigos y con tendencia a quedarse en casa –lobo estepario–. El grupo de globos que enmarcó proyectaba su deseo de comenzar una nueva vida, reunirse en fiestas, salir con los amigos y pertenecer a grupos sociales con los que conviviera con mayor frecuencia.

LAS PROGRESIONES

"Sabemos cosas que no sabemos que sabemos". "Cuidado con lo que piensas, porque puede volverse realidad."

En la actualidad podemos leer a algunos escritores famosos relacionados con esos temas que hablan de las progresiones como algo novedoso e inventado por ellos. Nuevamente, como siempre, hay que pensar que nada de esto lo ha inventado una sola persona en nuestros días, sino que –en el mejor de los casos– han mejorado algo en donde otros ya trabajaron e investigaron previamente en ello.

La primera persona que sepamos que formalmente empezó a trabajar en esta línea, fue Albert Rochas en 1900.

En las últimas décadas, muchos hipnotizadores teatrales han utilizado esto como gancho morboso con sus espectadores, sobre todo dos décadas atrás, cuando todas las noticias parecían anunciar una tercera guerra mundial inminente provocada por las luchas de poder entre Estados Unidos y Rusia, y el famoso "telón de acero". Por esta razón, era muy normal que todas aquellas personas que eran llevadas en trance hipnótico a "ese futuro" del año 2010 ó 2020, veían el mismo totalmente desesperanzador y asolado por los efectos devastadores de las armas nucleares.

Mi posición teórica en este sentido, es que no podemos hablar de predestinación y sí de condicionamiento. Nuestro presente está determinado por nuestro pasado y por la misma razón, en función de nuestras actuaciones presentes crearemos nuestro futuro. Si estamos convencidos de que algo va a pasar, si lo deseamos con fuerza –aunque sea a nivel inconsciente–, lo que sucederá es que anclaremos una serie de pensamientos –positivos o negativos– y estos a su vez comenzarán a enviarle a nuestro cerebro mensajes, órdenes directas y planes de acción constantes para que vaya a conseguir ese objetivo. Esa información biológica circulante nos marcará nuestro futuro con grandes probabilidades de que así suceda. Eso quiere decir que, al menos en buena medida, el destino puede estar en nuestras manos, podemos crear nuestro futuro en base a nuestros pensamientos de lo que creemos que somos y lo que queremos ser.

Si esto es así, ahora imaginemos que una persona que tiene desestructurada su personalidad, entra directamente a ese juego de que un tercero la lleve sin un trabajo previo de reforzamiento de su autoestima a vivir en Progresión su destino. Hay muchas probabilidades que este paciente, cuando visualice y sienta ese futuro, lo vea aterrador, destruido, peor de lo que está en su presente o quizás incluso ni se vea con vida, ya que su estado anímico actual no le permite ver campos de rosas sino sólo las espinas que estas tienen. Por lo tanto, las consecuencias de este irresponsable proceder terapéutico puede ser devastador y ocasionará a su paciente, como mínimo, un fuerte bloqueo emocional e incluso es probable que suceda a continuación un empeoramiento de todos sus síntomas, en forma de una depresión grave o un brote psicótico en aquellos que padecen esta enfermedad.

Por esa razón, nunca se debería trabajar una Progresión sin previamente haber revisado y elaborado toda la historia pasada y presente, teniendo en cuenta que el futuro sólo sirve como guía y una estrategia para reforzar y anclar los nuevos modelos y patrones de vivencia que la persona emprenderá en su vida después de salir de la terapia. Nos permite que el paciente establezca planes de acción a corto y medio plazo, y proyectar en ellos mediante las imágenes que visualiza, toda su energía, esfuerzos y recursos para conseguirlo. Saber dónde está la meta y poner todos los recursos necesarios para llegar a ella.

Las Progresiones permiten potenciar la creatividad para anclar nuevos retos a la vez que activa las regiones del cerebro implicadas en la consecución de objetivos.

Como ejemplo de una buena utilización de las Progresiones, tengo a un compañero de nuestra Asociación, de profesión Arquitecto, que siempre, antes de iniciar un nuevo proyecto para un cliente, previamente trabaja varias sesiones en Progresión para ver cómo quedará éste terminado en el futuro y anclar en su mente los detalles generales de por dónde iniciar su obra.

Como anécdota les contaré que ganó un gran proyecto para construir un gigantesco centro de convenciones internacionales cerca de la ciudad de Sanghai –China–, y tuve la oportunidad de trabajar durante varias sesiones con él, visualizando poco a poco cómo iba creando las diferentes áreas de este centro para más tarde irlas plasmando en planos reales y dar las indicaciones oportunas a su equipo de profesionales para avanzar en el proyecto.

Por lo tanto, bien manejada, la Proyección puede ser una herramienta muy interesante a tener en cuenta para aquellas personas que ya han pasado por las etapas previas de la Terapia Regresiva Reconstructiva. Se utilizará como escenario de trabajo el cuarto ascensor –la puerta del futuro– que describo a continuación.

La puerta del futuro

"Una actitud positiva respecto del futuro, es el mejor antídoto contra la depresión o el pensamiento obsesivo."
Milton H. Ericsson

¿El futuro está escrito obedeciendo a un plan maestro? ¿Somos piezas de ese gran plan y nuestra existencia está predeterminada desde que llegamos a esta vida, y hagamos lo que hagamos nos encontraremos con aquello que nos espera a la vuelta de la esquina? O por el contrario, ¿es una variable en la que en función de la información que vamos incorporando, se obtienen diferentes resultados en el futuro, y en este caso sí está en nuestras manos la dirección que nuestra vida pueda tomar? ¿Quién, en algún momento, no ha ido a algún Consejero o Vidente para que le interpreten a través de diversos medios –lectura del *tarot*, bola de cristal, posos del café, quiromancia, lectura de manos, astrología, runas– su destino, con el fin de prever lo que le depara el mañana?

Es cierto que en ocasiones y pasado un tiempo, esas predicciones se han vuelto realidad. Entonces… ¿es real que está escrito?

Nuevamente se pueden dar varias respuestas a esta eterna y gran pregunta: la primera de ellas y que mucha gente la convierte en dogma de fe, es que el destino existe y todo ya está escrito. Por esa razón, los "Consejeros" a los que en ocasiones se acude, lo que hacen es tener premoniciones y ver lo que nos va a suceder.

La otra opción es que nuestra mente, al creer con fuerza en las palabras de ese "Asesor", genera a su alrededor un campo de atracción, se condiciona a sí misma enviando mensajes a nuestro cerebro de que eso es una realidad que va a suceder en un determinado periodo de tiempo y por lo tanto, el pronóstico del vidente se convierte en una fuerza generada por nosotros mismos que movilizará todos nuestros recursos internos y externos para ir en esa dirección.

En estados ampliados de conciencia la mente responde especialmente cuando se ha establecido ya un *rapport* entre paciente y terapeuta –como es el caso de la preparación de un cierre de terapia–. Sus mentes inconscientes responden plenamente la una a la otra, y así en las sesiones de la Terapia Regresiva Reconstructiva son realizados mentalmente todos los significados simbólicos, de forma que cualquier imagen, frase cargada de contenido que emana del interior del paciente o una palabra aislada, puede desencadenar y potenciar el desarrollo de nuestras facultades extrasensoriales en la que sin darnos cuenta, se está utilizando un componente similar al efecto placebo; se está enlazando así la conciencia y la materia para la consecución de un objetivo final que va a hacer que dentro de nuestra cabeza se movilicen, de manera inconsciente y casi sin darnos cuenta, todos los recursos necesarios para alcanzar la meta final que como si fuera una orden poshipnótica, ha quedado grabada dentro de nosotros. Edgard Mitchell sugiere que "no existen los fenómenos sobrenaturales, sólo existen lagunas muy grandes en nuestro conocimiento de lo que es natural". Sinceramente, creo que el futuro está en el presente y en función de este creamos lo que está por venir.

De pequeño escuchaba a mi madre relatar muchas historias de las que podríamos clasificar dentro del terreno de lo mágico, lo misterioso, lo desconocido, y que siempre me dejaban boquiabierto y totalmente intrigado por descubrir qué habría de cierto, de mágico, de invención o de manipulación en todo ello. A continuación, le cuento dos de estas historias relacionadas con premoniciones:

En el verano del año 1939 –mi madre tenía entonces 12 años–, se encontraba en unas viñas de mi abuela junto a unos primos y tíos, recogiendo la vendimia, cuando observaron a uno de sus primos –entonces tenía 10 años– que estaba manteniendo una conversación con un árbol. Mi madre se acercó extrañada y le preguntó qué hacía, a lo que él respondió que hablaba con una "anciana santa" que le había mostrado como iba a ser su vida y cual sería el día que tendría que dejar su envoltura corporal. Al conocer esto el resto del grupo, todos se rieron de la fantasía que tenía el niño y esto sirvió de mofa durante todo el trayecto de vuelta a casa. Los años pasaron, y a la edad de 25 años, el día y hora, tal como "lo había predicho la anciana", el primo de mi madre moría en su casa de una enfermedad repentina que los médicos no fueron capaces de diagnosticar. En un delirio que le envolvió en las últimas horas de su vida, repitió constantemente: "La anciana santa, la anciana santa", y con un gesto de mucha paz y tranquilidad en su rostro, abandonó el mundo de los vivos.

La segunda historia se remonta a finales de los años 50's cuando vivíamos en Casablanca –Marruecos–. Mis padres tenían un amigo que, al parecer, hacía una *chirigota* de cualquier cosa que tuviera que ver con "poderes especiales". En aquel entonces, en un pueblo cercano, había una mujer muy conocida por el gran número de aciertos que tenía leyendo el destino en los posos del café, y este hombre decidió acudir un día a su consulta para reírse de ella y desacreditarla en público. Su sorpresa fue cuando esta mujer le anunció que un mes más tarde un toro lo iba a matar. Al salir de aquella casa se rió de todo lo sucedido y comentó con los amigos que eso era sólo superchería y creencias estúpidas. Lo cierto es que según iban pasando los días comenzó a obsesionarse de tal manera que llegó al punto de no salir de su casa. El día señalado, un toro acabó con su vida: una gran fotografía que tenía enmarcada de Manolete toreando, se desprendió de la pared en la que estaba colgada en su salón y cayó sobre su cabeza, matándolo en el acto.

Afortunadamente la inmensa mayoría de las veces que se acude a un vidente, la información obtenida es positiva y si se da el caso de que ven algo negativo, van a adornarlo de forma que no resulte traumático e impactante para el cliente. Además, nunca van a dar por sentado que esto vaya a suceder, sino que es la tendencia hacia donde nos conduciría si continuamos actuando del mismo modo como hasta el momento. Esto nos da la oportunidad de iniciar un cambio de patrones de comportamiento para reconducir nuestra vida; por lo tanto, podríamos decir que el futuro no está escrito sino que es variable en función de nuestro libre albedrío y las acciones diarias que realizamos.

Personalmente siento más inclinación en pensar que tal como dice el refrán: "La fe mueve montañas", y por lo tanto, una intensa creencia en algo puede sugestionar de tal manera a una persona, que sea el motor que active la voluntad para un cambio –en la dirección correcta o en el camino equivocado–. Por esta razón, como ya he mencionado con anterioridad y dentro del contexto de la estructura de la Terapia Regresiva Reconstructiva, nunca utilizaremos este ascensor de la Puerta del Futuro hasta asegurarnos de que el paciente ha trabajado previa y satisfactoriamente en los otros elevadores, realizando una recapitulación completa de su vida que le permita afrontar con seguridad y positivismo la vida que tiene por delante.

El peligro de adentrarnos en este lugar sin identificar el paciente, previamente, el origen de su situación actual, nos llevará en el 99 por ciento de los casos a ver un futuro totalmente negativo y nefasto para él, en donde su enfermedad se ha recrudecido invadiendo todo su cuerpo o incluso viendo un futuro aún más nefasto. Por esta razón, no me canso de advertir reiteradamente que **nunca se utilice este camino al inicio de la terapia.** No olvide nunca que como terapeuta, debe tener siempre el compromiso de la 'P' de la Prudencia. No estamos jugando a ser adivinos sino a ayudar a nuestros pacientes en su proceso de sanación.

Cómo llegar

Después de relajar al paciente hay que situarlo en el "Edificio" ya descrito en apartados anteriores. Dentro del mismo, hay que hacer que se sitúe frente al segundo ascensor de la derecha. "La puerta del futuro".

Es requisito imprescindible que estemos ya en la última fase de la terapia, y se hayan establecido los planes de acción y compromisos para el nuevo presente y desarrollado su plano de la "Búsqueda del Tesoro" descritos en el apartado anterior.

Sólo habiendo dado previamente estos pasos y teniendo el plano en la mano que nos señala claramente donde está el "tesoro" –cual es nuestro objetivo a encontrar–, es cuando vamos a entrar en este ascensor. Debemos decir a nuestro paciente que al subir al mismo tiene que pensar en un plazo de tiempo razonable para haber alcanzado el "botín". Recordemos que los logros que se han establecido para alcanzar en la "Búsqueda del Tesoro" deben ser concretos, realistas, medibles y alcanzables, fijando unas fechas y plazos máximos de ejecución. Por esta razón, cuando el paciente se dirija hacia la puerta del futuro, deberá establecer cuantos meses habrá avanzado a través del tiempo.

Lo fundamental en este trabajo no es ver las cosas materiales que lo rodean: dónde está, cómo va vestido, quién está en su entorno, etcétera, sino que pueda sentir sus vivencias interiores, sus emociones. Ya no deben seguir los miedos, los bloqueos, las dudas... los complejos... sino que debe percibirse como otra persona, la que realmente desea ser, liberada de todas sus angustias, segura y amando la vida. Es en este momento cuando sus células cerebrales deben asumir todo el protagonismo tomando conciencia de estas experiencias que está viviendo; deben sentirse conectadas con ese continuo de inteligencia más amplia –inteligencia superior– que llena todo el espacio y comunicar al resto de las células u organismos correspondientes a esta realidad. La vivencia de estos momentos positivos son los que van a hacer que generen las fuerzas necesarias para que nuestro paciente reaccione y avance por los caminos más adecuados para ver cumplida su realidad y observar cómo se restaura su Salud.

Actualmente se cree que el mecanismo de transmisión de mensajes al sistema inmunológico reside en el hipotálamo y en el neocórtex del cerebro, aunque se desconoce cómo se producen las conexiones entre el sistema inmunológico y el sistema nervioso. En cualquier caso, ya que nuestra misión no es tanto el saber cómo se produce este hecho sino intentar que nuestro paciente alcance el equilibrio perdido y la paz interior, dejaremos que éste se sienta invadido por estas vivencias placenteras durante unos minutos, rodeándolo a su vez de un halo de luz blanca dorada que lo proteja de cualquier agresión externa.

Al salir del ascensor, se encontrará frente a cuatro puertas; cada una de ellas corresponde a:

- Yo mismo. Mi manera de sentirme, de hacer y de ser.
- Mi entorno familiar.
- Mi entorno de trabajo.
- Mi entorno social.

Su paciente deberá ir entrando en cada una de ellas y al pasar se transportará a ese futuro cercano, sintiendo lo que ocurrirá en esas fechas establecidas y cómo afronta ya en ese futuro su vida con respecto a cada uno de los cuatro bloques. La angustia y los miedos que sentía cuando inició la terapia, aquí habrán desaparecido totalmente en el tiempo y notará dentro de su organismo una energía positiva y saludable.

Por último, haremos que tome nuevamente el ascensor de vuelta y regrese al *hall* de entrada pero trayéndose consigo estas sensaciones de equilibrio y bienestar, enseñando a todas las células que componen su cuerpo lo bien que se siente uno de esta manera, haciéndoles una petición para que abandonen el modelo que tenían establecido hasta el momento y adopten el nuevo. Tal como dice Robert Stone: "La mente debe estar liberada de protocolos y abierta a sucesos espontáneos".

Hace unos años acudió a mi consulta una persona muy interesada en las Progresiones y en querer hacer una sesión hacia el futuro. Cuando le pregunté lo que realmente buscaba a través de esa progresión, cuales eran sus inquietudes, sus problemas… la respuesta fue tajante: Yo no tengo ningún problema, sólo quiero trasladarme al próximo lunes –el día en que esta persona se encontraba en mi consulta era un miércoles por la tarde–. Yo le pregunté cuál era la razón y me respondió: "Si estoy en el lunes veré cuáles han sido los resultados de la quiniela de futbol y así mañana la podré rellenar y ser millonario este fin de semana. También mi respuesta fue tajante y contundente: ¿Y cree que si eso fuera posible yo iba a estar aquí hoy atendiéndolo a usted?

Creo que desafortunadamente hay mucha desinformación sobre lo que es una Progresión al igual que lo que es una Regresión. Espero que a través de este libro y de las explicaciones que hasta el momento llevo transmitidas, no sea necesario entrar en más detalles sobre este tipo de preguntas que lamentablemente, a veces, muchos ingenuos vienen a hacernos. Lo más triste y realmente reprochable, es que hay gente dispuesta a dar una contestación afirmativa a todos estos interrogantes, al igual que hay gente dispuesta y "comprometida" a curar todo lo que sea –no importa qué tipo de enfermedad–, y además en dos sesiones "garantizadas". Esta manipulación y abuso por parte de algunos pocos, es lo que desacredita el buen nombre de muchos profesionales que a diario están ayudando a infinidad de pacientes a sanar su alma. Creo que el compromiso de todo terapeuta es tratar de alejarse lo máximo posible de ese tipo de "personajes" que sólo pueden generar alrededor suyo energías cuando menos grisáceas y muy negativas. Yo creo que la magia es el fruto de un trabajo constante y comprometido con uno mismo, aunque mucha gente busque el camino fácil de resultados inmediatos sin la involucración necesaria por su parte.

Escenario de trabajo
'La Terraza'

Se utiliza siempre como cierre de todo el trabajo terapéutico. Este es el último escenario a realizar en el "Edificio" y fin de la terapia.

Siguiendo la simbología de la "Ley de Desplazamientos", si decimos que "arriba" está el Cielo y "abajo" los Infiernos, es lógico pensar que el paciente, en este caso, se dirigirá ahora hacia otra etapa de su proceso evolutivo; a iniciar el ascenso; subir otro escalón en su superación personal. En la gran mayoría de las ocasiones, esta experiencia lleva a muchos pacientes a hacerse un nuevo planteamiento de vida y produce muchos cambios en relación a su entorno.

Pasos a seguir antes de entrar en el 'Edificio'

1. Cartel exterior. Advertir al paciente que esta vez deberá quitar el cartel del exterior donde aparece su nombre y llevárselo con él (en el caso de que éste sea muy grande, lo podrá reducir hasta convertirlo del tamaño de una tarjeta de crédito o de identificación y lo guardará en alguno de sus bolsillos).
2. Cerrar la puerta por dentro con llave y guardársela, ya que no volverá a salir por ese lugar.

Pasos a seguir dentro del 'Edificio'

1) Encontrar un 5º ascensor

Este es el primer día de la terapia en que hará usted mención a este nuevo ascensor que normalmente aparecerá en la parte frontal del *hall*.

Hay que advertirle que este ascensor es diferente a los otros —más grande, más bonito—, es un ascensor especial que conduce a la azotea o terraza del "Edificio". Una vez allí, deje que el paciente exprese sus sensaciones, que tome conciencia de como se siente observándose desde aquí, que mire hacia abajo y que vea el mundo desde esta perspectiva, desde arriba, y que le comente qué experimenta dentro de él al ver a la gente desde aquí tan pequeñita. Algo curioso que mencionan muchos de los astronautas que han salido al espacio, es que al volver a la Tierra sus escalas de valores habían cambiado al ver desde afuera lo insignificantes que eran con respecto a todo el Universo.

2) Buscar un libro grande –su diario– en el que sólo está escrito parte del mismo

Es su cuaderno de bitácoras. El resto de las páginas en blanco son su futuro y sólo él podrá ir escribiéndolo. Para ello, aparecerá una "pluma de escribir", obsequio del Universo. Todo está en sus manos y el bienestar o el dolor es exclusivamente de su elección; ahora ya no hay factores externos. Deje que tome esta pluma con la mano contraria a la que él normalmente utiliza, que la apoye sobre la primera página en blanco y que sienta cómo su mano comienza a escribir de manera automática una frase o un dibujo que representa la síntesis de todo el trabajo que se ha realizado a lo largo de la terapia.

3) Puente de arco iris

A partir de este momento los objetivos por los que existía este "Edificio" están cumplidos y se iniciará por su parte una nueva etapa, un nuevo ciclo en otro lugar… ¿en dónde? Sólo él lo sabe… ¿Otro "edificio"?, ¿Otro nivel de percepción? En cualquiera de los casos, nuestro trabajo ha llegado a su fin y se hará el cierre visualizando un arco iris que aparecerá, a modo de puente, por el lado derecho de esta terraza –recuerde según la Ley de Desplazamientos que es el futuro– y se perderá entre las nubes. Deje que su paciente se suba al mismo y emprenda su nuevo viaje, una nueva aventura de su Ser; la búsqueda de ese sentido que mantendrá su aliento de vida.

¿Quizás un mayor acercamiento a la Conciencia Universal? ¿Quizás el despertar de una Conciencia que no existe en nuestra dimensión material? En definitiva, lo único importante es buscar la felicidad donde quiera que se halle. Como dijo Tolstoi: "Quien es feliz, tiene la razón". En cualquier caso… ¡feliz viaje hacia ese conocimiento!

Veamos este cierre de terapia con una paciente llamada Neus:

Paciente: Ya estoy frente a mi "Edificio". Hoy lo veo especialmente bello, está más reluciente que nunca. Me gusta mucho porque se le ve que tiene fuerza. Es antiguo pero tiene mucho estilo.

Terapeuta: Muy bien Neus, ahora quiero que te acerques al lugar donde se encuentra el cartel del edificio y lo vas a descolgar para llevártelo contigo a este nuevo viaje.

Paciente: Pero es demasiado grande. Puede que se caiga al intentar quitarlo.

Terapeuta: Pues es muy sencillo, sólo tienes que desearlo, concentrarte en que baje del lugar en el que se encuentra y se haga más pequeño, más transportable para que te lo puedas llevar cómodamente. Tu ya sabes toda la fuerza que tiene el poder de tu mente. ¡Adelante!

Paciente: Ya está. Se ha hecho muy pequeño y ahora lo meto dentro de un sobre, como si fuera una tarjeta postal.

Terapeuta: ¡Estupendo! Pues ahora quiero que te metas dentro del "Edificio" y cuando estés ahí, entonces quiero que ya cierres con llave por la parte de adentro.

Paciente: Ya está.

Terapeuta: ¿Algo te llama la atención del *hall* de entrada?

Paciente: No. Todo está muy resplandeciente. Me gusta.

Terapeuta: Ahora va a ser la primera vez en todo este tiempo que te vas a dar cuenta de que aquí había otro ascensor más pero hasta hoy siempre había pasado inadvertido. Acércate a la pared que tienes al frente y busca por allí.

Paciente: ¡Ahí va! ¡Pues es verdad! Aquí hay otro ascensor. Que curioso que nunca me fijé en él. Lo que pasa es que siempre iba a la izquierda o a la derecha y nunca reparé en mirar al frente. Es muy grande y está muy iluminado.

Terapeuta: Pues ahora quiero que entres en él porque este ascensor te lleva hasta la terraza –la azotea– de este edificio. Métete, pulsa el botón de subida y... ¡andando! Cuando llegues, me lo dices.

Paciente: Ya estoy. Al abrirse directamente me encuentro en la azotea. Es muy grande. Se está muy agradable porque corre una ligera brisa y eso me gusta.

Terapeuta: Quiero que desde aquí mires hacia abajo y dime qué sientes, ¿qué es lo que experimentas?

Paciente: Es una sensación de amplitud. Veo todo muy pequeño y eso hace que me dé cuenta de que los problemas no son tan grandes como uno piensa; que cuando uno puede verlos tomando la debida distancia, entonces te das cuenta de que es más fácil de lo que pensabas. Me encanta ver desde aquí. Tengo la sensación de que es como un cambio de vida, un nuevo volver a empezar, pero esta vez sabiendo lo que realmente soy y quiero.

Terapeuta: Ahora busca por algún lugar de esa terraza... vas a encontrar un libro a medio escribir; es tu cuaderno de bitácoras especial, donde está relatada toda tu historia hasta el día de hoy.

Paciente: Ya lo encontré. Estaba encima de una mesilla como si fuera un pequeño altar y con unas velas. Es como si fuera algo sagrado, algo especial.

Terapeuta: Pues ahora lo vas a abrir en la última hoja que esté escrita y a su vez, vas a ver cómo se materializa una pluma en el aire. Quiero que tomes esa pluma en tu mano izquierda y sin hacer ningún movimiento, simplemente dejes que en la primera hoja que se encuentra en blanco escribas una frase que será la síntesis de todo el trabajo que has hecho en la terapia, el resumen de toda tu vida.

Paciente: Es curioso, siento cómo tengo la pluma en mi mano y cómo se mueve sin hacer yo nada. Está empezando a escribir. "Nos pasamos la vida utilizando el pasado para destruir el presente; los recuerdos positivos nos hacen crecer pero si nos aferramos a todo lo malo, esto nos destruye. No hagas de tu vida una muralla. Tu ya aprendiste y sabes lo fácil que puede ser derrumbarla. Siempre lleva contigo tu trompeta mágica". *(El mensaje le está haciendo referencia a una sesión que vivió en donde veía cómo las murallas de Jericó caían con el simple sonido de las trompetas y cómo relacionó toda esta simbología con su vida real).*

Terapeuta: ¿Cómo te sientes con ese diario en tus manos?

Paciente: Me gusta. Sé que soy yo y es como si toda mi vida estuviera metida dentro de él. Creo que si en cualquier momento hojeo este libro, podría ocurrir como con los cuentos que al abrirlos, uno entra en ellos y todo cobra vida.

Terapeuta: Pues así será. A partir de ahora tu tienes este libro mágico y cada vez que quieras revisar algo de tu pasado, sólo tendrás que entrar en los estados de relajación y ampliación de conciencia que ya has aprendido a lo largo de este trabajo que hicimos juntos, y abrirlo por la página que te indique tu corazón. Déjate llevar por él, esto te ayudará en los momentos en los que tengas que tomar decisiones importantes. Ahora quiero que cierres el libro y vas a ver cómo en esta terraza, por el lado derecho de la misma, se empieza a materializar un camino de energía muy especial; es un camino formado por un arco iris… ¿puedes verlo?

Paciente: Sí. Es muy bonito.

Terapeuta: Ahora quiero que te dirijas hacia el mismo y lo tomes. Te vas a ir alejando ya de ese "Edificio" en el que viviste hasta el día de hoy, pero es hora de un nuevo cambio, un cambio para mejorar, un cambio hacia otra forma de vida mucho más interesante para ti, alegre, con mucha mas luz y lleno de paz y felicidad, y vas entrando por su color rojo y sintiendo su energía, y así sigues avanzando y atravesando el color naranja, el amarillo, el verde, el azul, el violeta y el blanco… y este es el nuevo camino que vas a comenzar a andar a partir de este instante. Atrás quedaron ya las malas experiencias y el dolor, atrás quedaron aquellas murallas del aislamiento, de la soledad; ya es hora de pasar a vivir la paz interior y la felicidad plena que tú te mereces. A partir de ahora todo un mundo está por descubrirse para ti y tú te diriges hacia el mismo, con ganas de conocer, de abrir los ojos y de sorprenderte de todo; es un futuro lleno de esperanzas e ilusiones que se irán materializando poco a poco y te permitirá ser muy feliz. Partes hacia una nueva forma de vida. Que Dios te bendiga.

ESCRITO DEL PACIENTE:
'FIN DE TERAPIA'

Cuando se comenzó el proceso terapéutico, su paciente le entregó a usted un escrito de inicio –para qué necesitaba hacer la terapia, qué es lo que buscaba–, por tanto, al finalizar, deberá usted solicitarle otro manuscrito, en esta ocasión de cierre de terapia donde refleje para qué le ha servido la experimentación de la Terapia Regresiva Reconstructiva y qué ha conseguido con ella. En resumidas cuentas, sus conclusiones. Al igual que en el comienzo, tendrá que preparar dos ejemplares: uno se lo quedará el paciente y el otro será para adjuntarlo al historial clínico que se halla en su poder.

Al paciente le avisaremos de este procedimiento en la penúltima sesión terapéutica, de modo que tenga tiempo de prepararlo. También le diremos que, antes de empezar a escribir, abra el sobre cerrado que contenía su manuscrito inicial de comienzo de terapia, así le será más sencillo evaluar sus emociones, pensamientos y sensaciones físicas antes y después de la Terapia Regresiva Reconstructiva. Finalmente podrá comprobar su relación con el entorno así como las modificaciones que se han producido.

Otra opción que puede usted tomar, es decirle a su paciente, unas sesiones antes de finalizar la terapia, que le traiga un día a consulta aquella primera carta que escribió donde reflejaba lo que quería trabajar. Ese día abrirá la carta delante de usted y la leerá en voz alta; después de hacerlo dedicarán esa sesión a trabajar los avances que ha encontrado en todo su proceso.

Al terminar esa sesión será el momento de comunicarle que deben ir pensando ya en preparar en dos o tres semanas posteriores el cierre definitivo de la terapia.

En los Anexos, aunque con nombres ficticios, encontrará algunos escritos de cierres de terapia con algunos testimonios de personas que experimentaron en su día la Terapia Regresiva Reconstructiva.

Capítulo XV
La autorregresión

"Vaya en la dirección de sus sueños.
Viva la vida que usted ha imaginado."

Henry David Thoreau

Los CD's grabados
con visualizaciones

La Terapia Regresiva Reconstructiva tiene como objetivo reprogramar nuestra mente para hacerla más eficaz y saludable; nos permite viajar a nuestro pasado para revisar lo que quedó pendiente de solucionar. Así, haciendo conscientes esos viejos patrones mentales enfermizos, podremos en una fase posterior, crear otros nuevos modelos llenos de posibilidades; hasta aquí es una labor donde se requiere un "Facilitador" que nos muestre ese camino, pero también hay un soporte para hacer que nuestros circuitos neuronales generen ideas o pensamientos creativos multidimensionales, que como si pusiéramos en marcha un programa de gimnasia mental dirigida, nos permita crear cada día más positivamente. Nos referimos a las grabaciones en CD's que podemos utilizar diariamente, reservándonos ese tiempo necesario para ello donde nadie ni nada nos interrumpa.

Si el paciente utiliza este método de autoayuda, sumado a la Terapia Regresiva Reconstructiva, de una forma metódica, comprobaremos una rápida mejoría en muchos de los síntomas que frecuentemente acompañan cuando una persona inicia un proceso terapéutico como son, entre otros, los siguientes: temor al fracaso, inseguridad, trastornos del sueño, pensamientos e ideas persistentes pesimistas acerca de uno mismo y su futuro, indecisión, bloqueos y/o labilidad emocional, incapacidad para relacionarse adecuadamente en las relaciones familiares y sociales, trastornos por anticipación y diferentes manifestaciones psicosomáticas por ansiedad mantenida en el tiempo.

Esta autoayuda permitirá que la mente de su paciente vaya modificando –casi sin darse cuenta– esa tendencia a la negatividad y al victimismo que lo tiene atrapado a menudo en pensamientos circulares y lineales. La mente es una fuente inagotable de recursos a la que desgraciadamente sometemos siempre a las mismas rutinas, los mismos pensamientos obsesivos que inevitablemente nos conducen a las consabidas emociones bloqueadas, y de ahí nos resulta difícil salir, acostumbrándonos al sufrimiento y lo ya conocido porque paradójicamente nos puede parecer más estable. Lo desconocido con frecuencia intimida, asusta; tememos los cambios y los eludimos, cuando la vida en sí es un cambio.

A continuación, le propongo un modelo de CD que resulta muy útil para acceder a nuestros corredores particulares, y desde ahí siguiendo la locución entrar en otras realidades que iremos creando. El inicio, al igual que en la Terapia Regresiva Reconstructiva, se efectúa con una relajación guiada para conseguir que la actividad cerebral, propia del hemisferio izquierdo, se ralentice mientras se van abriendo las puertas a la abstracción creativa y sensitiva.

En AETRA hemos creado varios CD's de relajación que están a la venta para todas las personas que quieran adquirirlos. Independientemente de los guiones que se encontrará en cada uno de estos CD's, con indicaciones diferentes, el lector puede crear los suyos escribiendo primero la lista de aquello que necesita conocer, conseguir, aprender o cambiar en sí mismo; a continuación y una vez que su escrito esté lo suficientemente elaborado y se sienta seguro de que realmente eso es lo que necesita para su bienestar a corto plazo, es el momento de inventar ese escenario que le permitirá conseguirlo. En una segunda fase podrá grabarlo en cualquier soporte de los que existen actualmente en el mercado: MP3, CD, grabadora digital o *cassette*, y cuando lo escuche, será su mejor crítico y cliente; su voz lo acompañará para afianzarlo en ese recorrido.

CD's PARA LA AUTORREGRESIÓN. UN VIAJE A TUS VIDAS PASADAS

"Nuestra memoria celular, a modo de un poderoso *microchip*, almacena una vasta información donde están contenidas todas las experiencias pasadas; el pasado reciente, el pasado más lejano y también el pasado remoto. Para encontrar respuestas a sentimientos muy concretos que llevan acompañándonos ya mucho tiempo –puede que desde siempre– y están sin resolver, tal vez resulte muy útil acceder a donde nuestra mente nos lleve, muy lejos, a épocas distintas de las que ya conoces. Te invitamos a este viaje, es un viaje diferente... un viaje que te llevará a existencias distintas a ésta en la que te encuentras "aquí y ahora". Lo que en este recorrido aparecerán emociones y reminiscencias; observa que, ocultándose detrás de ellas, están las imágenes. Quizás en esos momentos pienses si lo que estás viendo o sintiendo es fruto de tu imaginación o si tal vez estás reviviendo acontecimientos de un pasado real muy lejano; no importa si sucedió o no esta historia, ahora está pasando por tu mente y esto es lo real. Trae éstas a tu parte consciente, hay emociones que tienen que salir hacia el exterior, que necesitan ver la luz y buscan de algún modo una vía de escape para explicarte muchas cosas que necesitas conocer, que tienes que saber para poder experimentar la tranquilidad interna que esto produce, Simplemente te ayudan a entender y esto va a ser bueno y reparador para ti. ¿Tu mente está lista para viajar? ¡Adelante! ¡Buen viaje!

Cómo hacer el entrenamiento.
Consejos previos

Debes elegir un lugar tranquilo, silencioso, con luz tenue... donde nadie pueda molestarte durante 30 minutos al día, y al menos durante 30 días seguidos puedas preparar tu plan de entrenamiento. Apaga tu teléfono; si lo deseas, quema alguna barrita de incienso o aceite aromático de tu agrado... selecciona un sitio mullido donde puedas extender todo tu cuerpo plácidamente, tápate con alguna cobija (*manta*) ya que con la relajación desciende la temperatura corporal... descálzate... quítate el reloj y todos los adornos que lleves en las muñecas, dedos, orejas... si usas gafas, quítatelas, acuéstate y adopta una postura cómoda donde sientas tus extremidades, tu espalda y cuello sin tensiones... todo tu cuerpo agradablemente instalado. Muy bien... ahora, cierra los ojos porque vamos a comenzar con la relajación.

Te recomiendo que el siguiente texto lo grabes con tu propia voz en una cinta y lo escuches a diario. (También puedes conseguir este CD grabado y con efectos especiales de fondo y música ambiental escribiendo a AETRA al correo electrónico: cursos@mundoregresiones.com o a investigacion@mundoregresiones.com

Guía para la autorrelajación

A partir de este momento no tienes nada que temer... simplemente vas a dejarte llevar por mi voz... mi voz irá contigo durante toda esta sesión... mi voz te acompaña... mi voz te relaja... mi voz te tranquiliza... y te dice que todo va a ir muy bien. Simplemente, déjate llevar... sin que nada ocupe tu mente... déjala que descanse... descansa... es una sensación muy placentera y agradable... olvídate del mundo exterior completamente... ahora... nada te preocupa... nada enturbia tu mente... y empiezas a sentir una agradable somnolencia que te lleva... que te balancea... que te hace sentir muy bien... muy bien... disfruta de la relajación que entra en tu cuerpo... te invita a descansar... tu cuerpo se dispone ya a descansar profundamente... mientras vas entrando en tu mundo interior... centrándote únicamente en tu experiencia interna... entra con tu imaginación dentro de tu cuerpo... y detecta si hay alguna zona con tensión acumulada... ahora... deshazla... pídele a tu cuerpo que eche fuera esa tensión... y tu cuerpo obedece... automáticamente... la tensión se diluye... muy bien... cada vez te sientes mejor... mucho mejor... Imagina ahora que unos hábiles y agradables dedos están masajeando tus pies... los dedos... las plantas... y esa sensación tan placentera... va subiendo por tus piernas... hasta tus rodillas... se relajan... el masaje continúa por los muslos... sientes un calor tibio que va envolviendo tus piernas... este calor a modo de funda protectora, sigue subiendo por tus caderas... envuelve ahora tu zona abdominal y lumbar... envuelve y relaja... por fuera y por dentro... eso es... es agradable... sube ahora por el pecho... la espalda... recorre ascendiendo todo tu cuerpo... envolviendo ahora tus manos... tus brazos... tus hombros... ese calor te llena de una profunda paz... y tranquilidad... mientras, todos los tendones, músculos y nervios, se calman totalmente. Te envuelve ahora el cuello... siéntelo cómo sube por tu nuca... tu cuero cabelludo... hasta la coronilla... y va deslizándose apaciblemente por tu rostro... la frente completamente relajada... los ojos miran y caen hacia tu interior... los párpados pesan... descansan... las mejillas totalmente relajadas... la mandíbula se ablanda... y tus labios dibujan una suave sonrisa que refleja un profundo bienestar... muy bien...

Ahora tu cuerpo y tu mente están tranquilos y relajados... te encuentras con seguridad... con protección... y vamos a iniciar una aventura hacia tus vidas pasadas.

La Visualización:
la Máquina del Tiempo

Ahora quiero que te imagines que estás en las montañas del Himalaya... se encuentra prácticamente todo nevado y hace viento en este sitio en donde te encuentras... Hace mucho tiempo que en un lugar de estas montañas, nuestros antepasados escondieron un gran secreto... la llave de acceso... a nuestro pasado... a través de una máquina del tiempo que inventaron... Ahora... tú vas a poder llegar a ese lugar... vas caminando por un sendero entre la nieve... subiendo a lo alto de una cima... algo dentro de ti te dice que debes llegar arriba para encontrar lo que buscas... sigues subiendo... subiendo... y ahora... de repente... hay algo que hace que te detengas... presientes... que frente a ti puede estar esa entrada secreta... ese acceso... decides empezar a cavar con una pequeña pala que llevas a tu espalda sobre la pared de nieve que tienes a tu izquierda... Comienzas a hacer ese agujero y poco a poco te vas dando cuenta cómo tu pala quita la nieve con más facilidad. Ahora un gran trozo de nieve se desploma frente a ti quedando al descubierto una puerta... y entras... Estás en una gran cueva... está oscuro pero junto a la pared hay una antorcha... puedes encenderla y... observa con asombro este lugar...

Acércate a las paredes... tócalas... siente su humedad en tus dedos... observa los claro-oscuros... y las sombras que se proyectan... huele a musgo... húmedo... sientes sobre tu piel un ligero frío que te hace avanzar...

De repente... aparecen ante ti unos *raíles* que te conducen a una especie de vehículo extraño que está situado sobre ellos...

está esperándote... obsérvalo... está esperando que entres en él... y ahora... quiero que te subas a esa máquina... ese vehículo antiguo... subes a él... y.... frente a ti se encuentra un cuadro de mandos en el cual hay un gran botón de color rojo... quiero que observes cómo esta máquina está colocada encima de unos carriles semejantes a los carriles por donde circulan las vagonetas de una mina... estos carriles... atraviesan de lado a lado la sala en la que te encuentras, de izquierda... a derecha... y puedes observar... que siguiendo el carril hacia la izquierda... se adentra y comienza a iniciar una bajada hacia el interior de la montaña...

Tu cuerpo está sentado en este vehículo y ahora vas a iniciar ese viaje al pasado... esa aventura de tu autodescubrimiento... no hay límites... pero para que este vehículo se pueda desplazar hacia el pasado, es necesario que le programes una orden concreta... y esta orden va a ser canalizada a través de tus emociones... por eso... quiero que ahora dejes que lleguen a tu mente aquellos episodios de tu vida cotidiana que te preocupan en el presente... esas sensaciones que te inquietan... giran y giran en tu mente... aquellas emociones que te hacen sentir como si llevaras encima de ti un pesado lastre en tu vida... del que no puedes desprenderte... manteniendo tu mente atada al pasado...

Esta experiencia que vas a realizar te va a ayudar a entender y dar explicación a muchas cosas que ocurren en tu vida actual y a las que no hallas respuestas...

Ahora... yo contaré del 10 al 1 y a medida que empiece la cuenta atrás... el vehículo comenzará a deslizarse por los *raíles*... irá adentrándose en esa zona izquierda y profunda de la montaña... con cada número... tu mente empezará a retroceder en el tiempo... con cada cuenta atrás... irás descendiendo el doble que con el número anterior... y cuando lleguemos al número uno... tu cuerpo... y tu mente... estarán totalmente tranquilos y... relajados. El coche se detendrá y tú te encontrarás en algún lugar... deja que tu mente sea el radar que te guíe... y contamos: 10... y empiezas a sentir cómo el coche se desplaza... 9… va tomando más velocidad... 8... se va adentrando y empieza a bajar... 7... cada vez más profundo... 6… atravesando el espacio y el tiempo... 5… buscando información importante para ti... 4... bajas... 3... más profundo... más rápido... 2... hacia los archivos que tienen grabada esa información... 1...

Ahora te encuentras en algún lugar... mira dónde estás... ¿es un lugar cerrado... o es un espacio abierto?... ahora... quiero que mires hacia abajo... y observa tus pies... ¿Llevas algo puesto en ellos o van descalzos?.... ¿Son pies grandes... o pequeños?... Sigue subiendo y observando tu cuerpo... ¿Llevas algo en las piernas?... ¿Y en el dorso?... Observa tus manos... ¿Son manos grandes o pequeñas? ¿De hombre o de mujer... de niño... o niña?... Observa tu cara... tu pelo... siente más o menos la edad aproximada que puedes tener en estos momentos...

Muy bien... ahora… quiero que tomes conciencia de pertenencia a ese cuerpo... quiero que te abraces... y sientas… que ese cuerpo te pertenece... que eres esa persona...

Mira a tu alrededor... ¿hay más gente contigo?... ¿Es de día... o de noche?... ¿Cómo te sientes... en estos momentos?... ¿Estás alegre... triste… con miedo... con expectación?

Ahora... deja que comiencen a avanzar las imágenes... mira y siente qué está ocurriendo... Observa... todos los acontecimientos que se van desarrollando... si hay personas en estas escenas… a ver si puedes reconocer en alguna de ellas a alguien que tenga o que haya tenido alguna relación contigo en tu vida presente... no te planteés nada... deja que las imágenes avancen... recuerda que detrás de ellas... ocultándose… están las emociones...

Ahora vamos a conocer un poco más sobre el pasado de la existencia de ese Ser que estás reviviendo... cuando cuente del tres al uno tú vas a retroceder en el tiempo... seguirás en esa vida... pero retrocederás un tiempo hacia atrás... quizás meses... quizás años... yo no lo sé... pero tu mente irá hasta esos momentos oportunos que te permitan conocer más cosas sobre tu historia... quizás veas a tus padres... hermanos... a otros familiares... tu casa... tu aldea… tu ciudad...

Y cuento: TRES... tu mente... te lleva... DOS... a escenas... de esa vida... donde aparecen personas importantes para ti... UNO...

Observa cada uno de los detalles... de los personajes... de los lugares en los que te encuentras... mi voz volverá en breve (dejar transcurrir un par de minutos).

Ahora, cuando cuente nuevamente del tres al uno, volverás a ese lugar donde te detuviste al principio... Cuento: tres, dos, uno... ¡Ahora!

Muy bien... ahora sabes algo más sobre ti... y esto te va a permitir avanzar en esa vida... para conocer su desenlace... quiero que sigas adelante... a un momento muy importante... quizás unos minutos... o unas horas... meses... o años... yo no sé cuánto... pero tu mente sí... y ella sabe a dónde debe trasladarse ahora para mostrarte esa información que necesitas conocer... sacar a la luz todas esas emociones retenidas para entender y dar forma a todas esas cosas que están ocurriendo en tu vida actual... ahora avanza hasta esos momentos... 3… 2…1…

¿Qué está ocurriendo ahora?... Vive todo y siéntelo dentro de ti... localiza las emociones… donde se ubican en tu cuerpo... ¿Están en la cabeza?, ¿quizás en el pecho?, ¿en el estómago? ¿Qué formas tienen? ¿De qué color son? Estás abriendo los archivos que guardan esos recuerdos y esas vivencias que quedaron retenidas sin resolverse de una forma adecuada... y ahora... reconoces en que parte de tu cuerpo se quedaron bloqueadas…

Si en cualquier momento tienes una sensación desagradable que quieres cortar, sientes miedo o no quieres ver algún acontecimiento concreto... sólo tendrás que apretar el botón de tu mando a distancia y de nuevo te encontrarás en un lugar seguro y protegido dentro del vehículo que te trajo aquí... tú tienes todo el control de esta experiencia… de este viaje… no tienes qué preocuparte por nada ya que puedes detener la acción en cualquier momento y volver al día siguiente si así lo deseas…

Si decides avanzar ahora… quiero que le pidas a tu mente que te lleve al momento de tu muerte… Vas a llegar a unos instantes antes de que esto suceda… cuento… tres… dos… uno… mira con atención qué está ocurriendo… ¿Dónde te encuentras? ¿Hay alguien mas a tu alrededor? ¿Qué edad aproximada tienes? Observa con atención qué pensamientos acuden a tu mente justo en estos instantes, segundos antes de dejar este cuerpo que tomaste prestado para realizar una labor concreta… ahora observa cómo tu energía se va desprendiendo de ese cuerpo que yace inerte en ese lugar… estás fuera de él… ahora ya no hay ningún tipo de sensaciones dolorosas… todo es energía pura y ligera… te encuentras en un nivel donde puedes percibir con mucha más amplitud y comprender toda la vida de este Ser… mira qué similitudes… qué analogías hay con su vida y con tu vida actual…

¿Cómo fue su vida? ¿Qué le faltó? ¿Cuáles fueron sus últimas sensaciones? ¿Sus añoranzas? ¿Qué personaje le hizo daño? ¿Quién lo amó? ¿Qué cosas quedaron pendientes? ¿Qué sentimientos se han quedado en esa energía? ¿Los reconoces en tu vida actual? (Dejar transcurrir un par de minutos).

Bien… pues ahora tenemos que regresar a la "Montaña Sagrada"… debemos volver a tu presente… a tu vida actual… pero trayendo contigo toda la experiencia y sabiduría que te han mostrado las vivencias que acabas de tener… toda esa enseñanza que te permitirá a partir de ahora, cambiar el rumbo de tu vida y hacerla mucho más exitosa, más feliz, más sencilla…

Ahora… regresa al vehículo… dentro de él hay un Ser que está esperándote y te acompaña… alguien que te produce una total confianza… su presencia te llena de PAZ… en esta ocasión ese Ser conduce la máquina para dirigirte a otro lugar… a otro tiempo… a otra experiencia… poco a poco… te alejas de allí… la cercanía de ese Ser es como un baño de energía blanca y dorada que sientes cómo recorre todo tu cuerpo... impregnándose en tu alma... como un baño reparador... mientras la máquina te lleva a la entrada de esa gruta donde viste esos *raíles*... si deseas preguntar algo a ese Ser que te acompaña, ahora es el momento... recibe su mensaje dentro de tu corazón... ahora despídete de él y baja del vehículo...

Ahora... al salir de esa gruta... observas tu cuerpo... y te das cuenta de que se ha hecho más grande... más fuerte... tu cuerpo se ha recuperado totalmente... y se siente más seguro y ligero que antes... algo ha cambiado y lo notas en ti... el comprender más de tu pasado te convierte en una persona más sabia y bondadosa... y eso es muy bueno para ti...

Y ahora ya... quiero que te visualices en una llanura... las montañas del Himalaya quedaron atrás... y tu Ser se encuentra satisfecho y completo por esta experiencia que acabas de realizar...

Frente a ti aparece ahora un camino muy recto que va girando suavemente a la derecha... es muy hermoso... y observas cómo el Sol baña tu cara... te calienta... y te protege... y te vas a ir alejando... poco a poco por ese camino... con paso firme... alegre... sintiendo tu cuerpo, tu mente y tu alma contentas... integradas... satisfechas de tu trabajo... porque sabes que ahora... tú puedes conseguir TODO AQUELLO QUE TE PROPONGAS... TODO... y te vas a ir alejando... a medida que yo voy contando del 1 al 10...

Según vaya nombrando los números... irás sintiendo cómo tu cuerpo va despertando poco a poco al estado de vigilia... cuando lleguemos al número 10, tu cuerpo estará totalmente lleno de energía y tu mente se encontrará despejada... muy despejada... recordarás toda esta experiencia... te sentirás alegre y con optimismo... porque hoy es el primer día de una nueva vida... una vida como tú deseas que sea a partir de ahora... y así será...

Y comienzo a contar... 1... empiezas a subir... 2… vas subiendo... 3... hacia arriba... 4... poco a poco volviendo al estado de vigilia... 5... ya vas notando tus piernas... 6… vas moviendo tus brazos... 7… tomando conciencia de tu respiración… 8… sintiendo el peso de tu cuerpo... 9... despertando... 10 abre los ojos... te encuentras muy bien...

Mañana volveré contigo. Que pases un buen día...

Capítulo XVI
Anexos

El ABC del terapeuta

A continuación, quiero exponerle una serie de principios que todo terapeuta debería establecer y seguir en su trabajo para ser un buen profesional y por lo tanto creíble por parte de sus pacientes:

1. Nuestra forma de entender la medicina convencional –alopática– nos ha acostumbrado a que cuando tenemos alguna molestia, intentemos hacernos las menos preguntas posibles y acudamos al especialista para que nos suprima esos síntomas. Desde el enfoque de la Terapia Regresiva Reconstructiva, todo Terapeuta tiene la responsabilidad de tratar de ayudar a sus pacientes a que estos descubran lo que les sucede, encuentren los nudos y bloqueos emocionales que le tienen aferrado al pasado, pero de ningún modo el Especialista incide e induce en la historia de vida de su pacientes, diciéndole cuál es su problema, cómo debe solucionarlo y en qué momento; esta es una tarea de responsabilidad exclusiva del paciente. Del mismo modo que un entrenador de un equipo de futbol no sale los domingos al campo de juego a marcar goles, tampoco nuestro rol es hacer la labor que le corresponde a nuestro paciente. Su compromiso como terapeuta –entrenador– es enseñar a su paciente a contar con los recursos propios para saber cómo tomar decisiones y avanzar en la vida sin buscar constantemente la ayuda del profesional. De este modo usted puede estar tranquilo de que jamás hará

ningún daño y no incorporará ningún falso recuerdo en la mente de quienes le solicitan ayuda.

2. Para conocer con exactitud el sabor del arroz con leche, la única forma es probarlo. No nos sirve escuchar por referencias que es parecido a... su olor es... está compuesto por... su sabor, su color... Sólo si lo degustamos podremos hablar con conocimiento de causa. Por esa razón, es imprescindible que todo "Facilitador Regresivo Reconstructivo" haya pasado por una experiencia completa de terapia personal. Conocer todos los Escenarios de trabajo desde la vivencia propia y no sólo desde la teoría, que le harán entender y comprender a sus pacientes y poder estar más cerca de ellos cuando lo necesiten. También es importante que periódicamente se haga un "chequeo", una revisión igual que cuando vamos con el médico como sistema de prevención. El hecho de trabajar durante largos periodos con multitud de personas con diferentes problemáticas, puede provocar en el terapeuta pequeñas o grandes interferencias y fisuras en la estructura de su mundo interior y transferir sus prejuicios, proyecciones y cargas emocionales contaminadas a sus pacientes, dejando parcelada la observación del mundo sólo a través de sus ojos y conceptos del bien y el mal, con el peligro que esto conlleva.

3. Tenga presente que las características personales del terapeuta tienen un efecto ocho veces mayor en el resultado de la terapia que las técnicas en sí utilizadas en la misma.

4. Nuestra voz es muy importante ya que actúa directamente en conexión con la membrana reticular del cerebro o la materia gris. El ritmo respiratorio y cardiaco del paciente se sincroniza con el nuestro y podemos transmitirle paz, tranquilidad y seguridad.

5. Como terapeuta, usted debe estar seguro y convencido de que va a lograr el éxito y no asustarse ni dejarse lle-

var por las emociones o los miedos que su paciente esté viviendo en una sesión de trabajo. Es imprescindible que el paciente confíe en que usted controla en todo momento la situación, ya que toda esta información se transmite de manera subliminal al mismo. Cuando se produce una catarsis, normalmente y de manera inadecuada, se tiende a frenarla y bloquear esas emociones dejándolas retenidas dentro del paciente, pero el verdadero profesional debe saber que es necesario que toda la turbación se destape y dejarla drenar hasta que se limpie por completo la herida sin esa infección energética.

6. Es importante que usted aprenda a manejar y controlar los silencios, la velocidad y el ritmo.

7. Debe intentar respetar el espacio de su paciente para que no se sienta invadido por usted.

8. Cuando está en una sesión de terapia, debe intentar comunicarse con su paciente desde la visión del mundo que tiene él. Aprenda y utilice su propio lenguaje, tanto verbal como gestual y genere un *rapport* de confianza entre los dos. Esto hará que responda y coopere con usted con mayor predisposición al trabajo y al final se traducirá en una mayor rapidez en el proceso terapéutico del cambio.

9. Debe desprenderse de su *Ego*, dejar de reforzar su narcisismo y adoptar el rol de "no saber" para que sea el paciente quien lleve la voz cantante, ya que ellos siempre nos ven encaramados en el trono, en la posición de poder, de saberlo todo y solucionar nosotros sus problemas. Por lo tanto, sus intervenciones deben ser mínimas ante circunstancias concretas, y siempre dejando claro que es un enfoque personal y no la "única verdad". Es muy importante evitar dar respuestas concretas a las preguntas directas de sus pacientes, y trate de que sean ellos quienes encuentren la respuesta a sus interrogantes. Piense que, como le decía hace unos instantes, nuestro rol es como el

de un entrenador de futbol: su responsabilidad es preparar a su equipo, entrenarlos física y psíquicamente y enseñarles estrategias de defensa y ataque, pero los domingos, quienes salen al campo, corren y meten los goles, son los jugadores y no los entrenadores.

10. Acompañe al paciente en su experiencia sin interceder en lo que vea ni en su duración. La información aparecerá en el momento apropiado y en el lugar donde hay que resolver el problema.

11. Para llegar a entender el mundo en el que su *Cliente* se encuentra en los momentos que está trabajando en una sesión de Terapia Regresiva Reconstructiva, es importante que usted también amplíe sus estados de conciencia y se relaje y descienda un poco sus ritmos de ondas cerebrales para que pueda estar más conectado con las vivencias que su paciente está teniendo en cada momento. Con esto no quiero decir que usted tenga que llegar a relajarse hasta el punto de alcanzar las ondas Theta en las que se encuentra el paciente, pero sí que su ritmo cerebral pueda descender hasta ondas Alfa. Por esa razón, cuando relaje a su paciente, relájese usted también, verá cómo la comunicación entre ambos se hace mucho más fluida y productiva. Usted se dará cuenta cómo fluye su creatividad y mejora su lenguaje simbólico.

12. Tenga en cuenta que cada persona es diferente a los demás, por eso no puede utilizar el mismo ritmo con todos, y tendrá que adaptarse a la velocidad de crucero de su paciente y no él a la suya. Tenga paciencia y no pretenda hacer en una sesión el trabajo de toda una terapia; imagine que está inmerso en un proceso en el que el paciente tiene todas las piezas para construir un inmenso *puzzle*, pero no todas ellas se pueden montar en una hora. Por lo tanto, insisto, sea paciente, dedique tiempo y así ganará tiempo.

13. Todos tenemos dentro de nosotros recursos internos para producir el cambio; por eso, es el propio paciente y no usted quien debe asumir estas responsabilidades a pesar de que aparezcan resistencias en este sentido. La labor del terapeuta consiste en fomentar la motivación en el trabajo en sí mismo para que el interesado pueda vislumbrar ese final del camino. Como dice Loretta Cornejo: "Debemos ser como la matrona que ayuda a parir, pero ni es el bebé que está naciendo ni la madre que está empujando con dolor y amor para que nazca el niño. Nuestro sitio es estar al lado del paciente, para servirle, sostenerle, darle fuerzas, pero todo el trabajo es suyo".

14. No se comprometa nunca a una curación total. A veces los síntomas aparentemente más sencillos, van tejiendo una tela de araña gigante y pueden llegar a desbordarse. Además, corre el riesgo de tener al paciente siempre en terapia. Establezca claros compromisos que permitan al paciente, una vez alcanzados, afrontar la vida de una forma más gratificante para él y saber que ya puede dar por finalizada su terapia.

15. Reciba siempre con una sonrisa de bienvenida a sus *Clientes*. Deje atrás el estereotipo del terapeuta extraño, raro y sobre todo muy serio, retraído, observador y anotador obsesivo de toda aquella acción o comentario que realiza su paciente.

16. Por último, es muy importante que nunca le falle el buen humor. No es necesario tener una actitud fría y distante con sus pacientes para tener credibilidad; por eso, no se tome nunca demasiado en serio las cosas y ríase cuando la situación lo requiere. Mi consejo para las personas que planean tener esta experiencia, es que huyan de los psicoterapeutas que analizan sus chistes en lugar de reírse de ellos.

Ayuda para principiantes

Muchos terapeutas principiantes cuando asisten a mis cursos de formación, me preguntan en qué fallan con sus pacientes cuando teóricamente están haciendo lo mismo que otros compañeros terapeutas que tienen buenos resultados y sin embargo, ellos no los están consiguiendo.

Ante esto, hay que observar cuidadosamente todos los diferentes aspectos que forman el conjunto de la terapia desde una buena relajación hasta la seguridad que tenga en sí mismo, puesto que esto se lo va a transmitir de manera subliminal a sus pacientes, y ellos lo captan todo en ese estado ampliado de conciencia.

En este apartado le daré algunos consejos y recordatorios que espero sirvan para superar esos pequeños obstáculos con los que a veces se pueda encontrar en consulta. Si es usted constante, buen observador y sabe aprovechar las enseñanzas de sus formadores, compañeros y sobre todo la de sus pacientes, ya dispone de algunos de los requisitos para poder llevar a cabo un buen trabajo.

Tenga presente siempre esta lista de consejos útiles en las sesiones terapéuticas:

- Al hacer la relajación. Los números deben llevar un orden regresivo contando hacia atrás cuando pretendemos conseguir más profundidad –10, 9, 8, 7...1–. Piense que estamos siguiendo la misma pauta y lógica con la que está trabajando realmente el cerebro en esos momentos, puesto que los ritmos cerebrales van bajando y relentizándose. Esto potencia y ayuda a que la inducción sea más eficaz. Por el contrario, al terminar la sesión y con el fin de que la persona vuelva a un estado de vigilia –ondas Beta–, es más conveniente que el orden numérico se invierta; es decir, sea progresivo –1, 2, 3, 4...10–, puesto que en realidad estamos haciendo una aceleración de los ritmos de vibración de las ondas cerebrales.

- Dentro de un escenario de trabajo, hay que recordar siempre la Ley de Desplazamientos para situar al paciente en el pasado, presente, futuro, hacia abajo –situaciones dolorosas– o hacia arriba –ideales o "el mundo platónico de las formas"–. Esta técnica permite tener en todo momento el control de la situación y saber cuándo puede utilizar ciertas estrategias.
- En el lenguaje verbal con su *Cliente,* potencie los canales sensoriales que él tenga más desarrollados.

Ejemplo: Utilizando una naranja.

- **Vista**: Ahora quiero que veas delante de ti un naranjo que está repleto de sus frutos con fuertes tonalidades. ¿Puedes verlo? ¿Cómo es? ¿Las naranjas son grandes o pequeñas?
- **Tacto**: Ahora quiero que te imagines que frente a ti hay un naranjo. Vas a acercarte a él y vas a tocar una naranja. Dime, ¿qué sensación te da al poner tus dedos sobre ella? ¿Cómo es su tacto?
- **Olfato**: Ahora quiero que te imagines que frente a ti hay un naranjo. Vas a acercarte a él y vas a tomar una naranja... acércatela a la nariz... dime, ¿cómo huele?
- **Gusto**: Ahora quiero que te imagines que frente a ti hay un naranjo. Vas a acercarte a él y vas a coger una naranja... ábrela y cómete un trozo. ¿Cómo es su sabor?, ¿está dulce o amarga?, ¿jugosa o seca?

- **Oído:** Ahora quiero que te imagines que frente a ti hay un naranjo. Aunque no puedas verlo, no importa pero si prestas atención, vas a poder escuchar el sonido de sus ramas al moverse con el viento... ahora una naranja va a caer al suelo... ¿has escuchado su sonido? Acércate a ella... escucha tus pasos al caminar y toma contacto con ellos... vas a tomarla en tu mano y la vas a abrir por la mitad. Escucha el sonido al ir separando las dos partes de la misma...

- Nuestro cerebro, a lo largo de la vida, ha ido fotografiando todas las imágenes y ha registrado las emociones que van unidas a ellas, y a modo de ordenador, todo ello se encuentra archivado en algún lugar del hipotálamo. Su paciente debe saber que solamente es cuestión de tiempo el encontrar ese archivo que le permitirá el acceso a ellas. Tenga en cuenta que el cerebro procesa 400 mil millones de *bits* de información por segundo, pero sólo somos conscientes de dos mil de ellos. Sin embargo, todo lo tenemos guardado y archivado en nuestro Gran Ordenador.

- La mente inconsciente sabe dosificar y administrar la información que va sacando a la parte consciente. En determinadas ocasiones, las personas pueden revivir hechos con una gran carga de emotividad, pero la psiquis tiene un mecanismo de protección que va a impedir que salgan experiencias que el individuo no esté preparado para poder afrontar y asumir. Por esa razón, no hay que cortar, por temor, estas emociones en las que se encuentra sumergido su paciente; hay que permitir que toda esa energía acumulada salga hacia el exterior, y aunque la persona esté llorando o en una situación difícil, hay que hacer que la reviva en toda su amplitud. Es como una herida infectada que necesita limpiarse y supurar el *pus* antes de ponerle penicilina y la venda por encima. La toma de conciencia se va efectuando de manera progresiva y la información oculta se va revelando poco a poco en el transcurso de la terapia y a medida que la persona se va sintiendo más fuerte. Además, usted puede manejar las diferentes técnicas de encuadre aprendidas para maniobrar con la correcta precisión en cada situación concreta.

Este es el caso de Miguel Ángel, que reviviendo una vida pasada, su final fue tirarse desde una torre y tener una muerte lenta y agonizante cargada de mucho dolor y odio; después de haber chocado contra el suelo y con el cuerpo destrozado, me pedía a gritos que por favor lo sacara de esa escena, que no podía soportar más. Sin embargo, hice caso omiso a su petición, manteniéndolo dentro de esa escenografía para que llegara a ver cuáles eran los últimos sentimientos que mostraba antes de dejar aquel cuerpo –punto vital cuando trabajamos el escenario de vidas pasadas–. Una vez terminada la sesión, lo primero que hizo este hombre al abrir los ojos, fue abrazarme fuertemente y darme las gracias por no haberlo sacado de aquella escena, ya que no le hubiera permitido comprender una serie de cosas importantes que en ese momento estaban allí presentes en ese dolor.

- Las sesiones se terminan siempre haciendo una gratificación de cierre para el paciente. Un cirujano, después de una intervención quirúrgica, siempre cose la herida. De la misma forma, después de nuestra "intervención" deberemos "coser" la herida emocional a través de una gratificación e inyectarle energía positiva que le fortalezca. Esto le irá dando fuerza y le quitará el miedo para las sesiones posteriores. Como regla general, debe saber que su paciente siempre debe terminar una sesión con el sentimiento de ser ganador, nunca perdedor: y aunque sea muy lentamente, saber que siempre va dando pasos hacia adelante y nunca hacia atrás.

- Evite que los diálogos se limiten a meras descripciones y deje que su paciente se involucre más a través de las emociones. No importa tanto lo que ve sino qué es lo que siente al verlo. Piense que lo realmente importante no es una situación concreta sino cómo hemos vivido interiormente a nivel emocional esa situación.

- El paciente debe revivir y no recordar los acontecimientos. Quizás en las primeras sesiones no sea capaz de enfrentarse a los hechos en primera persona; se pueden utilizar entonces las técnicas de espejo, visualizando la historia en tercera persona a través de pantallas como las que ya conocemos por las Técnicas de Encuadre, pero en algún momento tendrá que revivir en primera persona todos los acontecimientos. Si éstos son de una gran carga emocional, deberá hacerlo en varias sesiones hasta que poco a poco vaya desapareciendo toda la carga energética y emocional que hay contenida en aquel acontecimiento que sucedió en su vida.

- No deje que el paciente abra los ojos y salga bruscamente de una sesión cuando está vivenciando una situación dolorosa. Si se da este caso, ordénele que vuelva a cerrar los ojos, que respire profundamente y se tranquilice, y termine usted la sesión con alguna técnica de gratificación que lo saque de aquella situación dolorosa o dramática que no pudo revivir en ese momento.

- Evite dar al paciente la respuesta hecha o cualquier tipo de inducción –ahora vas a ver cuando… tu madre está contenta y tú… en estos momentos tu hermano hace… vas a ver una casa muy grande y muy bonita–. El tipo de preguntas correcto sería: ¿Cómo está tu madre en este momento? ¿Qué está haciendo tu hermano? ¿Cómo es la casa y qué sensación te produce?

- Haga siempre preguntas abiertas, de manera que el paciente no le pueda dar respuestas cerradas de Sí o No

– ¿Estás en tu cuarto porque te han castigado?–. El tipo de pregunta correcta sería: ¿A qué se debe que te encuentres ahora en tu cuarto?

- No haga preguntas que impliquen tener que analizar las cosas –ejemplo: ¿Por que?–, ya que su paciente, para dar la respuesta, debe poner a trabajar a su hemisferio izquierdo y la reiteración de preguntas dirigidas a el razonamiento, hará que se anule el trabajo del hemisferio derecho y se salga de la relajación –ejemplos: ¿Cuántos pisos tiene el edificio? ¿Cuántos años tienes?–. Es mejor utilizar un tipo de preguntas más abiertas que no se dirijan directamente al hemisferio izquierdo sino más bien al derecho. (Ejemplo: ¿Es muy alto ese edificio? ¿Más o menos que edad puedes tener?)

- Recuerde que para focalizar la atención de su paciente, es importante utilizar frases como: "Y ahora, cuando cuente del tres al uno, vas a ir al momento en que...", "yo cuento del tres al uno y tú sientes que...", "pon mucha atención porque ahora…"

Ejemplo de frases o preguntas que se pueden hacer:

- Vamos a ir al momento en que...
- Va a suceder algo importante... ¿Qué es?
-¿Qué ocurre? ¿Qué más? ¿Qué sucede a tu alrededor?
-¿Qué está pasando? ¡Cuéntame!
-¿Qué sientes? ¿La sensación es agradable o desagradable?
- Sigue avanzando. ¡Hay algo más! Seguimos adelante a otro momento importante...
- Muy bien... entonces... ¿Y eso? ¿Qué ha pasado?
- Escucha tu voz interior...
- Siente cómo tu conciencia se expande…
- Deja que tu conciencia se expanda y que llegue más información.

-¿Qué es lo primero que llega a tu mente?
- Déjate llevar por...
- Observa a tu alrededor...
- Cuéntame un poco más sobre...
- Entiendo... ¿Qué más?
-¿Qué te pide tu cuerpo para que deje de agredirte de esa forma?
-¿Qué has aprendido de esta experiencia?
-¿Quieres cortar con esa corriente de dolor?
-¿Qué te hace falta aprender para terminar con todo eso?

- No haga interpretaciones personales de las sesiones de trabajo y deje que sea el paciente quien descubra sus patrones de conducta actuales, sus patrones de supervivencia y el origen de los mismos.

- No saque conclusiones de secuencias sueltas de una sesión. Ni siquiera de toda ella completa. Piense que son sólo piezas de un gran *puzzle* que poco a poco su paciente irá montando hasta descubrir la imagen que se encuentra oculta en el mismo.

- Por último, recuerde que si ve demasiado complejo el trabajo con algún paciente concreto o existe alguna patología que usted no sepa manejar, derívelo a otro compañero más experimentado. El reconocer sus limitaciones como terapeuta es de ser un buen profesional y tanto su paciente como usted mismo se lo agradecerán.

DURACIÓN DE LA TERAPIA
Y DE CADA SESIÓN DE TRABAJO

La Terapia Regresiva Reconstructiva se puede catalogar como una terapia breve, ya que aunque no es posible determinar un número exacto de sesiones de trabajo, si sacamos una media, podríamos decir que por regla general suele comprender un periodo menor a 20 sesiones de trabajo. Si comparamos este ratio con el número de sesiones necesarias en otro tipo de terapias psicológicas convencionales, podremos ver que realmente es una terapia muy breve puesto que mientras a través de otras técnicas se necesitan años de trabajo para lograr cierta mejoría en el paciente, aquí observamos grandes cambios a partir de las primeras sesiones.

La frecuencia de estas sesiones, normalmente es recomendable hacerlas semanalmente, ya que es necesario un tiempo para asimilar e ir adecuando la información que va saliendo de sesión en sesión.

Consejos sobre la sala de nuestra consulta

- La sala de trabajo que utilizamos debe decorarse con mucho cariño y detalle, predominando los colores claros y tonos pastel en su decoración, y tratar de que exista el menor número posible de ruidos externos.
- Debe ser como un espacio "casi sagrado" donde el paciente se encuentre protegido y alejado del mundo exterior.
- Tiene usted que mantener una temperatura agradable sin excesos de calor o frío. Hay que tener en cuenta que cuando se inicia la relajación, el paciente desciende su nivel de temperatura corporal –normalmente entre 1 y 2 grados–, por lo cual será recomendable ponerle siempre por encima una ligera manta que a su vez le hará sentirse más protegido.
- Utilice luces indirectas y medio en penumbra, preferentemente de tonalidad azul o verde, ya que son colores relajantes y absténgase de luces rojas que pueden producir agresividad y tensión.

- Es más aconsejable utilizar diván, camilla o sillón, aunque eso dependerá de cada paciente. Solamente si tiene pacientes que se duermen en cuanto empieza usted a relajarlos, entonces quizás es más aconsejable utilizar un sillón, puesto que el diván se asocia a la cama y ésta se utiliza para dormir. Mi recomendación es intentar no utilizar camillas y si no es posible, no usar en ellas sábanas de color blanco, ya que analógicamente se pueden asociar con hospitales y muchas personas sienten un rechazo natural hacia los mismos por ir asociados a su vez a la enfermedad y como desenlace final, la muerte. Si no dispone de otro medio, entonces ponga encima alguna colcha o tejido de otro color que pueda disociarse del contexto de hospital. Además, si utiliza camilla, asegúrese de que sea ancha o que tenga soportes anexos para apoyar los brazos, ya que en una gran mayoría de los casos, suelen ser estrechas y a mucha gente se le salen los brazos fuera de ellas impidiendo así una buena relajación corporal.
- El uso de inciensos puede ser interesante pero tenga cuidado y úselos con moderación, puesto que algunos de ellos son muy fuertes y algunas personas no aceptan este olor. Se puede utilizar también aromaterapia como un complemento inductor de la relajación.
- Es importante que se siente cerca de su paciente quedando su cabeza a una altura un poco mayor que la de él, pero sobre todo que detecte que usted está cerca, ya que esto le dará confianza y seguridad en el trabajo que va a realizar.
- En relación al lugar, aparentemente puede ser mejor si nosotros estamos colocados a la derecha del paciente y su cabeza situada en dirección "Norte". En el caso de que éste sea zurdo, entonces lo haremos en el lado contrario (izquierda).

- Es bueno que antes de iniciar la sesión de trabajo hable con el paciente para relajarlo e inicie un primer contacto físico con él –toque su brazo, su hombro, su frente– y coméntele que a lo largo de la sesión, de vez en cuando podrá repetir esta acción. Esto hace que el paciente le sienta más cercano y que tenga la confianza de que usted no lo va a abandonar en los momentos difíciles.
- Si su consulta la comparte con otras personas, es importante avisar para que no se produzcan interrupciones del exterior y dar orden de que no le pasen ninguna llamada de teléfono o desconectar el mismo. En la sesión de trabajo todo el tiempo es para su paciente. Debe ser sagrado y respetado.

Consejos para el paciente
a la hora de elegir a su terapeuta

Normalmente, cuando estamos pensando cambiar de coche, no vamos al primer concesionario que nos encontramos por la calle, entramos y sin mediar palabra compramos el primer vehículo que vemos en el escaparate. Lo más usual es que preguntemos en varios concesionarios y con la suficiente información en nuestro poder, y después de una evaluación previa, tomemos una decisión al respecto. Si hacemos esto con algo que en definitiva es ajeno a nuestra propia persona y nos parece lo más lógico del mundo, ¿por qué entonces no hacer lo mismo cuando se trata de la carrocería más importante que tenemos en nuestra vida? Nosotros mismos, nuestra propia estabilidad emocional.

Si en estos momentos se está usted planteando iniciar una Terapia Regresiva Reconstructiva y no sabe en manos de quién ponerse, le aconsejo que tenga en cuenta, como mínimo, estos pequeños consejos:

- Solicite una cita previa informativa donde el terapeuta pueda explicarle en qué consiste la terapia y asegúrese de que, en principio, se siente a gusto con el método que sigue en su trabajo.

- Debe sentirse plenamente cómodo y seguro para hablar con toda franqueza, sin ningún tipo de censura y expresando libremente sus ideas, propuestas, sensaciones, sentimientos... sin temor a los comentarios que pudiera hacer de los mismos el Especialista.

- Su terapeuta debe inspirarle confianza. Si duda, cambie de profesional.

- No debería ponerse en manos de un Terapeuta que le diga que "él le va a curar" y mucho menos en cuántas sesiones lo va a realizar. En el mejor de los casos, si se producen estos cambios, serán gracias a usted, ya que dentro de cada uno de nosotros está la fuerza para producir y movilizar los recursos necesarios para que esto se produzca. Usted es quien debe descubrir sus patrones de conducta y el origen de los mismos. El rol que asume el Terapeuta es de apoyo y Facilitador del camino, siendo responsable de mantener una relación cálida, pero el principal agente del cambio debe ser uno mismo.

- No debe sentir ningún tipo de atracción sexual por su terapeuta. De darse estas circunstancias, lo mejor que podría hacer es no iniciar esa terapia y buscar otro profesional que le pueda ayudar. Lo mismo debe ocurrir en el caso de que fuese el Terapeuta quien sintiera atracción hacia usted. Lo correcto debería ser que canalizara el caso a otro compañero de profesión. De no actuar de esta forma, existirían interferencias en la evolución de su propia historia y no se podría mantener una objetividad plena en el análisis del caso.

- Pida referencias de otras personas que hayan realizado terapia con el profesional que usted va a alegir.

- Compruebe su formación académica y preparación en Terapia Regresiva Reconstructiva (dónde se formó, quién o quiénes fueron sus profesores, cuántos años duró esa formación).

- Compruebe su experiencia profesional (cuantos años lleva trabajando con Terapia Regresiva Reconstructiva, si tiene experiencia en otro tipo de terapias psicológicas, si posee alguna titulación oficial académica en el mundo de la salud).

- Compruebe si su trabajo está sustentado en algún Código Deontológico y si ese Profesional puede hablarle del mismo. Solicite que le enseñe una copia de este Código Deontológico.

- Compruebe si pertenece a alguna asociación de profesionales del mundo de la salud y en particular si está afiliado y es miembro profesional acreditado de alguna de las asociaciones que trabajan con la Terapia Regresiva Reconstructiva. En este sentido, AETRA dispone de una base de datos con todos los miembros que pertenecen a la misma en cualquier parte del mundo y pueden darle referencias acerca de si la persona con la que usted está pensando trabajar, está debidamente adiestrada y experimentada en la TRR y está considerada como asociado numerario en ejercicio de la misma o no. Aunque, recuerde siempre que el hecho de ser miembro de una organización, no es suficiente garantía de que la persona sea competente en la materia.

- Si el terapeuta que le está informando se niega a hablar con usted sobre alguno de los puntos mencionados anteriormente que usted necesite aclarar, debería entonces pensar en dar por concluida la entrevista y buscar en otro lugar hasta encontrar a su terapeuta.

Modelo carta
Presentación terapéutica

Le aconsejo que desarrolle algún modelo de carta de presentación para entregar a los pacientes el día que deciden iniciar una terapia. En esta carta es importante transmitir, por un lado, las cosas que su paciente puede esperar de la terapia y lo que usted le puede ofrecer como terapeuta, además de establecer una serie de normas y reglas de juego que deberán seguirse a lo largo de la terapia. A continuación, le incluyo un modelo estándar orientativo que le puede servir de referencia para que usted desarrolle el suyo propio si lo considera conveniente:

Estimado/a...

En primer lugar, quiero darte las gracias por la confianza que has depositado en mí al hacer tu elección, y espero, de corazón, no defraudarte en tus expectativas y que tu decisión haya sido la acertada.

Antes de empezar, me gustaría aclarar una serie de puntos a nivel logístico, fundamentales para la buena marcha del conjunto del Gabinete y de las personas que en él trabajamos:

1) **Puntualidad.** Es imprescindible que te ajustes al máximo a los horarios establecidos. Debes tener en cuenta que, cuando llegues a tu cita, yo estaré terminando el trabajo con otra persona y no es aconsejable tener que interrumpir la sesión para abrir la puerta; por lo tanto, procura ser puntual. No llegues antes de la hora ya que no te podré atender, y

ten en cuenta que si llegas tarde tampoco podremos recuperar ese tiempo de retraso tuyo, ya que si lo hiciera haría esperar a otra persona que viene detrás de ti y eso no sería profesional de mi parte. Imagínate que fueras tú, seguro no te gustaría esperar.

2) Avisos. En el caso de que un día no puedas venir a tu sesión, debes avisarme con la máxima antelación posible y con un mínimo de 48 horas para que me dé tiempo de reorganizar mi agenda. Yo, por mi parte, me comprometo a hacer exactamente lo mismo cuando me ocurra un imprevisto. En caso contrario, deberás abonar el importe de la sesión aunque no hayas asistido a la misma, ya que lo que me estás pagando es mi tiempo y yo no tendría el suficiente para reorganizar y acomodar mi Agenda.

3) Volumen de Voz. Procura no hablar muy fuerte cuando entres en el Centro y andar despacio, ya que en esos momentos, otras personas suelen estar trabajando en terapia y el ruido les podría distraer. Piensa en hacer las cosas que te gustaría que los demás hicieran por ti.

4) Teléfonos móviles apagados. Es necesario que desde el momento de entrar en el Centro desactives tu teléfono móvil, ya que el sonido del mismo podría incomodar, tanto a otras personas que están trabajando en esos momentos, como a ti mismo en tu trabajo terapéutico personal.

5) Tabaco. En todas las dependencias de este Centro está prohibido fumar. Por esta razón, te ruego que antes de entrar en nuestro Gabinete apagues tu cigarrillo y esperes a salir de nuestro Centro para volver a encender otro, si es que así lo deseas.

Tal como hemos comentado en conversaciones anteriores, a partir de estos momentos vamos a tener la ocasión de poder realizar varias sesiones de trabajo juntos. Es muy importante que sepas que desde este instante se requiere de tu parte una involucración total en tu proceso, ya que realmente vas a ser tú quien ejercerá como tu propio terapeuta, buscando dentro de ti hasta encontrar las claves y los daños que te tienen anclado en tu presente. Yo sólo seré tu acompañante y haré las veces de "Facilitador" para enseñarte los caminos que hay que andar, pero sólo tú debes andarlos, yo no puedo hacerlo por ti.

En cuanto al trabajo que vamos a realizar, debes tener presente que en muchas ocasiones nuestra parte inconsciente busca mecanismos de defensa para evitar que podamos llegar hasta el núcleo o el origen de la CAUSA real de nuestros problemas; eso hace que cualquier tipo de indagación en uno mismo requiera esfuerzo y constancia. Quiero que lo tengas en cuenta y no te desanimes ante estas barreras que en ocasiones te irás encontrando. Por tanto, tienes que comprometerte para conseguir superar esos momentos difíciles y no dejarte vencer. Nadie mas que tú puede recorrer el camino, ya que tú eres el dueño en exclusividad del mismo. Yo te apoyaré en tu viaje interior para que seas capaz de avanzar, pero, como te he dicho antes, yo no puedo andarlo por ti.

Si a lo largo de las sesiones de trabajo revives momentos dolorosos y recuerdos que tenías escondidos en lo más profundo de tu Ser, no huyas abandonándolo todo, escondiendo la cabeza en el suelo como hace el avestruz, tratando de evitar así el peligro y el dolor; sólo conseguirías reforzar lo que quieres cambiar. Sólo con valentía, luchando y haciendo frente a la realidad de tu vida, actuando y liberando

las emociones retenidas, conseguirás la transformación de ti mismo para nacer a una nueva vida.

Y como primer día a esta nueva vida, quiero
darte la bienvenida y entregarte la llave simbólica
que abrirá la puerta a un nuevo camino. El camino
de la felicidad (me gusta entregar a mis pacientes
una llave que será, a nivel simbólico, el punto de
partida para abrir las puertas a ese nuevo mundo
que les espera después de su trabajo terapéutico).

También, si se considera oportuno, puede usted
incluir en esta carta otra serie de compromisos que
debe adquirir el paciente para con la terapia, como
son el redactar la carta de inicio, el que vaya haciendo su diario de sesiones o la carta de cierre haciendo
el balance de cómo llegó a usted y cómo se encuentra el día que la terapia finaliza, y de qué le ha servido todo este trabajo, qué cambios ha notado y cuál
es su "Búsqueda del Tesoro".

MODELO DE CARTA DE COMPROMISO CONTRATO CON EL PACIENTE

Ante la pregunta de algunos terapeutas sobre si es aconsejable hacer algún tipo de contrato de compromiso con los pacientes antes de iniciar una terapia, mi opinión es, en primer lugar, tener en cuenta que dependiendo del país en el que esté ejerciendo su trabajo, las leyes varían sustancialmente, así como el nivel de control por parte de los Colegios Oficiales de Médicos y Psicólogos, y el tipo de posibles demandas judiciales tramitadas por algunos pacientes descontentos.

En países como Estados Unidos o Canadá, podemos observar modelos de contratos muy extensos que están compuestos, en algunos casos, por más de 10 ó 15 hojas y redactados en una terminología totalmente jurista que a veces puede asustar a los interesados.

Yo no creo que sea necesario llegar hasta este extremo, pero sí recomiendo hacer un breve documento en el que el paciente autorice a su terapeuta y se dé por enterado del enfoque de la terapia que va a realizar y qué puede esperar, tanto de ella como de su terapeuta.

Es muy importante que usted nunca se comprometa, ni de palabra y mucho menos por escrito, a "curar" o "resolver" los problemas para los que su *Cliente* llegó a la Consulta, y en ningún caso hablar de fechas "límite" para la curación, puesto que nadie puede saber eso y podría crearle falsas expectativas. Si usted actúa en esta línea, ya sabe lo que personalmente pienso de este tipo de personas.

Si es usted precavido y honesto con su trabajo y habla con total claridad y sin engaños con sus pacientes, nunca tendrá problemas con ellos; todo lo contrario, más bien serán gratificaciones y nadie se sentirá defraudado ni estafado.

Por favor, siga siempre por este camino de profesionalismo y seriedad para con sus pacientes, para su imagen profesional y para el resto de profesionales que al igual que usted, están ejerciendo de una manera seria y honesta su trabajo en todo el mundo.

A continuación, le presento un modelo de carta que puede servirle como idea para diseñar el que usted considere más apropiado para cada caso:

Yo –*poner aquí el nombre completo de su paciente*–, mayor de edad, expreso mi libre voluntad de someterme a unas sesiones de Terapia Regresiva Reconstructiva con D. –*ponga Usted aquí su nombre completo*–, con el fin de intentar, mediante esta técnica, mejorar mi situación emocional actual.

Entiendo perfectamente, pues así se me ha explicado, que los resultados que se obtengan pueden variar en función de cada persona, por lo que no hay compromiso ni garantía de resultados.

Con carácter previo a la firma de este documento, he sido informado a mi entera satisfacción por D. –*de nuevo Usted va a poner aquí sus datos como profesional*– del alcance de estas técnicas y del método que seguiremos, y comprendo y acepto lo que se me ha dicho, así como que en estas técnicas yo seré el propio terapeuta y protagonista de los hechos, por lo que sé que debo comprometerme para intentar obtener lo que espero de las mismas.

Reconozco haber sido informado de que utilizaremos simples técnicas de relajación que me llevarán a un estado de duerme-vela, pues es necesario para las sesiones de trabajo y me ha quedado claro que en ningún momento se utilizará un estado de conciencia que lleve a la pérdida de la misma. Sé que de ese estado en el que me encuentre puedo salir en cualquier momento si así lo deseo, con sólo abrir los ojos voluntariamente. Igualmente, sé que en cualquier momento podré interrumpir y dar por terminada la sesión que se esté llevando a cabo y que en todo momento soy consciente y dueño de mis actos.

Soy consciente de que este programa, de momento al día de hoy, no está reconocido a nivel académico en las universidades como una titulación oficial y no tiene por qué tener naturaleza médica ni psicológica, y se me ha dejado muy claro que no se intenta hacer diagnóstico ni tratar enfermedad alguna.

(Espero que dentro de muy poco tiempo todo esto empiece a cambiar, ya que en estos momentos hay cientos de médicos y psicólogos que se han formado con nuestra Asociación, y al día de hoy mantenemos algunos acuerdos con universidades que avalan nuestros cursos de formación y estamos desarrollando en la actualidad una Maestría Internacional en TRR para Especialistas que hayan terminado las carreras de Medicina y/o Psicología que posicionará la Terapia Regresiva Reconstructiva en el lugar que se merece dentro del mundo de la Salud Integral).

Se me ha explicado también, que en el caso de estar sometido a algún tratamiento médico, farmacológico o no, no debo suspender el mismo y mi compromiso es informar, de manera inmediata, a mi médico de mi decisión de iniciar sesiones de Terapia Regresiva Reconstructiva que servirán como complemento de apoyo al tratamiento establecido alopáticamente.

He sido informado de la estricta confidencialidad con que será tratada toda la información que pueda ir apareciendo a lo largo de las diferentes sesiones, teniendo la garantía de que nunca será utilizado mi nombre para otros fines, sin mi consentimiento previo.

Acepto toda la responsabilidad por cualquier efecto resultante de cualquier consulta o sesión de trabajo con las Terapias Regresivas, actual o futuro.

He leído y estoy de acuerdo con las condiciones anteriores.

Lo que firmo en ....

a................de...de 200.............

Fdo: ....

Nº Documento de identificación personal

....

Estructura de las sesiones de trabajo

Por regla general, debe usted organizar una forma de trabajo que le permita que el total de una sesión no sobrepase los 90 minutos. Mi consejo es que siempre se comience hablando de todo lo que el paciente necesite comentar de la sesión o sesiones anteriores –el análisis de las mismas, sus avances, miedos, conclusiones, proyectos–. Esta parte le podrá llevar unos 30 minutos; acto seguido iniciará una relajación que podría durar alrededor de unos 15 minutos y a continuación entrar a trabajar en regresión todo el resto del tiempo. Recuerde que siempre debe terminar cada sesión de trabajo haciendo anclajes positivos de refuerzo y dejando que su paciente salga gratificado y contento de la experiencia, sabiendo que ha podido avanzar con esa sensación de ganador –tal vez incluso sea la primera vez en su vida que la tiene–, al darse cuenta de que no ha sido usted sino él quien ha podido hacer el camino solo e ir destapando, entendiendo y procesando la historia de su vida por sí mismo.

Cuando se termina la sesión regresiva ya no se comenta nada con el paciente hasta la semana siguiente. Este es el momento de despedirse de él y decirle que a lo largo de la semana reflexione sobre los acontecimientos vividos en la sesión, los escriba y anote lo que considere importante a destacar para comentar con usted en la próxima cita para seguir avanzando en su proceso.

Piense que cuando se termina una sesión, el paciente sale con muchísima información que ha sacado a la luz en unos pocos minutos, demasiado aturdido a veces, y con muchas emociones a flor de piel como para seguir hablando de ellas. Por esa razón, es mejor que toda esa información la procese en casa y se pueda hablar de ella pasados unos días. Además, también tenga en cuenta que esta es la única forma de poder usted organizar su tiempo y no hacer esperar a su siguiente paciente que tiene en el recibidor.

Organice su tiempo, no haga esperar a nadie y su imagen y credibilidad ganarán mucho.

Las dos o tres primeras sesiones de trabajo

En estas sesiones la estructuración de las mismas variará un poco a las demás, ya que lo primero que debe completar, nada más al iniciar el trabajo con su paciente, es su historial clínico con toda la información posible que pueda obtener del mismo. Toda una vida no es fácil de recopilar en media hora, por lo que deberá dedicar al menos 2 ó 3 horas en recoger todos estos datos que serán la base para iniciar su trabajo. Seguidamente, a modo de sugerencia, le propongo un modelo de historial sobre el que puede trabajar con sus pacientes.

Tenga en cuenta que una buena toma de la información del caso puede ser la base sobre la que mas tarde podremos asentar toda la terapia. Por esa razón, a lo largo de esta entrevista o entrevistas que mantenga con su paciente, deje que sea él quien hable lo máximo posible, haciéndole siempre preguntas abiertas y evitando preguntas cerradas que como respuesta den un "sí" o un "no". Su principal rol como terapeuta en esta fase del proceso es escuchar, escuchar y escuchar; de vez en cuando recopilar información y hacer una nueva pregunta para seguir escuchando, escuchando y escuchando. Además, tenga abiertos todos los sentidos para observar en la comunicación que no se dice con palabras. Esa información no verbal en muchas ocasiones delata el lenguaje del cuerpo que quiere expresar lo que tiene encerrado dentro del mismo. Observe los gestos de su paciente, sus movimientos, tono y énfasis al hablar de ciertos personajes de su vida, volumen de voz, *tics* nerviosos, eva-

sión u omisión de ciertas partes de su historia, emociones que
le emanan al hablar de ciertas situaciones concretas, etcétera.
Si usted sabe darle confianza y respeto, verá cómo poco a poco
su paciente comienza a empatizar con usted y se va abriendo
y sintiéndose más libre para poderse expresar sin miedo a que
lo juzgue. Ya verá cómo se sorprende de la cantidad de información que puede recopilar de la vida de una persona en tan
poco tiempo.

Como todos los pacientes que acudirán a su consulta para realizar Terapia Regresiva Reconstructiva, de lo que están
deseosos es de recostarse y que su mente retroceda al pasado,
el hecho de que usted le dedique los primeros días solamente a hablar en Beta para recopilar información sobre su vida,
puede hacer a mucha gente sentirse decepcionada y pensar
que no se han cubierto las expectativas que traían, puesto que
el hablar en estado de vigilia no lo consideran terapia. Por
esa razón, mi consejo es que intercale una de cal y una de
arena; es decir, que en las primeras sesiones de trabajo, hasta
que haya completado definitivamente toda la información del
historial clínico, dedique unos 45 minutos por sesión para ir
cumplimentando el historial y el resto para hacer los primeros
trabajos con algunas relajaciones y *tests* proyectivos que vio en
los capítulos IV y V de este libro. De esta forma su paciente
saldrá de su consulta sintiendo que ha estado trabajando y que
ya comenzó su tarea.

Por último, piense que cada persona es diferente a las demás
y por lo tanto usted debe adaptarse a su mundo para que le
permita el acceso de entrada al mismo. Por esa razón, quizás
no funcione de la misma forma una relajación con uno u otro
paciente; los mensajes que usted le envía, su tono de voz, la velocidad en sus palabras, el tipo de música de fondo, el encuadre de la situación... hay muchos elementos que intervienen.
Mi consejo es que después de terminar las primeras sesiones,
le dedique unos minutos a su paciente para hablar con él y

preguntarle cómo se sintió, si hubo alguna cosa que le inco-
modó de sus palabras, ruidos, música, etcétera, a lo largo de la
experiencia. Todo esto le ayudará a ir calibrando el tipo exacto
de técnica y velocidad que debe utilizar en su caso concreto.
Recuerde que lo importante es que su consulta no sobrepase
los 90 minutos.

La información facilitada en Beta

La información que recopila de su *Cliente,* tanto verbal como gestual, el primer día que llega a consulta, es vital; por eso, es muy importante dedicarle todo el tiempo que considere necesario para realizar una buena compilación de datos a la hora de cumplimentar su historial personal. Es recomendable que todas las respuestas que dé a las preguntas que usted realiza, se transcriban de manera literal, ya que –aunque en un primer momento no lo perciba– transcurrido un tiempo, se podrá dar cuenta de que escondidas tras el velo de la comunicación verbal de su paciente, se encuentran las claves y las respuestas a muchos de sus problemas actuales. Realmente el inconsciente del sujeto está intentando darle a usted las pistas que busca y en su lenguaje verbal y no verbal está proyectando cómo vive su mundo interior. Por este motivo, si hace una buena compilación de datos en un primer momento, podrá aportarle mucha información para utilizar en el transcurso de las sesiones terapéuticas. Veamos un ejemplo con el caso de Adriana. Estos son los comentarios que me hace en Beta:

Terapeuta: ¿Por qué acude a la consulta?

Paciente: Necesito encontrar una terapia que pueda ayudarme al siguiente dilema: explicarme a mí misma mi afán por autodestruirme a nivel físico y psicológico –si supiera por qué lo hago... no lo haría–, puesto que en el fondo siento la necesidad de vivir. Tengo una continua sensación de perder mi única vida. Anteriormente he hecho muchos tipos de terapias pero no me han sacado de esta situación.

Terapeuta: ¿Tiene algún síntoma físico?

Paciente: Me ocurren cosas en la cabeza. Siento focos de calor. Focos redondos y calambres. Son poco dolorosos pero continuos. Son como dos colchones que me presionan hacia abajo y esto me produce mucha angustia *(me comenta que le han realizado una resonancia y no han detectado nada)*. El médico me dijo que no tenía nada, que no le hiciera perder más tiempo y que lo que tenía que hacer era ir con un psiquiatra para que me quitara esas ideas que tenía en la cabeza que eran pura invención mía.

De vez en cuando siento muchísimo frío en todo el cuerpo. Es como si me quedara paralizada, congelada, y empiezo a temblar mucho.

Según me han contado, desde que nací tuve anorexia *(En el momento de acudir por primera vez a mi consulta sigue siendo una mujer muy delgada)*. Los médicos decían a mi familia que si no me cuidaban me moriría. Mis padres contrataron a una chica para cuidarme que fue quien me ayudó a crecer. Mi madre me acusa siempre de que le quité media vida.

No puedo respirar bien. Nuca he sabido cómo hacerlo. Cuando intento tomar aire me bloqueo. Es como si tuviera un puñal en el pecho.

No puedo tragar líquidos de manera normal porque siento que me ahogo. Tengo que hacerlo poco a poco.

Terapeuta: ¿Tiene algún recuerdo de cuándo empezó todo esto?

Paciente: Los primeros recuerdos que tengo son con cuatro años sentada en las escaleras de mi casa en Navidad y llorando porque estaba muy triste. La Navidad siempre me ha puesto muy triste porque toda la gente se une y son felices.

Terapeuta: ¿Ha intentado otras vías para solucionar sus problemas?

Paciente: Cuando tenía 20 años estuve dos años haciendo psicoanálisis. Allí pude ver muchos traumas de la infancia pero mis problemas continuaron. Años más tarde estuve con varios psicólogos pero tampoco funcionó. Después probé varias sesiones de relajación e hice un curso para combatir el estrés. También estuve haciendo sesiones de fisioterapia; mi fisioterapeuta me dijo que tenía una lesión en el cerebro pero que no se podía detectar con aparatos tecnológicos. Creía que había un quiste energético pero no sabía qué lo había provocado. He intentado varias veces pedir ayuda a los médicos, pero no me hacen caso.

Terapeuta: ¿Sabe si su embarazo fue deseado?

Paciente: No. Mamá tenía que cumplir como mujer…

Estas son algunas frases que comenta en esta primera sesión de compilación de datos para su historial clínico:

- Siempre he sentido tristeza interior, angustia, algo no resuelto.
- Sé que tengo algún problema con mi madre pero no sé cuál es.
- Siempre estamos discutiendo.
- Ya no puedo con este peso. Me he convertido en basura. Me doy pena a mí misma.
- Estoy agotada. Siempre intento luchar en la vida pero veo que no consigo salir de nada.
- Cada vez me relaciono menos con la gente.
- Mi madre siempre me ha *machacado* psicológicamente. Siempre me ha creado sentimientos de culpa.
- Después de separarme de mi marido hace unos años, me fui unos días a casa de mi madre y ya me quedé allí. Sé que tengo que salir pero algo me lo impide.

Estos son algunos comentarios de sesiones anteriores

En las dos primeras sesiones hay resistencia para relajarse y cuesta bastante hasta que poco a poco va entrando en Theta.

En las primeras sesiones que se realizan con ella se observa que hay una lucha, una dualidad a nivel de afectos entre querer sentir y la imposibilidad de poder hacerlo. Intenta abrazar a su padre pero le es imposible; ve a su madre en un saco del globo que hay que tirar y no quiere a su vez tirarla. Hay mucha soledad y aislamiento en diferentes escenas de su vida infantil. Aparentemente sólo se encuentra bien cuando está sola, pero está mal por sentirse así. Hay sentimientos de rechazo constantemente por parte de otros en los diferentes escenarios terapéuticos, y esto le produce mucho dolor, llanto y hace que entre en fuertes estados emocionales produciendo grandes catarsis.

Antes de iniciar la sesión que voy a transcribir a continuación, donde Adriana se fue a revivir el momento de su nacimiento, comentaba que se encontraba algo mejor, que estaba empezando a notar ligeros cambios aunque tenía miedo de recaer. Ante esto, la tranquilicé comentándole que era normal sentir todo ese miedo pero que por eso estaba en terapia, para que pudiera superarlo de una vez por todas, y así damos paso a la sesión de trabajo iniciándose como siempre con una relajación para continuar del siguiente modo:

Paciente: No puedo salir.

Terapeuta: Muy bien, repítelo.

Paciente: No puedo salir.

Terapeuta: Repítelo.

Paciente: No puedo salir.

Terapeuta: ¿Qué pasa?

Paciente: Me agota el empujar, mi cabeza no coge y no puedo empujar.

Terapeuta: ¿Qué más? Sigue.

Paciente: Es algo blanco. Está encima. No puedo *(llora sin parar y siente mucho dolor)*. Tengo que respirar desde el cuello. Tengo que empujar. Tengo que empujar. Empujo pero lo blanco no se rompe *(hace grandes esfuerzos físicos, se agota)*. Dejo de hacer fuerza. Tengo que descansar para sentirme mejor.

Terapeuta: Muy bien. Y ahora, ¿qué ocurre?

Paciente: Siento como una membrana que me aprieta el cuerpo. Si no empujo, no pasa nada, si no empujo estoy bien.

Terapeuta: Repite eso otra vez.

Paciente: Si no empujo no pasa nada, si no empujo estoy bien.

Terapeuta: Repítelo, repítelo *(se le hace que lo repita varias veces)*.

Paciente: Estoy cansada de estar así, me voy encogiendo cada vez más, tengo que salir, tengo que salir pero no se me antoja empujar más. Tengo que salir y quitarme esta cosa de la cabeza. Tengo que salir muy fuerte para que dure poco. No me gusta lo que hay alrededor. Me está entrando angustia y me ahogo.

Terapeuta: Muy bien, ¡pues venga! A ver qué pasa.

Paciente: No quiero salir porque me voy a ahogar, no quiero salir. Necesito salir. Necesito que me ayuden a salir.

Terapeuta: Repítelo, repítelo. Muy bien, repítelo *(así varias veces)*. ¿Que más sientes?

Paciente: Tengo que salir, quiero que me ayuden, que me lo quiten un poco y luego empujo yo.... no me ayudan.... no me ayuda nadie…

Terapeuta: Repítelo *(lo hace varias veces y sigue llorando sin parar y con una gran lástima).*

Paciente: Me da igual, voy a empujar fuerte... me da miedo.

Terapeuta: ¿De qué tienes miedo?

Paciente: Creo que me atrevería a salir pero me da miedo que no les guste al salir.

Terapeuta: ¿A quién no le vas a gustar?

Paciente: A ellos, a los de afuera. Lo siento, lo siento que no les voy a gustar, lo siento cuando los miro.

Terapeuta: ¿Puedes verlos?

Paciente: Hay un señor de pelo blanco.

Terapeuta: ¿Qué está haciendo este señor?

Paciente: No hace nada. Sólo mira. No hace nada.

Terapeuta: ¿Y quién es este señor?

Paciente: Es el médico.

Terapeuta: Escucha lo que está diciendo afuera.

Paciente: Está saliendo sola, dice que salgo sola. Es una niña *(empieza a llorar otra vez desconsoladamente).* No les gusta que sea una niña. No quieren que sea niña.

Terapeuta: ¿Quiénes no quieren? Cuéntame.

Paciente: Mi madre y una señora mayor.

Terapeuta: Qué es lo primero que dicen ellas.

Paciente: ¡Oooohhh! es una niña –lo dicen con resignación–. *(La paciente vuelve a llorar).* No quiero salir, no quiero salir porque no les voy a gustar. No quiero estar con ustedes. Tengo que salir *(continúa llorando)*. Me doy mucha pena *(existe en la paciente una gran dualidad entre dentro/fuera, salir o quedarse, vivir o morir)*.

Terapeuta: Repítelo.

Paciente: Me doy mucha pena.

Terapeuta: Repítelo *(así hasta seis veces)*.

Paciente: Me doy mucha pena, no voy a poder estar sola, no voy a salir, tengo que salir, tengo que salir, no voy a salir *(sigue llorando en su desesperación)*. Esto lo noto muy seco. Esto ya no me gusta. Tengo que salir, lo de arriba ya no lo noto tan pegado pero no me gusta. No noto resistencia *(parece tranquilizarse otra vez)*.

Terapeuta: ¿Ahora qué ocurre?

Paciente: Nada. No sé.

Terapeuta: Escucha las primeras palabras que llegan desde afuera.

Paciente: "No te vamos a ayudar. Si tú quieres, pues sal tú sola". Ahora siento que he retrocedido. Estoy más abajo del túnel, quiero subir al túnel. Me da mucha pereza, estoy agotada.

Terapeuta: ¿Y qué vas a hacer?

Paciente: Quiero pedirles que me ayuden pero no quieren hacerlo. ¡Venga, empuja! *(se lo dice a sí misma)*. Pero no tengo nada, no quiero rendirme *(empieza otra vez a hacer fuerza)*. Tengo mucho calor, mucho calor, me estoy ahogando, me estoy ahogando, ¡ayúdame! *(está reviviendo como si realmente se estuviera ahogando)*. Algún líquido me entra en la boca, me ahogo... ¡Ayúdame! ¡Me ahogo! ¡No quiero verlos, no quiero verlos! Siento mucho dolor porque no me quieren.

Está a punto de explotar y por fin nace. En ese momento vuelve a producirse otro grandísimo llanto y mucha pena.

Paciente: No quiero verlos, no quiero verlos, no puedo respirar, no puedo respirar. Me hacen daño, me han separado y me ha agarrado la señora mayor. Me llevan afuera. No quiero estar con ellos, no quiero vivir, no quiero salir, no quiero salir, no voy a vivir, no voy a vivir *(sigue con una gran crisis de llanto)*.

Terapeuta: Ahora puedes ver desde la mentalidad del adulto donde sientes el daño. Pon tu mano en el lugar donde lo sientes *(la coloca en el pecho y la garganta)*. ¿Cómo es el dolor? ¿Qué forma tiene?

Paciente: Es una chapa de metal que me cubre todo esto. Está roja.

Terapeuta: ¿Y de qué te ha servido? ¿Por qué esta ahí?

Paciente: Protegerme.

Terapeuta: Muy bien. ¿Qué más?

Paciente: Me da calor.

Terapeuta: Muy bien, ¿qué más?

Paciente: Me separa de los demás.

Terapeuta: ¿Qué más te llega?

Paciente: Soy la única que me quiero.

Terapeuta: Muy bien, ¿qué mas?

Paciente: Los de afuera me dañan.

Terapeuta: Repítemelo.

Paciente: Los de afuera me dañan.

Terapeuta: Otra vez *(se le hace repetir muchas veces hasta que vuelve a romper en llanto)*. Muy bien, ahora vamos a quitar esa chapa de metal para siempre.

Paciente: No, por favor, no me quites la chapa *(llora)*. No me quites la chapa por favor, no me la quites, es lo único que me protege, no la quites.

Terapeuta: Yo no te la voy a quitar pero ella va a desaparecer sola, porque ahora ya ha terminado su misión. El único sentido que tenía el estar ahí era para que tú entendieras una serie de cosas y ahora ya se ha acabado su misión. Yo no la voy a tocar pero vas a ver cómo ella sola se irá; así de simple, sin que hagamos nada con ella. Mira, ahora vamos a volver al claustro materno *(inicio aquí la fase de reconstrucción)*.

Paciente: Dame otro útero, por favor, dame otro útero.

Terapeuta: Cuando cuente del tres al uno vas a volver al útero de tu madre pero a ese útero que a ti te hubiera gustado tener. Y lo vamos a experimentar por primera vez... el primer día que llegaste aquí, el primer día. Vamos allá y cuento tres, dos, uno... ahora *(sus facciones cambian totalmente y el cuerpo se distiende)*, ¿Cómo te sientes?

Paciente: Es suave y cálido... es esponjoso. Me han puesto aquí con cariño.

Terapeuta: ¿Estás a gusto?

Paciente: Sí, hay amor.

Terapeuta: Muy bien, pues ahora tú sigues ahí pero pasa un mes. ¿Qué tal estás?

Paciente: Muy a gusto. Tengo ganas de crecer.

Terapeuta: Pues seguimos avanzando y ahora tienes tres meses, tres meses de vida.

Paciente: Ya me puedo mover como quiero. Estoy como flotando en un líquido muy calentito.

Terapeuta: Avanzamos, cinco meses. ¡Ahora!

Paciente: Estoy muy grande. Siento como si hubiera más sitio. Siento que alguien me espera afuera con mucha alegría. Hay luz.

Terapeuta: Ahora tienes siete meses, ¿qué tal?

Paciente: Muy bien pero tengo menos espacio. Estoy mucho de pie. Me esperan afuera con mucha luz.

Terapeuta: Atención porque ahora vas a tener nueve meses y estás a punto de nacer. ¿Cómo te encuentras?

Paciente: Grandota. Soy muy grandota *(gesticula de manera alegre)*. Tengo muchas ganas de salir. Percibo mucho lo de afuera. Tengo muchas ganas de encontrarme con alguien. Ahí va... acaba de abrirse delante mío un pasillo antes de tiempo *(se ríe)*. Hay mucha luz, respiro muy bien. Me están esperando sonriendo. Hay mucho calor. Hay Sol. Respiro muy bien, respiro muy bien.

Terapeuta: Muy bien, pues toma conciencia de este hecho, repítelo.

Paciente: Respiro muy bien, respiro muy bien *(sonríe y disfruta de la experiencia que está teniendo)*. ¡Ya nací!

Terapeuta: ¿Ah sí? ¿Y qué ocurre aquí afuera?

Paciente: Mamá me abraza muy fuerte. ¡Ay, qué bien! ¡Ay, qué bien! ¡Ay, qué bien! Me pone encima de su tripa.

Terapeuta: ¿Y qué sientes?

Paciente: Estoy muy a gusto. Le doy abrazos a mi mamá y estoy respirando.

Terapeuta: Muy bien, pues ahora quiero que tomes conciencia de cómo respiras y observa porque ese primer oxígeno que entra trae consigo una palabra... fíjate qué pone.

Paciente: Mamá.

Terapeuta: Muy bien, pues deja que entre en ti y siente cómo se distribuye por todo tu cuerpo.

Paciente: Sí, sí, entra todo, ¡qué bien!

Terapeuta: Respira otra vez y mira ahora lo que entra.

Paciente: Vida.

Terapeuta: Repítemelo.

Paciente: Vida.

Terapeuta: ¿Qué es lo que está entrando.

Paciente: Vida.

Terapeuta: No lo oigo bien, más fuerte *(se le hace que lo repita varias veces para anclarlo en su mente).*

Paciente: VIDA.

Terapeuta: Muy bien, respira, respira... ¿Qué mas entra?

Paciente: Fuerza.

Terapeuta: Repítelo *(así varias veces).* Y ahora, pon mucha atención porque vas a escuchar la primera frase que mamá te dice.

Paciente: Cariño, mi amor.

Terapeuta: ¿Qué más?

Paciente: Te quiero.

Terapeuta: ¿Qué más?

Paciente: ¡Qué bonita eres!

Terapeuta: ¿Qué más?

Paciente: Qué "cosita"...

Terapeuta: Más.

Paciente: Qué pequeñita...

Terapeuta: ¿Cómo te sientes ahora?

Paciente: En paz. Soy feliz, soy feliz...

Terapeuta: ¿Ha valido la pena nacer o no? Si quieres vuelves a entrar en la panza y te quedas ahí para siempre.

Paciente: No, yo quiero estar aquí.

Terapeuta: ¿Dónde es aquí?

Paciente: Aquí afuera.

Terapeuta: ¿Y qué hay aquí afuera que valga la pena?

Paciente: La vida.

Terapeuta: Muy bien, porque ahora tú que eres un bebé feliz, puedes entender lo que tuvo que hacer aquel otro hace 44 años para poder sobrevivir... deja que vengan a tu mente esas cosas y cuéntamelas.

Paciente: Tuvo que luchar sola.

Terapeuta: Hummm...

Paciente: Se agotaba físicamente, no quería salir porque no la querían. Sin cariño no quería vivir.

Terapeuta: Ajá...

Paciente: Si ellos no me querían, no me iban a querer los demás.

Terapeuta: ¿Y entonces?

Paciente: Por eso sufrí mucho para poder salir, por encima de ellos aunque no quisiera.

Terapeuta: ¿Y qué pasó? *(con esta pregunta se hace que la paciente recapitule su historia).*

Paciente: Me hicieron enfadar mucho, me daba pena de mí misma pero tenía que salir; pensaba que sola no podría salir pero utilicé todas mis fuerzas.

Terapeuta: ¿A costa de qué?

Paciente: De mis afectos. En lo físico también me resiento.

Terapeuta: Y ahora que la adulta entiende todo esto, ¿qué vas a hacer?

Paciente: Quiero vivir a gusto y bien porque ya sé lo que me pasó.

Terapeuta: Muy bien. Repítemelo.

Paciente: Quiero vivir a gusto y bien porque ya sé lo que me pasó.

Terapeuta: Muy bien, pero esto es un deseo, quiero que se convierta en una afirmación.

Paciente: Voy a vivir a gusto y bien porque ya sé lo que me pasó.

Terapeuta: Repítelo.

Paciente: Voy a vivir a gusto y bien porque ya sé lo que me pasó.

Terapeuta: Otra vez.

Paciente: Voy a vivir a gusto y bien porque ya sé lo que me pasó.

Terapeuta: ¡Estupendo! Oye... y mira dónde tienes puesta la mano *(en el pecho)*. ¿Qué hay ahí?

Paciente: Nada, no hay nada *(ríe con fuerza)*. No hay nada, la chapa se fue, ya no necesito protegerme porque no me van a dañar.

Terapeuta: Repítemelo otra vez, otra vez... *(se le hace repetir hasta siete veces)*. ¿Cómo te sientes ahora?

Paciente: Muy bien, puedo respirar tranquila, estoy contenta.

Terapeuta: ¿Crees que te falta hacer algo más?

Paciente: No.

Terapeuta: Bueno, pues ahora vamos a terminar, quiero que... *(salimos con sistema tradicional)*.

Estos comentarios los realiza la propia Adriana en Beta después de terminar la sesión de trabajo en Theta.

"Ahora entiendo tantas cosas, fíjate que cada vez que tomo líquidos siento que me ahogo. Cuando veo los colchones en mi cabeza lo que estoy reproduciendo es la misma presión que sentía en el útero... y mis miedos a la vida. El caparazón me cubre para protegerme porque nadie me quiere, nadie me ayuda. Ahora entiendo lo de mi anorexia infantil. Mi forma de vengarme de ellos era no comiendo. Yo era un ser indefenso que no podía valerme por mí misma. No podía hacer otra cosa. Ésta era mi única salida. Ahora entiendo a mi madre. Hizo lo que pudo. No tenía tiempo para otro hijo ya que tenía otros siete y yo era un nuevo problema. Ahora entiendo las sensaciones de soledad y el frío que he sentido tantas veces".

A lo largo del desarrollo de esta sesión, se pudo observar que la paciente –ahora sí–, de forma consciente, estaba proyectando toda aquella información que me había dado anteriormente en su primera cita, cuando me describía en Beta su sintomatología, tanto física como psíquica y en las frases que utilizaba en su comunicación verbal. También pude observar y recabar mucha información que volvía a reproducir en su comunicación no verbal –gestual– que, lamentablemente, no puedo transmitir en este escrito pero que me conducía de nuevo a aquel primer día de contacto con ella.

Para concluir el trabajo de esta sesión, Adriana tomó el compromiso de redactar para la siguiente semana todo lo que había vivido, lo que había sentido y las conexiones que ella veía entre su vida actual y su claustro materno. La siguiente sesión la dedicamos en parte a hablar sobre estos temas y observar los cambios que se habían producido en la paciente a lo largo de esos días. Lo más singular de todo fue que no había vuelto a sentir la presión en la cabeza ni el frío en su cuerpo. Esta sesión bastó para eliminar aquella somatización que la había acompañado durante tantos años en su vida.

El mensaje que quiero transmitirle en este apartado concreto es el siguiente: "Dedica tiempo a hacer una buena compilación de información en la primera sesión de trabajo y ahorrarás mucho tiempo y horas de terapia a tu paciente".

El historial del paciente

A continuación se acompaña un modelo de historial clínico como referencia para que pueda servirle a usted para construir el suyo propio. En el mismo se podrán incluir las observaciones que se consideren necesarias para realizar de la mejor forma posible la recopilación de datos para el cumplimiento de esta ficha. Además de esto, se deberán ir incorporando a esta ficha los resúmenes de todas las sesiones de trabajo que vaya realizando. Estas fichas-resumen de sesiones deberán incluir el número que hace de sesión, la fecha, el nombre y una síntesis de la misma, además de las anotaciones que usted considere necesarias para el seguimiento de la terapia. También deberá adjuntar la carta-contrato debidamente firmada por su *Cliente* y la carta de inicio de terapia que mandó redactar al interesado. Al finalizar la terapia se incluirá la carta-resumen que el paciente debe escribir como cierre y la foto de "La Búsqueda del Tesoro".

Este historial es un documento totalmente confidencial y bajo ningún concepto el terapeuta podrá hacer uso del mismo sin la debida autorización por escrito del paciente.

Propuesta ficha:

Fecha de la entrevista: ....
Expediente Nº ....
Vía de contacto: ....

DATOS PERSONALES

Apellidos: ....
Nombre: ....
Dirección: ....
Nº ....
Código Postal: ....
Ciudad: ....
Teléfono de contacto: ....
Teléfono celular: ....
Correo electrónico: ....
Fecha de nacimiento: ....
Estado Civil: ....
Estudios realizados: ....
CIF: ....
Trabajo actual: ....

RAZONES POR LAS QUE ACUDE A CONSULTA

¿Cuál es su problema? ....
¿Cuándo empezó? ....
¿Intuye de dónde puede venir? ¿Cuál es su origen? ....
¿Qué siente ahora cuando me lo cuenta? ....
¿Cuál es la emoción que produce ese sentimiento? ....
¿Ha tenido intervenciones quirúrgicas? ....
¿Enfermedades en su niñez? ....
¿Ha estado alguna vez en peligro de muerte? ....
¿Tiene problemas con la comida, el tabaco, el sueño, algún
dolor crónico? ....
¿Tiene alteraciones repentinas? ....
¿Existen o han existido sentimientos o pensamientos suici-
das?
  SÍ   NO
Explíquelos: ....
¿Desde cuándo los tiene? ¿Sabe cuándo empezaron? ....

¿Ha intentado alguna otra vía para solucionar sus problemas: psicólogos, psiquiatras, medicina natural, curanderos, magia?
....

¿Cuánto tiempo estuvo? ¿Qué conclusiones sacó de todo ello?
....

¿Actualmente tiene diagnosticada alguna enfermedad física o mental?

SÍ   NO

Indicar: ....

¿Está tomando algún tipo de medicamento? ¿Cuál? ¿Dosis diaria? ....

Situación familiar

¿Cuánto tiempo lleva viviendo con su pareja? ....

Edad de la pareja: ....

Nº de hijos: ....

Edades: ....

¿Vive su padre?

SÍ   NO

Edad: (Si ha muerto, decir la que tendría ahora) ....

Causa del fallecimiento: ....

Fecha: ....

¿Recuerda su muerte? ¿Cómo vivió el duelo? ¿Cree que lloró lo suficiente? ....

Descríbame el carácter de su padre tal como lo recuerda en su niñez. ....

¿Vive su madre?

SÍ   NO

Edad: (Si ha muerto, decir la que tendría ahora) ....

Causa del fallecimiento: ....

Fecha: ....

¿Recuerda su muerte? ¿Cómo vivió el duelo? ¿Cree que lloró lo suficiente? ....

Descríbame el carácter de su madre tal como la recuerda en su niñez ....

¿Cómo describiría la relación de sus padres durante su niñez? ....

¿Quién era el dominante? ....

¿Cómo mostraba su dominio? ....

¿Los vio discutir alguna vez? Cuénteme algún episodio concreto. ....

¿Cómo recuerda sus sentimientos ante esto? ....

¿Tiene más hermanos?

   NO   SÍ   Cantidad:..

¿Qué lugar ocupa usted en orden de nacimiento? ....

Edades y sexo de sus hermanos: ....

¿Tiene algún familiar con problemas mentales? ....

¿Tiene algún familiar con problemas físicos? ....

Descríbame el carácter de su ....

Descríbame el carácter de sus parejas anteriores: ....

GENERALIDADES

¿Recuerda algún tipo de sueño recurrente? ¿Qué es lo que más le llama la atención del mismo? ¿Qué sensaciones le provoca? ....

¿Tiene algún tipo de creencias religiosas? ....

¿Qué piensa de las regresiones? ¿Cómo cree que le pueden ayudar? ....

¿Ha practicado alguna vez relajación o algún tipo de meditación? ....

¿Qué cosas existen en el mundo por las que vale la pena para usted seguir viviendo? ....

¿Tiene miedo de algo? ¿Siente rechazo por alguna cosa en especial? ....

Preferencias: ¿Montaña, playa, nieve, Sol, escaleras, números? ....

¿Tiene algún problema relacionado con el sexo? ....
¿Cómo se definiría a si mismo/a? Sus fortalezas y debilidades:
....

PREGUNTAS SOBRE EL EMBARAZO Y EL NACIMIENTO

¿Sabe si fue fruto de un embarazo deseado?
SÍ   NO
¿Sabe si hubo algún incidente durante el periodo de gestación? ....
¿Sabe si algún familiar cercano murió mientras su madre estaba embarazada de usted? ....
¿Sabe si su madre tuvo algún aborto antes de quedarse embarazada de usted? ....
¿En qué mes del embarazo lo tuvo? ....
¿En qué mes del año lo tuvo? ....
¿Qué fue lo que ocurrió? ....
¿Con cuántos meses nació usted? ....
¿Cuánto pesó al nacer? ....
¿En que lugar nació?
        - Hospital
        - Clínica
        - En casa
        - Otro ....
¿Sabe si había médico o *comadrona*? ....
¿Sabe si estuvo presente algún familiar en el parto? ....
¿Sabe si hubo algún incidente durante el periodo de gestación? ....
¿Sabe si hubo algún incidente durante el parto? ....
¿Cómo fue el parto?
        - Normal
        - Por cesárea
        - Nació de nalgas
        - Placenta previa

- Cordón enredado

¿Fue sencillo el parto? ¿Nació muy rápido o tardó mucho?

....

¿Sabe si anestesiaron a su madre ....

¿Sabe si lo llevaron a una incubadora y cuánto tiempo pasó allí? ....

QUÉ RECUERDOS TIENES SOBRE…

La infancia: ....

La adolescencia: ....

La edad adulta: ....

SOBRE VIDAS PASADAS

¿Siente atracción por algún sitio en especial?, ¿algún lugar?

....

¿Hay alguna época concreta de la historia que le fascine o le dé pánico? ....

¿Ha tenido algún sueño repetitivo relacionado con otras épocas de la historia? ....

¿Cree que hay algo en su vida que no acaba de entender y cuya explicación tenga un origen más atrás de la vida que conoce actualmente? ....

¿Hay algún sitio, algún lugar que al verlo por primera vez le haya dado la impresión de conocerlo con anterioridad?

....

FICHA DE SESIONES DE TRABAJO

Nombre del Paciente: ....

Sesión Nº: ....

Fecha: ....

Comentarios y anotaciones a tener en cuenta en la próxima
sesión: ....
....
....
....
....

Resumen de sesiones de trabajo

Para facilitar su tarea como terapeuta, le propongo que pueda crear algún modelo resumen con las anotaciones que considere más importantes de cada una de las sesiones de trabajo de sus pacientes. A continuación, le presento un modelo:

Nombre del paciente: ....

N	Escenario de trabajo	Resumen y conclusiones
1		
2		
3		
4		
5		

Testimonios:
Cartas de cierre de terapia

Tal como le comenté en el Capítulo XIII, dentro del apartado de carta del paciente "cierre de terapia", a continuación le presento algunos de estos escritos cuyos autores son personas adultas que muestran –mediante la palabra escrita– su balance tras finalizar su propia Terapia Regresiva Reconstructiva. He querido preservar su identidad al igual que he hecho a lo largo de todas las experiencias reflejadas en el libro, poniendo para ello un nombre ficticio. He tomado sólo una pequeña parte para que el lector se pueda dar una idea de lo que representa para los pacientes el paso por la terapia.

"Si tuviera que representar en imágenes la evolución de mi Terapia Regresiva, lo haría con una mujer sin rostro arrastrando largas cadenas pesadas que apenas le permiten avanzar unos pasos, dando grandes zancadas al aire sin conseguir su propósito.

Esta era yo antes de hacer mis regresiones, al inicio de la terapia, tras años de tratamiento psicológico.

He ido dejando atrás las pesadas cargas que me han acompañado a lo largo de mi vida, sin saber cuándo y por qué se adhirieron a mí y me incapacitaban para amar y ser amada.

Hoy escribo cuando voy a cerrar esta Terapia Regresiva, y me veo con un rostro definido, ligera de cargas, rodeada de los míos: hijas, familia, pareja, amigos y compañeros. Sé que todavía me queda mucho por realizar, pero ya sólo es avanzar.

Estaré siempre agradecida a mi terapeuta por mi reencuentro; por la persona que soy ahora; que siempre lo fui y estaba oculta, sólo había que destaparla".

Angélica

"Es difícil explicar en palabras las emociones que me invaden ahora al tratar de hacer esta recapitulación que me pediste. El descubrir el *mister Hyde* que llevaba escondido, no es fácil y resulta doloroso, puesto que es mirarme al espejo por primera vez después de quitarme una careta que traía desde hace tantos años puesta, que realmente ya había olvidado quien era yo de verdad.

Es muy agradable saber que de nuevo vuelvo a la vida entendiendo las diferentes etapas que pasé; algunas bonitas y otras no tan afortunadas, pero que todas ellas me enseñaron cosas de las que ahora soy consciente de que estaban ahí para que pudiera aprender y crecer.

Me siento bien, me siento más humano, más padre y esposo. Siento que mi corazón se volvió a abrir y ya no quiero sentir más que la puerta se cierra para dejarme de nuevo aprisionado en el miedo y el dolor. Espero y estoy seguro de que ahora ya no volveré a defraudar a nadie y lo más importante de todo: no defraudarme a mí. Soy feliz y quiero mirar la vida de frente, afrontándola y sintiéndola en cada minuto que pase a partir de ahora y no volver la vista atrás, si no es para agradecer por ese acto maravilloso de la naturaleza que es la vida. Me siento vivo e integrado en el Todo y ahora solo quiero fluir con los demás y compartir lo que tengo". Gracias por esa tranfusión de vida que llegó a tiempo".

Vicente

"Si miro hacia atrás y hago balance de mi vida antes y después de la terapia, la verdad es que no puedo creérmelo. Es como si me hubieran hecho una cirugía estética en mi alma. Me siento otra persona; sin miedos y libre para caminar por donde quieran ir mis pies sin necesidad de preguntar a cada paso: ¿Ahora por dónde?

Es verdad que siento un poco de pena tener que terminar con la terapia. Había llegado a tener un grado de confianza tan elevado con mi terapeuta, que ahora siento como que algo de mí se separara un poquito; pero también sé que es como los ositos que cuando crecen, aunque quieren mucho a su madre, tienen que buscar una nueva vida y valerse por sí mismos. Esto es lo más importante que las regresiones me han enseñado. Yo soy responsable de mí y debo quererme, aceptarme e ilusionarme con mi nuevo futuro. Y éste, está lleno de esperanzas y regalos hermosos. La vida en sí ya es el mejor regalo que jamás nos han podido conceder. Es importante aprovecharla y ser feliz aprendiendo de todo lo que encuentras en tu camino. Ahora estoy lista para echar a correr. Me siento preparada y con fuerzas para vivir y sobre todo aceptar, perdonar y querer a los demás.

Gracias por tu calor, comprensión y ayuda, querido Luis. Hiciste un buen trabajo".

María Rosario

Capítulo XVII
Varios

Sobre la Asociación Española de Técnicas Regresivas Aplicadas (AETRA)

Aunque desde el año 1980 un grupo de profesionales conocedores de esta materia nos reuníamos para intercambiar nuestras experiencias y comentar nuestros puntos de vista sobre las Regresiones, la Asociación Española de Técnicas Regresivas (AETRA), no se constituye de manera oficial hasta febrero de 1999. En esa fecha se formaliza en España como una Asociación a nivel nacional, expandiéndose rápidamente a nivel internacional e implantándose como método de trabajo oficial el enfoque de la Terapia Regresiva Reconstructiva (TRR) que en la actualidad ya está presente en 22 países: España, Portugal, Francia, Suiza, Austria, Grecia, Israel, Canadá, USA, México, Guatemala, Nicaragua, Costa Rica, Panamá, Colombia, Venezuela, República Dominicana, Perú, Argentina, Chile, Ecuador y Brasil, y en constante crecimiento.

El fin de la institución es de carácter filantrópico y social, sin ánimo de lucro, y está formada en su gran mayoría por personas pertenecientes al mundo de la salud −médicos, psicólogos, acupuntores, naturópatas, trabajadores sociales, masajistas, asistentes técnicos sanitarios, formadores, educadores−, aunque también forman parte de nuestro colectivo personas que sin estar vinculadas directamente con el área de la salud integral, sí tienen interés en el mundo de las regresiones como vía para su desarrollo y crecimiento espiritual.

La principal actividad de AETRA es promover y coordinar la realización de estudios y proyectos orientados al desarrollo e investigación de las Técnicas Regresivas, tanto desde el punto de vista teórico como de su aplicación práctica, además de impulsar y organizar charlas, conferencias, coloquios, congresos y simposiums nacionales e internacionales para el conocimiento, difusión, intercambio de experiencias y promoción de la Terapia Regresiva Reconstructiva. (T.R.R.)

Dónde recibir formación para ser un Especialista en Terapia Regresiva Reconstructiva

Actualmente ninguna Universidad, en sus Facultades de Psicología o Medicina tiene incluida en sus programas de estudios de licenciatura la formación en Terapias Regresivas, aunque ya algunas de ellas, tanto públicas como privadas, avalan los cursos que hemos desarrollado. Por esta razón, si deseas formarte y conocer este enfoque metodológico, deberás acudir a algún centro privado que se haya especializado en la formación de especialistas en esta materia, como es el caso de AETRA.

En la Asociación Española de Técnicas Regresivas Aplicadas (AETRA), un equipo formado por especialistas en los campos de la medicina, la psicología y las terapias complementarias de la salud, y todos ellos con un profundo conocimiento de las Técnicas Regresivas, unieron sus experiencias para dar un nuevo enfoque sobre estas técnicas milenarias, basados en la metodología, formación y supervisión directa del autor de este libro, Luis Antonio Martínez. Bajo su dirección y de la mano del mismo, se logró crear una formación privada con un método sencillo de aprendizaje en esta materia que fuera accesible a todo el mundo, tanto a aquellos profesionales relacionados con el mundo de la salud que estuvieran interesados en conocer la técnica de esta potente herramienta terapéutica para aplicarla con sus pacientes, como para aquellas otras personas que buscaban una vía para mejorar su calidad de vida y la de quienes los rodean.

A lo largo de estos años, Luis Antonio Matínez ha ido creando nuevos cursos y perfeccionando los anteriores, llegando a diseñar una estructura de formación sólida y completa que permite a todos los interesados aprender a través de una profundización progresiva en la teoría y la práctica desmenuzada de la técnica, experimentando continuamente, tanto como paciente como de "Facilitador" y contando siempre con la estrecha supervisión de los "Formadores" de su equipo directo. Todo ello ha llevado a AETRA a obtener un alto reconocimiento y estar avalada por varias universidades, tanto públicas como privadas, con las que hemos llegado a diferentes acuerdos y que son Colaboradores nuestros en la promoción y difusión de los cursos y en la formación de numerosos profesionales que hoy son grandes terapeutas en diferentes países del mundo.

En la actualidad, AETRA tiene cuatro módulos de formación y una Maestría para dar respuesta a las inquietudes de los profesionales que se acercan a nuestra Asociación y se interesan en prepararse en este enfoque terapéutico. Cada uno de estos módulos –Practitioner, Facilitador, Especialista y Consultor Experto en Terapia Regresiva Reconstructiva– tiene una duración de 40 horas intensivas y unido a los talleres complementarios, trabajos personales de campo y la supervisión de la práctica clínica como co-terapeuta y terapeuta, forman una sólida formación con un total de más de 900 horas teórico/prácticas para los Especialistas que han decidido prepararse en esta área de conocimiento y contar con otro enfoque terapéutico más a la hora de trabajar con éxito en sus consultas diarias.

Si desea obtener información sobre los diferentes planes formativos de AETRA, puede escribir a: cursos@mundoregresiones.com y lo pondremos en contacto con el Delegado más cercano de su ciudad y país.

Cómo contactar
con AETRA y el autor del libro

Esta Asociación tiene creada una página en Internet: www.mundoregresiones.com cuya pretensión es servir de vínculo o punto de encuentro para todas aquellas personas, tanto profesionales que trabajan en terapia como aquellos otros que ven en ella una vía de autoconocimiento, que teniendo una clara inquietud por aportar un granito de arena en la mejora de la sociedad en la que vivimos, tengan algo que decir o compartir con sus compañeros de viaje.

Si desea pertenecer a esta Asociación, contarnos sus experiencias o simplemente conocer más a fondo todo el mundo relacionado con las regresiones, puede ponerse en contacto con AETRA enviando un correo electrónico a: investigacion@mundoregresiones.com y transmitirnos sus inquietudes para unirse a una Asociación sin fronteras.

Si lo que quiere es contactar al autor del libro para cualquier tipo de comentario, sugerencia o aportación en relación a este o futuros libros que puedan editarse, puede hacerlo escribiendo a la siguiente dirección de correo electrónico: editorial@mundoregresiones.com

Epílogo

Si está leyendo esta página, sólo puedo darle mi más cordial enhorabuena ya que esto supone que después de leer usted estas casi mil doscientas páginas, algo habrá cambiado en su vida. Ya nada será igual a partir de hoy. Aunque no quiera, el tomar conciencia de lo que realmente es la Terapia Regresiva Reconstructiva y cómo puede ayudar, tanto a usted como a todo aquel que le solicite una mano, le hará cambiar sus valores y esquemas de vida.

No sé cuanta huella habrá dejado en usted el leer este libro, ni siquiera si se animará a seguir los pasos que en el mismo he ido relatándole; no quiero que crea en este momento nada de lo que hay escrito en el mismo; simplemente reflexione sobre ello y permítase un margen de duda y curiosidad que haga que comience a *testearlo,* con prudencia, primero en usted y después con sus pacientes y espere a ver los resultados. Aquí no puedo más que remitirme a las palabras que comentaba el Director General de una importante firma multinacional de detergentes cuando anunciaba en televisión el lanzamiento de un nuevo producto con el siguiente *slogan*: "Busque, compare, y si encuentra algo mejor… ¡cómprelo!" Pues yo le digo lo mismo con respecto a la TRR, pruébela con sus pacientes y después decida…

Me daría por satisfecho con que la lectura de estas páginas le haya permitido aclarar algunas interrogantes en su mente y poder hacer un alto en el camino para plantearse que quizás no toda la verdad es como creemos que es. A diario vemos cómo "verdades absolutas" se desmoronan con los nuevos descubrimientos a los que tiene acceso la investigación científica. No vuelva a los tiempos de la intorelancia absoluta y permitase "sentir". Si es usted capaz de ver un bosque a vista de pájaro –desde arriba–, se dará cuenta de que hay muchas más cosas que el árbol al que se encontraba abrazado cuando estaba abajo e imposibilitaba la visión panorámica que aprecia el pájaro en su vuelo.

El hecho de que los pacientes se den cuenta de que la responsabilidad completa de su vida no está en manos de nadie externo sino en ellos mismos, cambia mucho el enfoque de los estilos convencionales de entender la salud. Es más que eso, yo diría que estamos en el principio de un cambio de paradigma sobre lo que es el entendimiento del bienestar de la humanidad.

Estoy convencido de que si una parte de la población, pudiera no sólo leer sino experimentar la Terapia Regresiva Reconstructiva en ellos mismos y reconocer aquellas vivencias de su infancia, nacimiento, etapa intrauterina y posibles vidas pasadas que le han creado los modelos y patrones que le hacen actuar de manera automática como lo están haciendo en su día a día, seguro que serían capaces de darse cuenta y entender el por qué de tantos miedos, guerras, soberbia, envidias, odios, complejos de inferioridad escondidos tras el disfraz de la prepotencia, intolerancia, radicalización, intransigencia, egos hinchados... en definitiva, tanto sufrimiento, destrucción y dolor les harían más comprensivos y compasivos con todas las personas que les rodean. Afortunadamente cada vez hay más seres humanos en todo el mundo que van diciendo "basta" a este sistema caótico que nos atrapa en su espiral y que nos conduce a la enfermedad mientras tratamos de liberar el alma.

Empecemos con una medicina preventiva, no sólo con los niños en el colegio y la importancia de los maestros en su educación y estabilidad de su personalidad, sino también desde que una pareja decide darle vida a un nuevo Ser. Hemos visto la importancia del periodo intrauterino y cómo es aquí donde se desarrollan los primeros patrones de supervivencia en cada uno de nosotros.

Como en el caso del Laberinto, la puerta de salida conduce a la libertad, a un mundo sin caretas, sin miedos, sin mentiras, con un estilo de vida en el que no hay necesidad de justificar cada cosa que hacemos ni tenemos que seguir sufriendo escondidos en lo más profundo de una veintena de *matruskas* rusas para sentirnos protegidos y que no nos hagan daño. El tiempo de las tristezas puede llegar a su fin si así lo decide. Sólo usted puede llevar la luz por los caminos de su laberinto, ser feliz y hacer feliz a mucha más gente enseñándole que la vida es más sencilla de lo que nos hicieron creer. Vinimos a este mundo para disfrutar del milagro de la existencia pero nosotros mismos nos la complicamos demasiado, perdidos en la oscuridad y huyendo del Minotauro sin saber qué dirección tomar. ¿Está dispuesto a encender el farolillo que le alumbre en su camino? ¿Quiere abrir la puerta que le conduzca a la libertad y la de sus pacientes, o aún quiere que permanezca cerrada por mucho más tiempo? Como siempre, la decisión está solamente en usted y como guardián de su laberinto, sabrá en qué momento necesita alumbrar su camino o continuar a oscuras.

Que Dios le bendiga

BIBLIOGRAFÍA

Alegretti Warner. R*etrocogniciones.*

Altea Rosemary. *El poder del espíritu. Editorial Grijalbo.*

Armendáriz Rubén. *En busca de la sonrisa interior.* Ed. Pax México.

Assagioli Roberto. *Psicosíntesis: Ser transpersonal.* Ed. Gaia.

Bennett Goleman, Tara. *Alquimia Emocional.*

Berger Ruth. *Cómo curarnos mediante la intuición.* Ed. Sirio.

Biblioteca de Psicoanálisis. Ediciones RBA.

Blake Lucas Winafred. *Regression Therapy.* Volúmenes 1 y 2. Ed. Deep Forest Press.

Bouldoc Henry. *Patrones de vida.*

B. Stone Robert. *La vida secreta de las células.* Ed. EDAF.

Buzán Tony. *El poder de la inteligencia creativa.* Editorial Urano.

Cabouli José Luis. *Muerte y espacio entre vidas.* Ed. Continente.

Chopra Deepak. *La curación cuántica.* Ed. Grijalbo.

Cousins Norman. *Anatomía de una enfermedad.* Ed. Kairós.

Dahlke Rüdiger. *El mensaje curativo del alma.* Ed. Robin Book.

Dethlefsen Thowald y Rüdiger Dahlke. *La enfermedad como camino.* Ed. Plaza y Jane.

Dethlefsen Thowald. *La experiencia de la reencarnación.* Ed. Obelisco.

Deverell Doré. *Cómo curé mi cáncer holísticamente.*

Dingwall D. J., Doctor. Cuatro volúmenes: *Fenómenos hipnóticos anormales.* 1967.

Dingwall D. J. Doctor. Cuatro volúmenes: *Fenómenos hipnóticos anormales.* 1967.

Doore Gary. *El viaje del Chamán.*

Drouot Patrick. *Todos somos inmortales.* Ed. Edaf.

Eimer Bruce N., Doctor. *Hipnosis contra el dolor.* Arcano Books.

Ericsson Milton. *Hipnosis Clinica.* Obra selecta editada por Luis Miguel Gómez.

Escudero Juan Ángel, Doctor. *Curación por el pensamiento.* Noesiterapia.

Estévez Amalia. Ed. Errepar *A la luz de nuestras vidas pasadas.*

Frankl, V.E. *El hombre en busca de sentido.* Ed. Herder, Barcelona, 1988; 9ª Edición.

Gandhi. *Reflexiones sobre la no violencia.* Editorial longseller.

Grof S. *La mente holotrópica.* Editorial Kairós.

Grau Joaquín *Las claves de la enfermedad.* Anatheoresis.

Grof Stanislav y Christina. *El poder curativo de las crisis.* Biblioteca de la Nueva Ciencia.

Iverson Jeffrey. *Más de una vida* 1976.

Janov Arthur. *El grito primal.* Ed. Edhasa.

Jodorowsky Alejandro. *Psicomagia.* Ed. Siruela.

Jung Kart Gustav. *Lo inconsciente.* Ed. Losada.

Jung M. C.G, Woodman y otros. *Recuperar el niño interior.* Ed. Kairós.

Kart Gustav Jung. *Lo inconsciente.* Ed. Losada.

Leshan Lawrence *Relación entre el estado emocional y el cáncer.*

Levinstein Raquel. *Cuando alguien se va.* Editorial Panorama.

Lievegoed Bernard. *El hombre en el umbral* Edf. Rudolf Steiner.

Mc Kenna Paul. *The hiptonic World of Paul Mc Kenna.* Ed. Carlton.

Mc Taggart Lynne. Ed. Sirio *El campo. En busca de la fuerza secreta que mueve el universo.*

Merlo Vicente. *La reencarnación.* Ed. Sirio.

Mora Francisco. *El reloj de la sabiduría.* Alianza Editorial.

Moody A. Raymond. *Regresiones.* Ed. EDAF.

Mora Francisco. *El reloj de la sabiduría.* Alianza Editorial.

Morysenko Joan, Doctora. *Tu mente puede curarte.* Ed. Mind.

Moss Peter y Joe Keeton. *Encuentros con el pasado* 1979.

Newton Michael. Ed. Llewellyn *Destino de las almas.*

Nuland Sherwin B.. *La sabiduría del cuerpo.* Alianza Editorial.

Park Robert L. *Ciencia o vudú. Editorial Grijalbo.*

Perls Fritz. *Sueños y existencia.* Ed. Cuatro Vientos.

Peter Moss y Joe Keeton. Encuentros con el pasado 1979.

Raquin Bernard. *Exploremos nuestras vidas pasadas.* Ed. Martínez Roca.

Ramírez José Agustín. *Psicodrama. Teoría y Práctica.* Edi. Colección Ciencia y Sociedad.

Raquin Bernard. *Exploremos nuestras vidas pasadas.* Ed. Martínez Roca.

Reed Henry *Edgar Cayce sobre cómo canalizar su yo superior.* Editorial Kairós.

Rimpoché Sogyal. *El libro tibetano de la vida y la muerte.* Ed. Urano.

Rogers Carl. *El proceso de convertirse en persona.* Edit: Paidos.

Rolf Eric. *La medicina del alma.* Ed. Terapion.

Scheler M. *El resentimiento en la moral.* Editorial Caparrós.

Simonton Carl. *Técnicas de autoayuda para enfermos de cáncer.*

Simpkins C. Alexander. *Autohipnosis* Ed. Arkano Book.

Sherwin B. Nuland. *La sabiduría del cuerpo.* Alianza Editorial.

Sogyal Rimpoché. *El libro tibetano de la vida y la muerte.* Ed. Urano.

Stevenson Ian. *20 casos que hacen pensar en la reencarnación.* Ed. Mirach.

Stone Robert B.. *La vida secreta de las células.* Ed. EDAF.

Suazo Fernando. *La cultura Maya ante la muerte-* Ed. siglo veintiuno.

Torres Pastorino C.. *Minutos de Sabiduría.* Editorial Diana.

Thowald Dethlefsen. *La experiencia de la reencarnación.* Ed. Obelisco.

Ugarte Corchera Francisco. *Del resentimiento al perdón* Editorial Panorama.

Verny Thomas. *La vida secreta del niño antes de nacer.* Ed. Urano.

Verny Thomas. *El vínculo afectivo con el niño que va a nacer.* Ed. Urano.

Virno Paolo. *El recuerdo del presente.* Ed. Paidos.

Watts Alan. *Qué es la realidad.* Ed. Kairós.

Webster Richard. *Regrese a sus vidas pasadas.* Ed. Llewellyn.

Wher Gerhard. *Carl Gustav Jung. Su vida, su obra, su influencia.* Ed. Paidós.

Weil Andrew. *La curación espontánea.* Ed. Urano.

Wilber K. *Psicología Integral.* Barcelona. Ed. Kairós, 1999.

Wilson Ian. Mind out of time (La mente fuera del tiempo).

Índice

Editorial LibrosEnRed

LibrosEnRed es la Editorial Digital más completa en idioma español. Desde junio de 2000 trabajamos en la edición y venta de libros digitales e impresos bajo demanda.

Nuestra misión es facilitar a todos los autores la **edición** de sus obras y ofrecer a los lectores acceso rápido y económico a libros de todo tipo.

Editamos novelas, cuentos, poesías, tesis, investigaciones, manuales, monografías y toda variedad de contenidos. Brindamos la posibilidad de **comercializar** las obras desde Internet para millones de potenciales lectores. De este modo, intentamos fortalecer la difusión de los autores que escriben en español.

Nuestro sistema de atribución de regalías permite que los autores **obtengan una ganancia 300% o 400% mayor** a la que reciben en el circuito tradicional.

Ingrese a www.librosenred.com y conozca nuestro catálogo, compuesto por cientos de títulos clásicos y de autores contemporáneos.

www.ingramcontent.com/pod-product-compliance
Lightning Source LLC
Chambersburg PA
CBHW020329270326
41926CB00007B/108